U0553120

GLOBAL VALUE CHAIN
DEVELOPMENT REPORT (2023)

Resilient and Sustainable GVCs in Turbulent Times

全球价值链
发展报告 (2023)

变革时期建设有韧性和可持续的全球价值链

邢予青　王　苒
〔美〕杜大伟（David Dollar）　｜主编

社会科学文献出版社
SOCIAL SCIENCES ACADEMIC PRESS (CHINA)

鸣 | 谢

《全球价值链发展报告（2023）》是本系列报告的第四期，它以世界贸易组织于 2022 年 11 月 7~11 日主办的《全球价值链发展报告（2023）》第一次作者研讨会上提交和研讨的 37 篇背景论文的内容为基础。本报告 7 章的草稿，在日本贸易振兴机构亚洲经济研究所于 2023 年 6 月 5~6 日在日本主办的《全球价值链发展报告（2023）》作者研讨会上提交和研讨。报告编辑感谢这些论文和各章节的作者，以及这两次研讨会的论文评论人和参与者，感谢他们提出的富有洞察力的意见和建议。

特别感谢下列各章节草稿的评论人：Michele Ruta，国际货币基金组织；Etel Solingen，加州大学欧文分校；Aya Okada，名古屋大学；Mari Tanaka，一桥大学；俞建拖，中国发展研究基金会；Daria Taglioni，世界银行；Sébastien Miroudot，经济合作与发展组织；Seamus Grimes，爱尔兰国立大学；Chan-Yuan Wong，台湾清华大学；殷晓鹏，对外经济贸易大学；Joaquim J.M. Guilhoto，国际货币基金组织；Jong Woo Kang，亚洲开发银行；Jules Hugot，亚洲开发银行；Angella Faith Montfaucon，世界银行；Satoshi Inomata，日本贸易振兴机构亚洲经济研究所和经济合作与发展组织；王苒，对外经济贸易大学；以及 Rainer Lanz，世界贸易组织。

编者感谢对外经济贸易大学校长赵忠秀教授、美利坚大学 Robert Koopman 教授和亚洲开发银行首席经济学家 Albert Park 博士，从报告的立项到最终出版，他们一直给予支持。此外，还要感谢参与本报告编辑的 William Shaw，为本报告排版的 Joseph Manglicmot，以及为本报告设计封面的 Mike Cortes。

第 1 章感谢 Elaine S. Tan、Joseph Ernest Zveglich Jr.、Eric Suan、John Arvin C. Bernabe、Miro Frances Capili 和 Paul Dent。第 2 章感谢 Jules Hugot、Angella Faith Montfaucon 和 Satoshi Inomata。第 3 章感谢 William Shaw、Yue Lv、Hao Xiao 和

日本 JSPS 提供的研究经费（编号：20K01674；编号：20KK0033），以及中国"111 计划"提供的研究经费（编号：B18014）。第 5 章感谢王直、Hiromu Fukai、Tamaki Suzuki、Rumiko Nakamura、Fei Yan、Keying Wang，并感谢国家自然科学基金青年项目（批准号：72003023）的资助。第 6 章感谢 Lisa T. Ballance、Valentina De Marchi、Annelies Goger、Thiam Hee Ng 和 Joseph Ernest Zveglich Jr.。第 7 章感谢 Weidi Yuan 和 Marc Bacchetta。

本书特别感谢黄绍鹏博士在中文版翻译过程中的编校、整理和修订工作。

合 作 伙 伴

　　《全球价值链发展报告（2023）》由对外经济贸易大学全球价值链研究院、亚洲开发银行、日本贸易振兴机构亚洲经济研究所和世界贸易组织联合出版。

　　对外经济贸易大学全球价值链研究院是首个专注于全球价值链研究的研究机构。研究院致力于整合全球大学、其他研究机构、政府机构和企业的研究力量和资源，是不断深耕全球价值链研究的平台。它开设关于全球价值链的培训和学位课程，并向所有研究人员开放资源。

　　亚洲开发银行致力于构建一个繁荣、包容、有韧性和可持续的亚太地区，同时持续努力消除极端贫困。它成立于 1966 年，共 68 个成员，其中 49 个成员来自亚太地区。它助力发展中成员发展的主要工具是政策对话、贷款、股权投资、担保、赠款和技术援助。

　　日本贸易振兴机构亚洲经济研究所是隶属于日本贸易振兴机构的研究实体，而日本贸易振兴机构则是日本经济产业省下属的法人行政机构。日本贸易振兴机构亚洲经济研究所对发展中国家和地区的经济、政治和社会进行研究。通过其研究，日本贸易振兴机构亚洲经济研究所丰富了关于发展中经济体的知识，也有助于更好地理解这些经济体。

　　世界贸易组织是处理贸易规则问题的唯一全球性国际组织。其主要职能是确保贸易尽可能顺畅、可预测和自由地流动。它还为其成员提供了论坛，以进行贸易协定的谈判，解决面临的贸易问题。世界贸易组织的总体目标是帮助其成员通过贸易提高生活水平、创造就业和改善人民生活。

编 辑 和 咨 询 委 员 会

作 者

联合主编

邢予青 日本政策研究大学院大学教授，对外经济贸易大学全球价值链研究院海外学术院长

王 苒 对外经济贸易大学全球价值链研究院副教授，全球价值链实验室副主任

David Dollar（杜大伟） 布鲁金斯学会约翰·桑顿中国中心高级研究员

章节作者

第1章

Mahinthan Joseph Mariasingham 亚洲开发银行高级统计学家

Angelo Jose Lumba 亚洲开发银行顾问

Christian Regie Jabagat 亚洲开发银行顾问

第2章

高宇宁 清华大学公共管理学院副教授，日本贸易振兴机构亚洲经济研究所全球价值链研究项目外部专家组成员

Enxhi Tresa 经济合作与发展组织经济学家

张 韬 清华大学公共管理学院博士研究生

张美晨 对外经济贸易大学全球价值链研究院助理教授

D'maris Coffman　伦敦大学学院巴特莱特可持续建筑学院教授

第 3 章

薛进军　名古屋大学和清华大学教授

Yves Renouf　世界贸易组织顾问

邓又一　对外经济贸易大学国际经济贸易学院博士研究生

施训鹏　悉尼科技大学澳中关系研究院教授

孙克娟　河南财经政法大学经济学院讲师

孙　倩　清华大学经济管理学院博士后

第 4 章

Henry Wai-chung Yeung（**杨伟聪**）　新加坡国立大学全球生产网络研究中心杰出教授及共同主任

黄绍鹏　对外经济贸易大学全球价值链研究院助理教授

邢予青　日本政策研究大学院大学教授，对外经济贸易大学全球价值链研究院海外学术院长

第 5 章

孟　渤　日本贸易振兴机构亚洲经济研究所高级研究员，湖北经济学院碳排放权交易省部协同创新中心客座教授

王　苒　对外经济贸易大学全球价值链研究院副教授，全球价值链实验室副主任

李　萌　上海交通大学环境科学与工程学院助理教授

李禧源　首都经济贸易大学经济学院博士研究生

闫云凤 首都经济贸易大学经济学院教授

第 6 章

Elisabetta Gentile 亚洲开发银行高级经济学家，全球劳工组织研究员

Rasmus Lema 联合国大学 – 马斯特里赫特经济与社会创新技术研究所副教授，约翰内斯堡大学 GES 4.0 教授

Roberta Rabellotti 帕维亚大学政治与社会科学系经济学教授

Dalila Ribaudo 阿斯顿大学阿斯顿商学院讲师

第 7 章

Sang Hyun Park 世界贸易组织研究经济学家

Kathryn Lundquist 世界贸易组织经济事务官员

Victor Stolzenburg 世界贸易组织研究经济学家

前 言

    《全球价值链发展报告（2023）：变革时期建设有韧性和可持续的全球价值链》是双年度系列报告的第四期，它发布于全球价值链演变的关键时期。报告首先介绍了全球价值链的最新发展趋势，它强调，尽管面临的压力日益增大，但国际生产网络仍然是全球化的核心部分。报告随后转入主题，指出在后疫情时代，错综复杂的商品、服务、资本和技术的国际流动网络，正面临地缘政治复杂性和气候变化影响所带来的严峻挑战。

    与新冠疫情有关的扰动，暴露了全球价值链中长期存在的脆弱性（特别是与关键产品供应的过度集中，以及过度依赖单一经济体或地区有关的脆弱性），而近期的地缘政治紧张局势更加剧了这种情况。然而，全球价值链当下的结构十分复杂，且已为全球企业和消费者带来了巨大利益。它最大限度地降低成本，实现规模经济，因为它使各经济体得以专门从事明确界定的任务，从而极大地发挥了比较优势。

    错综复杂的关系使得全球价值链的重构成本高昂且极具挑战。重要的是，这也在全球各国之间建立了重要的相互依存关系，限制了贸易"武器化"的范围。比方说，全球半导体价值链是一个基于精细分工和专业化的高效创新网络，没有任何一个经济体能够独自维持完整且有竞争力的半导体供应链。因此，从长远来看，自给自足、脱钩和逆全球化远不是增强半导体全球价值链韧性的可行方案。

    与此同时，随着气候变化的加速，全球价值链绿色化的紧迫性也急剧提升。目前，已有130多个经济体宣布了碳中和目标。应对气候变化、推动绿色发展已成为全球共识。通过制度创新和技术合作，该趋势对全球价值链的发展方向和模式产生了巨大影响。本报告提供了一个能够追溯沿全球价值链的碳排放的全面的碳排放核算框架，并提出了一个概念框架，这都有助于企业和政策制定者努力实现全球价值链的绿色化。

    没有包容性就无法实现韧性和可持续性。由于冲击的影响在各经济体内部往往分布不均，因此，重要的任务是让社会的所有链条都能够迅速恢复，这样的话整个经济体才称得上有韧性。

融入全球价值链为发展中经济体的就业者和企业带来了巨大利益，但融入带来的利得并不总是公平分配的。为确保全球价值链支持包容性发展，必须继续降低融入的壁垒，并采取措施防止企业利用其市场力量损害小供应商的利益。

《全球价值链发展报告（2023）》审视了所有这些发展，并强调全球价值链在塑造当今全球经济大趋势中的关键作用。本报告是以下四家机构共同努力的成果：对外经济贸易大学全球价值链研究院、亚洲开发银行、日本贸易振兴机构亚洲经济研究所以及世界贸易组织。正如亚洲开发银行在上一期报告中所做的那样，本期报告由对外经济贸易大学全球价值链研究院牵头。本报告得益于全球范围内全球价值链研究人员的广泛合作。来自 20 个经济体的 30 个研究机构的 60 多位作者贡献的 37 篇背景论文，为本报告奠定了基础。我们期待未来有更多的合作机构参与到这项合作研究中来。

我们希望《全球价值链发展报告（2023）》有助于加深人们对全球价值链最新发展的理解，进而建立共识，以维护一个开放、可持续和有韧性的全球贸易体系，为人类福祉服务。

赵忠秀

对外经济贸易大学　校长

浅川雅嗣

亚洲开发银行　行长

深尾京司

日本贸易振兴机构

亚洲经济研究所　所长

恩戈齐·奥孔乔-伊韦阿拉

世界贸易组织　总干事

目 录
CONTENTS

概　要

　　《全球价值链发展报告（2023）》的主题是：加强全球价值链的韧性和可持续性，以应对近年来的各种冲击。首先，报告概述了全球价值链发展的最新趋势（第1章）、评估了贸易摩擦、新冠疫情以及地缘政治紧张对全球价值链的影响（第2章）。其次，通过对能源供应链（第3章）和半导体供应链（第4章）的研究，阐明了二者所受的影响。再次，探讨气候变化带来的挑战。报告既分析了通过全球价值链追踪二氧化碳排放的不同方法的结果（第5章），又提供了一个关于全球价值链绿色化政策行动的概念框架（第6章）。最后，强调了全球价值链在支持包容性发展方面的巨大潜力（第7章）。

审视经济不稳定时期的全球价值链

　　第1章从近期全球性冲击对国际贸易的影响的角度，概述了全球价值链的最新发展趋势。最近的数据表明，经济有一定的复苏迹象，从2020年起，全球价值链的参与度和出口总额都有所增加，在名义和实际价值方面都是如此。然而，正在发生的全球性冲击，包括俄乌冲突、新冠疫情对经济的持续影响以及中美贸易摩擦，都可能会使复苏偏离轨道，因此有必要评估全球价值链在面对冲击时所暴露的脆弱性的可能来源。

　　潜在瓶颈产品（potential bottleneck products）的贸易即是来源之一，这类产品的特点是供应商数量有限，少有替代品，但在全球贸易中又占有相当大的份额。2021年，在5384种纳入分析的商品中，共有1075种被确定为潜在瓶颈产品，这些产品在总出口额中所占的份额近年来一直在增加。脆弱性的另一个可能来源是贸易在地理位置上的集中，无论是贸易额还是贸易频率。在全球金融危机爆发之前，出口中的国外增加值（foreign value added，FVA）的来源就已相当集中，且这种情况在全球金融危机之后仍然存在，并一直持续到新冠疫情暴发之后。从频率的角度来看，供应链中大约80%的流转都来自少数几个经济体。2020年，贸易和人员流动受到限制，该份额有所下降，但变化很小，集中度仍然很高。需要注意的是，在国外增加值来源排名中名列前茅的经济体，并不一定是那些流转最多的经济体；反之亦然。

通过对回流和全球价值链重构的分析，本章探讨了各国提高全球价值链韧性的迫切需求。强调提高中间投入品的多样性，是一种可能降低风险的策略。总体看，将投入品从国内来源转向更为多样的来源，还有很大的空间，但这也说明各经济体、地区和部门之间业已存在明显的本土偏好。以中国为例，中国采取措施鼓励进一步提高产品国内增加值含量，但在不同类型的出口、贸易目的地和部门中，可以看到不同的结果。这些政策的影响尚需进一步分析，以揭示影响实现本地化目标的因素。进一步研究此类问题，可以从要素收益贸易（trade in factor income，TiFI）的视角来审视跨国公司参与全球价值链的情况。如Gao等（2023）进行研究发现，在全球供应链中，国内企业与国外企业的活动存在差异。例如，研究发现，一方面，当前全球价值链的区域特征主要来源于各国的国内企业，这些企业主要来自北美、欧洲和东亚这三个区域的中心（分别是美国、德国和中国），是当前供应链实现区域化的动力。另一方面，跨国企业的价值创造通常表现出更丰富的全球性特征。

贸易摩擦和新冠疫情对全球价值链的影响

第2章主要关注贸易摩擦和新冠疫情对全球价值链的影响，以及数字技术对贸易恢复和回流的影响。本章表明，贸易摩擦和新冠疫情都导致了全球价值链的重大变化，由此关税和非关税壁垒都有所提高。随着中间产品多次跨境，非关税和关税会沿着全球价值链累积，使下游生产商的成本上升。自 2018 年以来，全球贸易紧张局势已导致贸易成本大幅上升，并对全球价值链的发展构成威胁。类似地，由新冠疫情引发的对全球价值链的冲击，也给全球经济带来了严重破坏。

贸易紧张局势增加了全球生产的成本，尤其是下游生产商的成本。由于中国调整了关税政策，也由于全球价值链的累积效应，中国进口的一些中间产品的关税上升了 47%。美国和中国分别承担了 100 亿美元和 65 亿美元的额外间接关税负担，而第三方国家则承担了 30%~70% 的额外成本。有趣的是，中国大部分产业的间接关税增加了约 50%，而美国产业的间接关税则增加了 150% 以上。中美贸易摩擦和新冠疫情带来的额外非关税负担，影响的主要是那些不太灵活的公司。

虽然贸易紧张局势似乎并未影响到全球贸易总量，但导致了全球价值链地理格局的重大变化。中国将出口重点转向东亚和太平洋地区，以及欧洲和中亚地区，而美国则与加拿大和墨西哥建立了更紧密的贸易关系。中国和美国都重组了从欧洲、中亚、东亚、太平洋地区、拉丁美洲和加勒比地区的进口。

相比之下，新冠疫情导致全球贸易额急剧下降，但这一情况很快发生逆转。数值模拟表明，所有国家都会在 2025 年前完全恢复，尽管恢复的速度不尽相同。数据还显示，在新冠疫情期间，非全球价值链贸易和贸易相关活动大幅萎缩，导致纯国内消费增加。与此同时，由于跨国公司与国内企业之间的联系加强，涉及跨国公司的跨境贸易略有增加。

本章还分析了数字化对经济复苏的影响，并获得了支持以下假设成立的进一步的证据，即拥有较好数字基础设施的国家，在新冠疫情期间受到的影响较小。全球对数字技术的需求，导致对高科技产业的投资增加，进而推高了与外国直接投资相关的活动。

能源全球价值链的异动

第 3 章讨论了价值链的转变如何影响世界能源转型和气候治理。一个主要的可能性是，欧盟国家可能利用俄乌冲突的发生，加快发展可再生能源，提前实现能源转型。此外，由于能源危机和巨大的能源需求，一些经济体放弃了逐步淘汰煤炭的政策，开始增加煤炭的使用，重启燃煤发电。这些转变导致了碳排放的暂时增加，并可能延迟联合国的净零排放战略和碳中和实现的时间表。

中美贸易摩擦和正在进行的俄乌冲突加剧了地缘政治紧张局势。这种地缘政治紧张局势使地缘政治考量超越了经济利益，成为影响世界能源贸易和经济发展的主要因素。所有这些动态变化正在给全球能源供应链以及全球价值链带来巨大影响。

利用可计算一般均衡情景分析得出的结果表明，俄乌冲突以及对俄罗斯的各种限制，将重塑世界能源贸易格局，并形成一些新的区域能源供应链，如欧盟－美国能源供应链、欧亚能源供应链和美国－日本－澳大利亚－印度钻石型能源供应链。

半导体供应链

2023 年，全球半导体产业显然已经到了一个新的关键节点，供应链韧性、国家安全和对技术领先地位的争夺，都对备受青睐且高效的"无厂"模式提出挑战，而在该模式下，芯片设计和半导体制造可以在组织上和地理上分离。新冠疫情、全球芯片短缺，以及美国对半导体技术的出口限制，都使全球更加关注这一重要高科技产业及其供应链结构。目前，许多发达经济体的政府对其半导体制造产能建设（重建）提出了更为急迫的要求，并制定了具体的产业政策。这一新技术民族主义潮流的兴起，正在使高度国际化的半导体产业走向"处处皆有芯片厂"的时代。

第 4 章为关于半导体全球供应链的几个关键论断提供了实质性的经验证据。我们发现，随着时间的推移，垂直逆一体化（vertical disintegration）推动了半导体生产的全球化。"无厂"芯片设计公司和它们的制造供应商，即芯片代工厂的兴起，是关键驱动因素。这场 1980 年代始于美国的"无厂革命"，可以用高昂的芯片设计和生产成本、金融市场为追求短期利润而施加压力，以及高效率芯片代工厂在东亚的兴起来解释。我们的研究表明，产业政策的支持，对于东亚存储芯片生产商（如三星）和芯片代工厂（如台积电）在 1980 年代的最初发展至关重要。自 2010 年以来，产业应用市场向计算机 / 数据存储和无线通信的重大转移，对于解释在微处理器和存储芯片领域居于领先地位的那些无厂半导体公司、代工生产商和一体化制造公司的快速发展至关重要。

与此同时，自 2010 年以来，半导体技术的大规模创新，也使尖端芯片设计和制造的成本极高。当前，在软件设计、知识产权以及材料和设备供应领域，只有少数来自美国、欧盟和东亚的市场领导者在半导体全球价值链的不同环节占据主导地位。到 2020 年前后，芯片设计和生产过程日益复杂，与之相应的则是由高度专业化的企业组成的生态系统，这意味着没有一个国家或地区能够在整个半导体价值链中实现自给自足。当下，半导体全球价值链正处于转型之中，这主要是由于更多的国家和地区出于安全和降低风险的考虑，希望拥有自己的芯片厂。然而，我们注意到，由于现有半导体全球价值链的组织结构十分复杂，且尖端芯片制造对技术能力和资本投资的要求极高，故通过追求技术主权实现"到处都有芯片厂"不太现实。而且，这很可能导致全球半导体市场的破碎化而非一体化，从而不可避免地破坏该产业的规模经济和信任关系，甚至更糟糕的是，这导致产能过剩、芯片厂开工率不足以及全球技术的二元化（bifurcation）。

全球价值链与气候变化

第 5 章写作的出发点是，由贸易和投资（如外国直接投资）构建的全球价值链已使国际生产中的二氧化碳排放量激增。全球价值链涉及中间产品的多次跨界流动，它使《巴黎协定》的实施更加复杂化，而《巴黎协定》的实施依赖于各国政策的混杂拼贴。在国际气候变化谈判中，持续存在的一个挑战是，如何在全球价值链的各个参与者（如生产者、消费者、出口商、进口商、投资者和被投资者）之间分配遏制全球变暖的责任。

本章提出了一个具有一致性的全球价值链核算框架（Meng et al.，2023），使我们能够通过各种贸易路线追踪不同国家—部门—双边组合的二氧化碳排放责任。研究结果表明，自 2001 年以来，发展中国家基于其自身的二氧化碳排放责任而在生产过程中产生的排放量占全球排放量增长的很大一部分。鉴于全球价值链都基于各国国内产业，当务之急是采取更有效的手段来遏制排放，包括实施环境监管、征税和引入碳交易计划（ETS）。以中国为例（参见 Tang et al.，2020），实施更加平衡的监管，让各类企业（无论是大型企业还是中小企业，无论是国有企业还是私营企业，或者外国投资企业）更加有效地使用金融资源，中国 2030 年的减排承诺就能以更少的 GDP 损失更有效地实现（如实施有效方案，中国的绿色投资将减少 64%，能源效率将提高 71%）。一旦各国在国内生产中变得更加"绿色"，其通过全球价值链的出口也会变得更加绿色。

1995~2021 年，虽然发达国家和发展中国家的全球价值链碳密集度（以单位增加值的排放量来衡量）均有所下降，但国际贸易产生的碳密集程度仍高于纯粹的国内生产。在这方面，在贸易—投资—环境构成的复杂关系背景下引入碳边境调整机制（CBAM），应是在《巴黎协定》时代促进绿色全球价值链形成的一种选择。然而，全球层面的、经过精心设计的碳边境调整机制，对于提高碳成本和减少碳泄漏至关重要。例如，Qian 等（2023），利用基于全球价值链的可计算一般均衡（CGE）模型，对欧盟的碳边境调整机制进行了模拟分析，结果表明，若干欧盟国家的国内生产总值上升，则欧盟以外的二氧化碳排放量将会减少。然而，因"反弹效应"和欧盟国家间的碳泄漏，欧盟的碳边境调整机制也将导致欧盟内部的二氧化碳排放总量略有增加；大多数国家，尤其是非欧盟国家，消费者的福利损失将更大。因此，我们的建议是，应根据各国对二氧化碳排放所承担的责任份额，在国家—部门—双边层面沿全球价值链设计碳边境调整机制，而不是像贸易关税那样简单地单向征收。

除了探究国家层面的责任外，我们还研究了作为全球价值链主要参与者的跨国公司的作用。基于跨国公司复杂的生产安排，全球二氧化碳排放不仅在投资国（母国）和生产国（东道国）之间转移，还在全球价值链网络的其他消费国（第三国）之间转移，这增加了全球碳转移的复杂性。从全球角度来看，跨国公司30%~40%的碳排放体现在其对第三国的出口中，但由于跨国公司直接投资动机以及全球价值链生产安排均不同，这些份额在不同的经济体之间也不尽相同。在所有这些由第三国引起的排放中，近80%与全球价值链活动有关，但这一比例在印度只有60%，在澳大利亚超过90%，东道国的全球价值链地位是造成这种差异的一个重要因素。在机动车部门，最大的排放量在南非；然而，在南非，超过50%的排放量是由第三国引起的，在墨西哥，近一半的排放量是由本国引起的。

　　跨国公司的跨国投资行为也影响排放责任和经济利益在各国间的分配。总体而言，2005~2016年，发达经济体基于要素收入核算的增加值和二氧化碳排放量，分别被低估了4153.7亿~4896.3亿美元，以及2.8723亿~7.665亿吨，而新兴市场和发展中经济体的这两个指标则被高估了。后者承担了前者的部分排放责任，这在一定程度上支持了污染避风港假说（the pollution haven hypothesis）。从国家角度看，资本流出进行对外直接投资的主要经济体获得的要素收入较多，承担了较低的环境成本，而外国直接投资流入的主要经济体获得的要素收入较少，承担了较高的环境成本。截至2016年，通过跨国公司的投资，发达经济体向新兴市场和发展中经济体的净碳转移累计达18.008亿吨。如果将这一环境成本转化为激励资金，将为绿色气候基金（GCF）提供266.1亿美元的额外补充。我们的研究为今后各国分担碳责任的谈判提供了一个有益的参考，也为绿色气候基金提供了一种可行的融资方式，这将有助于实现符合《巴黎协定》的净零排放目标。

　　尽管国际社会普遍同意"共同但有区别的责任"原则，但在有效执行这一原则方面仍存在许多挑战。鉴于将全球变暖控制在1.5℃以内的难度变得越来越大，且大多数发展中国家没有绝对的减排目标，环境法规也不是很完善，帮助这些国家制定恰当且高标准的减少碳排放和/或实现碳中和的目标至关重要，这有助于遏制目前全球二氧化碳排放量的快速增长。《巴黎协定》允许各国从不同的起点出发，追求不同的抱负，以实现各自的碳中和目标，并使用基于生产的核算方法来衡量其排放量（例如，从国家层面实现碳中和的最初设想是，该国对所有直接和间接排放承担全部责任），且未明确考虑因国际贸易和投资直接和间接造成的碳泄漏的责任分担问题。这意味着，碳净出口国和外国直接投资净流入国在实现自身碳中和目标时，实际承担的责任可能多于应承担的责任，而碳净进口国和外国直接投资净流出国，实际承担的责任可能少于应承担的责任。从这个意义上说，如果想要实现净零排放的全球目标，那么就各国间碳泄漏的责任分担问题进行谈判则不可避免。因此，基于全球价值链的责任分摊方法，为未来的谈判提供了一个有益的参照。

全球价值链绿色化：一个政策行动的概念框架

全球价值链的环境影响可以分解为三种不同的机制。第一个机制是规模效应，即生产量的提高导致运输量和旅行的增加、废物的产生以及稀缺资源的过度开采，从而对环境产生不利影响。第二个机制是组合效应，全球价值链将生产过程分解为可以从一个地点转换到另一个地点的任务。当生产任务转移到效率最高的地区时，就会带来环境收益；或当碳密集型任务转移到法律监管松懈的地区时，就会带来环境成本。第三个也是最后一个机制是技术效应，即价值链上企业间的知识流动促进了环境友好型生产技术的开发、采用和改进。在全球价值链中引入环境创新带来净环境收益的现象，通常被称为"全球价值链绿色化"。

第 6 章提出了一个概念框架以解决如下问题：（1）为什么会出现价值链的绿色化；（2）全球价值链中环境创新的类型；（3）所涉及的参与者；（4）全球价值链绿色化如何发生，以及其阶段；（5）全球价值链绿色化的成果。该框架为关于政策行动的讨论奠定了基础，这些政策行动旨在通过技术效应（全球价值链绿色化）实现净环境收益最大化，并建立强有力的问责机制，以阻止污染外包。

本章得出了三个关键结论。第一，虽然全球价值链绿色化受制度、市场和技术因素驱动，但制度因素仍起主导作用。与国家或全球可持续发展转型议程相关的新政策和立法是全球价值链绿色化的核心。市场和技术驱动也很重要，但归根结底制度问题才是关键。

使这些驱动因素发挥作用需要国家和全球层面的参与者的共同努力。然而，随着发达经济体为在新绿色技术领域获得竞争优势而展开的竞争的日趋激烈，国家政策发挥了比全球层面更大的作用。

严重背离多边合作机制的国家可能对促进环境友好型全球价值链的形成构成重大阻碍。维护驱动全球价值链绿色化的多边主义和全球体制，一个可行的方向是投资于由志同道合的较小的国家集团提出的倡议。《突破性议程报告》就是一个例子，该议程涉及 45 个国家以及私营部门，旨在促进不同产业加速转向绿色技术。全球层面的协调，例如，制定单一的国际碳税率，也可能有助于推动各行动体向净零排放目标的过渡。

第二个关键结论是，若干行为主体，不仅有主导企业，还有供应商、国家和地方政府，它们往往作为一个集体，为全球价值链绿色化做出贡献。在某些情况下，供应商预见到未来的环境要求，并将它们的环境升级举措作为一个竞争因素，以接近新买家和进入新市场。

然而，供应商之间的绿色化机会可能并不均等。一些研究表明，主导企业并不总是为其供应商提供足够的资金、管理和知识资源以实施绿色化战略，如果供应商无法满足某些要求，主导企业就会把它们排除在外。对于发展中国家的小企业来说，这种风险尤其高，但实际上在发达国家也是如此。

全球价值链绿色化的成本、收益和回报分配不均，如如何解决压榨供应商的问题，对于决策者来说就是个挑战。全球价值链以外的行为主体，如国家或地方政府、非政府组织和独立认证机构，可向全球价值链中的供应商提供技术和资金支持，以实施环境创新。国家或次国家公共行为主体可以提供有助于实现全球价值链绿色化的基本基础设施。

第三，支撑关于全球价值链绿色化生物物理结果的证据非常有限。环境和社会经济后果之间存在重要的权衡，在大多数现有研究中，对全球价值链绿色化是否普遍发生的最终评估仍存在很大的研究空白。因此，核算、监测和披露环境后果，以及对社会经济后果的可能权衡颇具挑战性，但这是进行全球价值链研究的基本维度。当然，全球价值链的跨边界性质再次提出了一个挑战，需要多边努力来协调和统一私人和国家为监测环境后果而采取的不同举措。

构建包容性的全球价值链

第 7 章探讨了全球价值链在推动发展中经济体包容性发展中的作用。包容性是有韧性和可持续的全球价值链的一个关键方面。正如发达经济体对全球化的抵触所显示的那样，日益加剧的不平等，会降低对贸易的政治支持，并增加实现全球价值链一体化的障碍。此外，由于冲击的影响往往在各经济体内部分布不均，因此社会各部分都能够迅速复苏，对于增强整个经济的韧性至关重要。全球价值链还可以加速（绿色）技术从技术领先者向创新能力较差的参与者的扩散。因此，通过优先考虑包容性，全球价值链可以在建设可持续和有韧性的经济方面发挥关键作用，造福所有利益攸关方。

本章的主题意义重大，原因有两点。首先，新冠疫情、地缘政治紧张和环境危机引发的负面冲击，已被证明对某些发展中经济体造成了一定的伤害，尤其是低技能工人、女性雇员和中小微企业。其次，消费者越来越意识到他们的选择对发展中经济体工人的溢出效应。这促使政策制定者和投资者重新努力解决供应链包容性不够的问题。确保由此产生的政策应对措施基于确凿的证据，对于上述利益攸关方实现持久的改善非常重要。

本章有两个关键发现：首先，全球价值链一体化通常会给发展中经济体的企业和工人带来更好的结果。证据一致表明，跨国公司的本地供应商和出口中间产品的企业的表现，优于发展中经济体中的其他企业。特别是，全球价值链为中小微企业提供了机会，使其能通过与主导企业的联系，实现质量升级、知识溢出、技术转让和创新。本章表明，在这方面，发展中经济体中全球价值链一体化程度较高的企业，往往拥有较为优秀的管理实践。此外，成为全球价值链的一部分可以帮助企业缓解信贷约束，而信贷约束正是中小微企业面临的一大挑战。

这种绩效溢价也惠及了员工。受雇于跨国公司或其供应商，通常会带来更高的工资和更好的工作条件，包括更多的正规就业机会。例如，在柬埔寨，出口到欧盟的服装订单激增，使得正规企业的就业率增加了 16%~22%。女性往往更能从这些发展中受益。然而，一些与贸易无关的制约因素，如女性受教育机会相对少，制约了她们的向上流动。在这方面，本章表明，全球价值链一体化降低了低技能职业中的两性工资差距，但基本未改变管理职位等高技能职业的不平等现状。

第二个关键发现是，当融入全球价值链未能带来或未能充分带来效益时，其原因往往在于市场失灵和政策障碍，而非融入全球价值链本身。一个重要的例子是市场力量。企业在产品和劳动力市场上的卖方（买方）垄断/寡头垄断行为都可能严重扭曲价值链中的利润分配，并对当地供应商施加不当压力，迫使其削减成本，从而对工人产生不利影响。本章重点介绍了一项研究，该研究表明，如果中介机构表现出竞争性，农业全球价值链中厄瓜多尔农民的收入将增加 77%。其他关键因素还包括，发展中经济体的金融或劳动力市场不完善而导致适应能力有限。

这两项发现具有重要的政策含义。由于全球价值链一体化往往有利于企业和工人，重点应放在促进企业进入全球价值链以及提升对国内经济的溢出效应，以确保全球价值链真正具有包容性。最大限度地发挥全球价值链促进包容性发展的潜力，就必须破除导致全球价值链收益分配不均的市场失灵和障碍。

目前的政策重点是区域贸易协定中的非贸易条款（non-trade provisions, NTPs）、进口禁令和限制，以及尽职调查要求（due diligence requirements, DDR）。然而，这些政策往往仅着眼于改善全球价值链内部的工作条件，尽管有证据表明，全球价值链内部的工人和企业已经从更好的结果中获益。因此，这些政策可能会加剧全球价值链内外业已存在的差异。此外，许多此类政策已被证明会产生不利影响。将非贸易条款纳入贸易协定可能会提高成本和不确定性，从而在国家层面上阻碍融入全球价值链。尽职调查要求似乎假定，企业愿意少付工人工资或拒绝改善工作条件，但这与证据不符。为了确保这些政策有利于包容性发展，应该在实施这些政策的同时开展更多的合作，并借鉴学术文献中的经验和吸取其教训。

杜大伟（David Dollar）

高级研究员

布鲁金斯学会约翰·桑顿中国中心

第 1 章

审视全球性冲击下的全球价值链

Mahinthan Joseph Mariasingham　　Angelo Jose Lumba　　Christian Regie Jabagat[*]

1.1 引言

早在 2020 年初新冠疫情发生之前，全球化的步伐就已经放缓。在世纪之交，跨境交易曾一度蓬勃兴旺，推动了国际贸易向前发展，但现在却进入了进出口活动停滞不前的时期。从"超级全球化"（Subramanian and Kessler, 2013）到"慢全球化"（The Economist, 2019）的这一巨大转变，发生在全球应对 2008 年金融危机（GFC）的余波之时。这场危机带来了对全球化的怀疑，同时也重新激发了重构全球价值链（GVCs）这一新兴国际贸易架构的动力。随后，中国和美国之间的贸易摩擦进一步扰乱了全球贸易秩序。这两个经济强国和全球价值链的主要参与者相互征收关税，以转移制造业的工作岗位。到 2019 年，紧张局势未得到缓解，在全球范围内已经抑制了出口活动。

2020 年新冠疫情暴发，一些地区实施了限制措施，给娱乐、休闲和旅游等主要服务行业带来了影响。

2020 年疫情期间，制造业采购经理指数中的供应商交货时间指数，从 2020 年 1 月的 49.4 降至 2020 年 4 月的 37.7，这表明交货期更长和产能受限，如中间产品和劳动力供应短缺以及运输延误（CEIC, 2022；Attinassi et al., 2021）。此

---

* 本章由亚洲开发银行（ADB）提供。文中观点仅代表作者本人的观点，而未必反映 ADB 或其理事会或其所代表的政府的观点和政策。

外，航运和分销产业是国际物流的主要组成部分之一，在供应链的运作中发挥着根本性的作用，但是，该产业在疫情初期不得不削减其产能，以适应需求下降。疫情缓解后，由于各国实施刺激政策，以及家庭用品和电子产品购买量的增加，物流需求激增，进而引发失衡，导致港口拥堵，集装箱运费也很快创下历史新高（UNCTAD, 2022）。

疫情重新激发了人们对全球价值链的风险和不确定性的担忧。虽然该风险一直存在，即便在没有冲击的情况下也是如此，但随着时间的推移，21世纪以来的多重危机使这些风险变得更加突出。全球价值链的扩张在很大程度上依赖于大规模投资，而大规模投资从根本上说是建立在良好、稳定和可预测的商业环境所带来的信心之上的，而疫情期间信心受挫。

幸运的是，由于各方齐心协力抵御新冠疫情的蔓延，全球范围内采用数字技术，秉持恢复"正常状态"的理念，最终使经济和社会活动得以恢复，全球价值链出现复苏迹象。然而，俄乌冲突再次威胁恢复的稳定性，自2022年初冲突发生以来，一些商品价格出现了上涨。

本章首先结合近年全球经济受到的重大冲击，对出口总额的结构和全球价值链的参与趋势进行分析。在全球金融危机、中美贸易摩擦和新冠疫情发生期间，各国出口大幅下降，与全球价值链相关的贸易在出口总额中所占的份额也不断下降。2007~2009年（全球金融危机），全球价值链普遍缩短，而2018~2020年（中美贸易摩擦和新冠疫情），全球价值链却普遍延长。由于这些时期通常会出现巨大的价格变化，因此本章还对全球价值链相关指标的名义值和实际值进行了比较，以检验在"异常"贸易活动中是否出现了任何明显偏差。

本章还探讨了围绕国际贸易和全球价值链不断演变的关于风险的讨论。本章探讨了可能导致全球价值链脆弱性的三个特征：风险产品贸易、增加值来源的集中度以及供应链参与频率的集中度。一方面，根据市场集中度、市场相关性和市场可替代性，潜在瓶颈产品的年出口总值和份额自2000年以来一直在增加。另一方面，供应链上国外增加值的来源和传递频率（pass-through frequency）一直相当集中，这在全球冲击发生之前、发生期间和发生之后都是如此。最后，本章讨论了政府和企业可以尝试的重组战略，以帮助减轻全球价值链受到冲击时产生的负面影响，即重复、多元化、区域化和回流。结果表明，随着时间的推移，全球各经济体的出口多样化程度仍然相当高，但总体而言，从集聚指数来看，没有发现回流的证据。

1.2　冲击时期的全球价值链

21 世纪以来，国际贸易已经受到了四次全球性的重大冲击。

第一次重大冲击是全球金融危机。人们普遍认为它在 2008 年达到顶峰。它的起源可以追溯到 21 世纪第一个 10 年的中期，当时美国在更容易获得信贷和抵押贷款低利率的双重推动下，出现了房地产泡沫。随着抵押贷款的增加，金融机构开始提供次级抵押贷款，甚至向信用记录不良的借款人提供贷款（Loo, 2020）。作为更为复杂的证券，这些被称为"以抵押贷款为基础的证券"的工具，在全球范围内被出售给投资者，使其价值和风险难以评估。最终，一开始就没有能力偿还抵押贷款的房主开始拖欠抵押贷款。这导致这些以抵押贷款为基础的证券的价值大幅下降，继而给高度关联的全球金融体系带来巨大损失。

随后，贷款的冻结和金融部门信心的丧失，引发了世界性的经济衰退。其特点是高贸易性商品的需求低迷、商业收入骤降和大量失业。事实上，全球金融危机导致 2009 年全球生产总值（GDP）萎缩了 5.2%，全球商品和服务贸易下降了约 10.4%。而世界贸易额的下降，比 1929 年美国大萧条开始时的下降更为突然（Eichengree and O'Rourke, 2009）。衰退对全球收入直接、同步的影响，可归因于经济活动的日益同步化，即各国国内生产总值在全球范围内相互关联（Baldwin, 2009；World Bank, 2020）。[1]

1　有研究发现，融入全球价值链程度较高的经济体，其商业周期的相关性也较高。本研究的发现与这些研究相一致（Burstein, Kurz and Tesar, 2008）。

　　对出口结构进行仔细研究，有助于我们了解全球价值链在全球金融危机期间和之后的表现。根据 Borin 和 Mancini（2019）的分解框架，从图 1.1 中可以看出，出口总额从 2007 年的约 16 万亿美元增至 2008 年的 18 万亿美元。当时，进口国直接吸收的国内增加值（DAVAX）占据了绝大部分份额，占出口总额的 50% 以上，而国外增加值（FVA）约占 25%。然而，到 2009 年，出口萎缩了约 20%，DAVAX 的份额增加了 3.805 个百分点，而国外增加值、输往进口国然后再出口并最终被国外吸收的国内增加值（REX）以及输往进口国然后再出口到原出口国且被原出口国所吸收的国内增加值（REF）的份额分别下降了 2.338 个、1.155 个和 0.114 个百分点。世界贸易在随后几年出现改善迹象，甚至早在 2011 年就超过了危机前的水平（按名义价值计算）。此外，增加值各个组成部分的份额，变得更加稳定和可预测。

图 1.1　2007~2022 年世界出口的分解

注：总出口分解遵循 Borin 和 Mancini（2019）的框架。
资料来源：亚洲开发银行多区域投入产出数据库以及亚洲开发银行的估算。

同样，按照 Borin 和 Mancini（2019）的框架，图 1.2 从前向联系和后向联系的角度描述了基于贸易的全球价值链参与度。前向全球价值链参与度，指的是 REX 和 REF 在出口总额中的份额：它表明了一个经济体如何将国内生产的投入品出口到其贸易伙伴，以便在下游生产阶段进行进一步加工（WTO，n.d.）。后向全球价值链参与度，是指 FVA 和纯重复计算[1]（PDC）在出口总额中所占的份额：它反映了一个经济体在生产出口商品和服务时使用国外来源中间产品的程度。

图 1.2　1995~2022 年全球价值链的后向和前向参与度

注：全球价值链参与度是按照 Borin 和 Mancini（2019）的框架计算的。后向全球价值链参与度，是国外增加值（FVA）和纯重复计算（PDC）之和与出口的比率。前向全球价值链参与度，是输往进口国然后再出口并最终被国外吸收的国内增加值（REX）与输往进口国然后再出口到原出口国且被原出口国吸收的国内增加值（REF）之和与出口的比率。

资料来源：1995~2006 年的数据来自世界投入产出数据库（2013 年版）、2007~2022 年的数据来自亚洲开发银行多区域投入产出数据库以及亚洲开发银行的估算。

1　这些增加值在贸易总流量中被记录不止一次，其原因是跨境生产流程中的往复交易（Koopman，Wang and Wei，2014）。

图 1.2 显示，1995~2008 年，超级全球化现象相当明显。在这 13 年间，全球价值链前向参与度从 15.68% 增至 19.28%，全球价值链后向参与度从 19.52% 增至 26.22%。2009 年，当全球仍在着力应对金融危机余波之时，这两个参与度都有所下降，且在随后的几年中似乎停滞不前。如上所述，次贷危机导致汽车和机械等耐用消费品需求急剧萎缩，尤其是在发达经济体（Eaton et al., 2016）。最终产品需求的减少，也影响了制造这些产品所需的中间零部件的贸易趋势（Ferrantino and Larsen, 2009），这反映在两种全球价值链参与度的下降上。如图 1.3 所示，就全球价值链总体参与度[1]而言，几乎所有经济体的参与度与 2007 年相比都有所下降。然而，与全球价值链相关的贸易似乎恢复得相当快，参与度在 2010 年有所回升，只有柬埔寨、斐济、哈萨克斯坦、老挝、马尔代夫、菲律宾和泰国等少数几个经济体例外。

对于每个经济体的具体部门，本章还采用 Wang 等（2017）的方法计算了全球价值链的平均生产长度。这给出了从中间产品的国内增加值创造到最终消费的平均阶段数（ADB, 2023a）。全球层面的指标值以加权平均的形式得到，每个经济体在全球总增加值中所占的份额被用作权重。

2007~2009 年，一方面，16 个部门（主要是服务业和低技术制造业）的全球价值链平均生产长度缩短（见图 1.4）。总体而言，全球价值链的生产长度也有所缩短，从 2007 年的 8.75 降至 2009 年的 8.73。这或是全球价值链参与度下降的结果，其特点可能是更依赖国内增加值来源，甚至是生产流程暂时向少数几个经济体集中。另一方面，所有中高技术部门的全球价值链生产长度都有所延长。到 2010 年，全球价值链普遍延长，与 2009 年相比，绝大多数部门的生产长度都有所增加。

---

1 将一个经济体的全球价值链后向参与度和全球价值链前向参与度相加即可得到该指标的数值。

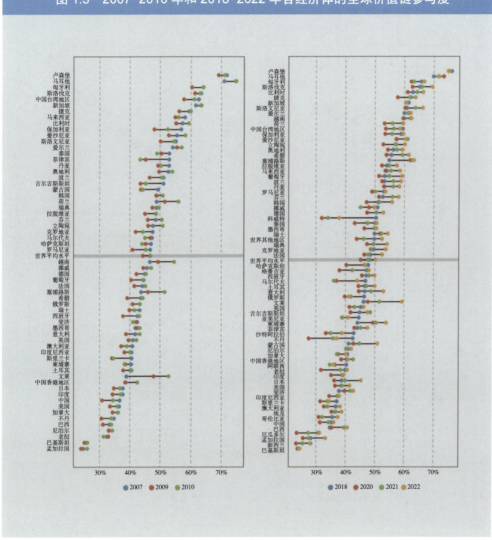

图 1.3　2007~2010 年和 2018~2022 年各经济体的全球价值链参与度

注：全球价值链（GVC）参与度按照 Borin 和 Mancini（2019）的框架计算。它是与全球价值链相关的贸易，即输往进口国然后再出口并最终被国外吸收的国内增加值（REX）、输往进口国然后再出口到原出口国且被原出口国吸收的国内增加值（REF）、国外增加值（FVA）和纯重复计算（PDC）之和与出口的比率。

资料来源：亚洲开发银行多区域投入产出数据库以及亚洲开发银行的估算。

图 1.4　2007~2010 年和 2018~2022 年全球各产业全球价值链生产长度

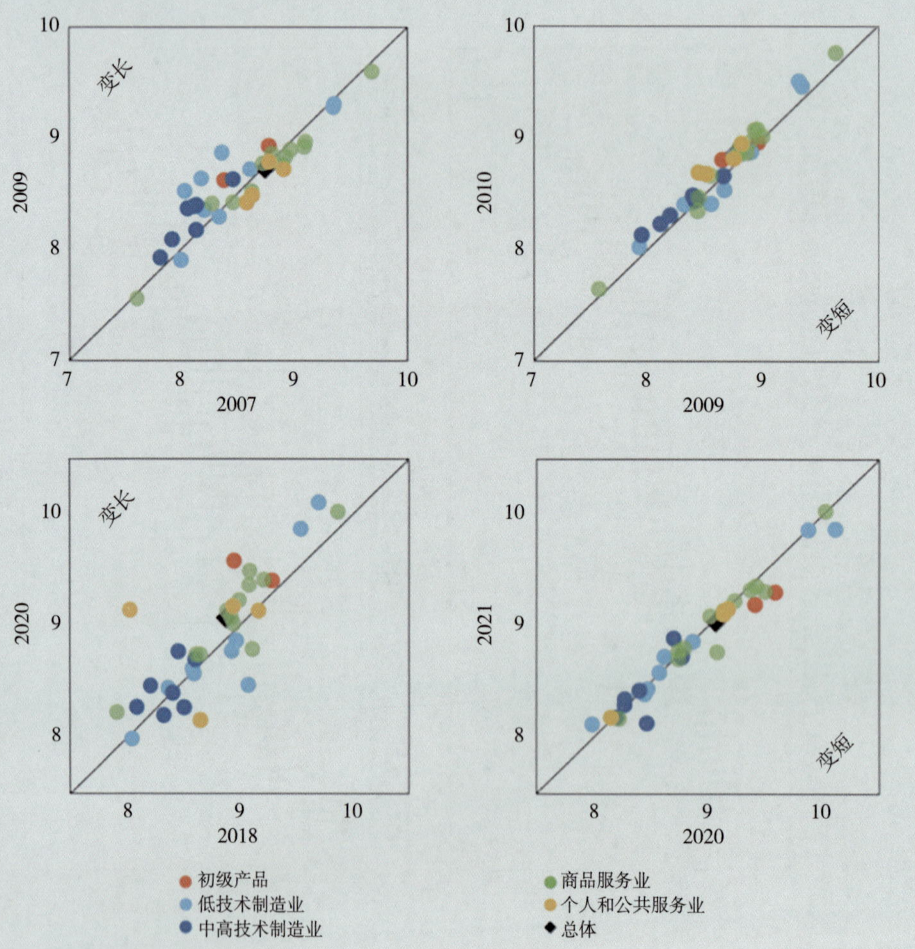

注：全球价值链生产长度是后向长度和前向长度之和。根据 Wang 等（2017）的方法计算而得。

资料来源：亚洲开发银行多区域投入产出数据库以及亚洲开发银行的估算。

第二次重大的全球贸易冲击是由中美之间的贸易摩擦引起的。这种紧张局势始于 2018 年，并在 2019 年加剧。美国政府对与中国长期存在的贸易逆差的担忧，以及与知识产权、国家安全和贸易政策有关的一系列其他担忧，逐渐升级为两国的贸易摩擦。这种交锋，对产业部门造成了负面影响，并严重损害了两国之间的贸易。由于中国是简单全球价值链网络中的供需枢纽，而美国则是复杂全球价值链网络中的重要枢纽（Li, Meng and Wang, 2019），全球供应链和市场秩序很快就被打乱了。

中美贸易摩擦对全球价值链的影响在图 1.1 中已有所体现。图 1.1 显示，2018~2019 年，世界出口下降了约 6.8%（从 25.52 万亿美元降至 23.78 万亿美元）。一方面，2017 年，DAVAX 的比重下降了 2.417 个百分点，但随着中美贸易紧张局势的开始，DAVAX 的比重又有所上升（2018 年上升了 0.336 个百分点，2019 年上升了 2.757 个百分点）。另一方面，FVA 在 2017 年增加了 1.643 个百分点，然后在 2018 年和 2019 年分别下降 0.245 个和 1.747 个百分点。REF 和 REX 也分别在 2018 年和 2019 年出现下降。

在全球价值链参与方面，如图 1.2 所示，后向参与度 2017~2019 年共下降了 1.835 个百分点，而前向参与度则从 19.45% 小幅下降至 18.85%。从全球价值链的角度来看，中美贸易紧张局势的影响似乎小于全球金融危机的影响。这可能是由多种因素造成的，包括贸易的转向和数字化的程度。

国际贸易受到的第三次重大冲击是新冠疫情，最初是负面的供应危机，疫情防控措施扰乱了企业、物流和供应链的正常运作，同时也限制了劳动力的供应。随着消费支出和投资的下降，危机最终蔓延至需求渠道（Brinca, Duarte and Faria-e-Castro, 2020；Del Rio-Chanona et al. 2020）。与全球金融危机期间耐用品和投资品的需求低迷相比，疫情期间服务贸易下降得更为严重（WTO, 2021）。相对而言，疫情期间，电子产品、家用电器以及医疗用品的消费需求激增（Ossa and Le Moigne, 2021）。例如，2019~2020 年，全球计算机和笔记本电脑的出口增长创纪录，达约 280 亿美元。

全球越来越多地采用数字技术，也被广泛地认为是疫情期间的一项重要发展。数字化使企业能够维持运营，甚至促进电子产品的商业消费，从而从供给和需求两侧同时减轻贸易冲击（WTO, 2021）。尽管并非所有电子商务都涉及跨境贸易，但通过快递或互联网渠道扩大零售贸易，电子商务部门在整个 2020 年取得了显著发展（WTO, 2021）。美国联合包裹运送服务公司（UPS）和贝宝（PayPal）等公司报告称，跨境运输量在该时期大幅增长（Fitzpatrick et al., 2020）。

新冠疫情期间的另一个突出趋势是，各国政府采取了相当程度的应对措施，包括一揽子刺激计划和劳动力市场支持措施，如就业保留计划，有助于规避疫情带来的负面影响。2020 年和 2021 年初，很多国家实施了财政和货币刺激政策，涉及资金超过了全球 GDP 的 15%。事实上，在发达经济体，财政和货币支持的价值相当于其国内生产总值的约 25%。而在低收入经济体，这一数字则低于国内生产总值的 3%。这表明，各经济体的支持力度存在一定差异，而这主要与其经济发展状况有关。相比之下，在全球金融危机期间，金融部门的混乱导致一些国家更难获得推动国际商业活动复苏所需的贸易融资（Ahn, Amiti and Weinstein, 2011；Chor and Manova, 2012；WTO, 2021）。

值得一提的是，2020 年以来中美贸易摩擦与新冠疫情在时间上有重合，要将 2020 年之后的观测结果进行归因，至少从测度的角度来看颇具挑战性。尤其是在缺乏精心设计的方法区分二者的影响的情况下，将有关经济趋势和模式的变化，看成是二者的复合影响，是较为合理的。

考虑到这一点，2020 年世界出口仅下降了 9.12%，与 2009 年相比（绝对值）下降了约 11 个百分点（见图 1.1）。同年，DAVAX 的份额也略有上升（0.398 个百分点），而 FVA、REX 和 REF 的份额均有所下降。2021 年，出口突然增长了约 24.57%，总值达到峰值（按名义价值计算），约为 26.92 万亿美元。这一年，DAVAX 和增加值的其他成分在出口中所占份额的趋势也发生了逆转。与此同时，2019~2020 年，全球价值链参与度继续下降（降幅很小，仅为 0.1 个百分点）（见图 1.2）。这可能是由于 2019 年全球价值链参与度大幅下滑，使其几乎没有进一步收缩的空间。2021 年的恢复相当迅速，因为后向和前向参与度都非常接近 2018 年以及之前的数值。

此外，值得注意的是，如图 1.3 所示，除了少数拥有大体量商业服务部门的经济体（如孟加拉国、哈萨克斯坦、马尔代夫、尼泊尔、斯里兰卡、英国和中国台湾地区）外，几乎所有经济体 2021 年的全球价值链总体参与度都高于 2019 年。这表明，服务业的复苏滞后于制造业，从而对以服务业为导向的经济体的影响周期更长。

与全球金融危机相比，2018~2020 年全球价值链普遍延长（见图 1.4）。在所有类别（初级产品、低技术制造业、中高技术制造业、商品服务业、个人和公共服务业）中，有 23 个产业的全球价值链生产长度变长，这是中美贸易摩擦和新冠疫情的综合影响全面显现的指征。这种变长，可能是由于征收关税，以及在这一时期发生的港口拥堵和边境关闭问题导致的贸易转向。这增加了生产流程的层级和阶段，因为生产流程要针对偏离既定流程的情况寻找替代方案。到 2021 年，全球价值链的生产长度变短，恢复到先前参与全球价值链的模式。

最近一次对全球经济造成冲击的是俄乌冲突。虽然这场危机的开端可以追溯到 1990 年代，但人们普遍认为，2014 年初，在当时的乌克兰总统维克托·亚努科维奇（Viktor Yanukovych）在政治动荡中逃离乌克兰之时，紧张局势就已加剧。在此后的几年里，各方提出了解决这一问题的各种倡议，但大多未见成效。2022 年 2 月，俄乌冲突爆发，随之而来的是美国、加拿大和欧盟对俄罗斯的一系列经济制裁。俄罗斯也对多个经济体实施了反制裁。这导致商品价格上涨、供应链中断和商业信心进一步下降等，进而对世界经济产生了负面影响（Kammer et al., 2022）。

由于在撰写本报告时尚无法获得 2023 年的跨国投入产出表数据，因此难以量化俄乌冲突对出口增值结构和全球价值链参与度的直接影响。以观察到的前述三大冲击的结果为参照，俄乌冲突第一年并未对贸易产生重大影响：2022 年，世界出口增长 14%，出口总值达到 30.83 万亿美元，创历史新高。DAVAX 继续下降（2.591 个百分点），而 FVA、REX 和 REF 均有所上升。全球价值链参与度指数也在 2022 年达到顶峰，后向参与度提高了 1.73 个百分点，前向参与度提高了 0.86 个百分点。最后，几乎所有经济体的总体全球价值链参与度在 2022 年都高于 2018 年前的水平（见图 1.3）。值得关注的是，增长能否在 2023 年持续，这可与过去观察到的情况进行对比。

总之，在出口大幅波动的时期，可以看到一种有趣的模式，如全球面临冲击之后的几年：

- 在出口显著增长的年份，DAVAX 的相对份额下降，而 FVA、REF 和 REX 的份额上升。
- 由此推论，出口大幅下降时期的特点是 DAVAX 增加，而 FVA、REF 和 REX 的份额减少。

该模式表明，与全球价值链相关的贸易（多次跨境，由 FVA、PDC、REF 和 REX 组成）随着出口的重大变化而呈周期性变化：出口大幅增长时，此类贸易增加；出口大幅萎缩时，此类贸易减少。由此可见，传统贸易（只跨境一次）在更具挑战性的时期出口活动会增加；反之亦然。这种现象可能只是巧合，如突发的一些情况（如 2020 年的港口拥堵和边境关闭）导致企业更难在全球范围内成功进行中间产品贸易。这也可能反映了国际贸易和全球价值链结构的某些特点，这些特点使其容易受到冲击（或至少对冲击敏感）。最后，我们观察到的模式可能表明，世界各国的政府和企业正在实施调整机制，以应对全球价值链中更高的风险预期，以及与参与全球价值链相关的次优条件（本章后续小节将详细探讨这些方面）。

1.3 美元价格与全球价值链

价格水平与经济冲击之间似乎有着千丝万缕的联系。在全球金融危机期间，由于消费者支出减少、企业投资放缓以及整体需求下降，全球范围内都呈现通货紧缩现象。从图 1.5 中我们可以清楚地看到不同通胀指标的趋势。

与此同时，Naisbitt 和 White（2020）指出，由于中美发生贸易摩擦，关税

图 1.5　2000~2022 年全球通货膨胀率

注：国内生产总值加权的全球总体和核心消费者价格指数（%），以及生产者价格指数同比增长率（%）。

资料来源：Ha et al.（2021）。

的普遍增加成为一种负面的供应冲击，提高了中间产品和最终产出的价格。自2020 年以来，随着全球各经济体在应对新冠疫情后走上正常化道路，通货膨胀也出现了激增。俄乌冲突对全球资源价格造成的叠加效应使情况更加恶化。包括食品和能源价格在内的全球总体消费者价格指数（CPI）通胀率在 2021 年有所上升，并在 2022 年达到 6.7%。即使不考虑食品和能源价格（核心消费者价格指数），2022 年的通胀率仍达到最高点，至少是自 2000 年以来的最高点。生产者价格指数（PPI）反映的是制造商和生产者的价格变化，2020 年以来 PPI飙升，2022 年达到 13%。

　　要理解全球经济冲击对价格水平的影响，一个需要解决的主要问题是，全球价值链统计中的趋势和模式是否由价格变化而非结构决定。这意味着，随着时间的推移，对外国来源投入品的依赖，以及全球供应链上中间产品的提供，有可能保持相对稳定（就交易量和交易次数而言），但价格变化可能勾勒出与实际情况不同的情景。为此，亚洲开发银行（ADB）编制了 2000~2022 年名义和实际多区域投入产出表。利用这些表格可得出单独的全球价值链指标集。因此，按名义值计算的全球价值链指标的趋势，反映了随时间推移而发生的生产技术、价格和汇率的变化，而按实际值计算的指标的趋势则只表明技术和结构的变化。由于所有的多区域投入产出表都以美元计价，因此，名义和实际指标之间的任何差异，都可归因于以美元标示的价格的变化，这种变化反映了价格和汇率变动的综合影响。

ADB（2023b）显示，将出口总额分解为传统贸易和与全球价值链相关的贸易具有稳定性，无论是否考虑美元价格的变化，该结论都成立。然而，在 2021~2022 年通货膨胀率激增期间，名义出口总额与实际出口总额之间的差距，在 2021 年和 2022 年分别增至 8% 和 7%。这可能会最终影响对全球贸易的分析。在全球层面，2007~2022 年，全球价值链的名义和实际参与度也显示出一致性。图 1.6 显示了名义与实际前向和后向全球价值链参与度之间的差异。计算方法很简单，就是用名义参与度减去实际参与度。虽然差异的范围很小，且方差都接近零，但值得注意的是，2021~2022 年，差异有了大幅增加，这意味着在通胀率飙升期间，名义值可能高估了实际的参与度。

在国家层面，并非所有经济体都保持这种一致性：新加坡和土耳其等国的实际和名义值之间存在明显差异；而在哈萨克斯坦和美国，这二者的趋势则相对一致。

为进一步研究全球价值链的实际参与度和名义参与度之间的相互作用，本报告还考虑了另外一些指标，即差异水平、差异变化和差异发生率（见专栏 1.1）。根据前两个指标，我们按中位数对经济体进行了分组，结果如图 1.7 所示。

图 1.7 中的第 1 象限代表差异小、变化大的一组。中国香港地区、老挝和新加坡都属于这一象限，它们以当前价格和不变价格计算所得的全球价值链参与度，在水平上相差不大，但二者之间差异的变动较大。

图 1.7 的第 2 象限对应的那些经济体，用两种方法计算的全球价值链参与度的差异及其变化均高于中位数（平均而言）。因此，它们以当前价格和不变价格

图 1.6　2007~2022 年按名义值和实际值计算的后向和前向全球价值链参与度的差异

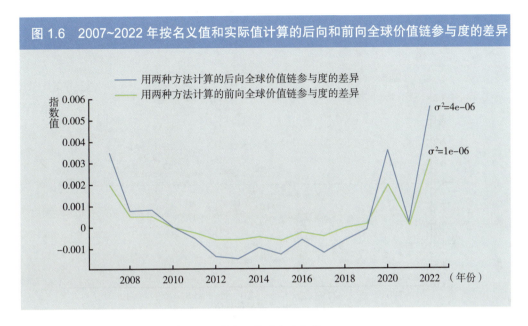

注：σ^2 = 方差。差异的计算方法是将名义值减去实际值。
资料来源：亚洲开发银行多区域投入产出数据库以及亚洲开发银行的估算。

估算的参与度不仅差异较大，而且相较于中心值（中位数）更加易变。土耳其、越南和吉尔吉斯斯坦就是明显的例子，因为它们与中心值距离最远。其中一些经济体还出现了数次背离整体趋势的情形（以气泡大小表示），明显的例子有马尔代夫（5 次背离整体趋势）、日本（4 次）和吉尔吉斯斯坦（4 次）。

第 3 象限所对应的一组经济体，用两种方法计算的全球价值链参与度的差异及其变化均低于中位数（平均而言）。概言之，这些经济体更加"稳定"，因为它们以当前价格和不变价格估算的参与度的值非常接近，且可预测性相对更高。中国和美国这两个国际贸易和全球价值链中的重要经济体就属于这一组，且后者比前者表现出更大的一致性。在这一组的所有经济体中，中国和斯里兰卡出现背离整体趋势的情形的次数最多，各为 3 次。

同时，第 4 象限包含了差异大、变化小的群体。只有四个经济体属于这一象限，即法国、印度尼西亚、荷兰和西班牙。这意味着，这些经济体以当前价格和

图 1.7　实际和名义全球价值链参与度的差异、变化和离中趋势

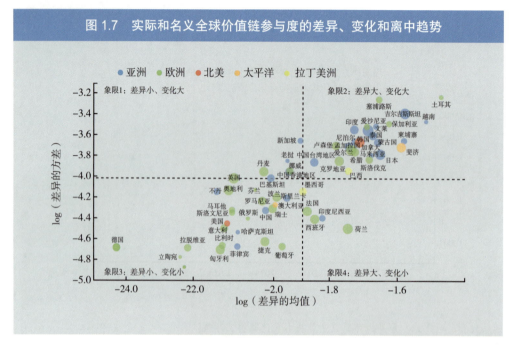

注：差异的均值指在不同时段以当前价格和不变价格估算的全球价值链参与度之间的差异的绝对值的平均值。差异的方差指在不同时段以当前价格和不变价格估算的全球价值链参与度之间的差异的绝对值的方差。出于可视化的考虑，我们呈现的是以 10 为底的差异的均值和差异的方差的对数。垂直虚线表示以 10 为底的差异的均值的对数的中位数，水平虚线表示以 10 为底的差异的方差的对数的中位数。气泡大小对应于以当前价格估算的全球价值链参与度的趋势和以不变价格估算的全球价值链参与度的趋势相背离的次数（即一个趋势是上升，另一个趋势是下降，反之亦然）。

资料来源：亚洲开发银行多区域投入产出数据库以及亚洲开发银行的估算。

不变价格估算的参与度之间存在相对较高但较一致的差异水平。

全球价值链参与的实际和名义指标间的差异的大小和变化会有很大不同，这取决于所衡量的是全球价值链的后向参与还是前向参与。[1] 一个经济体为全球生产流程提供中间投入品的程度，在用实际值和名义值衡量时可能是一致的，

1　用与图 1.7 类似的呈现方式，当我们分别用后向参与度和前向参与度来衡量时，经济体将处于不同的象限。

这表明，从前向关联的角度来看，全球价值链的参与，相对不受美元价格变化的影响。与此同时，一个经济体可能依赖于美元价格变化很大的外国中间产品，这将导致实际和名义的全球价值链后向参与度之间有很大的差异。而相对于其对中间产品的依赖程度，一个经济体在整个供应链中提供中间产品，可能受到美元价格变化的影响更大，这使得与前向参与度相比，后向参与度具有更好的一致性。

　　总体而言，62 个经济体中有 20 个经济体的分组发生了变化。四个经济体（中国香港地区、老挝、巴基斯坦和菲律宾）从用前向参与度来衡量时的第 2 象限（差异大、变化大），变成用后向参与度来衡量时的第 3 象限（差异小、变化小）。这表明，从前向关联的角度看，用当前价格和不变价格估算的全球价值链参与度之间的差异很大，变化也很大，而从后向关联的角度看，该差异则相对稳定和接近。

专栏 1.1　根据按当前价格和不变价格估算的全球价值链参与度的差异来确定经济体的特征

　　基于按当前价格和不变价格估算的全球价值链参与度的趋势，我们对各经济体进行了分组，我们考虑了以下几个维度：（1）差异水平；（2）差异的可变性；（3）出现二者方向不一致的情况。为了解释两种估计值是如何度量的，下面提供了一个示例。在每个时期（即 t1、t2、t3、t4、t5），以当前价格估算和以不变价格估算的全球价值链参与度之间的差值（以虚线表示），可用一个估算值减去另一个估算值得到。就本分析的目的而言，该差值的符号和 / 或方向并不重要，因此取的是差值的绝对值。然后对各时期的值进行平均处理，得出平均差异，见下式：

$$avgDisc_i = \frac{\sum_{t=1}^{T}\left|CurrentGVCParticipation_{i,t} - ConstantGVCParticipation_{i,t}\right|}{T}$$

其中，$avgDisc_i$ 指第 i 个经济体的全球价值链参与度的平均差异，t 为时期，$|x|$ 指任何数字 x 的绝对值。直观地说，这衡量了按当前价格和不变价格估算的全球价值链参与度在不同时期的（平均）差异。差异的变化，就是差异绝对值的方差，如下式所示：

$$VarDisc_i = \sum_{t=1}^{T}\left(\begin{array}{c}\left|CurrentGVCParticipation_{i,t} - ConstantGVCParticipation_{i,t}\right| \\ -avgDiscrepancy_i\end{array}\right)^2$$

其中，$VarDisc_i$ 指第 i 个经济体的全球价值链参与度差异的方差。直观地说，这是衡量按当前价格和不变价格估算的全球价值链参与度的差异随时间变化的程度。

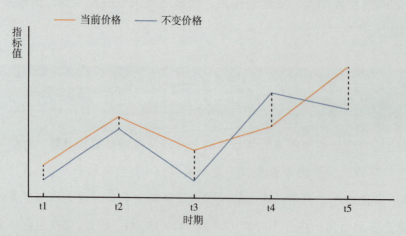

资料来源：由参与《全球价值链发展报告（2023）》的亚洲开发银行作者构思并绘制。

在上图的 t5 期，按当前价格估算的全球价值链参与度的趋势是上升的，而按不变价格估算的全球价值链参与度的趋势却是下降的。这表明，如果将价格和汇率纳入分析，则从 t4 到 t5 会出现增长。然而，如果控制或剔除价格和汇率因素，就会发现参与度指标有所下降。这种差异可能会对决策过程产生影响，因为潜在政策干预可能取决于一组指标在时期中的变化。因此，对经济体进行分组的第三个维度是通过计算在研究期间出现这种背离的次数来衡量的。

相反，四个经济体（孟加拉国、加拿大、希腊和尼泊尔）从用前向参与度来衡量时的第 3 象限变成用后向参与度来衡量时的第 2 象限。从前向关联视角转向后向关联视角时，分组发生变化的例子还包括：三个经济体（荷兰、波兰和中国）从第 2 象限转向第 1 象限或第 4 象限；两个经济体（比利时和斯里兰卡）从第 1 象限转向第 3 象限或第 4 象限；三个经济体（克罗地亚、芬兰和英国）从第 3 象限转向第 1 象限或第 4 象限；四个经济体（澳大利亚、哈萨克斯坦、泰国和越南）从第 4 象限转向第 2 象限或第 3 象限。

全球价值链与生产的分散化以及将工序转移到能以最佳方式完成任务的地区有关。随着全球价值链的发展，生产网络不断扩大，世界上几乎每一个经济体都日益卷入其中。当然，生产结构的这种变化也在国际贸易的参与者之间引入了新的、不断变化的相互依存关系。在危机时期，这种关系变得更加突出，因为整个供应链都会受到干扰。本章接下来的两节，将围绕国际贸易和全球价值链的风险，研究可能导致全球价值链受到冲击的三个特征：（1）潜在瓶颈产品的贸易；（2）增加值来源的集中；（3）传递频率在供应链上的集中。

1.4 国际贸易中的潜在瓶颈产品

如果生产仅局限于少数几个地方，危机的影响就会被放大。贸易可使供给和需求的来源多样化，从而倾向于保护单个经济体免受冲击的影响（WTO, 2023a）。然而，当某些关键产品的贸易在全球趋于集中时，这种多样化渠道就会被削弱，贸易反而会加剧危机。不同研究已提出了识别全球贸易中此类潜在瓶颈产品的方法。Majune 和 Stolzenburg（2022）将潜在瓶颈产品定义为：供应商数量有限，替代品很少，但在全球贸易中占有一定份额的产品。

一个典型的例子是口罩等医疗装备，2019 年，德国、中国和美国的供应量占全球近一半（Hayakawa and Imai, 2022）。2020 年，随着对口罩的需求激增，全球对这三个经济体的依赖也呈指数级增加。然而，在新冠疫情期间，由于面临生产和物流方面的挑战，它们满足全球需求的能力变得有限。俄乌冲突也凸显了世界高度依赖少数几个经济体生产商品的潜在风险，石油和农产品价格的上涨，导致粮食和能源安全状况趋于恶化，贸易体系的调整也仅能抵消部分负面影响（WTO, 2023b）。

探讨贸易潜在瓶颈的文献在不断增加。Korniyenko、Pinat 和 Dew（2017）评估了全球贸易商品的脆弱性，并根据以下三个维度辨识了"100 种有风险的进口产品"：（1）中心参与者的存在；（2）集群趋势；（3）国际可替代性。作者发现，几乎所有经济体的进口都存在潜在瓶颈，只是程度不同而已。在该研究的基础上，Reiter 和 Stehrer（2021）构建了产品风险指数，该指数由五个部分组成：（1）出度中心性（outdegree centrality）[1]；（2）集群趋势；（3）国际可替代性；（4）赫希曼－赫芬达尔指数（the Hirschmann-Herfindahl Index, HHI）；（5）非关税措施。利用该方法的研究成果显示，4706 种产品中有 435 种被确定为风险产品，约占世界进口总值的 26%。

也有一些研究试图在区域和经济体层面辨识潜在瓶颈产品。例如，2021 年，欧盟委员会根据集中度、自欧盟外进口在欧盟总进口中的重要性，以及以欧盟生产替代自欧盟外进口的可能性，将 5000 种产品中的 137 种归类为对欧盟而言有风险的产品（European Commission, 2021）。Jiang（2021）利用进口多样化、进口可替代性（内部和外部）和最终用途类别等四个指标构建了依赖性的衡量指标，并运用加拿大 2019 年的进口数据，结果是 5331 种产品中有 500 种被归类为易受影响的产品。另外，Bonneau 和 Nakaa（2020）评估了法国对非欧洲经济体产品的脆弱性，其衡量标准是非欧盟 27 国经济体在进口中的集中程度，以及产品供应商的数量，在所分析的 5000 种产品中，有 121 种被确定为易受影响的产品。

现在我们将详细讨论 Majune 和 Stolzenburg（2022）提出的一个新框架，以在全球范围内辨识潜在瓶颈产品。这将有助于揭示这一文献分析体系的总体思路，并强调集中是全球贸易的一个重要问题。这样做有助于更好地理解这些方

---

1 在网络分析中，出度中心性是指一个节点在有向网络中的向外连接数。这个数字通常通过除以该节点可能拥有的向外连接总数来标准化。

法，增加对国际贸易和全球价值链中存在的风险和脆弱性的认识。根据表 1.1 所示的标准，本章确定了潜在瓶颈产品的维度及识别该产品的具有可操作性的指标。

要将某一产品类别划分为潜在瓶颈产品，可根据表 1.1 中的各项标准制定以下规则：

（1）HHI 至少为 0.25。这沿用了美国司法部和联邦贸易委员会对集中行业的定义。

（2）2000 年，年出口额超过 3000 万美元，且随后几年的全球贸易都有所增长。这是根据若干产品的出口额计算得出的，这些产品在过去曾因集中而导致扰动。

（3）替代弹性（EoS）大于[1] 对应的特定年份的平均替代弹性，表明其替代性有限。

表 1.1　将产品类别划分为潜在瓶颈产品的标准

标准	定义	衡量指标
市场集中度	指某一产品类别的供应商数量及其在出口总额中所占的份额	赫希曼－赫芬达尔指数 (HHI)
市场重要性	指根据出口额和进口国的数目计算的某一产品类别在全球贸易中的重要性	年出口额
市场可替代性	指用一种产品类别替代另一产品类别的可能性	产品层面的替代弹性 (EoS) (Fontagné et al., 2022a, 2022b)

资料来源：Majune and Stolzenburg（2022）。

由于无法获得所有产品的替代弹性的估计值，因此我们一并提供包括和不包括第三项标准的结果，这些结果显示出一致性。因此，下文仅重点讨论不包括替

1　EoS 的值为负数。

代弹性的结果。

Majune 和 Stolzenburg（2022）将其方法应用于联合国商品贸易数据库[1] 中 2000~2021 年的经济体－产品－目的地的年度数据，从贸易流量、动态和使用几个维度描述了潜在瓶颈产品。在 5384 种被分析的产品中，2021 年共有 1075 种（约 20%）被确定为潜在瓶颈产品，而 2000 年只有 778 种。同期，这些产品的年出口总值从略低于 6000 亿美元增至约 4 万亿美元。这意味着，潜在瓶颈产品在全球贸易额中所占的份额增加了一倍多，从 2000 年的 9.66% 增加到 2021 年的 19.41%（见图 1.8）。虽然在全球金融危机发生之前，该份额相对稳定，为 9%~10%，但此后稳步上升，仅在 2020 年前出现过短暂中断。

对各区域进行评估后发现，潜在瓶颈产品主要由东亚和太平洋地区出口，其在全球出口额中所占的份额，从 2000 年的略高于 33% 增加到 2021 年的近 66%。其次是欧洲和中亚、北美，以及拉丁美洲和加勒比地区。在这些主要地区中，欧洲和中亚以及北美的份额稳步下降，而东亚和太平洋地区则相应受益。

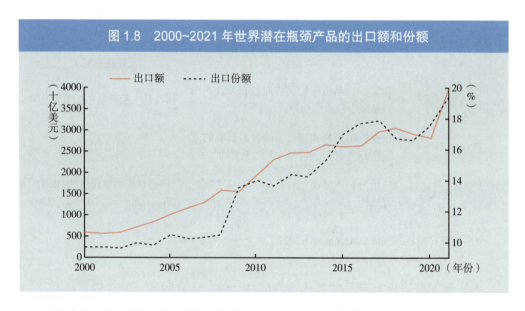

图 1.8 2000~2021 年世界潜在瓶颈产品的出口额和份额

资料来源：联合国商品贸易统计数据库（2000~2021）以及世界贸易组织的估算。

1 产品按协调制度（HS）6 位编码分类，并与 2017 年修订的协调制度保持一致。

表 1.2 列出了 2000 年、2005 年、2010 年、2015 年和 2021 年出口潜在瓶颈产品最多的 10 个经济体。2000~2021 年，中国和美国显然是这些产品的主要供应国，尽管美国的份额逐渐减少。在研究期间，中国平均占这些产品全球出口额的近 33%，从而进一步强化了已被相关文献确认的事实，即中国在潜在瓶颈产品的供应方面居于主导地位。欧洲经济体（即法国、德国、意大利、荷兰和英国）以及加拿大也发挥了相当大的作用。韩国也日益成为潜在瓶颈产品的主要供应国之一，其份额持续上升，2021 年在所有经济体中排名第三。澳大利亚的贡献也有类似增长。2000~2021 年，约 70% 的潜在瓶颈产品是由排名前 10 位的供应国提供的。

就产业而言，电气设备在潜在瓶颈产品的出口额中占比最高：从 2000 年的 20% 增加到 2021 年的 47%。这主要是受移动电话和半导体需求的驱动。第二大主导产业是燃料，占 2021 年出口额的 10%。如果按产品数量而不是按贸易额来衡量产业份额，某些产业占据突出地位，包括纺织品、化学品（尤其是锂和镍）以及蔬菜。这与围绕俄乌冲突以及尚在进行中的全球向绿色经济转型的讨论相关。

表 1.2　2000~2021 年潜在瓶颈产品的最大出口国

单位：%

2000 年		2005 年		2010 年		2015 年		2021 年	
经济体	份额	经济体	份额	经济体	份额	经济体	份额	经济体	份额
中国	19.1	中国	32.2	中国	35.7	中国	39.5	中国	36.3
美国	18.4	美国	10.0	美国	8.5	美国	8.3	美国	6.4
日本	9.4	日本	7.2	德国	4.4	德国	4.3	韩国	5.0
法国	6.2	德国	5.2	日本	4.3	韩国	4.0	澳大利亚	4.2
加拿大	5.2	法国	4.9	法国	3.6	法国	3.2	越南	4.2
德国	5.1	荷兰	3.0	巴西	3.6	澳大利亚	3.2	德国	3.4
意大利	3.4	马来西亚	2.8	澳大利亚	3.0	日本	3.0	巴西	3.3
英国	3.3	意大利	2.6	韩国	2.7	越南	2.8	日本	2.7

2000 年		2005 年		2010 年		2015 年		2021 年	
经济体	份额	经济体	份额	经济体	份额	经济体	份额	经济体	份额
荷兰	2.2	爱尔兰	2.4	荷兰	2.2	巴西	2.2	印度尼西亚	2.4
马来西亚	1.6	英国	2.3	马来西亚	1.9	荷兰	2.0	法国	2.2
总计	74.0		72.5		69.8		72.5		70.2

资料来源：联合国商品贸易统计数据库（2000~2021）以及世界贸易组织的估计。

为了确定潜在瓶颈产品在各行业的使用率，Majune 和 Stolzenburg（2022）将 2017 年版的协调制度（HS）分类与美国经济分析局 2012 年的投入产出表进行了比较，从而辨识出哪些产业最依赖被归类为潜在瓶颈产品的投入。结果显示，食品和饮料行业的风险最大。因此，努力分散涉及高风险产品的贸易流动，可为实现粮食安全做出重大贡献，俄乌冲突所造成的影响也凸显了这一点的重要性。

1.5　贸易额和贸易频率在地域上的集中

在全球价值链重要性不断凸显的背景下，如果供应链上生产的商品和提供的服务仅来自或经过少数几个地区，而又没有明显可用的替代品，那么供应链就会面临相当大的风险。

1.5.1　国外增加值来源的集中

如上文所示，出口总值可分解为一系列增加值项。其中一个组成部分，即国外增加值（FVA），可以衡量一个经济体（或经济体－部门）出口中所含的来自贸易伙伴的增加值。例如，如果 A 经济体向全球出口 100 个货币单位的产品，其中 25% 是国外增加值，那么就有 25 个货币单位的增加值不是来自国内，而是来自其他经济体。利用 Borin 和 Mancini（2019）的框架，可以将 FVA 按来源经济体进行分解。按照上述例子，25 个货币单位的 FVA 可以追溯到其来源经济体，如 15 个来自 B 经济体，7 个来自 C 经济体，3 个来自 D 经济体。同样地，对 B、C 和 D 经济体也可以进行类似的溯源，并推算出源于每个经济体的国外增加值总额。

利用这一算法和 ADB 的多区域投入产出表（MRIOTs）的数据，首先将一个经济体（如 i）的 FVA 在经济体具体部门层面按其来源进行分解。然后将所有经济体（$j \neq i$）的矩阵相加，得出 i 经济体的出口产品中来自各经济体的 FVA。对 MRIOTs 中的每个经济体重复上述过程，2000~2017 年共有 63 个经济体适用，2017~2022 年共有 73 个经济体适用。将得到的汇总矩阵连接合并，再将所有经济体的汇总矩阵相加，得出每个经济体为全球出口提供的 FVA 总量。该指标很好地说明了一个经济体在全球价值链贸易中的后向依赖性。如果国际贸易中的所有参与者作为增加值的提供者扮演着相同的角色，那么就应该观察到各经济体之间的某种一致性。如果不是这样，而是偏向少数几个经济体，那么就有集中的迹象。

图 1.9 显示了两个时期的计算结果：（1）2007~2010 年；（2）2018~2021 年。图中，色阶用于表示一个经济体向另一个经济体提供的 FVA 的最大值，更暖的色调对应更高的数字。例如，2007 年，美国向另一经济体提供的最高增加值接近 785 亿美元。

2007 年，前 20 大国外增加值来源国的国外增加值占全球国外增加值总额的 81%，这意味着在全球金融危机爆发之前，后向依赖已经相当集中。美国和德国是该年度国外增加值的最大提供者。来自美国的国外增加值几乎相当于前 20 强以外所有经济体国外增加值的 75%。同样，来自德国的国外增加值超过来自世界其他地区的国外增加值的 50%。在接下来的几年中，集中程度大致相同。2009 年，前 20 大提供国占全球国外增加值的 80.87%，2010 年占 81.26%。

到 2018 年，中国的排名已经超过德国，成为向全球提供国外增加值第二多的经济体。随着这一变化，中美不仅在全球价值链中具有举足轻重的地位，而且其他经济体也高度依赖它们。因此，全球价值链受到由贸易摩擦所引起的扰动的负面影响也就不足为奇了。

2020 年和 2021 年，FVA 的集中度依然明显，出口总值出现了可观的恢复。

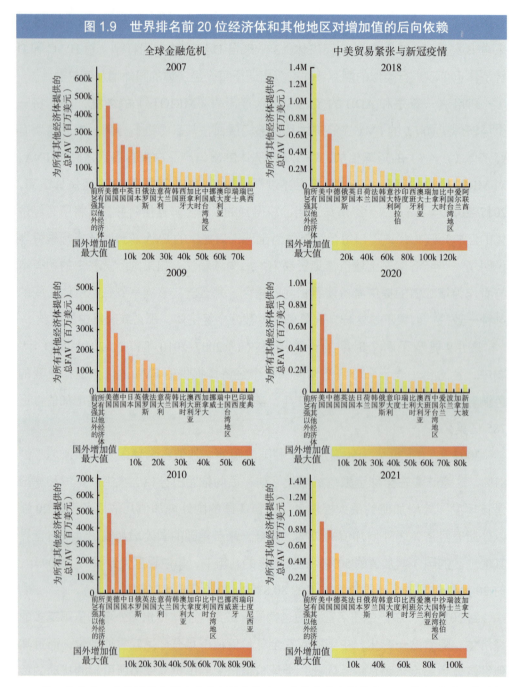

图 1.9 世界排名前 20 位经济体和其他地区对增加值的后向依赖

注：纵轴是一个经济体为所有其他经济体的出口总值的生产提供的 FVA 总额（百万美元）。条形图的颜色代表一个经济体为单一经济体的出口生产提供的 FVA 的最大值。

资料来源：亚洲开发银行多区域投入产出数据库以及亚洲开发银行的估算。

在此期间，前 20 大 FVA 来源方约占世界 FVA 总量的 78%。

值得注意的是，2007~2010 年和 2018~2021 年排名靠前的经济体名单保持相对稳定。总体而言，这些研究结果表明，尽管全球金融危机、中美贸易摩擦和新冠疫情造成了干扰，但全球价值链中以向少数几个经济体集中为特征的后向依赖的基本结构仍得以保留。

1.5.2　参与频率的集中

到目前为止，对后向依赖的分析，只涉及集中的量。然而，还有一个风险维度，该维度源于一个经济体与另一个经济体接触的频率（Inomata and Hanaka, 2023）。以一个简单的例子说明这个概念，如果一个感染了新冠病毒的人一天中与另一个人有几次接触，即使只是短时间接触，那么第二个人都可能与任何与感染者有较长时间接触的人一样面临感染风险。在全球供应链中，即使某个经济体不是其他经济体生产各自出口产品的主要投入供应方，但它仍有可能经常参与生产过程。这可能包括，成为某些贸易路线的主要转口港，或者为生产过程的不同阶段提供增量投入。这些参与，尤其是集中参与，增加了卷入不可预见情况（如自然、经济或政治冲击）的可能性，因此必须在进行整体贸易风险评估时加以考虑。

为了进一步说明频率的概念，请看图 1.10 中的示例。此时，供应链可以通过五个不同的生产路径将 A 经济体与 G 经济体连接起来，这些路径都会经过 D 经济体（在本例中，D 经济体恰好是风险经济体）。供应链也可以通过 E 经济体进行双向传递。因此，五条相关的生产路径分别是：

（1）　　A→B→D→E→E→F→G

（2）　　A→B→D→E→F→G

（3）　　A→B→D→E→D→F→G

（4）　　A→B→D→E→E→D→F→G

（5）　　A→B→D→F→G

请注意，A 经济体和 G 经济体也可以通过 B 经济体和 C 经济体连接起来。

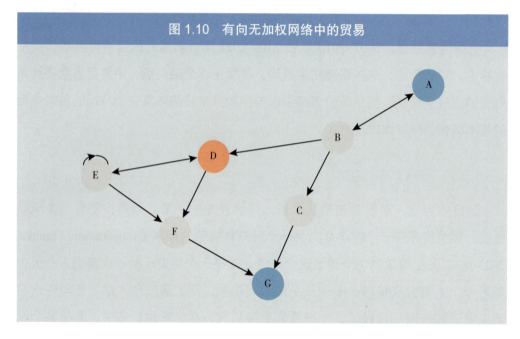

图 1.10 有向无加权网络中的贸易

资料来源：由参与《全球价值链发展报告 2023》的亚洲开发银行作者构思并绘制。

路径（3）和（4）经过经济体 D 两次，其余路径只经过一次。如果 D 经济体发生危机，在一定概率内可能导致经过该经济体的贸易不成功，那么经过路径（1）、（2）、（5）的风险可能性较小。

然而，现实世界中的供应链比图 1.10 所示的网络要详细得多，也复杂得多。因此，需要用一种易于管理的方法来衡量更复杂的关系，即一种考虑到贸易联系的方向和权重的方法。

Liang、Qu 和 Xu（2016）结合关键部门分析，使用"中间性"（betweenness）概念来衡量中间部门（称为传输部门）在减轻供应链带来的环境压力方面的重要性。在网络理论中，任何给定的网络都是由节点（顶点）和连接（边）组成的。以监测新冠病毒传播为例进行如下说明：节点由个人代表，即那些确诊感染者；与他们互动的人；直接接触者的家人、朋友和同事；等等。关系或互动则由边来表示，它们确立了构成网络的个人之间的联系。

在网络分析中，节点的中间性（或中介中心性）是指，该节点在多大程度上位于其他节点之间的最短路径上，从而表明它如何在网络中的其他节点之间撮合或者控制交易流（McCulloh, Armstrong and Johnson, 2013）。在无加权、无定向的网络中，任何给定节点的中间性，都是通过计算两个节点之间经过该指定节点的最短路径数与这两个节点之间所有最短路径数之比得到的。这里的最短路径是指从一个节点到另一个节点步数最少的路径。例如，在图 1.10 中，A 经济体和 G 经济体之间的最短路径为 A→B→C→G。

一旦在网络中引入方向性，就必须对中间性的定义稍作修改。因为一个节点位于从节点 A 到节点 B 的最短路径上，并不一定意味着它位于从节点 B 到节点 A 的最短路径上。因此，标准化过程会有所改变，以考虑这种方向性的差异。[1] 当在网络中引入权重时，基于最短路径的中心性度量（如中间性和接近度）在解释上就会变得更有具挑战性，因为边可能表示连接的强度，而连接的强度可以促进信息的传递并提高交易效率（Opsahl，Agneessens and Skvoretz, 2010）。因此，通过使用算法这些指标被进行调整，以考虑边的权重。例如，Djikstra（1959）的算法将权重视为传输成本，Newman（2001）和 Brandes（2001）的算法取纽带权重的倒数，而 Opsahl 的算法则整合了中间节点的数量和纽带权重的倒数。

在一个由多个部门组成的经济体中，这些部门在生产各自的产品和服务时相互影响，因此网络分析具有广阔的应用前景。Liang、Qu 和 Xu（2016）利用了这一想法，但他们必须考虑自流（self-flows）、方向性和权重。有鉴于此，作者采用结构路径分析（structural path analysis）方法，设计出一种结构路径中间性指标，用于衡量特定部门在供应链中传递环境压力的作用。只需对公式稍作修改，就可将这一基于中间性的指标，转化为一个跟踪特定供应链经过某一部门的次数的指标，或在 MRIOTs 的框架下，经过某一经济体 – 部门的次数的指标（见专栏 1.2）。

1　在无定向和无加权网络中，节点 A 到节点 B 的连接等同于节点 B 到节点 A 的连接。该连接只表示两个节点之间存在联系，而不考虑互动的起源和程度。因此，此类网络的邻接矩阵是二元且对称的。

专栏 1.2　推导供应链经过一个部门的次数

Liang、Qu 和 Xu（2016）在研究中首先介绍了最终需求影响的后向传播，该影响从部门 s 开始，经过 r 个部门（ $k_1, k_2, ..., k_r$ ），并在部门 t 结束。这可以表示成：

$$a_{sk_1} a_{k_1 k_2} a_{k_2 k_3} ... a_{k,t} y_t$$

在这里，部门 t 的最终需求为 y_t，因此需要生产链上其他部门的投入，所有这些部门本身可能依赖于其他部门，也可能不依赖于其他部门。$a_{sk_1} a_{k_1 k_2} a_{k_2 k_3} ... a_{k,t}$ 是矩阵 A 的技术系数。沿用 Inomata 和 Hanaka（2023）的研究，可以通过以下方法来进行符号表示：（1）将部门 q 设为目标，并假设它是上述生产路径上的中间部门之一；（2）将 t 的上游部门表示为 $u_1, u_2, ..., u_m$，下游部门表示为 $d_1, d_2, ..., d_n$，即可得到：

$$a_{u_1 u_2} a_{u_2 u_3} ... a_{u_{l-1} u_l} a_{u_l t} \ a_{t d_1} a_{d_1 d_2} ... a_{d_{m-1} d_m} y_{d_m}$$

该项的右半部分是影响从部门 d_m 到部门 t 的传播。表示方法可能不同，取决于 $d_1, d_2, ..., d_{m-1}$ 的选择。因此，所有这些路径的总影响为：

$$\sum_{d_1, ..., d_{m-1}} a_{t d_1} a_{d_1 d_2} ... a_{d_{m-1} d_m} y_{d_m}$$

此外，该项的左半部分（褐色）是从部门 t 向部门 u_1 的后向传播。同样，它也可能涉及不同的部门组合。因此，所有这些路径的总影响，可以通过对所有选择的 $u_2, ..., u_l$ 求和得出。因此，通过部门 t 从部门 d_m 到部门 u_1 的所有路径产生的总影响为：

$$\left(\sum_{u_2,\dots,u_l} a_{u_1u_2}a_{u_2u_3}\dots a_{u_{l-1}u_l}a_{u_lt}\right)\left(\sum_{d_1,\dots,d_{m-1}} a_{td_1}a_{d_1d_2}\dots a_{d_{m-1}d_m}y_{d_m}\right)$$

这可以用矩阵符号表示为：

$$\left[A^l\right]_{u_1t}\left[A^m\right]_{td_m}y_{d_m}$$

其中，$\left[A^h\right]_{ij}$ 指的是矩阵 A 的 h 次幂的第 i-j 个元素，表示长度为 h 的从部门 j 到部门 i 的所有路径的总影响。由于上游和下游路径可能具有任意长度，因此要获得经过部门 t 的所有路径的整个影响传播的集合，必须考虑这些长度的所有可能组合。计算公式如下：

$$\sum_{l=1}^{\infty}\sum_{m=1}^{\infty}\left[A^l J_{(t)}A^m \hat{y}\right]=TJ_{(t)}T\hat{y}$$

其中，$T=LA$，L 是里昂惕夫逆矩阵，$J_{(t)}$ 是一个 $n\times n$ 矩阵，其中 t 行 t 列的元素为 1，其他元素为 0，并且 $\hat{y}$ 是最终需求向量的对角化版本。略加修改后，上式可重新改写，以表示特定供应链在商品和服务生产过程中经过特定目标部门的次数。

资料来源

Liang, S. Qu, S. and Xu, M., 2016, "Betweenness—Based Method to Identify Critical Transmission Sectors for Supply Chain Environmental Pressure Mitigation", *Environmental Science & Technology* 50, pp. 1330–1337.

Inomata, S. and Hanaka, T., 2023, "Measuring Exposure to Network Concentration Risk in Global Supply Chains: Volume versus Frequency", *Structural Change and Economic Dynamics*, Elsevier.

将每个经济体 - 部门选定为目标，该方法也适用于 MRIOTs。每一轮运行会生成一个矩阵，其中包含每个经济体的部门层面对选定目标的传递指数。然后，通过以下方法将其汇总为一个经济体层面的矩阵：（1）对于某一个经济体，将为其生成的所有传递矩阵相加[1]；（2）将维度缩减为从经济体到经济体。由此产生的矩阵，其元素代表了各经济体在生产最终产品和服务时相互接触的次数。在本分析中，经济体与自身的互动关系为零，因为这不在关注范围之内。图 1.11 显示了与图 1.9 同期的多轮运算的汇总结果。

2007 年，传递频率最高的三个经济体是德国、中国和新加坡。虽然新加坡在向世界提供国外增加值方面的作用并不突出，但其自由贸易区以促进转口贸易和转运活动而著称，这些活动在贸易上将世界各地连接起来。由于大量货物在其港口转口，尽管传递次数很多，但贸易增加值很少。事实上，新加坡在 2010 年的传递频率排名中名列前茅。相比之下，美国的传递频率排名并不像它的后向依赖度排名那么高，这可能是因为美国将部分生产流程外包到了世界其他地方。因此，美国对其他经济体出口所贡献的增加值中，有很大一部分可能根本没有经过美国。排名前 20 位的经济体占全球总传递量的 78.35%，这表明即使在全球金融危机之前，参与频率也很集中。这些国家的份额在 2009 年和 2010 年分别进一步增至 78.94% 和 79.46%。

在中美贸易紧张局势达到顶峰之前，中国的传递频率超过新加坡和德国，位居世界第一。即使在 2020~2021 年新冠疫情期间，中国也保持了这一地位。2018~2021 年，虽然集中度依然明显，但排名前 20 位的经济体所占份额不及全球金融危机期间，甚至每年都有小幅下降。2018 年，77.07% 的传递量发生在前 20 个经济体。到 2020 年，该集中度下降了约 3 个百分点，2021 年又下降了 0.83 个百分点。这种下降很可能是因为贸易限制，以及在疫情高峰期物流业面临的压力。

1　一个经济体有 35 个矩阵，这与 MRIOTs 中的部门数相对应。

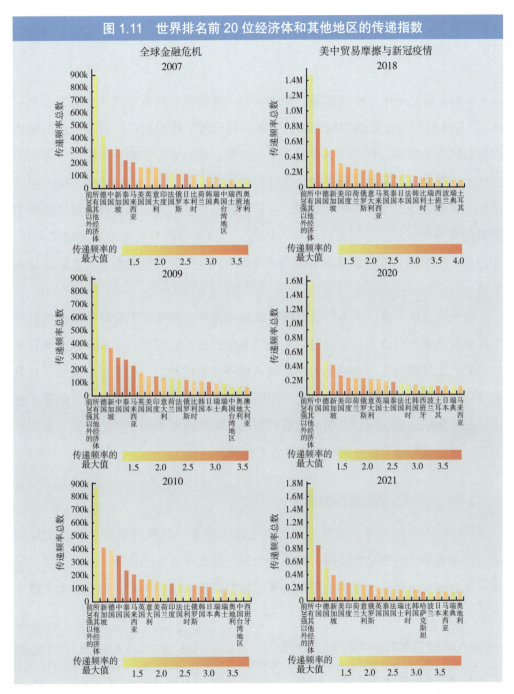

图 1.11　世界排名前 20 位经济体和其他地区的传递指数

注：纵轴表示其他经济体经过某一经济体的次数。对于某一经济体，条形图的颜色代表另一经济体通过该经济体的最大次数。

资料来源：亚洲开发银行多区域投入产出数据库以及亚洲开发银行的估算。

1.6 适应冲击

如本章前文所述，出口显著下降的年份（通常发生在全球经济危机发生后不久），与传统贸易份额增加和全球价值链贸易份额下降相联系。对增加值的依赖和参与频率的集中，可能在其中起到重要作用，因为它们在短期内限制了可能的替代品的数量。如果供应链中的角色分布较为均匀，那么一个经济体（或一组经济体）遇到瓶颈的情况将得到缓解，办法是将提供生产投入的责任转移给网络中的其他参与者，至少可以暂时转移。然而，当只有少数参与者发挥关键作用时，如为出口提供增加值，系统就容易出现短路[1]，导致危机期间全球价值链参与率下降。

在全球金融危机、中美贸易摩擦和新冠疫情期间观察到的全球价值链贸易额下降也可能表明，政府和企业随后实施了重组战略，以减少对中间产品跨境贸易的依赖。全球的合作，在冲击时期会使各经济体重拾动力，而全球价值链因其具有既传递风险又减轻风险的复杂生产网络会受到更多的关注。必须指出的是，在上述三次危机之后，出口总值的恢复和贸易结构的恢复相对于危机开始时都相当迅速。重组战略很可能在其中发挥了重要作用。

1.6.1 全球价值链重组的前景

预计在不久的将来，国际生产将发生巨大转变。这种转变将由技术变革促成，技术将驱动经济动态发展，而相关政策也将发挥巨大的作用。预计这些发展将引发全球价值链现有结构的重组。虽然转型可能有多种方向，但在学术文献中

---

1 有几种情况可能导致该现象。其中一种情况是，假设供应网络中有些节点在提供投入品方面发挥的作用有限，而且对少数节点存在依赖。如果由于某种原因，次要节点无法完成这项任务，那么除了那些被集中依赖的节点外，提供投入品的责任可能别无推卸。如果出现这种情况，这些主要节点可能会出现超负荷，从而对其效率产生负面影响。此外，如果主导节点丧失了提供投入品的能力，那么将它们的责任推给那些习惯于只扮演有限角色的节点是不现实的，从而阻碍了网络的运作。

出现了四种可能的轨迹：复制、多样化、区域化和回流（UNCTAD, 2020）。总体而言，某个产业的发展轨迹将取决于其典型的国际生产配置的起点。

复制（replication）的特点是集中协调的"分布式制造"，将生产步骤捆绑在一起，在许多地方复制，从而缩短价值链。自动化使在许多地方复制相同的生产流程成为可能，同时将劳动力成本和边际成本降至最低，而数字化则通过对网络进行有效的中央协调来实现。分布式制造通常与增材制造或 3D 打印技术的应用有关，这是一种结合了自动化和数字化的技术。

应当指出的是，复制并不适用于所有行业。UNCTAD（2020）指出，在国际生产的四个轨迹中，复制最不可能在各产业广泛应用。除了 3D 打印技术在原材料方面的应用限制外，该轨迹对商业条件有非常具体的要求。总体而言，复制预计会导致外国直接投资减少；全球价值链贸易额减少；服务贸易、无形资产、数据流，以及支付的版税和许可费的增加。

多样化（diversification）利用全球价值链（而不是瓦解全球价值链）来建立韧性。该轨迹是替代回流的主要方式。鉴于讨论韧性问题绕不开生产的集中化和供应链的依赖性，企业和经济体可能会发现在国际范围内实现多样化比回流更为有效。这可能意味着要放弃一些规模经济，让更多的地区和供应商参与到价值链中来。

使各经济体的投入品多样化和更具可替代性，可以增强抵御冲击的能力。多样化可以大大减少主要上游供应商受到冲击时全球生产总值的损失。它还能使相互关联的经济体在受到冲击后的国内生产总值波动降低。因此，必须找到扩大贸易机会的途径，从而增强世界经济在面对各种冲击时的韧性。为进一步增强全球价值链的韧性，各经济体可在国际范围内实现中间投入品供应商的多样化，在各经济体之间更平均地采购中间投入品。多样化可减少对单一经济体的依赖，或建立可在危机期间利用的关系，从而增强韧性。

为了研究全球多样化的程度，本章使用以下公式得出了每个经济体的赫芬达尔－赫希曼指数（HHIs）：

$$HHI = \sum_{n=1}^{E} \frac{\left(S_i^r\right)^2 - 1/N}{1 - 1/N}$$

其中，S_i^r 是 r 经济体第 i 部门的增加值出口份额，N 是 r 经济体的部门总数。HHI 是衡量某一给定经济体集中度的指标，一方面，HHI 值越高，说明该经济体的增加值出口主要依赖少数几个部门；另一方面，HHI 值越低，表示出口增加值依赖的部门越多。因此，如果经济体的 HHI 值较低，就会被认为更加多样化，反之亦然。

除文莱外，所有经济体在 2007 年全球金融危机开始时的 HHI 指数都较低（即小于 0.5）。到 2009 年，世界平均水平表明，与 2007 年相比，集中度有所下降，而 2010 年则略有上升。这提供了证据，表明在全球金融危机之前、期间和之后，全球各经济体都在践行多样化。综观 2018 年，几乎所有经济体都表现出出口多样化，文莱为实现多样化所做的共同努力似乎已见成效。有趣的是，世界平均水平表明，在新冠疫情发生一年后，HHI 不断上升，而经济体层面的指标则显示，2022 年的多样化程度呈下降趋势。

区域化（regionalization）意味着对全球价值链进行地理重组，以缩短宏观区域的价值链，从而构建区域价值链（Elia et al., 2021）。区域价值链在区域或地方层面应用了分散和垂直专业化价值链的标准模式。这可能是从全球价值链后退的结果，其中的跨国企业（MNEs）在区域层面复制价值链；或者是国际生产在区域基础上增长的结果，其中的跨国企业在近岸开展业务。从全球价值链到区域价值链的转变，使这些价值链的两端在地理上更加接近。与此同时，增加值的地理分布也将趋于扩大（UNCTAD, 2020）。

原则上，全球价值链密集型产业也可以在区域层面复制其模式。这种情况在一定程度上已经出现，如汽车产业。发展中经济体廉价消费品市场的增长也将推动这些部门的区域价值链发展。在全球价值链密集型产业中发展区域价值链的障碍包括：规模经济的持续存在、机器设备的高资本成本、劳动力成本差异，

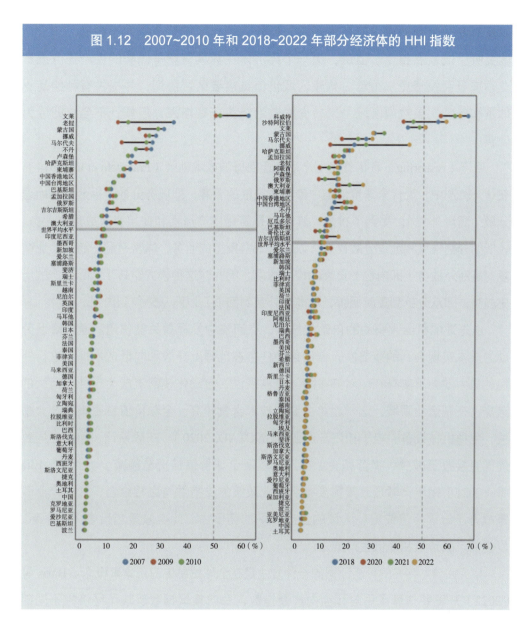

图 1.12 2007~2010 年和 2018~2022 年部分经济体的 HHI 指数

注：HHI 是衡量一个经济体出口集中度的指标。因此，HHI 值越高，多样化程度越低。图中所示的 HHI 指数是用出口增加值计算的，这样就可以将利用传统方法可能无法反映的其他部门对出口的贡献计算在内。

资料来源：亚洲开发银行多区域投入产出数据库以及亚洲开发银行的估算。

以及对专业劳动力或供应商的需求。此外，建立区域价值链并不容易。一个地区要吸引或发展整个价值链，比一个经济体在其具有竞争优势的生产任务或产业领域吸引投资更加困难。构建区域价值链需要区域协调，并提供有利的商业体系和条件。虽然向区域主义转变的政治势头正在增强，但预计不会立即成为现实。

回流（reshoring）意味着将生产活动迁回母国或本地区（Fratocchi et al., 2014）。在这一轨迹中，现代全球价值链中最具决定性的要素，即任务分散（拆分）和地理分散（离岸外包），受到了挑战。其方向是简化生产流程和使用在岸或近岸业务。较低的分割程度和地理分散程度，以及资本密集型的业务，通常有利于跨国企业恢复对其海外业务（即内包）更高的控制程度。因此，这种模式逆转了国际生产的历史趋势，即从分拆到重新捆绑，从离岸外包到回流，以及从外包到内包。

由先进的机器人驱动的自动化技术，在回流中发挥着关键作用。通过降低劳动力成本实现套利的重要性，自动化使任务在地理上分散和向低成本地区进行外包的最大动力不复存在。对许多跨国企业来说，自动化使回流成为一种可持续的选择。在制造业领域，这一趋势主要与技术含量较高、全球价值链密集型产业相关，包括机械设备、电子和汽车产业（UNCTAD, 2020）。一般预计，回流会导致外国直接投资减少、撤资和企业搬迁，以及全球价值链贸易额减少。此外，Elia等（2021）指出，搬迁政策需要得到产业政策的支持并与之相结合，这些产业政策提升了母国经济或宏观区域的生产体系的竞争力。此类政策应旨在促进创新，以提高产品价值和降低生产成本。

研究回流[1]存在的可能证据的一种方法是在全球贸易中应用集聚概念。Baris等（2022）开发并估算了后向和前向集聚指数，后向集聚指数反映了经济中不同部门从国内部门获取增加值用于国内消费的程度，而前向集聚指数则衡量国内部门吸收增加值的程度（见专栏1.3）。通过研究后向集聚指数的变化趋势，可以深

---

1 传统的方法包括使用科尔尼回流指数（Kearney Reshoring Index），该指数是通过计算美国制造业进口比例的逐年变化得出的。

入了解回流活动，因为高数值意味着更多的经济部门在国内采购了更多的中间投入品。

2008 年，只有一个经济体（意大利，原属低集聚类别）在分类上变成回流经济体。事实上，在有数据的 60 个经济体中，只有两个经济体被归入这一类别。而文莱在 2007 年成为回流经济体后，2008 年又成为低集聚经济体。到 2009 年，只有哈萨克斯坦仍属于回流经济体，一年后俄罗斯也加入了这一行列。有趣的是，这些经济体，都以自然资源和采矿业（即采矿、采石、石油和天然气开采）产品的出口而闻名。

2018 年，72 个经济体中只有 4 个属于"回流"的类别。2018~2019 年，没有出现类别转移的情况。到 2020 年，厄瓜多尔和土耳其也与澳大利亚、哈萨克斯坦、俄罗斯和沙特阿拉伯一样成为回流经济体。然而，在随后的几年内，这两个经济体不再属于这一类别。总体而言，由于大多数经济体在研究年份中属于低集聚类别（2007~2010 年 248 个可能案例中的 175 个，2018~2022 年 360 个可能案例中的 263 个）和高集聚类别（2007~2010 年 248 个可能案例中的 47 个，2018~2022 年 360 个可能案例中的 65 个），因此几乎没有证据表明存在回流。

我们对 2019~2021 年的数据进行了评估，也就是中美贸易摩擦和新冠疫情产生综合影响的重叠期，许多经济体的后向和前向集聚指数呈下降趋势，在这 3 年中几乎没有证据表明存在回流活动（见图 1.14）。

2020~2021 年这两个集聚指数的下降与同期全球价值链参与度的上升是一致的，因为流入国内经济体的活动总体减少，通常意味着经济体倾向于更多地依赖全球生产流程。此外，Baris 等（2022）发现，后向和前向集聚与全球价值链参与度之间存在负相关关系。[1]

---

1 然而，Baris 等（2022）指出，对于后向或前向集聚程度较高的经济体，基于贸易视角的全球价值链参与度与集聚之间存在正相关关系。这表明，集聚与全球价值链之间的关系比最初想象的更为复杂。

专栏 1.3　计算增加值集聚指数

集聚指数考察的是，在其他部门生产最终产品的情况下，有多少增加值来自国内经济部门，以及多少增加值被国内经济部门吸收（Baris et al., 2022）。由于该方法以增加值为基础，因此不同于更常见的以企业所在地为基础的方法。在构建时，v 是增加值系数向量，而 $\mathbf{y}^d$ 为国内最终产品销售向量。此外，A^d 是国内技术系数矩阵，而 $B^d \equiv \left(I - \mathbf{A}^d\right)^{-1}$。那么有：

$$V^D = \hat{\mathbf{v}} B^d \mathbf{y}^d$$

捕捉每个经济体－部门产生的、作为最终产品被国内吸收的增加值，而

$$Y^D = \mathbf{V} B^d \hat{\mathbf{y}}^d$$

衡量每个经济体－部门其增加值源自国内并被国内吸收的最终产品。向量顶部的帽子，如 $\hat{x}$ 表示其对角化版本。$\mathbf{Va}$ 是每个经济体－部门产生的增加值向量，而 $\Phi_{(j,r,t)} = V^D_{(j,r,t)} / Va_{(j,r,t)}$。经济体－部门 (j,r) 的前向集聚指数为：

$$AGG^F_{(j,r,t)} = \frac{\Phi_{(j,r,t)}}{\sum_{\tau=t-1}^{t} \sum_{r=1}^{G} 0.5 \gamma_{(j,r,\tau)} \Phi_{(j,r,\tau)}}$$

分子 (j,r) 是生产的增加值在被国内吸收的最终产品的总增加值中所占的份额。分母是全球所有经济体该份额的两年移动平均值，按经济体 r 在全球部门 j 总产出中所占份额加权，$\gamma_{(j,r,\tau)} \in (0,1)$。因此，$AGG^F$ 比较的是由国内生产吸收的增加值与世界平均水平。

同样，$\mathbf{y}$ 是每个经济体－部门的最终产品销售向量，而 $\Theta_{(j,r,t)} = Y^D_{(j,r,t)} / Y_{(j,r,t)}$。经济体－部门 (j,r) 的后向集聚指数为：

$$AGG^B_{(j,r,t)} = \frac{\Theta_{(j,r,t)}}{\sum_{\tau=t-1}^{t} \sum_{r=1}^{G} 0.5\gamma_{(j,r,\tau)}\Theta_{(j,r,\tau)}}$$

分子是增加值来自国内部门且在国内的 (j,r) 被消费的最终产品，占对 (j,r) 的最终总需求的份额。与前一个指数一样，分母是所有经济体该份额的两年移动平均值。因此 AGG^B 衡量了与世界其他地区相比，有多少增加值来自国内部门。作为比率，如果指数大于1，则集聚程度高，如果指数小于1，则相反。下面的"集聚图"显示了四种可能的类型。

回流经济体	高集聚
$AGG^F < 1, AGG^B > 1$	$AGG^F > 1, AGG^B > 1$
低集聚	创造 DVA 的经济体
$AGG^F < 1, AGG^B < 1$	$AGG^F > 1, AGG^B < 1$

高后向集聚，表明包含在国内消费的最终产品和服务中的国内增加值很高。直观地说，这意味着用于国内消费的国内生产高于世界平均水平。而高前向集聚则表明，国内部门吸收了一个经济体－部门产生的很大一部分增加值。这意味着，用于国内生产的增加值高于世界平均水平。集聚图中的分类结合了这两种效应，以确定一个经济体－部门的国内联系形式。

资料来源

Baris, K., Crisostomo, M. C., Garay, K., Jabagat, C., Mariasingham, M. and Mores, E., 2022, "Measuring Localization in the Age of Economic Globalization", ADB Economics Working Paper Series, No. 647, Manila: Asian Development Bank.

图 1.13 2007~2010 年和 2018~2022 年部分经济体的集聚分类

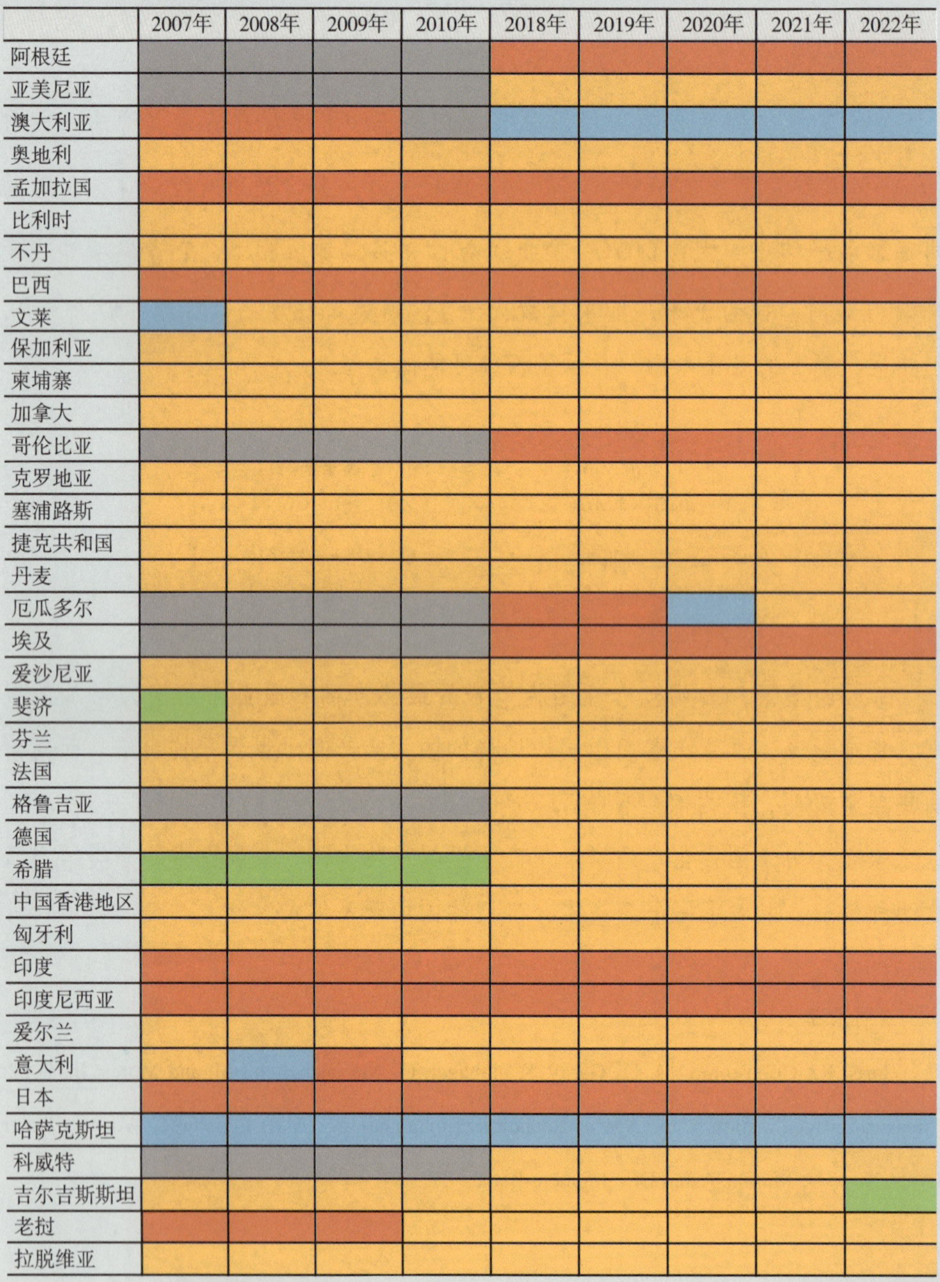

	2007年	2008年	2009年	2010年	2018年	2019年	2020年	2021年	2022年
阿根廷									
亚美尼亚									
澳大利亚									
奥地利									
孟加拉国									
比利时									
不丹									
巴西									
文莱									
保加利亚									
柬埔寨									
加拿大									
哥伦比亚									
克罗地亚									
塞浦路斯									
捷克共和国									
丹麦									
厄瓜多尔									
埃及									
爱沙尼亚									
斐济									
芬兰									
法国									
格鲁吉亚									
德国									
希腊									
中国香港地区									
匈牙利									
印度									
印度尼西亚									
爱尔兰									
意大利									
日本									
哈萨克斯坦									
科威特									
吉尔吉斯斯坦									
老挝									
拉脱维亚									

续表

	2007年	2008年	2009年	2010年	2018年	2019年	2020年	2021年	2022年
立陶宛	低集聚	低集聚	低集聚	低集聚	低集聚	低集聚	低集聚	低集聚	低集聚
卢森堡	低集聚	低集聚	低集聚	低集聚	低集聚	低集聚	低集聚	低集聚	低集聚
马来西亚	低集聚	低集聚	低集聚	低集聚	低集聚	低集聚	低集聚	低集聚	低集聚
摩尔多瓦	低集聚	低集聚	低集聚	低集聚	低集聚	低集聚	低集聚	低集聚	低集聚
马耳他	低集聚	低集聚	低集聚	低集聚	低集聚	低集聚	低集聚	低集聚	低集聚
墨西哥	创造DVA	高集聚	高集聚	低集聚	低集聚	低集聚	低集聚	低集聚	低集聚
摩纳哥	低集聚	低集聚	低集聚	低集聚	低集聚	低集聚	低集聚	低集聚	低集聚
尼泊尔	未分类	高集聚	高集聚	高集聚	高集聚	高集聚	创造DVA	创造DVA	创造DVA
荷兰	低集聚	低集聚	低集聚	低集聚	低集聚	低集聚	低集聚	低集聚	低集聚
新西兰	未分类	未分类	未分类	未分类	低集聚	低集聚	低集聚	低集聚	低集聚
挪威	低集聚	低集聚	低集聚	低集聚	低集聚	低集聚	低集聚	低集聚	低集聚
巴基斯坦	高集聚	高集聚	高集聚	高集聚	高集聚	高集聚	高集聚	高集聚	高集聚
中国	低集聚	低集聚	高集聚	高集聚	高集聚	高集聚	高集聚	高集聚	高集聚
菲律宾	高集聚	高集聚	高集聚	高集聚	高集聚	高集聚	高集聚	高集聚	创造DVA
波兰	低集聚	低集聚	低集聚	低集聚	低集聚	低集聚	低集聚	低集聚	低集聚
葡萄牙	低集聚	低集聚	低集聚	低集聚	低集聚	低集聚	低集聚	低集聚	低集聚
韩国	低集聚	低集聚	低集聚	低集聚	低集聚	低集聚	低集聚	低集聚	低集聚
罗马尼亚	低集聚	创造DVA	未分类	低集聚	低集聚	低集聚	低集聚	低集聚	低集聚
俄罗斯	回流	回流	回流	回流	回流	回流	回流	回流	回流
沙特阿拉伯	未分类	未分类	回流	回流	回流	回流	回流	回流	回流
新加坡	低集聚	低集聚	低集聚	低集聚	低集聚	低集聚	低集聚	低集聚	低集聚
斯洛伐克	低集聚	低集聚	低集聚	低集聚	低集聚	低集聚	低集聚	低集聚	低集聚
斯洛文尼亚	低集聚	低集聚	低集聚	低集聚	低集聚	低集聚	低集聚	低集聚	低集聚
西班牙	低集聚	创造DVA	未分类	未分类	低集聚	低集聚	低集聚	低集聚	低集聚
斯里兰卡	低集聚	创造DVA	创造DVA	高集聚	创造DVA	创造DVA	高集聚	高集聚	创造DVA
瑞典	低集聚	低集聚	低集聚	低集聚	低集聚	低集聚	低集聚	低集聚	低集聚
瑞士	低集聚	低集聚	低集聚	低集聚	低集聚	低集聚	低集聚	低集聚	低集聚
塔吉克斯坦	低集聚	低集聚	低集聚	低集聚	低集聚	低集聚	低集聚	低集聚	低集聚
泰国	低集聚	低集聚	低集聚	低集聚	低集聚	低集聚	低集聚	低集聚	低集聚
土耳其	创造DVA	高集聚	低集聚	高集聚	低集聚	低集聚	回流	未分类	未分类
阿拉伯联合酋长国	未分类	未分类	未分类	未分类	低集聚	低集聚	低集聚	低集聚	低集聚
英国	低集聚	低集聚	低集聚	低集聚	低集聚	低集聚	低集聚	低集聚	低集聚
美国	高集聚	高集聚	高集聚	高集聚	低集聚	低集聚	低集聚	低集聚	高集聚
越南	低集聚	低集聚	低集聚	低集聚	低集聚	低集聚	低集聚	低集聚	低集聚

图例：
- 回流经济体（蓝色）
- 高集聚经济体（橙色）
- 低集聚经济体（黄色）
- 创造DVA的经济体（绿色）
- 未分类/无数据（灰色）

资料来源：亚洲开发银行多区域投入产出数据库以及亚洲开发银行的估算。

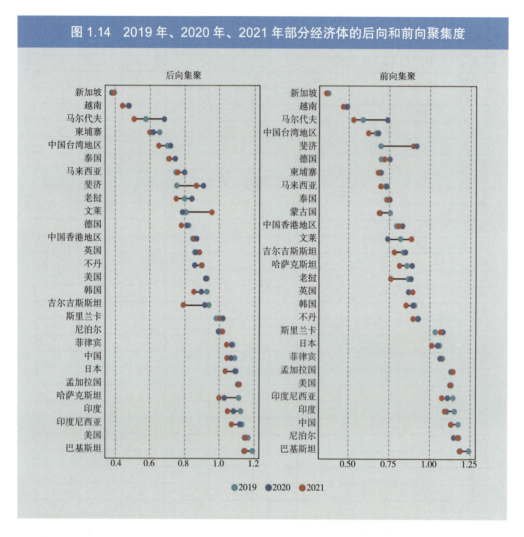

图 1.14　2019 年、2020 年、2021 年部分经济体的后向和前向聚集度

资料来源：亚洲开发银行多区域投入产出数据库以及亚洲开发银行的估算。

从 2007~2021 年的集聚情况来看，美国是一个有趣的案例。在此期间，美国的后向集聚指数不断上升，而几乎所有行业的前向集聚指数都在下降。这表明美国的一些部门正在进行回流。在这 14 年间，后向集聚度最高的行业是金属、造纸、皮革、水运、交通以及电气和光学设备。

总体而言，虽然后向集聚的数值表明，自 2007 年以来，某些经济体的一些部门出现了回流，但在许多经济体中，根据国内后向联系的总体趋势并不能确定是否出现了回流的浪潮。由于转移成本高昂，回流需要时间、规划和协调。此外，由于价值链存在相互关联性，被认为是高收入经济体离岸外包目的地的经济体，可能同时向其他欠发达经济体进行离岸外包，或从其他欠发达经济体回流（Krenz and Strulik, 2020）。这就使得在宏观层面上，很难得出关于回流行为模式的结论。

如果没有现成的企业数据集来反映跨国企业的迁移意向，也很难量化企业回流的趋势。现有的关于全球价值链重组的微观和企业层面的研究揭示了两种不同的行为模式。第一种模式是，跨国企业对其生产流程的重组程度低于最初的预期：全球价值链的长度并没有缩短，未来的投资计划也没有太大变化，而且没有迹象表明出现了回流的浪潮（Di Stefano et al., 2021）。此外，虽然跨国企业正在考虑进行组织变革，以提高抵御全球冲击的能力，但这些变革往往并不意味着停止国际生产和投资。第二种模式表明，一些国家的政府已颁布政策，通过财政激励、降低关税、搬迁补贴、支持创新和人力资本投资，或将所有这些措施结合起来，鼓励生产回流、近岸化或区域化（Elia et al., 2021）。

1.6.2 中国的本地化政策

随着全球价值链的崛起，生产的分散化成为现实，这使发展中经济体得以进入复杂的生产流程，促进了知识和技术从跨国企业向本地企业的转移，从而有助于制定工业化蓝图。中国充分利用发展带来的优势，成为全球最大的经济体之一和国际贸易的主要参与者，其国内生产总值和出口总值一直位居世界前列。当然，国际经济环境也面临着不确定性。中美之间的贸易摩擦导致美国对中国实施严格的出口管制，旨在切断对华为等高技术制造企业的高科技零部件供应（Cai and Wang, 2022）。此外，"友岸外包"运动也正在兴起，即说服西方企业通过特定网络——如经济繁荣网络（Economic Prosperity Network）——成员经济体内部企业间的合作，减少对中国的经济依赖。

为此，中国政府推出了双循环经济战略，将国内消费作为经济发展的主要动力。在这一战略下，关键技术和产品被认为不能再依赖国外经济体，国内企业将增强创新能力，成为先进技术的领跑者（Cai and Wang, 2022）。可以认为，这一战略起源于中美发生贸易摩擦之前，因为早在 2012 年，中国就开始实施自主制造。无论如何，中国政府目前的目标是在技术上独立，并已采取多项措施来实现这一目标。

在 2022 年的论文中，Cai 和 Wang（2022）列举了中国新的本地含量要求（Local Content Requirement, LCR）政策。这些政策是指鼓励在生产中使用本地投入品，以此作为获得财政激励或市场准入的先决条件，从而激励企业根据供应商的国籍而非质量和成本来选择供应商。在中国加入世界贸易组织之前，这些政策被明确为贸易优惠，而税收优惠则是根据本地投入品的使用率来给予的。此外，根据中国政府的规章制度，外国企业必须遵守技术转让要求。虽然到 2002 年这些规定逐渐取消，但本地化战略也是题中应有之义。由于具有隐蔽性，这些本地含量要求政策可能难以识别（Cai and Wang, 2022）。

为了评估本地含量要求政策在推进中国政府的本地化目标方面的有效性，研究生产中的国内含量可能是第一步。如果有证据表明国内增加值（DVA）显著增加，特别是在本国产品方面，则有必要进行进一步的统计分析。Cai 和 Wang（2022）通过两种方法估算了中国产出中的 DVA。首先，在标准投入产出模型（见专栏 1.4 的 A 部分）中，每个产业的 DVA 分解为：

$$DVA = GDP = A_v \left(I - A^D \right)^{-1} Y^f + A_v \left(I - A^D \right)^{-1} Y^{ef} + A_v \left(I - A^D \right)^{-1} Y^{ei}$$

在上述等式中，第一项是指在国内生产并消费的增加值，第二项是传统出口所包含的国内增加值，第三项是与全球价值链相关的贸易所包含的国内增加值。中国海关总署的详细贸易数据对加工出口和一般出口进行了区分。加工出口不同于一般出口，因为它们主要是利用进口中间品生产的。如果这种区分具有重要的分析意义，则可使用扩展的投入产出模型（见专栏 1.4 的 B 部分），其结果是一个经调整的对某一个产业的 DVA 的分解，可表示为：

$$DVA = GDP = A_v^D \left(I - A^D \right)^{-1} Y^f + A_v^D \left(I - A^D \right)^{-1} \left(Y^{ef} - E^{Pf} \right)$$
$$+ A_v^D \left(I - A^D \right)^{-1} \left(Y^{ei} - E^{Pi} \right) + \left[A_v^D \left(I - A^{DD} \right)^{-1} A^{DP} + A_v^P \right] E^P$$

前三项与标准投入产出模型中的解释相同，第四项是指加工出口所包含的直接（$A_v^P E^P$）和间接 $\left[A_v^D \left(I - A^{DD} \right)^{-1} A^{DP} E^P \right]$ 国内增加值。

根据国家统计局发布的中国 2007 年、2012 年和 2017 年基准投入产出表以及中国海关总署提供的 2007~2017 年详细贸易数据，Cai 和 Wang（2022）估计，2007 年中国出口总值中的 DVA 占比为 64.6%，2012 年为 65.3%，2017 年为 69.9%（见表 1.3）。这表明，即便在中美贸易摩擦开始之前，中国出口中的国内含量就已呈上升趋势。

2007~2017 年，DVA 在中国加工出口和一般出口中的份额呈反方向变化。DVA 占加工出口值的比重从 37.4% 下降到 28.4%，而 DVA 占一般出口值的比重在此期间上升了 2.2 个百分点（从 85.2% 上升到 87.4%）。由于中国政府的总体目标是减少商品和服务生产对外国经济的依赖，其取得成效的一个标志就是出口中的 DVA 增加。早在 2012 年，这一点就已清晰可见，即在一般出口和总出口中，DVA 所占份额均出现了边际增长。然而，根据数据，至少在所研究的时期内，将加工出口与一般出口在总体层面上相区分，会得出相反的结论（Cai and Wang, 2022）。尽管根据定义，加工出口产品主要是利用进口的中间产品生产的，但在评估中国本地化政策是否成功时，应注意到，这一部分出口中的 DVA 的份额不仅与一般出口不一致，而且还在下降。

专栏 1.4　标准的和扩展的投入产出模型

A 部分：标准的投入产出模型

标准或"非竞争性"投入产出模型的计算公式为：

$$A^D X + Y^D = X$$
$$A^M X + Y^M = M$$

其中，A^D 是国内产品的技术系数矩阵，而 A^M 是进口产品的直接投入系数矩阵。Y^D 和 Y^M 分别是国内产品和进口产品最终需求的 $n \times 1$ 向量。X 是总产出的 $n \times 1$ 向量，M 是进口的 $n \times 1$ 向量。改写第一个等式后可以得出：

$$X = \left(I - A^D\right)^{-1} Y^D$$

其中，$\left(I - A^D\right)^{-1}$ 是里昂惕夫逆矩阵，它给出了各部门满足最终需求的国内总需求。假设 A_v 为 $1 \times n$ 向量，表示各部门总增加值与总产出的比例，即 v_i / X_i，其中 v_i 是部门 I 的增加值，各产业的国内增加值（DVA）或国内生产总值（GDP）的计算公式为：

$$DVA = GDP = A_v \left(I - A^D\right)^{-1} Y^D$$

将 Y^D 表示为国内最终需求、最终产品出口和中间产品出口向量之和，即可得出标准投入产出模型中的 DVA 分解方程。

B 部分：扩展的投入产出模型

当加工出口在分析中很重要时，需要使用扩展的投入产出模型。考虑了加工出口的扩展的投入产出表如下图所示：

		DIM	中间产品使用		最终使用 $(C+I+G+E)$	总产出或进口
			为本国使用和正常出口（D）而生产	加工出口产品		
		DIM	$1, 2, \ldots, N$	$1, 2, \ldots, N$	1	1
本国中间产品投入	为本国使用和正常出口（D）而生产	1 $\vdots$ N	Z^{DD}	Z^{DP}	$Y^D - E^P$	$X - E^P$
	加工出口（P）	1 $\vdots$ N	0	0	E^P	E^P
进口的中间产品投入		1 $\vdots$ N	Z^{MD}	Z^{MP}	Y^M	M
增加值		1	V^D	V^P		
总产出		1	$X - E^P$	E^P		

资料来源：Cai and Wang (2022)。

利用这些信息，投入产出模型可表示为：

$$\begin{bmatrix} \boldsymbol{I} - \boldsymbol{A}^{DD} & -\boldsymbol{A}^{DP} \\ 0 & \boldsymbol{I} \end{bmatrix} \begin{bmatrix} \boldsymbol{X} - \boldsymbol{E}^P \\ \boldsymbol{E}^P \end{bmatrix} = \begin{bmatrix} \boldsymbol{Y}^D - \boldsymbol{E}^P \\ \boldsymbol{E}^P \end{bmatrix}$$

$$\boldsymbol{A}^{MD} \left(\boldsymbol{X} - \boldsymbol{E}^P \right) + \boldsymbol{A}^{MP} \boldsymbol{E}^P + \boldsymbol{Y}^M = \boldsymbol{M}$$

该模型的解是：

$$\boldsymbol{X} - \boldsymbol{E}^P = \left(\boldsymbol{I} - \boldsymbol{A}^{DD} \right)^{-1} \left(\boldsymbol{Y}^D - \boldsymbol{E}^P \right) + \left(\boldsymbol{I} - \boldsymbol{A}^{DD} \right)^{-1} \boldsymbol{A}^{DP} \boldsymbol{E}^P$$

其中，A^{DD} 和 A^{DP} 分别是国内产品和一般出口产品，以及加工出口产品的技术系数矩阵。假设 A_v^D 和 A_v^P 分别为国内产品和一般出口产品，以及加工出口产品的直接增加值系数向量，则各产业的国内增加值或国内生产总值的计算公式为：

$$DVA = GDP = A_v^D \left(I - A^{DD} \right)^{-1} \left(Y^D - E^P \right) + A_v^D \left(I - A^{DD} \right)^{-1} A^{DP} E^P + A_v^P E^P$$

我们再次得到类似结论，即将 Y^D 表示为国内最终需求、最终产品出口和中间产品出口向量之和，可以得出扩展的投入产出模型中的 DVA 分解方程。

资料来源

Cai, K. and Wang, Z., 2022, "Local Content Requirement Policies in China and Their Impacts on Domestic Value-Added in Exports", Paper Prepared for the *Global Value Chain Development Report 2023* Workshop, Geneva, 7–11 November.

表 1.3 2007 年、2012 年和 2017 年中国加工出口和一般出口中的国内增加值

单位：%

	一般出口			加工出口			加权总和		
	2007 年	2012 年	2017 年	2007 年	2012 年	2017 年	2007 年	2012 年	2017 年
出口总额									
FVA 总计	14.8	14.5	12.7	62.6	69.8	71.7	35.4	34.7	30.2
直接 FVA	4.5	4.5	4.8	57.9	66.3	69.2	27.5	27.0	23.9
DVA 总计	85.2	85.5	87.4	37.4	30.2	28.4	64.6	65.3	69.9
直接 DVA	28.5	30.4	30.4	10.9	8.9	9.3	21.0	22.5	24.1

续表

	一般出口			加工出口			加权总和		
	2007 年	2012 年	2017 年	2007 年	2012 年	2017 年	2007 年	2012 年	2017 年
所有商品									
FVA 总计	16.0	16.8	14.9	62.7	70.0	71.8	39.4	40.8	35.8
直接 FVA	5.0	5.4	5.9	58.0	66.5	69.4	31.6	33.0	29.2
DVA 总计	84.0	83.2	85.1	37.3	30.0	28.2	60.6	59.2	64.2
直接 DVA	23.4	22.0	22.3	10.9	8.8	9.2	17.1	16.1	17.5
制造业产品（不包括食品加工部门）									
FVA 总计	16.4	17.2	15.3	63.0	70.2	72.0	40.3	41.8	36.7
直接 FVA	5.2	5.6	6.1	58.3	66.7	69.6	32.4	33.9	30.0
DVA 总计	83.6	82.8	84.7	37.0	29.8	28.0	59.7	58.2	63.3
直接 DVA	22.4	21.3	21.6	10.9	8.9	9.2	16.5	15.6	16.9

DVA = 国内增加值，FVA = 国外增加值。

资料来源：中国国家统计局和海关总署数据以及 Cai 和 Wang（2022）。

1.7　结论

本报告从国际贸易主要趋势和模式的角度概述了全球价值链的最新发展，同时还考虑了与价值链演变有关的新方法。最近的数据显示，全球价值链的活跃度出现了一些复苏迹象，特别是在 2020~2021 年。然而，持续的全球冲击，包括中美贸易摩擦、新冠疫情以及俄乌冲突的影响，都有可能破坏这一积极的发展轨迹。

形成产业集群或生产枢纽的趋势，加剧了全球冲击对全球价值链的负面影响。由于认识到应对风险的第一步是了解和衡量风险，因此开始出现一些新方法，这些方法可以辨识潜在瓶颈或"卡脖子"的地方，以及衡量国际贸易的集中度（如增加值供应和参与频率）。我们希望这些方法有助于指导研究者和政策制定者为参与全球价值链提出更为合理的建议。

报告还通过对全球价值链重组轨迹的分析，探讨了全球价值链的韧性。报告特别关注了"回流"问题。Baris 等（2022）的集聚指数恰好反映了这一现象。中国最近实施了鼓励提高产品国内含量的措施，从中国的情况来看，不同类型的出口、贸易目的地和部门的结果参差不齐。鉴于此类政策影响的模糊性，需要进一步的统计分析，以揭示实现本地化目标的促进因素和障碍。

为补充这一分析，建议未来的研究从要素收入贸易（TiFI）的角度来审视跨国企业参与全球价值链的情况。包括 Gao 等（2023）在内的研究发现，在全球供应链上，国内企业与国外企业的活动存在差异。一方面，研究发现，当前全球价值链的区域化特征主要可归因于各经济体的国内企业，这些企业主要参与北美（以美国为中心）、欧洲（以德国为中心）和东亚（以中国为中心）这三个区域中心的活动。这可成为当前供应链区域化的推动力。另一方面，外资跨国企业创造的增加值通常表现出更多的全球化特征。随着区分跨国企业与其他企业活动的数据库在国家层面上的更新，一个有趣的探索将是，在面临广泛的冲击之后，以往采用要素收入贸易方法进行研究的论文和报告的结论是否仍然成立。例如，OECD 最新更新的基于跨国公司的国家间投入产出表的生产活动分析（Analytical Activities of MNEs Inter-Country Input-Output Tables），在一定程度上反映了《全球价值链发展报告 2021》、Suder 等（2015）、Suder 等（2022）和其他学术著作中有关要素收入贸易的结果。

新冠疫情的影响尚在，再加上中美之间的地缘紧张局势以及俄乌冲突所带来的尚在发展中的经济不确定性，这些不利因素是否会引发全球价值链的长期重组，还有待观察。至少，世界各国政府必须有能力了解全球价值链现存的问题。它们必须使用各种方法，并确定哪些问题最适用于哪种情况，以便未来一旦发生危机，可以最大限度地减少对经济和社会的负面影响。

（赵静译、黄绍鹏校、邢予青审订）

参考文献

ADB, 2023a, *Transforming Bangladesh's Participation in Trade and Global Value Chains*, Manila.

ADB, 2023b, *Key Indicators for Asia and the Pacific 2023*, Manila.

Ahn, J., Amiti, M. and Weinstein, D. E., 2011, "Trade Finance and the Great Trade Collapse", *American Economic Review* 101 (3), pp. 298–302.

Asian Development Bank (ADB), 2022, *Asian Economic Integration Report: Advancing Digital Services Trade in Asia and the Pacific*, Manila.

Attinassi, M., Balatti, M. Mancini, M. and Metelli, L., 2021, "Supply Chain Disruptions and the Effects on the Global Economy", *ECB Economic Bulletin*, Issue 8/2021. Frankfurt am Main, Germany: European Central Bank.

Baldwin, R., 2009, "The Great Trade Collapse: What Caused It and What Does It Mean?" *Centre for Economic Policy Research for VoXEU.org.* 1–14, Geneva, CEPR, The Graduate Institute.

Baris, K., Crisostomo, M. C. Garay, K. Jabagat, C. Mariasingham, M. and Mores, E., 2022, "Measuring Localization in the Age of Economic Globalization", *ADB Economics Working Paper Series*, No. 647. Manila: ADB.

Bonneau, C. and Nakaa, M., 2020, Vulnerability of French and European Imports, No. 274, *Tresor Economics*.

Borin, A. and Mancini, M., 2019, "Measuring What Matters in Global Value Chains and Value-Added Trade", *Policy Research Working Paper* No. 8804, Washington, DC: World Bank.

Brandes, U., 2001, "A Faster Algorithm for Betweenness Centrality", *Journal of Mathematical Sociology* 25, pp. 163–177.

Brinca, P., Duarte, J. and Faria-e-Castro, M., 2020, "Measuring Labor Supply and Demand Shocks During COVID-19", *Federal Reserve Bank of St. Louis Working*

Paper, No. 2020-011, St. Louis: Federal Reserve Bank.

Burstein, A., Kurz, C. and Tesar, L., 2008, "Trade, Production Sharing, and the International Transmission of Business Cycles", *Journal of Monetary Economics* 55 (4), pp, 775–795.

Cai, K. and Wang, Z., 2022, "Local Content Requirement Policies in China and Their Impacts on Domestic Value-Added in Exports", Paper Prepared for the *Global Value Chain Development Report 2023 Workshop*, Geneva, 7–11 November.

CEIC, 2022, *Capacity Utilization and Purchasing Managers Index Suppliers Delivery Times Data* [Online], Available: CEIC Database.

Center for Preventive Action (CPA), 2023, War in Ukraine, *Global Conflict Tracker*.

Chor, D. and Manova, K., 2012, "Off the Cliff and Back? Credit Conditions and International Trade During the Global Financial Crisis", *Journal of International Economics* 87 (1), pp. 117–133.

Del Rio-Chanona, R. M., Mealy, P. Pichler, A. Lafond, F. and Farmer, D., 2020, "Supply and Demand Shocks in the COVID-19 Pandemic: An Industry and Occupation Perspective", *INET Oxford Working Paper*, No. 2020-05, Oxford: Institute for New Economic Thinking.

Di Stefano, E., 2021, "COVID-19 and Global Value Chains: The Ongoing Debate", *Occasional Papers, Bank of Italy and the Eurosystem*, Rome.

Djikstra, E. W., 1959, "A Note on Two Problems in Connexion with Graphs", *Numerische Mathematik* 1, pp. 269–271.

Eaton, J., Kortum, S. Neiman, B. and Romalis, J. C., 2016, "Trade and the Global Recession", *American Economic Review* 106 (11), pp. 3401–3438.

Eichengreen, B. and O'Rourke, K. H., 2009, *A Tale of Two Depressions*, VoxEU Columns.

Elia, S., Fratocchi, L. Barbieri, P. Boffellid, A. and Kalchschmidt, M., 2021, "Post-Pandemic Reconfiguration from Global to Domestic and Regional Value Chains:

The Role of Industrial Policies", *Transnational Corporations* 28 (2), pp. 67–96.

European Commission, 2021, "Updating the 2020 New Industrial Strategy: Building a Stronger Single Market for Europe's Recovery", *Commission Staff Working Document*.

Ferrantino, M. and Larsen, A., 2009, *Transmission of the Global Recession through US Trade*, VoxEU Columns.

Fitzpatrick, M., Gill, I. Libarikian, A. Smaje, K. and Zemmel, R., 2020, "The Digital-led Recovery from COVID-19: Five Questions for CEOs", *McKinsey Digital*, New York: McKinsey & Company.

Fratocchi, L., Ancarani, A. Barbieri, P. Mauro, C. Nassimbeni, G. Sartor, M. Vignoli, M. and Zanoni, A., 2014, "Motivations of Manufacturing Reshoring: An Interpretative Framework", *International Journal of Physical Distribution and Logistics Management* 46 (2), pp. 98–127.

Gao, Y., Meng, B. Suder, G. and Ye, J., 2021, "Who Dominates Global Value Chains? Multinationals vs Domestic Firms", *IDE Discussion Paper 825*.

Gao, Y., Meng, B. Suder, G. Ye, J. and Sun, Y., 2023, "Making Global Value Chains Visible: Transnational Corporations versus Domestically Owned Firms", *Transnational Corporations Journal*, Vol. 30. No. 1.

Ha, J., Kose, M. and Ohnsorge, F., 2021, "One-Stop Source: A Global Database of Inflation", *Policy Research Working Paper*, No. 9737, Washington, DC: World Bank.

Hayakawa, K. and Imai, K., 2022, "Who Sends Me Face Masks? Evidence for the Impacts of COVID-19 on International Trade in Medical Goods", *The World Economy* 45 (2), pp. 365–385.

Inomata, S. and Hanaka, T., 2023, "Measuring Exposure to Network Concentration Risk in Global Supply Chains: Volume versus Frequency", *Structural Change and Economic Dynamics* 68, pp. 177–193.

International Monetary Fund (IMF), 2021, *World Economic Outlook: Global Trade and Value Chains During the Pandemic*, Washington, DC.

Jiang, K., 2021, *Identification of Vulnerable Canadian Imports*, Government of Canada.

Kammer, A., Azour, J. Selassie, A. A. Goldfajn, I. and Rhee, C. Y., 2022, "How War in Ukraine is Reverberating across the World's Regions", *IMF Blog*.

Koopman, R., Wang, Z. and Wei, S., 2014, "Tracing Value-Added and Double Counting in Gross Exports", *American Economic Review* 104(2), pp. 459–94.

Korniyenko, M., Pinat, M. and Dew, B., 2017, "Assessing the Fragility of Global Trade: The Impact of Localized Supply Shocks Using Network Analysis", *International Monetary Fund WP/17/30*.

Krenz, A. and Strulik, H., 2020, "Quantifying Reshoring at the Macro-Level Measurement and Applications", *Growth and Change* 52, pp. 1200–1229.

Li, X., B. Meng, and Wang, Z., 2019, "Recent Patterns of Global Production and GVC Participation", In *Global Value Chain Development Report 2019: Technological Innovation, Supply Chain Trade, and Workers in a Globalized World*, Washington, DC: World Bank Group.

Liang, S., Qu, S. and Xu, M., 2016, "Betweenness-Based Method to Identify Critical Transmission Sectors for Supply Chain Environmental Pressure Mitigation", *Environmental Science & Technology* 50, pp. 1330–1337.

Loo, A., 2020, "2008–2009 *Global Financial Crisis : The Great Recession*", Corporate Finance Institute. Vancouver, British Columbia.

Majune, S. and Stolzenburg, V., 2022, "Mapping Potential Bottleneck Products in the World", *Paper prepared for the Global Value Chain Development Report 2023 Workshop*, Geneva, 7–11 November.

McCulloh, I., Armstrong, H. and Johnson, A., 2013, *Social Network Analysis with Applications* (1st Edition), Wiley.

Naisbitt, B. and Whyte, K., 2020, "The Effects of the Trade War on Inflation", *National*

Institute Economic Review, No. 251.

Newman, M. E. J., 2001, "Scientific Collaboration Networks. II. Shortest Paths, Weighted Networks, and Centrality", *Physical Review* 64 (016132).

Opsahl, T., Agneessens, F. and Skvoretz, J., 2010, "Node Centrality in Weighted Networks: Generalizing Degree and Shortest Paths", *Social Networks* 32 (3), pp. 245–251.

Organisation for Economic Co-operation and Development (OECD), 2020, *OECD Digital Economy Outlook 2020*, Paris.

Ossa, R. and Le Moigne, M., 2021, "Crumbling Economy, Booming Trade: The Surprising Resilience of World Trade in 2020", *Kuhne Impact Series Working Paper* No. 01-21, Zurich: University of Zurich.

Reiter, O. and Stehrer, R., 2021, "Learning from Tumultuous Times: An Analysis of Vulnerable Sectors in International Trade in the Context of the Corona Health Crisis", *Report* No. 454, Vienna: The Vienna Institute for International Economics Studies.

Subramanian, A. and Kessler, M., 2013, "The Hyperglobalization of Trade and Its Future", *PIIE Working Paper, Series*, No. 13-6, Washington, DC: Peterson Institute for International Economics.

Suder, G., Liesch, P. W. Inomata, S. Mihailova, I. and Meng, B., 2015, "The Evolving Geography of Production Hubs and Regional Value Chains Across East Asia: Trade In Value-Added", *Journal of World Business* 50 (3), pp. 404–416.

Suder, G., Meng, B. Gao, Y. Ye, J. and Cheng, W., 2022, "Making Multinational Enterprises: Gain of Factor-Income Visible in Global Value Chains", *Paper prepared for the Global Value Chain Development Report 2023 Workshop*, Geneva, 7–11 November.

The Economist, 2019, *Globalisation Has Faltered*. 24 January.

United Nations Conference on Trade and Development (UNCTAD), 2020, *World*

Development Report 2020, Geneva.

UNCTAD, 2022, *Building Capacity to Manage Risks and Enhance Resilience: A Guidebook for Ports*, Geneva.

United States Department of Justice and the Federal Trade Commission, 2010, *Horizontal Merger Guidelines*, Washington, DC: US Department of Justice.

Wang, Z., Wei, S. Yu, X. and Zhu, K., 2017, "Characterizing Global Value Chains: Production Length and Upstreamness", *NBER Working Paper*, No. 23261, Cambridge, MA: National Bureau of Economic Research.

World Bank, 2020, *World Development Report*, Washington, DC.

World Trade Organization (WTO), no date, Trade in Value Added and Global Value Chains. *Country Profiles and Explanatory Notes*, Geneva.

WTO, 2021, *COVID and Rising Shipping Rates: Facts*, Geneva.

WTO, 2023a, *World Trade Report 2023: Reglobalization for a Secure, Inclusive and Sustainable Future*, Geneva.

WTO, 2023b, *One Year of War in Ukraine: Assessing the Impact on Global Trade and Development*, Geneva.

第 2 章

贸易摩擦和新冠疫情对全球价值链的影响

Yuning Gao（高宇宁）　Enxhi Tresa　Tao Zhang（张韬）

Meichen Zhang（张美晨）　D'Maris Coffman

2.1　引言

全球价值链（global value chains, GVCs）中的贸易组织方式促进了部门与国家之间商品和服务的流通，但同时也增加了它们之间的相互依存度（Baldwin, 2017；Feenstra, 1998）。近期的冲击使人们更加意识到各国之间的相互依存关系，并凸显了贸易流动易受贸易壁垒影响的问题。一国贸易政策的变化或外来冲击（如新冠疫情）会影响供应链，导致其中断。尽管如此，这些事件也为更好地了解现有政策与全球价值链组织方式之间的相互作用提供了机会，以增强其抵御未来冲击的韧性。

本章以美国与其主要贸易伙伴之间的贸易紧张局势以及新冠疫情为例，讨论了外生冲击在全球价值链中的传播及其与贸易政策的相互作用。近年来，贸易摩擦和新冠疫情导致全球价值链重新调整。贸易限制政策往往会导致受影响的国家进行反制，进而提高进口关税或对其贸易伙伴施加其他限制。例如，2018 年及其后几年，美国与几个贸易伙伴，特别是与中国之间的双边贸易关税提高，对全球贸易和投资产生了重大影响（Bown and Kolb, 2023）。本章旨在更好地了解各经济体如何根据其在全球价值链中的相互联系对冲击做出反应，从而为更好地制定应对未来冲击的战略铺平道路。

对全球价值链的另一个重大冲击是新冠疫情。这是自 1918 年流感大流行以来世界上最严重的公共卫生危机，对供需两侧都造成了冲击，导致了自大萧条以来最严重的经济衰退。几次封锁使全球供应链发生中断，导致需求大幅萎缩（Freeman and Baldwin, 2020）。全球经济减速，各国国内生产总值、进出口下降，商品价格上涨。疫情对全球价值链的破坏，促使利益相关者从宏观和微观两个层面修订战略。在宏观层面，各国政府不得不采取多项措施来缓解对生产者和消费者的负面影响。在微观层面，企业通过重组供应链、考虑供应商多样化、增加库存或重新考虑供应链的长度来进行调整。

毕竟，如上所述，供应链的中断也可能成为更好地应对未来冲击的契机。由于新冠疫情对全球经济造成了前所未有的冲击，数字技术已被视为疫情时期增强韧性和促进经济复苏的关键工具。数字化确实有助于某些产业获得劳动力供应，特别是通过服务业。本章还从韧性和降低未来冲击风险的角度讨论了数字化与全球价值链的关系。

本章其余部分安排如下。第 2.1 节首先讨论冲击的传播和全球价值链的溢出效应，说明价值链上贸易政策的变化如何影响贸易伙伴。第 2.2 节讨论贸易紧张局势如何加剧区域分化。第 2.3 节重点讨论新冠疫情对全球价值链的影响。第 2.4 节探讨数字化、韧性和复苏。第 2.5 节为结论。

2.2 全球价值链冲击的来源及其传播机制

贸易冲突或新冠疫情等事件造成的中断会在价值链中传播。例如，中美贸易摩擦大大增加了相关国家及其主要贸易伙伴的双边关税和非关税措施（non-tariff measures，NTMs）。此外，这些冲击还引发了有关全球价值链收益和风险的讨论。人们越来越多地考虑，转向更多的本地化生产是否能更好地防止供应链中断，因为这种中断往往会导致供应短缺，给消费者和企业带来不确定性。

本节从宏观层面和微观层面概述了全球价值链中冲击传播的可能来源和风

险。同时还分析了贸易政策如何通过扩大冲击的传播,并讨论了关税和非关税措施的作用。

2.2.1 冲击的来源和传播机制

对全球价值链的冲击多种多样,包括极端天气事件、贸易摩擦、地缘政治紧张和全球性流行病(Solingen et al., 2021)。这些冲击可能相互关联,并在特定情况下相互作用。例如,美国和中国之间的贸易摩擦与新冠疫情相互叠加,加剧了各自对贸易政策不确定性的影响,贸易政策不确定性指数显示了这一点(Ahir et al., 2022)。

供应链的联系对冲击如何在国家间传播起着至关重要的作用。这对需求、贸易和生产之间的相互作用具有深远影响。传统模型通常假设一国的进口取决于国内需求。然而,在以错综复杂的国际供应链为特征的当今世界,其他国家的需求变化也已成为具有影响力的决定因素。根据经合组织增加值贸易(TIVA)的统计数据,全球 20% 以上的进口产品被用作国内生产过程的投入品,变成商品后再出口。特定国家的需求冲击可通过全球生产网络向上游供应商传播。同样,供应中断也会向下游传导,影响供应链的其他部分。

新冠疫情的暴发揭示了各国在投入品和最终产品供应方面的相互依存关系。对一些制造品和服务的需求(如航空、旅游、餐饮、体育和其他依赖于面对面交流的服务)大幅下降,导致对与这些产品和服务相关的生产链上的所有环节的需求减少。Cigna 等(2022)的研究表明,全球价值链的溢出效应会加速世界贸易的下降,其效果比仅有双边联系时增加约 25%。相比之下,对医疗设备、电子产品和疫苗等其他商品的需求有所增加,全球价值链对这些商品在全球范围内的有效供应至关重要(WTO, 2023)。

在冲击通过全球价值链传播的过程中,大型企业也发挥着至关重要的作用。企业层面的波动可能与整体经济波动相关(Gabaix, 2011;Herskovic et al., 2020)。企业层面的贸易联系,与国际商业周期同步性的提高密切相关(di Giovanni et al., 2018)。冲击传递的程度还取决于企业之间的交易类型,是通过正常贸易(即独立的各方之间的贸易）还是集团内部贸易（即纵向关联的企业之间的贸易）。在 2008~2009 年全球金融危机期间的贸易崩溃期中，集团内部的中间产品贸易比正常贸易下降更快，随后恢复得更快（Altomonte et al., 2012）。

贸易政策在帮助应对冲击，或阻碍其不利影响扩散方面，无疑发挥着重要作用。例如，在 2020 年新冠疫情期间，贸易成本较低的贸易流量下降幅度小于平均水平，因为成本较高和基础较差的供应商被挤出了国际市场（Nicita and Tresa, 2023）。然而，全球价值链中的贸易政策也是冲击传播的工具，因为各国之间是相互关联的。这正是下一节的重点所在。

2.2.2　冲击通过关税措施在全球价值链中的传播

全球价值链的兴起部分源于中间产品贸易的自由化。获得外国中间投入品可以使企业接触到新的投入和技术，从而提高出口的数量和质量（Cal`I et al., 2022；Goldberg et al., 2010）。虽然由于若干自由化举措，关税相对较低，但关税的微小变化可能会对全球生产链产生重大影响。事实上，经济冲击及其潜在的传播效应，会促使各国重新考虑其在国际贸易体系中的政策，并重新考虑通过全球价值链建立联系（Blanchard et al., 2016）。

全球价值链可以放大关税变化对进口中间产品的影响。多阶段生产模式意味着贸易成本的作用更大，其原因有二。首先，产品会多次跨越国界，因此某些部分会被重复征收关税。其次，即使一国的附加值只占出口商品价值的很小一部分，其贸易伙伴仍会根据总价值征收关税。这两种效应被称为累积效应和放大效应（Dollar et al., 2017；Yi, 2003；Yi, 2010）。

因此，在生产分散化的情况下，贸易政策对产业链下游的间接用户的影响尤为明显。Yi（2003）率先强调，在连续生产中，放宽贸易壁垒会对间接用户的绩效产生溢出效应。这一观点得到了一些理论支持，这些理论证明了间接贸易成本对下游生产者的重大影响（Costinot et al., 2012；Johnson and Noguera, 2012；Noguera, 2012）。最近的研究利用量化模型来分析贸易保护在全球价值链中的作用（Bellora and Fontagné, 2019；Erbahar and Zi, 2017）。这些研究强调了考虑垂直分工的重要性，并揭示了贸易保护在同一生产链中对贸易伙伴的不利影响。

Rouzet 和 Miroudot（2013）计算了累积关税，结果表明，当制成品到达客户手中时，关税大幅增加。Tresa（2022）进行了类似的研究，但通过计算累积投入品关税（cumulative input tariffs），对中间品和最终产品的关税进行了区分，其分析表明，美国和中国之间的贸易紧张局势也影响到两国的主要贸易伙伴。累积投入品关税是全球价值链所有阶段直接和间接关税的贸易加权总和，可通过里昂惕夫逆矩阵来实现。

图 2.1 显示了在固定的全球价值链结构下，2013~2018 年整个生产链的累积投入品关税的变化情况（Tresa, 2022）。每个国家或经济集团的第二个条形图显示了2018 年美国征收的关税发生变化后的累积投入品关税。不出所料，美国的累积投入品关税增加了。有趣的是，其他国家的累积投入品关税敞口也有所加大，尤其是墨西哥。这反映出墨西哥的许多投入品来自美国，美国的累积投入品关税上调传播到了使用美国零部件的墨西哥产品上。

每个国家或经济集团的第一个条形图不仅显示了美国征收的关税变化后的累积投入品关税，还包含了进行反制的国家的累积投入品关税。可以看出，增幅很大，中国的累积投入品关税几乎翻了一番。这种扩大不仅是中国提高关税的结果，也是美国等国家提高关税的结果。重要的是，即使美国的关税没有变化，美国的累积投入品关税也会增加。与墨西哥的例子一样，这是由于美国使用的外国部件在其他国家采取反制行动后变得更加昂贵。这个例子说明，在制定贸易政策时，价值链应是一个重要的考虑因素。

就成本而言，中美贸易摩擦已导致总计 230 亿美元的额外间接关税负担（占全球进口总额的 0.11%），其中 67% 归因于美国对中国商品单方面征收的额外关税。此外，美国和中国不得不分别承担约 100 亿美元和 65 亿美元的额外间接关税负担（约占全球进口总额的 0.31% 和 0.09%）。欧盟、加拿大和墨西哥也承担了 7 亿 ~17 亿美元的额外间接关税成本（Mao and Görg, 2020；Wu et al., 2021）。从与间接关税有关的单个部门来看，除木制品外，中国所有部门的间接关税增幅

图 2.1　平均累积投入品关税的变化

注：本图显示了与关税增加有关的部门的累积投入品关税和简单平均值，包括：农业、狩猎、林业和渔业；基本金属和金属制品；化学品和化工产品；焦炭、精炼石油和核燃料；电气和光学设备；电力、天然气和供水；食品、饮料和烟草；皮革、皮革制品和鞋类；机械、其他；制造业、其他、回收；其他非金属矿物；纸浆、纸张、纸制品、印刷和出版；机器设备租赁和其他商业活动；橡胶和塑料；织物和纺织产品；运输设备；木材及木制品和软木。每个经济体的第二个条形图显示了 2018 年美国关税变化后的累积投入品关税。最上方的条形图显示 2018 年所有其他国家关税变化后的累积投入品关税。

均低于 50%，而美国除纺织品和石油外，所有部门的额外间接关税增幅均超过150%。

图 2.1 清楚地表明，由于全球价值链的普遍存在，贸易紧张局势给整体经济带来的代价要比直接影响所显示的大得多。

2.2.3　冲击通过非关税措施在全球价值链中的传播

与关税措施相比，很少有研究就非关税措施对全球价值链的影响进行定量分析。Ghodsi 和 Stehrer（2022）研究了卫生和植物检疫（sanitary and phytosanitary, SPS）和技术性贸易壁垒（technical barriers to trade, TBTs）这两类非关税措施对全球价值链的影响，发现关税的累积效应大于非关税措施的累积效应。然而，在之前的生产阶段遵守技术性贸易壁垒的累积成本，对附加值和出口总额有显著的负面影响。这表明，在生产分散化的情况下，非关税措施的累积效应对贸易是有影响的。

　　全球平均关税已从 20 世纪 90 年代的 12% 以下降到目前的 9% 以下，但非关税措施却迅速增加，约为 90 年代的 4 倍，而且还在继续增加（见图 2.2）。因此，边境后的非关税措施对国际贸易的影响越来越大，尤其是相对于关税而言（OECD, 2019）。

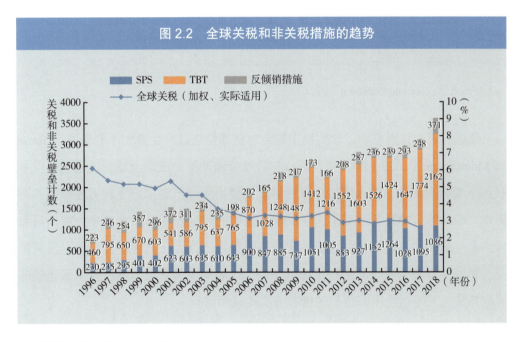

图 2.2　全球关税和非关税措施的趋势

资料来源：Cho et al.（2020）。

　　在新冠疫情发生初期至 2020 年 8 月期间，各国共实施了 384 项与贸易相关的措施，其中 283 项为非关税措施（见图 2.3）。在此期间，几乎所有关税措施都旨在降低进口成本，而 179 项非关税措施则旨在限制贸易（Lee and Prabhakar, 2021）。这些非关税措施的主要目的是确保国内商品供应和防止新冠病毒的传播。

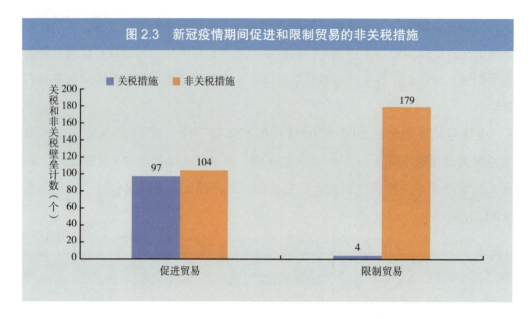

图 2.3　新冠疫情期间促进和限制贸易的非关税措施

资料来源：Lee and Prabhakar（2021）。

最近的研究特别表明，非关税措施会对全球价值链产生重大不利影响。Ghose和 Montfaucon（2022）的研究表明，在新冠疫情期间，嵌入全球价值链的企业从长远来看更有韧性，但入境口岸限制等非关税措施则严重加剧了新冠疫情的不利影响。Cali 等（2022）证实了这些发现，他们的研究表明，负面竞争力冲击导致投入品受非关税措施影响的企业的出口下降幅度远远大于其他企业。值得注意的是，影响的程度取决于非关税措施的类型，这表明决策者可以通过使用适当的非关税措施，在不过度限制贸易的情况下实现政策目标。

2.3　全球贸易的结构调整和区域化模式

2.3.1　全球贸易图景

从全球来看，尽管贸易紧张局势加剧导致关税提高，但 2018 年和 2019 年的商品贸易仍有所增长。服务贸易最初有所增长，但随后下降。新冠疫情的暴发损害了全球贸易，使其急剧下降，尤其是服务贸易。然而，贸易是有韧性的，其在新冠疫情后迅速恢复，并在 2021 年和 2022 年达到新高（见图 2.4）。

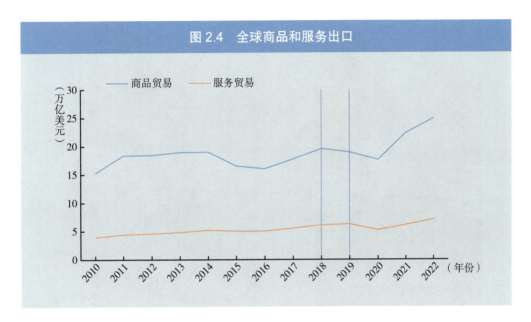

图 2.4　全球商品和服务出口

资料来源：世界贸易组织统计数据。

2021 年，中国、美国和欧盟仍是全球经济和全球价值链的最大贡献者，在全球商品和服务供应中扮演着最重要的角色（见图 2.5）。以中间产品市场为例，这三个地区出口的中间产品和服务分别占全球总量的 10.2%、10.3% 和 29.9%。而这三个地区的中间产品进口份额则分别为 14.7%、9.9% 和 28.2%。

在双边贸易流动方面（表现为出口国和进口国之间的联系），中国提供了欧洲从其他大陆进口的 24% 的最终产品和服务，但只提供了 13%[1] 的中间产品进口。欧盟从美国进口的中间产品较多（17%），而美国进口的 20% 来自欧盟。相比之下，在最终消费方面，美国和欧盟更加依赖中国的供应。中国提供了世界其他地区 25% 的最终产品进口，而中国和美国则各提供了世界其他地区 14% 的中间产品进口。

1　根据亚洲开发银行 2021 年多区域投入产出数据库，2021 年欧盟的中间产品和服务进口总额（不包括区域内贸易）为 20534 亿美元，其中从中国的进口额为 2691 亿美元，占比约为 13%。

图 2.5　2021 年全球中间产品和最终产品的贸易情况

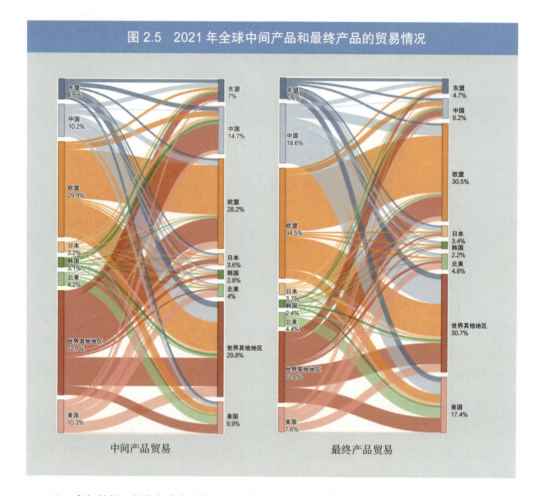

注：在初始投入产出表中先剔除每个国家的国内贸易，然后汇总到 8 个地区。每个面板左侧的地区为出口国，相应的数字为各国的出口份额。类似地，每个面板右侧的地区为进口国，数字为进口份额。出口国和进口国之间的联系是双边出口。

资料来源：亚洲开发银行多区域投入产出数据库（2021）。

2.3.2　贸易转移

尽管贸易关系紧张，贸易总额依然保持增长，并在新冠疫情期间保持韧性，但总的来说贸易格局发生了重大变化（尤其是 2017~2022 年）（见图 2.6）。为应对美国提高关税，中国将出口重点转向东亚和太平洋地区，以及欧洲和中亚，对这些地区的出口分别增长了 11.7% 和 16.1%，分别约为 1000 亿美元和 750 亿美元。中国对越南、印度尼西亚和马来西亚的货物出口分别增长了 36.7%、31.3% 和 25.0%。美国对欧洲和中亚的出口增长了 14.9%，其中对英国的出口增长了 22.8%（129 亿美元）。同时，美国对墨西哥和加拿大的商品出口分别增长了 5.3%（129 亿美元）和 3.5%（99 亿美元）。这是对单个国家出口绝对变化最大的三个国家。在进口方面，中国和美国将采购重点转向欧洲和中亚、东亚和太平洋地区，以及拉丁美洲和加勒比地区。

图 2.6 2017~2019 年和 2019~2022 年总出口的变化

注：（1）地区间出口总额的变化如图所示。实际上，从欧洲和中亚到欧洲和中亚的内部出口在左图中增加了 3310 亿美元，在右图中则增加了 9930 亿美元。但为了更直观，这两幅图都被截断了。

（2）地区分类以世界银行的分类为基础。E&CA= 欧洲和中亚，EA&P= 东亚和太平洋地区，LA&C= 拉丁美洲和加勒比地区，ME&NA= 中东和北非，NAmer= 北美，SA= 南亚，SSA= 撒哈拉以南非洲，ROW= 世界其他地区，China= 中国，USA= 美国。

资料来源：WITS 贸易数据：出口总额。

贸易总额数据表明，2017~2019 年，中国加强了与东亚的联系，而美国则与加拿大和墨西哥建立了更紧密的贸易关系，同时，中国和美国都重新调整了从欧洲和中亚、东亚和太平洋地区，以及拉丁美洲和加勒比地区的进口。

与疫情前（2017~2019 年）相比，2020~2022 年的全球贸易发生了巨大变化。在新冠疫情之前，欧洲和中亚的内部贸易（出口总额）增加了 3310 亿美元，而在新冠疫情之后则增加了 9930 亿美元。欧洲和中亚地区还加强了与中国和非洲（包括世界其他地区）的联系，同时减少了与美洲的贸易。东亚和太平洋地区以及中东和北非地区在疫情期间经历了严重的供应短缺，且更加依赖来自中国的进口以满足其消费和生产需求。从中国和美国的情况来看，虽然双边贸易在贸易紧张期间有所下降，但在新冠疫情期间，两国加强了联系，并且是彼此进口变化最大的国家。

如果我们聚焦亚洲，亚洲发展中经济体从非亚洲地区进口的投入品减少，但区域内贸易增加（见图 2.8）。因此，区域供应链的韧性缓解了来自非本区域供应商进口的下降。中国出口的韧性，使亚洲发展中经济体的上游产业保持偿付能力，并且该区域对中国的中间产品销售也有所增加。具有韧性的中国对最终产品的需求，帮助亚洲发展中经济体的投入品出口商抵御了疫情的负面影响。

2.3.3 回流和区域化

通过全球价值链，发展中国家以其丰富的劳动力资源为世界提供了大部分低技能生产（Baldwin and Ito, 2021）。然而，贸易紧张局势、全球性流行病和地缘政治冲突等内部或外部冲击的频繁发生，引发了人们对全球价值链稳定性和安全性的担忧。为了最小化供应链中断的风险，一些国家制定了供应链安全战略，以确保其供应链的稳定。这些战略可能需要努力实现生产的回流或区域化。对于技术相对落后、依赖进口高技术投入品来提高全球市场竞争力的发展中地区而言，这不是一个好的选择。本节用数个指标简要分析了贸易模式——如出口中的国内增加值份额（domestic value-added share in exports, DVAR）、中间产品的增加值贸易，以及生产长度——这些指标有助于辨识回流或区域化的格局。

　　2017~2021 年，大部分地区出口中的国内增加值（DVA）份额基本保持稳定（见图 2.7）。虽然中国和东盟的该份额略有下降，但变化不大。不过，亚洲发展中经济体的中间产品贸易数据显示出区域化的初步迹象。在贸易紧张局势出现之前的 2013~2016 年，亚洲发展中经济体的中间产品增加值贸易在区域内和区域外都保持稳定。相比之下，到 2019 年，亚洲发展中经济体内部的中间产品增加值贸易比 2016 年增长了 63%（见图 2.8），这主要是受该区域对中国的中间产品出口的推动。这些模式反映了随着中美贸易摩擦升级（Hugot and Platitas, 2022），亚洲的区域化水平提高，中国的中间产品进口从美国转向亚洲发展中经济体。根据 Hugot 和 Platitas（2022）的研究，2019 年亚洲发展中经济体对世界其他地区的中间产品出口大幅下降，这使中国成为对整个亚洲中间投入品生产商而言更加重要的市场。

图 2.7　国内增加值在出口总额中所占的份额

　　注：北美包括美国、加拿大和墨西哥，欧盟是指不包含英国的欧洲联盟，东盟包括文莱、柬埔寨、印度尼西亚、老挝、马来西亚、菲律宾、新加坡、泰国、缅甸和越南。

　　资料来源：对外经济贸易大学全球价值链指数数据库、EXin5VA 以及亚洲开发银行多区域投入产出数据库（2022）。

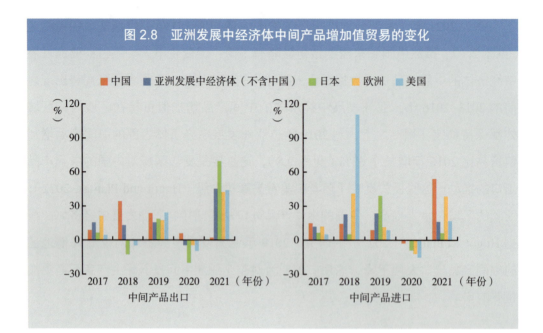

图 2.8 亚洲发展中经济体中间产品增加值贸易的变化

注：欧洲＝欧洲联盟、挪威、俄罗斯、瑞士、土耳其和英国；亚洲发展中经济体＝孟加拉国、不丹、文莱、柬埔寨、斐济、中国香港地区、印度、印度尼西亚、哈萨克斯坦、吉尔吉斯斯坦、老挝、马来西亚、马尔代夫、蒙古国、尼泊尔、巴基斯坦、中国、菲律宾、韩国、新加坡、斯里兰卡、中国台湾地区、泰国和越南。以下产业的中间产品贸易不包括在内：采矿、矿物燃料、食品和饮料、金属和其他矿物。

资料来源：亚洲开发银行多区域投入产出数据库（2022）以及 Hugot 和 Platitas（2022）。

此外，生产链长度的变化也意味着中间产品市场更为本地化的趋势，至少对中国而言是如此。2018 年之前，中国大多数产业的生产链长度都有所增加，这意味着中国更深地融入了全球生产体系，尤其是在制造业部门，而美国制造业价值链的长度则保持相对稳定。然而，2017~2019 年，中国绝大多数产业（35 个产业中的 30 个）的生产链长度有所下降，而美国大多数产业（35 个产业中的 29 个）的生产链长度有所增加，尽管增加幅度要小得多（见图 2.9）。

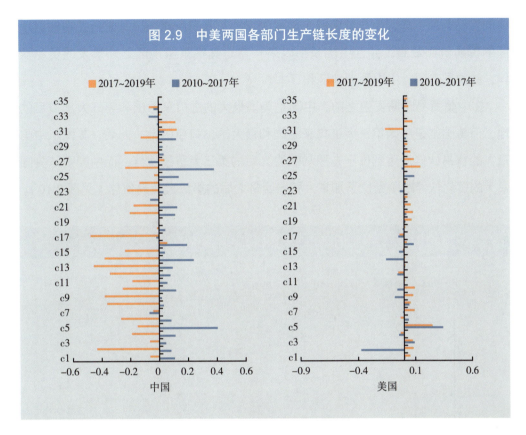

图 2.9　中美两国各部门生产链长度的变化

资料来源：对外经济贸易大学全球价值链指数数据库以及亚洲开发银行多区域投入产出数据库（2022）。

2.4　贸易摩擦与全球价值链

2.4.1　主要经济体之间的贸易

中美贸易摩擦和新冠疫情的暴发，使世界主要经济体的贸易模式发生了变化（见附录 3）。受德国贸易变化的影响，欧盟增加了与中国和美国的贸易。德国增加了与中国、美国和波兰的贸易，同时减少了与法国的贸易，法国在德国最大贸易伙伴中的排名从第一位下降到第四位。美国仍然是中国最大的贸易伙伴，尽管自贸易摩擦开始以来，两国之间的相对贸易额有所下降。中国与亚洲高技术经济体的贸易有所下降，但与越南等东南亚国家的贸易有所增长。马来西亚在东盟地区的贸易份额最高，并且中国长期以来一直是其在东盟地区之外最大的贸易伙伴，其次是美国、中国香港地区和日本。

在中美贸易摩擦发生之前，中国是美国最大的进口来源国和第三大出口目的地，而美国则是中国第三大进口来源国和最大的出口目的地。此后，美国从中国最大的贸易伙伴滑落到位于东盟和欧盟之后的第三大贸易伙伴，而中国则从美国最大的贸易伙伴跌落到位于加拿大和墨西哥之后的第三大贸易伙伴（见图 2.10）。

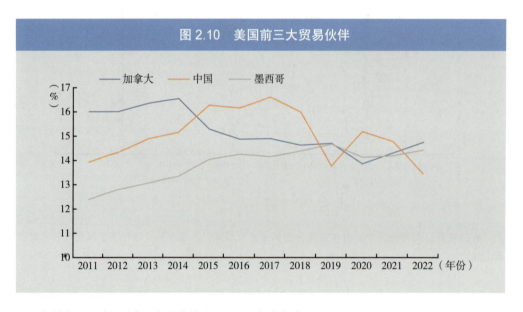

图 2.10 美国前三大贸易伙伴

资料来源：联合国商品贸易统计（Comtrade）数据库。

2017~2019 年，美国从中国的进口总额减少了 11.1%，其中加征关税的产品的进口减少了 18.4%，而其他产品的进口增加了 3.5%。具体而言，美国减少了中国的工业用品和消费品的进口，增加了汽车和食品的进口。中国方面，其自美国进口的总额减少了 19.8%，其中加征关税的产品的进口减少了 27.0%，其他产品的进口减少了 0.8%。而在 2019~2022 年，中美双边贸易大幅增长。美国自中国进口的总额增长了 19.5%，其中加征关税的产品的进口增长了 5.6%，其他产品的进口增长了 41.4%。与此同时，中国自美国的进口增长了 15.9%，其中加征关税的产品的进口下降了 0.1%，其他产品的进口增长了 58.4%。因此，从整体贸易量来看，中美双边贸易表现出了韧性。

虽然近年来中美两国的贸易总额一直保持上升趋势，但加征关税的产品的贸易，尤其是高技术产品的贸易额却呈现逐步下降的趋势（Bown, 2023；WTO, 2023）。美国出台了许多贸易法案和政策，试图限制某些与安全相关的高技术产品与中国的贸易。因此，如图 2.11 所示，中国与美国的高技术产品的贸易额有所下降。进口额从 2017 年的 465 亿美元下降到 2022 年的 430 亿美元。在相对意义上，这种降幅更为明显。中美高技术产品贸易占中国高技术产品贸易总额的比重从 2017 年的 14.5% 下降到 2022 年的 11.8%，而同期中美高技术产品贸易占美国高技术产品贸易总额的比重则从 21.1% 下降到 18.0%。

图 2.11 2017~2022 年中美高技术产品贸易

资料来源：WITS 数据库。

美国对中国高技术产品出口的下降，很可能是受美国出口管制的影响。过去几年中，美国增加了一些特定领域产品对中国的出口。然而，美国商务部产业与安全局报告称，属于出口管制类别的产品对中国的出口总体呈下降趋势（见图2.12）。在美国出口管制措施生效之前，中国增加了对这些商品的进口，这导致美国出口管制商品的出口量在 2018 年大幅增加，然后又下降。尽管随后几年有所波动，但这些商品在对中国的出口总额中所占的份额，从 2018 年的 25% 下降到 2022 年的 15%。

图 2.12　2014~2022 年受美国政府出口管制措施制约的美国对中国出口的变化

注：出口受管制包括受制于美国产业与安全局的许可证要求的出口产品，以及无许可证要求但需报告出口管制分类编码的出口产品。

资料来源：美国商务部产业与安全局（BIS）：《美国与中国的贸易》（2014~2022）。

2.4.2　中国、美国和第三国之间的三角贸易

全球价值链的兴起，意味着各国越来越多地通过贸易间接地相互联系。随着出口中的国外成分的增加，进口商在更大程度上依赖其供应商的供应。这意味着，在评估两个国家之间的相互依存关系时，只看简单的双边总贸易统计数据可能会产生误导。例如，为了应对双边贸易成本的增加，企业会寻找其

他途径来规避关税和相关的不确定性。一个突出的例子就是中国和韩国企业的反应，它们通过将生产转移到不受反倾销税影响的国家来规避美国的反倾销税（Flaaen et al., 2020）。本节介绍了美国通过第三国间接从中国进口的初步统计数据。

利用亚洲开发银行发布的多区域投入产出表，我们计算了中国通过第三国对美国的间接出口，方法是将特定第三国从中国进口的中间产品占该国中间产品总投入的比例，乘以该国出口到美国的最终产品占其部门层面总出口的比例，然后使用简单平均方法汇总到地区层面。虽然自 2018 年以来，中国对美国的直接出口逐渐减少，但如图 2.13 所示，近年来间接出口有所增加，自 2020 年以来主要是通过东盟、墨西哥和加拿大出口。在产业层面，织物和纺织产品、皮革和鞋类、设备制造、电气和光学设备以及运输设备（见专栏 2.1）是美国间接从中国进口中间产品的主要产业。

图 2.13　2007~2021 年美国通过第三国间接进口的中国中间产品比例

注：间接进口的计算方法是：第三国从中国进口的中间产品占第三国中间产品总投入的比例，与第三国出口到美国的最终产品占第三国出口总额的比例相乘。线条代表各部门的简单平均值。

资料来源：亚洲开发银行多区域投入产出数据库（2022）。

东南亚国家地理位置靠近中国，劳动力成本相对较低，已成为中美贸易的重要中介。其中，马来西亚、新加坡和越南对美国的出口在总出口中所占的份额大幅增加。与此同时，印度尼西亚、马来西亚、泰国和越南等东盟国家从中国进口的中间产品迅速增加，尤其是在 2020 年和 2021 年。图 2.14a 显示，在过去五年中，美国通过越南和墨西哥从中国进口的比例大幅上升。通过越南进口的中国中间商品从 2019 年的 2% 上升到 2021 年的 10.4%。通过墨西哥间接进口到美国的中国中间产品自 2017 年的 5% 上升到 2021 年的 8%（见图 2.14b）。

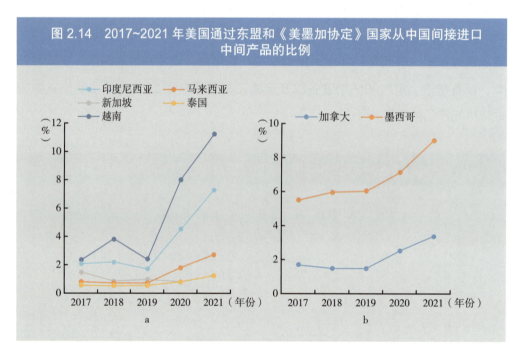

图 2.14 2017~2021 年美国通过东盟和《美墨加协定》国家从中国间接进口中间产品的比例

注：我们计算了中国各行业最终产品对美国的出口占各行业最终产品出口总额的比例，以及中国各行业中间产品对美国的出口占美国各行业中间产品进口总额的比例。然后将这两个数字相乘，并在国家层面使用简单平均方法进行汇总，以表示美国通过东盟国家从中国间接进口的中间产品。

资料来源：亚洲开发银行多区域投入产出数据库（2022）。

这一有关三角贸易的证据与最近的几项研究相吻合。Fajgelbaum 等（2021）强调，一些第三国，尤其是越南、泰国、韩国和墨西哥，从贸易紧张中获益匪浅，因为它们增加了对美国和世界其他地区的出口。Alfaro 和 Chor（2023）认为，这些经济体增加从中国采购中间品和增加对美国出口的组合很可能是低效率的，并提出了美国从越南和墨西哥进口的相关价格上涨的早期证据。

专栏 2.1　全球贸易模式的变化——电动汽车和汽车工业的崛起

国际汽车制造商组织（OICA）报告称，中国已成为世界领先的汽车制造国和消费国，2022 年的产量约占全球的 31.8%，销量占全球的 32.9%，这部分归功于电动汽车（OICA, 2023）。近年来，为促进国内汽车生产，中国政府为新能源汽车（NEV）的生产商提供支持。2012~2017 年，国内增加值在汽车出口中所占的比重略有上升。与此同时，该时期国内增加值在加工出口和外商投资企业出口中所占的比重有所下降，这表明中国国内的汽车产业以中间产品进口商的角色更深地嵌入全球价值链（Cai and Wang, 2022）。

与此同时，美国对中国制造的汽车零部件征收的关税极大地影响了美国自中国的进口，导致其在 2019 年和 2020 年分别下降了 22.8% 和 26.7%（Gaydarska et al., 2022）。墨西哥是中美贸易摩擦的受益者之一，因为美国自中国进口的汽车零部件减少的同时，自墨西哥的进口却相应增加。

2.5　新冠疫情、全球价值链和数字化

2.5.1　新冠疫情对全球价值链重塑的影响

新冠疫情以及与之相关的对产品和人员流动的干扰加剧了全球化面临的挑战。新冠疫情初期供应链受到的影响，引发了人们对关键商品持续供应的担忧，决策者已考虑采取各种应对措施来提高韧性，包括区域化和回流（Barbieri et al., 2020）。此外，新冠疫情发生时，全球价值链的扩张已经放缓。既往的研究发现

了该趋势背后的几个因素（Bacchetta et al., 2021；Enderwick and Buckley, 2020）。这些因素包括贸易成本上升和贸易政策的不确定性。如上所述，第一个因素是不断加剧的贸易摩擦，这导致主要贸易经济体之间的关税增加。另一个因素是发达经济体与发展中经济体之间的工资差异不断缩小，从而降低了离岸外包的收益。第三个因素是自动化和人工智能等领域的技术进步。

最近的贸易数据为价值链的重构提供了一些线索，便于我们了解新冠疫情是否通过区域化加速了全球价值链的萎缩。我们利用区域间贸易数据和某些价值链指标来分析全球价值链的重构（见图 2.15）。新冠疫情导致 2020 年全球价值链严重收缩，但全球价值链活动在 2021 年又迅速反弹。

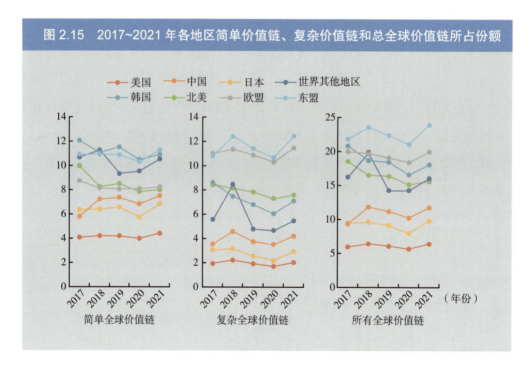

图 2.15　2017~2021 年各地区简单价值链、复杂价值链和总全球价值链所占份额

注：为简便起见，全球价值链指标由对外经济贸易大学全球价值链指数（UIBE GVC indexes）汇总而成，而该指数原本是针对具体国家的指数。国家层面的后向分解项目首先进行汇总，然后计算全球价值链的份额，这可能会产生偏差。

资料来源：对外经济贸易大学全球价值链数据库、FGin5VA 以及亚洲开发银行多区域投入产出数据库（2022）。

2.5.2 新冠疫情对全球价值链影响的反事实分析

为了评估全球价值链活动的反弹是否可持续，我们使用一个基于扩展的可计算一般均衡模型的反事实分析框架来探讨新冠疫情这种外部冲击对全球价值链的影响（见附录 4）。该分析考虑了四个冲击来源：劳动力、消费偏好、贸易成本和旅游业。关键的设定是，虽然根据各国在新冠疫情期间的表现，其恢复速度有所不同，但预计到 2025 年，几乎所有冲击都会恢复到基准水平。例如，由于新冠疫情的影响，劳动力供给在 2020 年急剧下降，但会逐渐反弹到疫情前的水平。

接下来，我们分解新冠疫情对出口不同组成部分的影响，这种分解方法可以更清楚地区分全球价值链贸易和传统贸易（见专栏 2.2）。此外，由于新冠疫情对全球投资模式产生了重大影响，我们对国内企业和国外企业进行了区分。

本节讨论的影响是反事实估计，代表了基准情景与政策情景之间的差异，因此结果可能是正的，也可能是负的。例如，国际货币基金组织 2019 年 10 月发布的《世界经济展望》中的数据显示：在基准情景下，2020 年中国的国内生产总值将增长 5.8%。然而，由于新冠疫情，GDP 增长率仅为 2.3%。因此，反事实估计的结果为 -3.6%，可视为新冠疫情对中国国内生产总值的影响。

专栏 2.2　考虑了外商直接投资异质性的全球价值链活动

为量化新冠疫情对全球价值链的影响，我们使用了包含跨国企业的扩展 CGE 模型。我们采用区分国内投资和国外投资的全球价值链分解方法（Wang et al., 2021）来分析新冠疫情的影响。该框架区分了五个指数：VD、VRT、VGT、VGI 和 VGTI。

（1）VD：内资企业在最终生产中为满足国内最终需求而创造的增加值，这是纯粹的国内活动。

（2）VRT：内资企业创造的附加值，但包含在最终产品出口中，以满足国外的最终需求，代表传统的贸易生产活动。

（3）VGT：由出口国内资企业生产的中间产品中包含的增加值，这些产品被直接进口国的内资企业用于生产最终产品以供国内消费，或出口到第三国，这部分增值活动被视为与贸易相关的全球价值链活动。

（4）VGI：外资企业在东道国的活动所体现的增加值。外资企业与内资/外资企业之间的所有生产活动和联系都位于东道国，目的是满足国内或国外市场的最终需求，代表与外商直接投资相关的全球价值链活动（VGI）。

（5）VGTI：外资企业跨境投资和跨境贸易活动所体现的增加值。内资（外资）企业创造的增加值包含在外资（内资）企业用于生产最终产品的中间产品的出口中，这些产品要么在国内（直接进口国）消费，要么出口到其他国家，这代表了与贸易和外商直接投资相关的全球价值链活动。

新冠疫情严重影响了传统全球贸易（VRT），最终产品的贸易在 2020 年下降了 13.3%，然后在 2021 年反弹了 20.4%。在与贸易相关的活动（VGT）方面，全球层面的封锁或出口限制，致使中间产品的贸易趋于萎缩。

然而，外商直接投资活动（VGI 和 VGTI）并未受到新冠疫情的重大影响。首先，与有形商品相比，资本的流动性更强，跨国公司能够针对新冠疫情调整其全球配置。其次，由于疫情初期的防控措施，总体需求倾向于国内供应，从而增强了国内生产商之间的联系，其中本地企业与外国企业之间的紧密联系为外商直接投资活动提供了支持。虽然 2020 年所有分解项都受到了负面影响，但从结构上看，纯国内生产活动的比例增加了，而其他分解项的比例都下降了。贸易成本增加导致国际供应链断裂，再加上政府限制出口，特别是基本商品的出口，国内生产和供应都有所增加。

在经济体层面，中国、墨西哥和东盟与其他经济体有所不同（见图 2.16）。中国的纯国内活动大幅增加，抵消了国际需求的下降。此外，中国与外商直接投资相关的活动增加，更可能是由中国境内外资企业活动而非外资企业的跨境贸易活动推动的。首先，如上所述，新冠疫情期间中国生产表现出的韧性，使中国能够继续向世界其他国家和地区，特别是东盟国家供应大量产品。其次，国内需求的增长，加上一些国家边境关闭，增加了对中国国内供应商的需求，包括中国境内的外资企业。这也符合内部融资假设，即本地外资企业倾向于保留利润，以便在回报率更高的地区增加投资（Moosa and Merza, 2022）。联合国贸易和发展会议（UNCTAD）的数据显示，在 2020 年和 2021 年新冠疫情期间，中国的外商直接投资流入量均有所增加[1]。

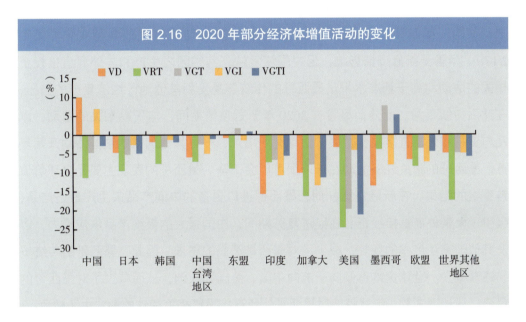

图 2.16　2020 年部分经济体增值活动的变化

注：VD=纯国内生产活动，VRT=传统贸易生产活动，VGT=与贸易相关的全球价值链活动，VGI=与外商直接投资相关的全球价值链活动，VGTI=与贸易和外商直接投资相关的全球价值链活动。

资料来源：Wang et al.（2021）。

相比之下，墨西哥和东盟从国外获得了更多订单，因此这些国家与贸易相关的全球价值链活动（VGT）以及与贸易和外商直接投资相关的全球价值链活动

1　联合国贸易和发展会议：《过去 30 年全球外商直接投资流量》，https://unctad.org/data-visualization/global-foreign-direct-investment-flows-over-last-30years，2023 年 7 月访问。

（VGTI）在疫情期间有所增加。前者描述的是不同地区内资企业之间的跨境生产活动，后者描述的是内资企业与外资企业之间的跨境生产活动。两者同时增加表明，墨西哥和东盟进口中间产品，以便在新冠疫情期间生产最终产品。从详细的全球价值链分解框架可以看出，有几个渠道需要进一步的实证分析。首先，内资企业加强了与其他国家内资企业的联系。其次，其他国家的外资企业利用其全球优势，将业务外包给墨西哥和东盟的内资或外资企业。最后，墨西哥和东盟的外资企业从其他国家的内资企业购买中间产品。

新冠疫情不仅影响了全球贸易结构，还重构了全球价值链。我们选择了中国、美国、墨西哥和印度这四个国家来讨论其全球价值链的典型变化（见图2.17）。尽管受新冠疫情影响，但中国恢复快，其纯国内生产和与外商直接投资相关的活动均高于基准水平。墨西哥的传统贸易受到其他地区经济复苏的挤压，在此后持续下滑。此外，尽管在2020年新冠疫情期间，与贸易相关的活动，以及与贸易和外商直接投资相关的活动有所增加，一旦其他国家的这些活动开始复苏，墨西哥的相关经济活动在未来很可能会下降。墨西哥的表现主要是全球价值链重组的结果。在新冠疫情初期，墨西哥进口更多的中间产品来生产最终产品，吸引了大量外商直接投资。在经济复苏期间，中国强大的最终产品供应能力，以及其他国家生产率的恢复，减少了对墨西哥产品的需求。因此，墨西哥的传统贸易逐渐减少。全球资本也倾向于流向中国、美国和欧洲，从而减少了对墨西哥的投资，从长远来看，新冠疫情对墨西哥外商直接投资相关活动的影响由正转负。

美国和印度的长期趋势相似，全球价值链指标在受到冲击后逐渐恢复到基准水平。然而，新冠疫情对印度的影响更大，印度在2021年上半年有短暂的疫情暴发，因此其恢复速度比美国慢。此外，美国的投资回报率更高，获得的外商直接投资也更多，因此复苏速度更快。

如图2.17所示，由于纯国内活动和与外商直接投资相关的活动的增长率高于其他组成部分，这两项活动在中国所占的比例将会增加。同样，就印度而言，除纯国内活动外的其他分解项都在增长，这表明印度将更多地参与全球价值链活动。同时，墨西哥与贸易相关的活动以及与贸易和外商直接投资相关的活动对全球价值链也很重要。总之，新冠疫情造成的贸易扰动导致贸易急剧下降。然而，2021 年的贸易反弹更加强劲，扭转了之前的趋势。

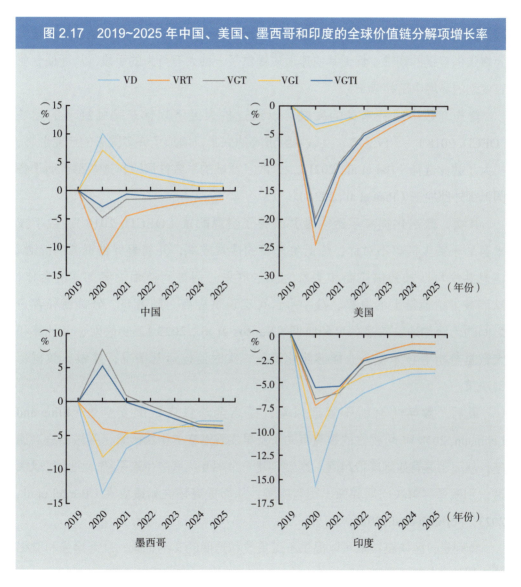

图 2.17　2019~2025 年中国、美国、墨西哥和印度的全球价值链分解项增长率

资料来源：Wang et al.（2021）。

2.5.3 数字化、韧性和复苏

在一个相互联系日益紧密、瞬息万变的世界里，全球价值链面临着众多挑战，这些挑战可能会扰乱其正常运行，从而影响全球经济。数字基础设施和技术为增强供应链的韧性、促进其快速适应提供了一种大有可为的手段，从而使企业在变动的环境中茁壮成长。

首先，数字经济本身的发展可以通过扩大经济规模来增强经济的韧性（OECD, 2018）。平台经济、互联网经济等的兴起，增加了许多国家的产业形态，扩大了就业选择（Bai et al., 2021），分散了区域的系统性风险，这些都有助于各国抵御外部冲击（Pisu et al., 2021）。

其次，数字化提高了透明度并改善了资源配置（OECD, 2018）。数字技术有助于减少信息不对称，降低生产者的搜索成本，并显著促进资源的流通。信息共享可以加强供应商和买家之间的联系，促进利益相关者之间的合作，从而减少价值链上的摩擦。数字平台可实现供应商、制造商、分销商和客户之间的无缝沟通、信息共享和协调（Santos et al., 2023）。物联网、云计算和大数据分析等技术使企业能够简化流程，实时监控运营情况，并做出数据驱动决策。

最后，数字化有助于管理风险，提高全球供应链的安全性（Eling and Lehmann, 2018）。可视性的提高有助于及早发现潜在的干扰因素，并做出适当调整，从而迅速有效地降低风险。通过创建一个相互关联的生态系统，企业可以快速识别瓶颈、解决问题并做出明智决策，从而提高韧性和适应性（Bürgel et al., 2023；Forliano et al., 2023）。

特别是，区块链技术可以提供不可更改和透明的交易记录，从而增强利益相关方的信任和安全性（Ganne, 2018）。射频识别技术可以跟踪产品、材料和组件，从而加强对生产流程的控制，并降低扰动发生的可能性。随着可视性的提高，企业可以主动管理供应链的复杂性，应对不断变化的客户需求，并将突发事件的影响降至最低。将自动化和机器人技术集成到产业流程中，可减少对人工的依赖并提高效率。

在新冠疫情期间，数字技术增强了各国生产和供应链系统的韧性，从而减轻了疫情对经济的影响（Gaspar et al., 2022；Jaumotte et al., 2023；Kim and Kim, 2023；Kim et al., 2022）。远程工作带来的灵活性增加了某些行业的劳动力供给，而人工智能和机器人等技术则使制造业生产率保持稳定（Abidi et al., 2022；Copestake et al., 2022）。数字技术通过改善用户获取信息的渠道，降低贸易和交易成本，提高了生产率，促进了经济增长（Khalil et al., 2022）。特别是，在中低收入国家建立一个健康的数字经济生态系统，可帮助其在应对类似新冠疫情的冲击时迅速复苏并建立韧性。然而，数字鸿沟也可能会加剧经济不平等，且技术赶超需要大量的组织和制度变革（Tinhinan, 2020）。

对新冠疫情期间数字技术政策对全球价值链影响进行估计的定量模型揭示了几个事实（Gao et al., 2022）。如图 2.18 所示，由于个人、企业和政府对远程通信的需求增加，信息和通信技术（Information and Communications Technology, ICT）[1] 产业的产出降幅小于非 ICT 产业。研究结果显示，ICT 产业大幅增长，而非 ICT 产业几乎没有变化。造成这两个行业存在差异的原因有二。首先，生产者可以在不影响平均成本的情况下，将资源投向 ICT 投入品（成本中性偏好）。因此，总成本不变，但对 ICT 产品的需求却增加了。其次，我们还假设未来 ICT 中间投入品的效率会提高，这可能会减少对 ICT 产品的需求，但这种影响不足以抵消偏好转移对 ICT 需求的影响。因此，这两种设定对 ICT 部门产出的总体影响是正向的。

一个自然而然的问题是，在信息和通信技术基础设施相对发达的地区，新冠疫情对 GDP 的影响是否相对较小。图 2.19 显示了若干数字化指标[2] 与潜在 GDP 变化的散点图。所有散点图都表明，数字基础设施较发达的经济体的国内生产总

---

1 这里假定各产业对 ICT 中间投入品的需求以及 ICT 投入品的效率都有所提高。
2 这些指标来自世界银行，包括固定宽带用户数、固定电话用户数、移动电话用户数、使用互联网的人数以及每单位人口拥有的安全互联网服务器数。

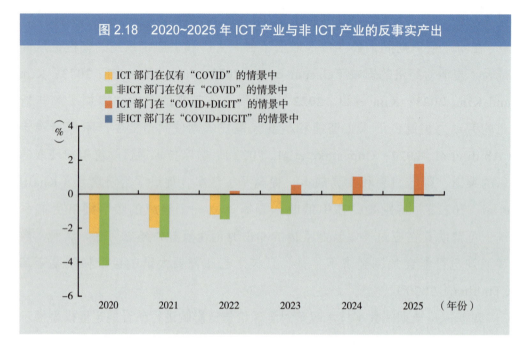

图 2.18　2020~2025 年 ICT 产业与非 ICT 产业的反事实产出

注：在仅有"COVID"情景中，我们只考虑了劳动力供给、消费偏好、贸易成本和旅游业的冲击；在"COVID+DIGIT"的情景中，我们考虑了"COVID"情景中的冲击，但也纳入了额外的冲击，即生产者更倾向于更多的数字技术投入，同时技术使用效率也会提高。

值降幅较小（c–e），或比其他地区恢复得更快（a–b）。这些发现说明了数字化在应对新冠疫情等冲击、保护生产率和保持就业方面的作用。

2.6　结论

本章通过中美贸易摩擦和新冠疫情等事件，说明了冲击在全球价值链中的传播，以及相应的贸易模式变化。本章根据现有文献和作者构建的指标讨论了这些影响。本章还概述了此类事件发生后的贸易模式，并讨论了数字技术在经济复苏中的作用以及回流的一些趋势。

中美之间的贸易摩擦重塑了全球贸易。尽管总的贸易流量没有显著减少，但

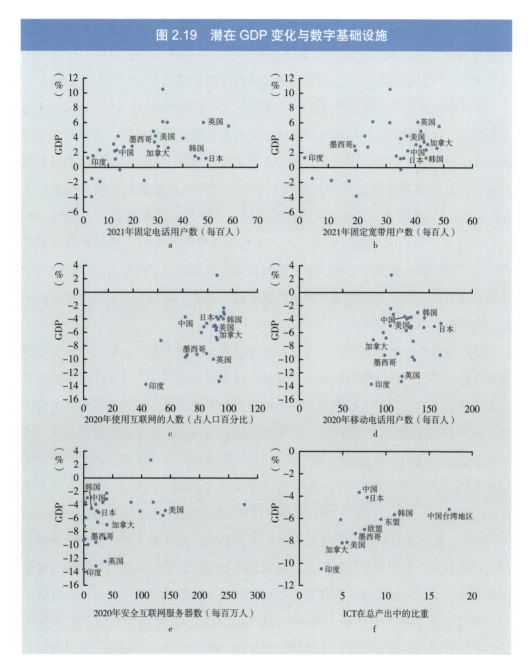

图 2.19　潜在 GDP 变化与数字基础设施

注：前五个散点图中，即图（a–e）中的潜在 GDP 变化是国际货币基金组织 2019 年 10 月发布的《世界经济展望》中公布的实际 GDP 与预测 GDP 之间的差值。图 f 显示的是 CGE 模型得出的反事实 GDP 结果。

资料来源：国际货币基金组织：《世界经济展望》，2019 年 10 月。

在部门层面却能感受到影响。数据显示，2017~2022 年，全球贸易重构，贸易转移效应随之而来。例如，为应对美国提高关税，中国将出口重点转向东亚和太平洋地区，以及欧洲和中亚，对这些地区的出口分别增长了 11.7% 和 16.1%。

贸易摩擦增加了全球生产成本，尤其是下游生产商的成本。由于商品和服务多次跨境，关税和非关税措施等贸易成本会沿着全球价值链累积，导致下游生产商的中间产品成本提高。中国的累积投入品关税（包括中国对美国征收的反制性关税，以及全球价值链上的间接关税）平均跃增 47%。美国和中国分别承担了100 亿美元和 65 亿美元的额外间接关税负担，而第三方国家则承担了 30%~70%的额外成本。国内增加值对累积投入品关税的弹性约为 34%，贸易摩擦和新冠疫情所引起的额外非关税负担，主要影响到那些较难实现生产投入品多样化或使用额外库存的企业。虽然贸易摩擦也导致区域化加剧，并缩短了全球生产链的长度，但并没有引发去全球化。

新冠疫情对全球价值链的破坏导致全球经济发生重大变化。新冠疫情先导致贸易急剧下降，但该过程随后发生了逆转。在新冠疫情期间，几乎所有传统贸易和与贸易相关的活动都大幅萎缩，导致纯国内生产的产品（不含来自国外的中间投入品）的消费增加。与此同时，由于跨国企业与内资企业之间的联系加强，涉及外资企业的跨境贸易活动略有增加。在新冠疫情期间，中国在亚洲生产中发挥了更大的作用，亚洲发展中经济体从中国进口的中间品仅下降了 1%，而从其他地区（如欧洲、美国）进口的中间品则下降了 10% 以上。

此外，我们还分析了数字化对经济复苏的影响，并获得了进一步的证据来支持这样的假设，即在新冠疫情期间，数字基础设施优越的国家受到的影响比其他国家要小。全球对数字技术的需求，导致对高技术产业的投资增加，从而促进了与外商直接投资相关的活动。这些研究结果应有助于后疫情时代关于提升全球价值链韧性的公共政策制定，而这种韧性可通过提高经济体的数字化程度得到加强，以更好地应对贸易摩擦和其他外部冲击所带来的不确定性。

附　录

附录 1　中美贸易摩擦导致的全球价值链平均生产长度的变化

中美贸易摩擦引发的干扰预计将导致贸易回流增加（Meng et al., 2022）。虽然根据可计算一般均衡模型预测，全球价值链平均生产长度在不久的将来会缩短，这并不一定意味着美国与中国之间的贸易摩擦引发了去全球化进程（如果将其定义为全球价值链生产长度的缩短）。尽管许多欠发达的亚洲经济体在减少出口的同时通过增加国内消费提高了自给率，但事实上，只有两个亚洲经济体，即中国香港地区和马来西亚经历了去全球化。相比之下，在消费方面，大多数发达经济体的自力更生程度有所下降，但在出口方面却有所提高，其中机器设备的出口包含了更多的国内成分（Hugot and Platitas, 2022）。此外，本章基于可计算一般均衡模型的研究仅考虑美国和中国相互征收额外关税这个情境。我们没有纳入两个国家用来尽量减少不利影响的其他政策，甚至没有纳入其他国家的任何政策。

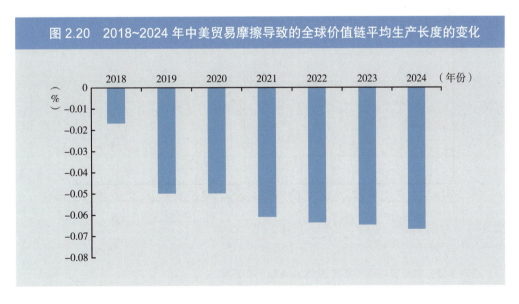

图 2.20　2018~2024 年中美贸易摩擦导致的全球价值链平均生产长度的变化

资料来源：Meng et al.（2022）。

附录 2　2012~2022 年世界主要经济体的前五大贸易伙伴

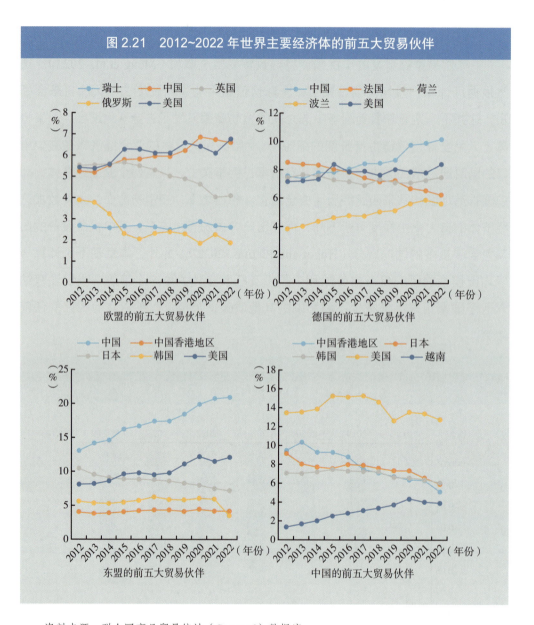

图 2.21　2012~2022 年世界主要经济体的前五大贸易伙伴

资料来源：联合国商品贸易统计（Comtrad）数据库。

附录 3　2017~2021 年美国与东盟国家的贸易总额

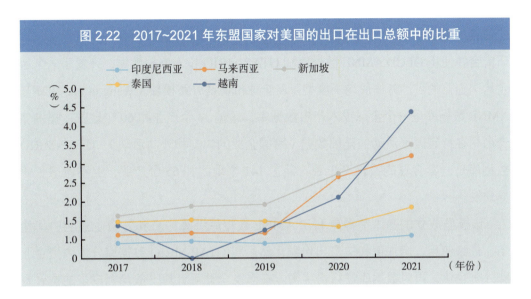

图 2.22　2017~2021 年东盟国家对美国的出口在出口总额中的比重

资料来源：亚洲开发银行多区域投入产出数据库。

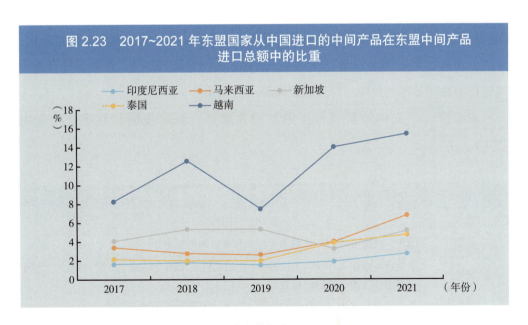

图 2.23　2017~2021 年东盟国家从中国进口的中间产品在东盟中间产品
进口总额中的比重

资料来源：亚洲开发银行多区域投入产出数据库。

附录 4　可计算一般均衡模型的构建与情景设定

清楚地了解跨国企业的作用和活动对于理解全球价值链至关重要，因为全球价值链的强劲增长，极大地挑战了与全球化相关的现有经济观点和政策含义。本研究合并使用 OECD AMNE 数据库和 GTAP-MRIO 投入产出数据，开发了一个包含跨国企业的可计算一般均衡模型以及全球价值链分解模块（Wang et al., 2021）。AMNE 数据库是一个全球投入产出数据库，涵盖 34 个产业和 60 个地区，提供外资公司在特定国家活动的详细数据（跨国企业的内向和外向活动）。GTAP-MRIO 数据库是一套全球的投入产出表，涵盖 141 个地区和 65 个产业，但不考虑企业异质性。

该模型成立的基本前提是利用 AMNE 数据库计算内资和外资企业的中间使用、最终使用、增加值和总产出份额，然后将 GTAP-MRIO 数据库分为内资企业和外资企业，再对数据库进行再平衡。在涉及全球可计算一般均衡模型的扩展方面，我们广泛参考了其他投资设定（Mai, 2005；Xiao and Ciuriak, 2014），以改善模型中企业的生产和消费行为，但模型目前没有考虑垄断行为。此外，在动态机制的设定方面，我们参考了 MONASH 投资函数（Dixon et al., 2013）。具体来说，首先，资本积累采用递归动态规则（recursive daynamic rules）。其次，投资与资本回报率之间基本上呈现一种反逻辑斯蒂函数关系。

本章探讨了三种政策情景：中美贸易摩擦、新冠疫情和数字化（见附表 1）。

表 2.1　CGE 模型中的不同情景	
情景	内容
基准	GDP、熟练劳动力、非熟练劳动力和人口的增长率
贸易	中美贸易摩擦：2018 年和 2019 年追加关税，2020 年达成第一阶段协议。美国对中国高技术产品的出口管制
新冠疫情	劳动力供应减少、消费偏好改变、贸易成本增加、旅游业衰退
数字化	生产者投入更多的 ICT 中间产品或服务，更有效地利用 ICT 中间投入品

- 在贸易情景中，贸易摩擦从 2018 年开始，在 2020 年以第一阶段协议结束。直接关税在 2018~2019 年增加，然后在 2020 年降低。具体而言，2020 年和 2021 年，我们将对中国自美国进口的农产品的冲击考虑在内。此外，我们还考虑了美国对向中国出口高技术产品的管制。
- 新冠疫情通过四个主要途径影响全球经济体系：劳动力供给下降，消费偏好转向电信、医疗、公共管理服务等，贸易成本增加，以及旅游需求下降。

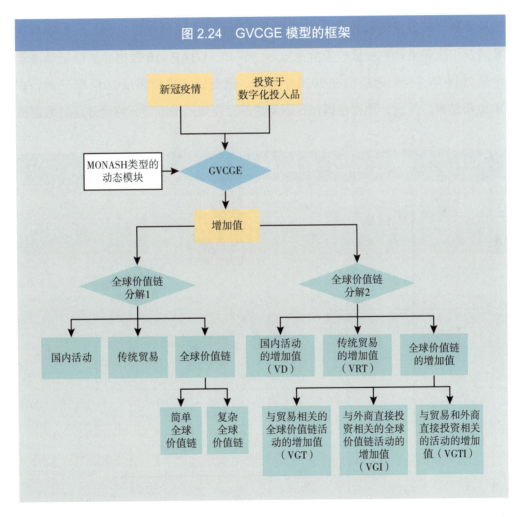

图 2.24 GVCGE 模型的框架

注：GVCGE 模型借鉴了 Aguiar 等（2020）、Corong 等（2017）和 Hertel（1997）；MONASH 类型的动态模块借鉴了 Dixon 等（2013）；GVC 分解则借鉴了 Wang 等（2017, 2021）。

各经济体的恢复速度不同，但预计到 2025 年都将恢复到其各自的基准水平。

- 影响韧性和复苏的一个重要因素是数字技术。在评估数字鸿沟对各国恢复的影响时，我们使用了信息和通信技术作为代理变量。我们假定，在新冠疫情期间，生产者倾向于增加 ICT 中间投入品的使用。与此同时，ICT 产品的中间投入品的效率预计也会提高。这两种冲击会对 ICT 的产出产生相反的影响。

附图 2 可以帮助读者理解反事实分析的结果。政策冲击（如附表 1 中所列的贸易摩擦、新冠疫情和数字化）对经济变量（如全球价值链指标）的影响由基准情景和政策情景中变量的差异来表示。例如，GTAP v10 数据库的最新参考年份是 2014 年，但新冠疫情在 2020 年暴发，因此历史模拟将从 2014 年开始，在 2020 年结束。然后，预测性模拟在不考虑新冠疫情的情况下，将全球经济数据预

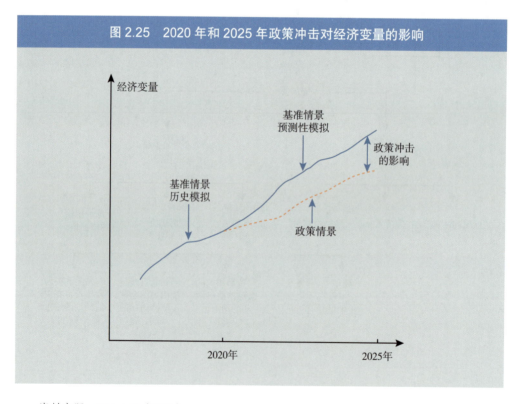

图 2.25　2020 年和 2025 年政策冲击对经济变量的影响

资料来源：Mai et al.（2010）。

测至未来。历史模拟和预测性模拟都包含基准情景。在政策情景中，模型引入了新冠疫情冲击，这将对某些经济变量（如 GDP 增长率）产生负面（或正面）影响。在本章中，我们只关注附表 1 中提到的政策冲击的影响。

附录 5　数字化政策对全球价值链的影响

本章还分析了数字化投入和技术改进对全球价值链贸易的影响（见附表 2）。据预测，中国和东盟的纯国内活动、与外商直接投资相关的活动，和与贸易相关的活动都将增加，其中东盟的纯国内活动增幅更大。中国台湾地区与贸易相关的活动也将增加，而美国、加拿大和印度将从传统全球贸易的增长中受益。除与贸易相关的活动外，中国在所有领域的活动都将略有增加，因为如果中国吸引更多的数字基础设施投资，其国内消费和所有与外商直接投资相关的活动都将增加。

表 2.2　2025 年数字投入和技术改进对全球价值链活动的预计影响					
	VD	VRT	VGT	VGI	VGTI
中国	0.20	0.01	−0.32	0.12	0.14
日本	0.13	−0.14	−0.91	−0.20	−1.27
韩国	0.57	−0.47	−0.10	0.18	−0.19
中国台湾地区	0.57	−0.37	0.30	0.19	0.00
东盟	0.63	−0.23	−0.71	0.46	0.10
印度	−0.16	0.20	−0.54	−0.28	−0.58
加拿大	−0.03	0.21	−0.48	−0.09	−0.51
美国	−0.07	0.21	−0.40	−0.18	−0.45
墨西哥	0.26	−0.61	−0.95	−0.01	−0.88
欧盟	0.26	−0.12	−0.74	0.10	−0.74
世界其他地区	−0.09	0.30	−0.49	−0.17	−0.63

资料来源：Wang et al.（2021）。

（张美晨译、黄绍鹏校、邢予青审订）

参考文献

Abidi, N., El Herradi, M., & Sakha, S., 2022, "Digitalization and Resilience: Firm-level Evidence During the COVID-19 Pandemic", *IMF Working Papers*, 2022(034), A001, https://doi.org/10.5089/9798400201073.001.A001.

Aguiar, A., Corong, E., & van der Mensbrugghe, D., 2020, *GTAP Recursive Dynamic (GTAP-RD) Model: Version 1.0,* https://www.gtap.agecon.purdue.edu/resources/res_display.asp?RecordID=6135.

Ahir, H., Bloom, N., & Furceri, D., 2022, "The World Uncertainty Index", *National Bureau of Economic Research Working Paper Series*, No. 29763, https://doi.org/10.3386/w29763.

Alfaro, L., & Chor, D., 2023, "Global Supply Chains: The Looming 'Great Reallocation'", *Paper prepared for the Jackson Hole Symposium, 24-26 Aug 2023, organized by the Federal Reserve Bank of Kansas City.*

Altomonte, C., Di Mauro, F., Ottaviano, G. I., Rungi, A., & Vicard, V., 2012, *Global Value Chains during the Great Trade Collapse: A Bullwhip Effect?*

Bacchetta, M., Bekkers, E., Piermartini, R., Rubinova, S., Stolzenburg, V., & Xu, A., 2021, *COVID-19 and Global Value Chains: A Discussion of Arguments on Value Chain Organization and the Role of the WTO,* https://www.wto.org/english/res_e/reser_e/ersd202103_e.pdf.

Bai, J. J., Brynjolfsson, E., Jin, W., Steffen, S., & Wan, C., 2021, *Digital Resilience: How Work-from-home Feasibility Affects Firm Performance.*

Baldwin, R., & Ito, T., 2021, "The Smile Curve: Evolving Sources of Value Added in Manufacturing", *Canadian Journal of Economics/Revue canadienne d'économique*, 54(4), pp. 1842-1880.

Baldwin, R., 2017, *The Great Convergence: Information Technology and the New*

Globalization, Harvard University Press.

Barbieri, P., Boffelli, A., Elia, S., Fratocchi, L., Kalchschmidt, M., & Samson, D., 2020, "What Can We Learn about Reshoring after Covid-19?", *Operations Management Research* 13, pp. 131-136.

Bellora, C., & Fontagné, L., 2019, *Shooting Oneself in the Foot? Trade War and Global Value Chains* [Presented at the 22nd Annual Conference on Global Economic Analysis, Warsaw, Poland], https://www.gtap.agecon.purdue.edu/resources/res_display.asp?RecordID=5733.

Blanchard, E. J., Bown, C. P., & Johnson, R. C., 2016, "Global Supply Chains and Trade Policy", *National Bureau of Economic Research Working Paper Series*, No. 21883. https://doi.org/10.3386/w21883.

Bown, C. P., & Kolb, M., 2023, *Trump's Trade War Timeline: An Up-to-Date Guide.* Retrieved March 24 from https://www.piie.com/blogs/trade-and-investment-policy-watch/trumps-trade-war-timeline-date-guide.

Bown, C. P., 2023, *US imports from China are both decoupling and reaching new highs Here's how.* https://www.piie.com/research/piie-charts/us-imports-china-are-both-decoupling-and-reaching-new-highs-heres-how.

Bürgel, T. R., Hiebl, M. R. W., & Pielsticker, D. I., 2023, "Digitalization and Entrepreneurial firms' Resilience to Pandemic Crises: Evidence from COVID-19 and the German Mittelstand", *Technological Forecasting and Social Change* 186, pp. 122-135, https://doi.org/https://doi.org/10.1016/j.techfore.2022.12213.

Cai, K., & Wang, Z., 2022, "Local Content Requirement Policies in China and Their Impacts on Domestic Value-added in Exports", *WTO GVC Report Background Paper*.

Cali, M., Ghose, D., Montfaucon, A. F., & Ruta, M., 2022, "Trade Policy and Exporters' Resilience: Evidence from Indonesia" , *WTO GVC Report Background Paper*.

Cheng, L., Mi, Z., Coffman, D.M., Meng, J. and Chang, D., 2021, "Destruction and Deflection: Evidence from American antidumping actions against China", *Structural Change and Economic Dynamics* 57, pp.203-213.

Cho, J., Hong, E. K., Yoo, J., & Cheong, I., 2020, "The Impact of Global Protectionism on Port Logistics Demand", *Sustainability* 12(4), p.1444. https://www.mdpi.com/2071-1050/12/4/1444 .

Cigna, S., Gunnella, V., & Quaglietti, L., 2022, "Global Value Chains: Measurement, Trends and Drivers", *ECB Occasional Paper* (289).

Copestake, A., Estefania-Flores, J., & Furceri, D., 2022, Digitalization and Resilience. *IMF Working Papers*, 210, A001, https://doi.org/10.5089/9798400225697.001.A001.

Corong, E. L., Hertel, T. W., McDougall, R., Tsigas, M. E., & Van Der Mensbrugghe, D., 2017, "The Standard GTAP Model, Version 7", *Journal of Global Economic Analysis* 2(1), pp. 1-119.

Costinot, A., Donaldson, D., & Komunjer, I., 2012, "What Goods Do Countries Trade? A Quantitative Exploration of Ricardo's Ideas", *The Review of Economic Studies* 79(2), pp. 581-608.

di Giovanni, J., Levchenko, A. A., & Mejean, I., 2018, "The Micro Origins of International Business-Cycle Comovement", *American Economic Review* 108(1), pp. 82-108. https://doi.org/10.1257/aer.20160091.

Dixon, P. B., Koopman, R. B., & Rimmer, M. T., 2013, "The MONASH Style of Computable General Equilibrium Modeling: A Framework for Practical Policy Analysis", In *Handbook of computable general equilibrium modeling* (Vol. 1, pp. 23-103), Elsevier.

Dollar, D. R., Inomata, S., Degain, C., Meng, B., Wang, Z., Ahmad, N., Primi, A., Escaith, H., Engel, J., & Taglioni, D., 2017, "Measuring and Analyzing the Impact of GVCs on Economic Development", in *Global Value Chain Development Report*

2017, WTO.

Eling, M., & Lehmann, M., 2018, "The Impact of Digitalization on the Insurance Value Chain and the Insurability of Risks", *The Geneva Papers on Risk and Insurance - Issues and Practice* 43(3), pp. 359-396, https://doi.org/10.1057/s41288-017-0073-0.

Enderwick, P., & Buckley, P. J., 2020, "Rising Regionalization: Will the Post COVID-19 World See a Retreat from Globalization?", *Transnational Corporations Journal* 27(2).

Erbahar, A., & Zi, Y., 2017, "Cascading Trade Protection: Evidence from the US", *Journal of International Economics* 108, pp. 274-299.

Fajgelbaum, P., Goldberg, P. K., Kennedy, P. J., Khandelwal, A., & Taglioni, D., 2021, *The US-China Trade war and Global Reallocations*.

Feenstra, R. C., 1998, "Integration of Trade and Disintegration of Production in the Global Economy", *Journal of Economic Perspectives* 12(4), 31-50.

Flaaen, A., Hortaçsu, A., & Tintelnot, F., 2020,"The Production Relocation and Price Effects of US Trade Policy: The Case of Washing Machines", *American Economic Review* 110(7), pp. 2103-2127.

Forliano, C., Bullini Orlandi, L., Zardini, A., & Rossignoli, C., 2023, "Technological Orientation and Organizational Resilience to Covid-19: The Mediating Role of Strategy's Digital Maturity", *Technological Forecasting and Social Change* 188, 122288, https://doi.org/https://doi.org/10.1016/j.techfore.2022.122288.

Freeman, R., & Baldwin, R., 2020, *Supply Chain Contagion Waves: Thinking Ahead on Manufacturing 'Contagion and Reinfection' from the COVID Concussion* VOX EU, https://cepr.org/voxeu/columns/supply-chain-contagion-waves-thinking-ahead-manufacturing-contagion-and-reinfection.

Gabaix, X., 2011, "The Granular Origins of Aggregate Fluctuations", *Econometrica* 79(3), pp. 733-772, https://doi.org/https://doi.org/10.3982/ECTA8769.

Ganne, E., 2018, *Can Blockchain Revolutionize International Trade?* World Trade

Organization, Geneva.

Gao, Y., Zhang, T., Ye, J., & Meng, B., 2022, "The Impact of COVID-19 Pandemic on Global Value Chains: Considering Firm Ownership and Digital Gap", *WTO GVC Report Background Paper.*

Gaspar, J.-M., Wang, S., & Xu, L., 2022, "Size and Resilience of the Digital Economy", Available at SSRN 4057864.

Gaydarska, H., Akahira, H., & Xing, Y., 2022, "The Impact of the US-China Trade War on the Imports of the American Automobile Industry from China", *WTO GVC Report Background Paper*.

Ghodsi, M., & Stehrer, R., 2022, "Trade Policy and Global Value Chains: Tariffs Versus Non-tariff Measures," *Review of World Economics* 158(3), pp. 887-916.

Ghose, D., & Montfaucon, A. F., 2022, "Firms in Global Value Chains during Covid-19: Evidence from Indonesia", *WTO GVC Report Background Paper*.

Goldberg, P. K., Khandelwal, A. K., Pavcnik, N., & Topalova, P., 2010, "Imported Intermediate Inputs and Domestic Product Growth: Evidence from India", *The Quarterly Journal of Economics* 125(4), pp. 1727-1767, https://doi.org/10.1162/qjec.2010.125.4.1727.

Herskovic, B., Kelly, B., Lustig, H., & Nieuwerburgh, S. V., 2020, "Firm Volatility in Granular Networks", *Journal of Political Economy* 128(11), pp. 4097-4162, https://doi.org/10.1086/710345.

Hertel, T. W., 1997, *Global Trade Analysis: Modeling and Applications*, Cambridge University Press.

Hugot, J., & Platitas, R., 2022, "Cross-border Value Chains in Developing Asia Survive Trade Tensions and the Global Pandemic", *WTO GVC Report Background Paper.*

Jaumotte, F., Li, L., Medici, A., Oikonomou, M., Pizzinelli, C., Shibata, I., Soh, J., & Tavares, M. M., 2023, "Digitalization During the COVID-19 Crisis: Implications for Productivity and Labor Markets in Advanced Economies", *Staff Discussion*

Notes, 2023(003).

Johnson, R. C., & Noguera, G., 2012, "Proximity and Production Fragmentation", *American Economic Review* 102(3), pp. 407-411, https://doi.org/10.1257/aer.102.3.407.

Khalil, A., Abdelli, M. E. A., & Mogaji, E., 2022, "Do Digital Technologies Influence the Relationship between the COVID-19 Crisis and SMEs' Resilience in Developing Countries?", *Journal of Open Innovation: Technology, Market, and Complexity* 8(2), p. 100, https://doi.org/https://doi.org/10.3390/joitmc8020100.

Kim, B., & Kim, B.-G., 2023, "An Explorative Study of Resilience Influence on Business Performance of Korean Manufacturing Venture Enterprise", *Sustainability* 15(9), p. 7218, https://www.mdpi.com/2071-1050/15/9/7218.

Kim, J., Estrada, G., Jinjarak, Y., Park, D., & Tian, S., 2022, "ICT and Economic Resilience during COVID-19: Cross-Country Analysis", *Sustainability* 14(22), 15109, https://www.mdpi.com/2071-1050/14/22/15109.

Lee, S., & Prabhakar, D., 2021, *COVID-19 Non-tariff Measures: The Good and the Bad, through a Sustainable Development Lens,* UN Geneva, Switzerland.

Mai, Y., 2005, *MONASH-Multi-Country (MMC) Model and the Investment Liberalisation in China's Oil Industry,* Centre of Policy Studies (CoPS).

Mai, Y., Dixon, P., & Rimmer, M. T., 2010, *CHINAGEM: A Monash-styled Dynamic CGE Model of China*, Centre of Policy Studies (CoPS) .

Mao, H., & Görg, H., 2020, "Friends Like This: The Impact of the US–China Trade War on Global Value Chains", *The World Economy* 43(7), pp. 1776-1791, https://doi.org/https://doi.org/10.1111/twec.12967.

Meng, B., Gao, Y., Zhang, T., & Ye, J., 2022, *The US-China Relations and the Impact of the US-China Trade War: Global Value Chains Analyses,* IDE-JETRO.

Moosa, I. A., & Merza, E., 2022, "The Effect of COVID-19 on Foreign Direct Investment Inflows: Stylised Facts and Some Explanations", *Future Business*

Journal 8(1), p. 20, https://doi.org/10.1186/s43093-022-00129-5.

Nicita, A., & Tresa, E., 2023, "The Heterogeneous Effects of Trade Policy on Trade Resilience during the 2020 Trade Downturn", *The World Economy* 46(10), pp. 3048-3056.

Noguera, G., 2012,"Trade Costs and Gravity for Gross and Value Added Trade", *Job Market Paper,* Columbia University 4.

O, M., 2023, *Introducing China's Auto Industry (Part 1),* Investor Insights Asia, Retrieved April from https://www.investorinsights.asia/post/introducing-china-s-auto-industry-part-1.

OECD, 2018, *Tax Challenges Arising from Digitalisation – Interim Report* 2018, https://doi.org/doi:https://doi.org/10.1787/9789264293083-en.

OECD, 2019, *Non-Tariff Measures, OECD Trade Policy Briefs,* https://www.oecd.org/trade/topics/non-tariff-measures/.

Pisu, M., Rüden, C. v., Hwang, H., & Nicoletti, G., 2021, "Spurring Growth and Closing Gaps through Digitalisation in a Post-COVID World: Policies to LIFT All Boats", *OECD Economic Policy Papers*, No. 30, OECD Publishing, Paris, https://doi.org/10.1787/b9622a7a-en.

Rouzet, D., & Miroudot, S., 2013, *The Cumulative Impact of Trade Barriers along the Value Chain: An Empirical Assessment Using the OECD Inter-country Input-output Model.*

Santos, S. C., Liguori, E. W., & Garvey, E., 2023, "How Digitalization Reinvented Entrepreneurial Resilience during COVID-19", *Technological Forecasting and Social Change* 189, 122398, https://doi.org/https://doi.org/10.1016/j.techfore.2023.122398.

Solingen, E., Bo, M., & Ankai, X., 2021, "Rising Risks to Global Value Chains", In *Global Value Chian Development Report* 2021, Geneva, World Trade Organization.

Tinhinan, E. K. ,2020, *Uneven Disruption: Covid-19 and the Digital Divide in the Euro-*

Mediterranean Region, IEMed Mediterranian Yearbook.

Tresa, E., 2022, "OECD Spillover Effect of Tariff in Global Value Chains, *WTO GVC Report Background Paper.*

Wang, D., Hubacek, K., Liang, X., Coffman, D.M., Hallegatte, S. and Guan, D., 2021, "Reply to: Observed Impacts of the COVID-19 Pandemic on Global Trade", *Nature Human Behaviour* 5(3), pp.308-309.

Wang, Z., Wei, S.-J., Yu, X., & Zhu, K., 2017, *Measures of Participation in Global Value Chains and Global Business Cycles.*

Wang, Z., Wei, S.-J., Yu, X., & Zhu, K., 2021, "Tracing Value Added in the Presence of Foreign Direct Investment", *National Bureau of Economic Research Working Paper Series,* No. 29335, https://doi.org/10.3386/w29335.

WTO, 2023, *World Trade Report 2023: Reglobalization for a Secure, Inclusive and Sustainable Future.*

Wu, J., Wood, J., Oh, K., & Jang, H., 2021, "Evaluating the Cumulative Impact of the US-China Trade War along Global Value Chains", *The World Economy* 44(12), pp. 3516-3533.

Xiao, J., & Ciuriak, D., 2014, *Modelling the Trade in Services Agreement: Preliminary Estimates of Mode 1 and Mode 3 Liberalization*, Available at SSRN 3474745.

Yi, K.-M., 2003, "Can Vertical Specialization Explain the Growth of World Trade?", *Journal of Political Economy* 111(1), pp. 52-102.

Yi, K.-M., 2010, "Can Multistage Production Explain the Home Bias in Trade?", *The American Economic Review* 100(1), pp. 364-393, http://www.jstor.org/stable/27804932.

第 3 章

构建安全而有韧性的能源供应链

Jinjun Xue（薛进军） Yves Renouf Youyi Deng（邓又一）

Xunpeng Shi（施训鹏） Kejuan Sun（孙克娟） Qian Sun（孙倩）

全球价值链（GVCs）正面临着地缘政治变化带来的重大挑战。新冠疫情的冲击、能源转型和日益增加的不确定性也加剧了全球价值链面临的风险，需要重建以增强其韧性。本章探讨了由中美贸易摩擦、尚在进行中的俄乌冲突以及其他区域冲突所导致的地缘政治演变及其对多边贸易体制规则的影响，同时讨论了能源供应链的动态和新模式，分析了可再生能源供应链的发展前景，并探讨了如何重构绿色、安全、有韧性的全球价值链以支持实现碳中和目标。

中美贸易摩擦和尚在进行中的俄乌冲突加剧了地缘政治紧张局势，对包括全球能源供应链在内的全球价值链产生了巨大影响。这些事件使得地缘政治而非经济利益成为影响能源贸易政策的主导因素。数据表明，中美贸易摩擦正逐渐导致两国某些高科技产业发生变化。模拟分析表明，俄乌冲突以及欧洲对俄罗斯的制裁将重塑世界能源贸易格局，进而形成五个区域性能源供应链，即欧美能源供应链、欧亚能源供应链、日美澳印能源供应链、欧亚能源供应链以及石油输出国组织（OPEC）能源供应链。这些组合将改变世界能源贸易的路线和格局，进而可能引起进一步的地缘政治冲突。

能源供应链的动态变化将影响世界能源转型和气候治理。一个乐观的假设是，欧盟国家将以这些危机为契机，加快可再生能源的开发，形成新的绿色能源供应链以加速能源转型。然而，在能源危机和新冠疫情后经济复苏对能源的巨大需求的压力下，一些经济体推迟了逐步淘汰煤炭的计划，并通过重启燃煤发电厂增加了煤炭的使用。这种一步进两步退的政策可能会导致短期内碳排放的增加，并推迟联合国零排放战略和碳中和的时间表。

本章的其余部分安排如下。第 3.1 节评估了日益加剧的地缘政治紧张局势及其对多边贸易体制规则的影响，为后续分析提供了法律背景。第 3.2 节讨论了能源供应链的动态变化，并分析了俄乌冲突对世界能源市场价格和能源交易的影响。第 3.3 节运用可计算一般均衡（CGE）模型模拟分析了能源供应链的新模式，并论述了能源地缘政治格局未来可能的前景。第 3.4 节介绍了可再生能源的发展，并探讨了正在建设中的绿色和低碳能源供应链。第 3.5 节预测了在环境监管和气候变化减缓目标背景下实现碳中和的潜力，第 3.6 节对主要观点进行了总结。

3.1　地缘政治紧张局势对多边贸易体制规则的影响

本节为随后关于近期地缘政治危机（如俄乌冲突）对全球价值链，尤其是对全球能源供应链的影响的经济研究设定了法律框架。分析了在这些冲击下采取的地缘经济措施的法律影响，并提出了一些应对措施，以在地缘政治更加动荡的世界中维护供应链所依赖的法律体系。

3.1.1　为什么包括能源价值链在内的全球价值链容易因地缘经济侵蚀世贸组织规范而受到损害？

70 多年来，贸易专家一直试图将地缘政治与贸易分开。直到最近，由于各国政府的工作重点转向保护本国经济免受各种外部因素影响（"基于风险的政策"），"地缘经济"一词才作为贸易政策的一个概念类别出现在国际贸易研究中（Roberts et al., 2019）。"地缘经济"被定义为出于地缘政治因素而采取的贸易和投资措施，或那些被视为地缘政治目标的贸易和投资政策（Ciuriak,

2022）。[1]

目前，世界各地推行的具有地缘政治性质的"基于风险"或"地缘经济"的贸易政策，从根本上违背了多边贸易体制和全球价值链运作所依据的法律原则（Bacchus, 2022）。地缘经济政策的目的，不是以双赢的方式抓住贸易机会的利益；相反，它们利用贸易来保护一国的利益，使其免受现实或想象中的地缘政治威胁。地缘经济可能旨在确保经济安全，但主要在经济、技术优势或独立于地缘政治对手方面。例如，地缘经济学不是通过基于成本的贸易多样化来实现经济安全，而是通过生产回流或与"朋友"或"志同道合"的国家开展贸易来实现经济安全（WTO, 2023a）。

相比之下，全球价值链的发展高度依赖低贸易成本。自 1947 年关贸总协定成立以来，通过谈判大幅降低关税和非关税壁垒，并在具有法律约束力的承诺框架内实现服务贸易自由化，为降低贸易成本做出了贡献。因此，全球价值链的发展在很大程度上得益于关贸总协定和世界贸易组织建立的法律体系。

国际经济法的作用主要是为贸易和投资提供稳定性和可预见性，但关贸总协定建立的法律体系又引入了两个有利于全球价值链发展的特点。一是多边主义，这使得各经济体能够充分地利用自身的比较优势。二是同类进口商品之间，以及进口商品与同类国内商品之间的非歧视。在关贸总协定和其后的世贸组织协定中实施这些原则，确保了国际贸易的渐进自由化，最终推进了价值链的发展（WTO, 2023a）。

然而，世贸组织规则是否应适用于生产能源所需的自然资源贸易或能源的直接贸易（如跨境电力销售）一直是各方讨论的主题。在乌拉圭回合期间，无论是在减少能源产品的贸易壁垒方面，还是在能源相关服务的市场准入方面都进展甚微。有观点认为，现行的世贸组织规则未能妥善处理能源贸易问题，这主要是由于自然垄断和大型（通常是国有）企业的存在（Cottier et al., 2010）。然而，若干

---

1 Klaus Dodds 认为，"地缘政治有三个特点。首先，它关注的是对空间和领土的影响力和权力问题。其次，它利用地理框架来理解世界事务。最后，地缘政治面向未来。由于各国的利益从根本上说是不变的，因此地缘政治能够洞察各国可能的行为"（Dodds, 2019）。

世贸组织规则似乎是相关的，在能源生产成员加入世贸组织的背景下，往往就能源方面的具体规范进行谈判（Marceau，2010）。

然而，围绕现有多边贸易规则是否适用于能源产品和服务的争论，并没有阻止按照开放贸易和竞争的原则来构建石油和天然气市场的区域性努力，如《能源宪章条约》（*Energy Charter Treaty*, ECT）。《能源宪章条约》起源于欧洲经济共同体（欧盟的前身）的一项倡议，即在苏联解体且其前成员成为几个独立的石油和天然气生产国后，按照多边贸易体制的原则来构建欧洲和中亚的石油和天然气市场。《能源宪章条约》是一项多边贸易和投资协定，它为能源合作提供了一个具有法律约束力的框架，该条约旨在通过更加开放和更具竞争性的能源市场促进能源安全。《能源宪章条约》关于贸易的条款，适用于 WTO 对外国商品和投资者的"最惠国待遇"和"国民待遇"原则。《能源宪章条约》的缔约方还必须取消对能源产品和相关设备进出口的数量限制。此外，根据《能源宪章条约》，同时是世贸组织和《能源宪章条约》成员方之间的能源贸易争端，必须根据世贸组织《关于争端解决规则与程序的谅解》（Dispute Settlement Understanding, DSU）来解决。

然而，《能源宪章条约》的历史也揭示了能源产品及服务的贸易，以及能源价值链在当前多边主义受侵蚀的条件下的风险敞口和脆弱性。《能源宪章条约》于 1998 年生效。然而，俄罗斯于 2009 年终止了对该条约的临时适用。俄罗斯退出《能源宪章条约》的多边投资和贸易框架，可能不仅是出于地缘政治原因（如对西方倡议的怀疑），而且也是出于对地缘经济的考虑，因为这将对能源价值链产生影响。事实上，俄罗斯显然担心《能源宪章条约》会迫使其开放管道，允许从中亚（到欧洲）的天然气过境，或被迫接受在其领土上建设新的过境管道（Romanova, 2014）。没有俄罗斯，《能源宪章条约》就无法实现其最初的目的，必须重新定义其在能源价值链多边组织中的角色。

3.1.2 地缘政治危机如何侵蚀多边贸易体制和全球价值链的法律结构：俄乌冲突对能源供应链的影响

出于地缘政治动机的贸易政策，如贸易制裁，会严重扰乱价值链。2014 年后，数个世贸组织成员已对俄罗斯采取了贸易制裁措施。而在 2022 年 2 月俄乌冲突开始后，一些西方国家对俄罗斯实施了规模前所未有的贸易制裁。尽管这些制裁只针对俄罗斯的利益，但却导致中国与欧洲之间供应链的重组。2022 年，俄罗斯铁路公司受到西方制裁，电子产品和汽车制造等部门寻求替代路线，以避免通过俄罗斯转运零部件或成品（Pomfret, 2023）。对于西方的制裁，俄罗斯的反应是在世贸组织内向市场准入委员会提出"特殊贸易关切"［Unilateral Sanctions against Russia (ID77)］（WTO, 2022），但未启动任何争端解决程序。

俄罗斯自 2014 年起对乌克兰出口到一些独联体国家的过境产品实施贸易限制，该争议已经进入世界组织争端解决程序，其中专家组首次对《关贸总协定》第 21 条（安全例外）进行了解释。

从根本上说，专家组认为当时乌克兰和俄罗斯之间的地缘政治局势相当于"战争或国际关系中的其他紧急情况"［Article XXI（b）（iii）］，俄罗斯援引第 21 条作为对乌克兰采取贸易限制措施的理由于法有据（WTO, 2019）。

针对俄罗斯的贸易制裁引发了全球价值链的中断，当俄罗斯实施了逐步减少对欧洲国家的石油和天然气供应等措施时，该问题进一步恶化。

自然资源通常受到出口限制（OECD, 2010）。只要这些做法在世界贸易组织协议中规定的非适用条款或例外情况（国内短缺、环境保护、价格或生产规制等）下被认为是正当的，那么它们在法律上是可接受的。然而，作为某些原材料的主要供应者的某一国家若实施出口限制，可能会严重扰乱全球价值链的运作。一些作者（Gavin, 2013）指出，当中国限制稀土和其他电子产品中使用的一些原材料出口时，供应链会因过度依赖单一供应商而变得脆弱，而供应商也可能利用这种依赖性达到地缘经济目的。这些政策受到质疑（WTO, 2014）并在随后被撤销。

3.1.3　"贸易武器化"和贸易制裁的不断升级

西方国家对俄罗斯采取史无前例的贸易制裁，以及其后俄罗斯逐步减少对欧洲的石油和天然气出口，可能是近代史上"贸易武器化"的最重要的实例。

"贸易武器化"不是一个贸易法概念。它是指在地缘政治背景下将贸易用于非贸易目的（Reinsch, 2021），其目的是扰乱或威胁扰乱与另一国的贸易，从而造成经济损失，以迫使其改变政策。"武器"一词的使用强调了这种行动的不友好性质。

要使"贸易武器化"行之有效，通常要求意图将"贸易武器化"的国家与目标国家之间存在贸易，而且前者是相关产品的独家或至少是主要供应商 / 客户。有关产品最好是"必需品"或"战略性产品"。最重要的是，目标国必须很难迅速找到产品、供应商或客户的替代品，这样的话才有可能对供应链产生重大影响。在俄乌冲突这个例子中，鉴于当时许多欧洲国家高度依赖俄罗斯的能源供应，以及它们在转向其他供应商或能源来源之前，欧洲经济预计将受到的损害，石油和天然气因此成了完美的"贸易武器"。

无论是对俄罗斯实施的贸易制裁，还是俄罗斯实施的石油和天然气出口禁令，在世贸组织中就这些措施提出的任何争端解决请求都不太可能成功。根据"俄罗斯 – 过境运输"一案专家小组的调查结论，采取这些制裁措施的背景很可能被视为符合 1994 年《关贸总协定》第 21 条（b）款（iii）项的规定（见上文）[1]。因此，只要俄乌冲突没有完全解决，目前的贸易制裁就可能继续存在。

尽管 1994 年《关贸总协定》第 21 条（c）款及《服务贸易总协定》和《与贸易有关的知识产权协议》中对应的等效条款承认世贸组织成员可采取贸易制裁措施，以履行其根据《联合国宪章》承担的维护国际和平与安全的义务，但联合国发起的贸易制裁只是世贸组织成员相互实施的贸易制裁的一部分（Yotov

---

1　贸易制裁越来越多地针对个人或实体，而非国家（Reinsch, 2021）。虽然受到西方制裁的个人有时会在国家法院或欧洲法院成功地对制裁提出异议，但这些判决大多基于技术性问题，且仅适用于申诉涉及的事务。

et al., 2020）。越来越多的贸易制裁是由单个成员方单方面采取的（Mulder, 2022）。

贸易制裁的吸引力部分来自其灵活性。从临时性的部门限制（日本 – 向韩国出口产品和技术的相关措施）（Japan-Measures Related to the Exportation of Products and Technology to Korea）（WTO, 2023c）到在未正式开战的情况下发动战争（WTO, 2022a），贸易制裁的种类繁多。在地缘政治动荡日益加剧的世界中，这些措施的使用只会更加频繁。

贸易制裁增加了贸易的复杂性和成本，且是法律不确定性的主要来源，它与世贸组织的稳定性和可预测性原则相左。事实上，不仅每个经济体都有自己的制裁制度，而且当制裁范围扩大时，还会对制度进行修改以弥补漏洞，并在一级制裁的基础上增加二级制裁。目标实体清单有时可能长达数百页（Reinsch, 2021）。

这种复杂性可能导致"过度合规"。例如，出于谨慎，制造商会拒绝向某些客户出售特定商品、航运公司会拒绝将特定货物运往某些目的地、保险公司会拒绝承保运输货物、银行会拒绝为与某些国家的贸易提供融资，以免因违反国家制裁制度而遭遇刑事诉讼和受到罚款制裁。

3.1.4 保护多边贸易体制和全球价值链免受地缘经济影响的可能法律对策

如上所述，全球价值链依赖开放的贸易。第十二届部长级会议上（2022 年 6 月）概述的世贸组织改革目标，仍是使多边贸易体制为所有人服务，特别是恢复其解决争端的能力（WTO, 2022b）。

然而，许多专家似乎已经接受了国际关系中的"现实主义"或"结构主义"方法，并将地缘政治在贸易中的回归视为某种"生活的真相"（Howse, 2022），而他们的前辈却过于关注法治，天真地拒绝承认这一点（Nishimara, 2023）。对他们来说，多边贸易体制是在 1990 年代为拥有相同经济价值观——"华盛顿共识"——的单极世界而设计的。它不再适应以实力为基础的外交不可避免的复兴，只有在放松基于规则的体系，并给予政府更多的"政策空间"以将贸易用于非贸易目的的情况下，它才能生存下去（Howse, 2022）。即便是支持多边贸易体制的专家也认识到，某些政府的经济"偏好"可能再也无法调和（IMF，2023），而防止地缘政治对国际贸易产生过度影响的唯一方法，就是在观点分歧导致无法达成协议时，为单边政策引入一些最低限度的指导方针（"护栏"）（Hoekman et al., 2022）。

在第二次世界大战之前，国际贸易基本上是围绕歧视或特权，如西班牙的"奴隶贸易专营权"（asiento）、英国的"帝国优惠"（imperial preference），来组织的。相比之下，1947 年《关贸总协定》的谈判者选择了以非歧视和透明为基础的法律结构。他们还选择将多边贸易体制建立在具有法律约束力的准则之上，任何单个缔约方，无论其经济或军事实力如何，均可依法强制执行这些准则。荷兰与美国之间的早期案例（United States-Restrictions on Dairy Products，1952）就说明了这一点（WTO, 2023b）。旨在实现"权利与义务平衡"的贸易谈判、最惠国原则以及对发展中和最不发达经济体的"特殊和差别待遇"，也确保了所有缔约方均能从多边贸易体制中受益。任何从基于相互谈判的权利和义务的制度转向法律性更弱、政治性更强的多边贸易体制的组织和运作，从具有约束力的规则和纪律转向"软法律"或"警戒线"，在很大程度上就等于回到以实力为基础的外交，且意味着 70 年"双赢"贸易合作的终结。

更符合多边贸易体制现有法律结构的做法，是调整世贸组织的规则，使其适应新挑战（Hoekman et al., 2022），包括政治挑战。在多边监督的条件下，允许将某些政策作为例外，可能比宣布其为非法更为可取，就像最近冒着裁决被无视的风险，援引 1994 年《关贸总协定》第 21 条或《与贸易有关的知识产权协议》第 73 条的某些案例一样。如果裁决被无视，最终会损害整个基于规则的贸易体制。因此，可以通过谈判，或根据 WTO 第 9 条第 2 款对法律进行解释，对 WTO 的一般例外和安全例外进行调整，以适应成员方的新政策需要。然而，并非所有事情都需要修正。《关贸总协定》第 20 条和《服务贸易总协定》第 14 条已经涵盖了新的健康或环境挑战所需的例外。在当前的地缘政治环境下，寻求就世贸组织的例外条款的文本进行重新谈判可能也不是明智之举。然而，可以考虑对世贸组织的安全例外进行仔细的解释，已纳入 1947 年《关贸总协定》的谈判者们不可能考虑到的当代安全问题，如国家支持的网络犯罪或混合战争。

通过谈判解决基于《关于争端解决规则与程序的谅解》安全例外的可审查性问题，有助于恢复那些没有能力参与实力外交的成员方对多边贸易体制的信心和支持。对基于规则的体制的能力的更广泛信任，将有助于稳定贸易关系，并减少援引安全例外的情况。

在上诉机制于 2019 年停止运作之前，具有强制性和约束力的世贸组织争端解决机制，是基于规则的多边贸易体制的核心特征之一。一个基本无法运作的争端解决机制，在限制了成员方通过和平手段应对地缘经济政策的法律能力的同时，却符合了那些希望有选择地履行其世贸组织义务的国家的利益（Van den Bosche and Akpofure, 2020）。因此，恢复世贸组织争端解决体系对于维护非歧视和透明的多边贸易体制至关重要。

然而，恢复世贸组织争端解决体系面临着两个特殊的障碍，在现阶段，只有做出调整、更多地考虑更广泛的政治背景，就像专家组过去在 1947 年《关贸总协定》下所做的那样，才能排除这两个障碍[1]。

某一成员方不遵守争端解决机构（DSB）不利于其援引安全例外的措施的建议和裁决的风险。即使《关于争端解决规则与程序的谅解》恢复全面运作，也不能阻止某些成员方不执行争端解决机构的裁决，即使它们会因此受到"制裁"。通常情况下，成员方有义务遵守争端解决机构的裁决，但过去有些成员方出于政治考虑，宁愿面对争端另一方或多方中止减让或其他义务，也要维持有争议的措施。鉴于安全与主权之间的密切联系，出于地缘政治原因而采取的措施可能会带来更大的风险。在一方不履行义务的情况下，相对方中止减让和其他义务的现行机制，并不特别适合于援引安全例外的情形，因为这种"反制措施"只有在争端解决程序结束时，有时甚至是在程序启动数年之后才能采取，这就有可能造成一段违反义务但不受惩罚的时期，在此期间，某一成员方可能继续实施不合理的保护主义或贸易胁迫措施，这可能会给其贸易伙伴带来持久的经济后果。

---

1 毕竟，《关贸总协定》的缔约方，从波兰到西欧国家，再到智利，它们所遵循的经济模式可能比今天世贸组织的成员方更加多样化。

一个拟议的解决方案，是允许因基于安全理由的措施而受到损害的成员方通过中止实质上等同的减让，立即对该措施做出回应（Lester and Zhu, 2019）。另一个方案，是将基于安全理由的争端限制在非违约之诉之内（Heath, 2022）[1]。

受损害的成员方最终可寻求赔偿或采取反制措施，但应诉成员方可以最小化为保护"基本国家安全利益"而采取受世贸组织谴责的措施所带来的负面政治反应。

由俄罗斯和美国在"俄罗斯－过境运输"（2019）一案中首次提出，并由后者在随后的类似案件中系统阐述的论点，即安全例外条款具有"自我判断"性质，该问题也必须得到解决。可选择的方案包括，即使只是为了防止保护主义的滥用或胁迫，援引此类条款的案件，也要按照"俄罗斯－过境运输"一案中专家小组定义的条件，毫不含糊地接受司法审查，或者以其他形式进行的审查。另外一种截然不同的方法，是将对安全条款的审查排除在《关于争端解决规则与程序的谅解》的管辖范围之外（Lester and Manak, 2022）[2]。然而，应仔细评估该选择的系统性后果。

事实上，在地缘政治不稳定时期，完全不对援引安全例外的情形进行"司法"

1　根据《关于争端解决规则与程序的谅解》，申诉者必须证明，他们在世贸组织协定下直接或间接获得的利益因另一成员方实施某一措施而"丧失或减损"。丧失或减损可在三种情况下发生：（a）另一成员方违反其世贸组织义务（"违约"之诉）；（b）由于另一成员方实施某一措施，无论该措施是否与世贸组织协定相冲突（"非违约"之诉）；（c）由于任何其他情况的存在。如果在未违反协定的情况下出现丧失或减损，则没有义务撤销有关措施，但必须达成双方都满意的调整［《关于争端解决规则与程序的谅解》第 26 条第 1 款（b）项］。

2　在"俄罗斯－过境运输"（DS512）争端中，专家组的结论是，第 21 条（b）款并非"自我判断"，而是赋予专家组审查该条款的各项要求是否被满足的权力。专家小组认为，"国际关系中的紧急情况"一般是指武装冲突的局势，或潜在的武装冲突，或紧张局势或危机的加剧，或笼罩和包围一个国家的普遍不稳定。根据第 21 条（b）款（iii）项的含义，"国际关系中的紧急情况"的存在，以及有关行动是否在该紧急情况"发生之时采取"，都需要客观确定。至于该行动是不是为了保护援引该例外的成员方的基本安全利益所必需的行动，专家小组说，一般而言，虽然应由每个成员方自行确定何为其基本安全利益，但这种基本安全利益必须得到充分阐述，以证明其真实性。此外，善意的义务还要求，有关措施与所主张的基本安全利益之间，需满足最低合理性要求，即用这些措施来保护这些利益并非不合理。引自 https://www.wto.org/english/tratop_e/dispu_e/ cases_e/1pagesum_e/ds512sum_e.pdf。

或第三方审查，可能会影响基于规则的多边贸易体制的可预测性。因此，如果将安全理由从《关于争端解决规则与程序的谅解》的管辖范围中删除，则需建立相应的替代机制，如以磋商（a deliberative process）的形式对其进行审查，以限制其外溢性，避免其被用于保护主义目的（Manak, 2023）。该过程可以是纯外交的，也可以是以证据为基础的，并由专家领导，以促进替代解决方案和合规选项的确定。为此，可以成立一个专门的世贸组织安全委员会（Lester and Manak, 2022）。

3.2 全球能源供应链的新动态

随着全球向更清洁、更可持续的能源转变，能源供应链和能源贸易（特别是可再生能源）的动态会受到多种因素的影响。以下是能源转型和气候变化减缓将影响全球能源供应链和可再生能源贸易的一些关键问题和渠道。

3.2.1 新冠疫情对能源供应链的冲击

自 2020 年以来，新冠疫情对全球价值链造成了重大冲击，这导致能源供应链出现短暂的地域性中断。造成中断的原因包括人口和劳动力流动的受阻（甚至影响到了航空旅行的中转）、大范围裁员、生产线的暂时关闭、需求扭曲，以及政府资金从能源项目转向疫情救助工作（Hoang et al., 2021）。

3.2.1.1 新冠疫情冲击暴露了能源供应链的脆弱性和风险

新冠疫情的冲击暴露了全球供应链的脆弱性和风险，凸显了确保可持续和有韧性能源系统的重要性。这将促使可再生能源公司强化其努力，以提高供应链的韧性。虽然在某种程度上，这可能意味着依赖更加多元化的零部件和设备来源，但它也可能导致某些供应链要素的区域化或本地化，以降低风险并减轻对未来造成贸易中断的影响（Quitzow et al., 2021）。

3.2.1.2 新冠疫情对能源供应链的冲击

新冠疫情在某些方面有望推动能源的绿色化。疫情暴露了能源获取和可负担性方面的脆弱性，这可能会推动向分散式能源系统的转变。为在本地层面上提高能源的可靠性，屋顶太阳能等分布式可再生能源发电技术可能会得到更广泛的应用。政府和企业可能会优先考虑向可再生能源过渡，并将其作为长期能源战略的重要组成部分，从而增加对可再生能源项目的投资。疫情还加速了数字技术在可再生能源领域的应用。远程监控、数据分析和智能电网技术的普及，能够提高可再生能源系统的效率和稳定性。

能源需求的下降也减少了可变成本较高、主要依赖化石燃料的那一部分发电量，从而增加了可再生能源在电力生产组合中的份额。这种发电组合的变化在短期内加速了向低碳能源的过渡（Li et al., 2022）。然而，若从长期来看并考虑更多因素，新冠疫情可能会破坏能源转型。新冠疫情导致的经济增长放慢将削弱能源转型的准备程度和其他有利因素，从而在长期内减缓能源转型的步伐（Shen et al., 2022）。

3.2.2　中美贸易紧张局势及其对能源供应链的影响

中美贸易摩擦始于 2018 年，发生于世界上两个最大的经济体之间。贸易摩擦导致包括清洁能源技术和关键矿产供应链在内的全球供应链发生中断。美国正在积极推广"友岸外包"概念和其他战略，以加强和建立有韧性的供应链。此外，正如美国在《科学与芯片法案》中所描述的那样，它的目标是在发达经济体之间建立更广泛的联盟，以应对中国的技术进步。

中美贸易摩擦的升级，以及地缘政治的整体紧张局势，带来了诸多不确定性，改变了贸易模式，并影响了可再生能源产业的投资。地缘政治紧张局势可能会减缓全球能源转型的步伐，削弱实现气候目标的努力。

贸易摩擦和不断变化的地缘政治可能会扰乱现有的可再生能源技术供应链。可再生能源贸易和投资的扰动，可能会影响去碳化的步伐和清洁能源技术的采用。许多可再生能源产品涉及从多个国家采购组件。贸易摩擦和地缘政治可能会促使各国寻求可再生能源技术和组件的替代品来源，以减轻贸易限制的影响。从积极的方面看，贸易限制的增加可能导致可再生能源领域出现新的贸易联盟和伙伴关系，并刺激那些原本不属于能源供应链的国家或地区的发展。例如，美国对中国太阳能电池板征收关税，导致组装业务转移到东南亚（Groom, 2022）。

贸易摩擦和地缘政治可能会降低可再生能源产品和技术的市场准入，减少对这些活动的投资。美国和中国都是可再生能源行业的主要参与者，贸易争端可能会限制两国进入对方市场的机会，阻碍可再生能源产品和服务的流动。更一般地，各国政府可能会采取贸易保护主义措施来保护本国国内产业，这可能会影响可再生能源产品和服务的跨境流动。由于风险和不确定性的增加，投资者在中国投资可能会变得更加谨慎，而这可能导致可再生能源计划的推迟或取消。

地缘政治和不确定性可能会减缓去碳化和采用清洁能源技术的步伐。关税的征收和贸易壁垒的设置，或贸易模式的改变，可能导致关键部件交货的延迟、成本上升和短缺等问题，从而影响这些部件在某些市场的可负担性和可获得性。例如，由于在能源、劳动力、投资和管理费用方面的巨大差异，在中国构建太阳能光伏供应链的所有组件的成本比印度低10%、比美国低20%、比欧洲低35%（IEA, 2022b）。这些紧张局势可能导致更广泛的地缘政治冲突和竞争的升级。而这可能影响在可再生能源计划和能源转型方面的国际合作，阻碍应对全球气候挑战的合作努力。

3.2.3 地缘政治紧张局势及其对能源供应链的影响：能源地缘政治

与历史上能源地缘政治战争发生的时间相比，能源地缘政治学科的形成和能源地缘政治一词的出现相对较晚。全球能源地缘政治早在 1960 年前就已形成，经过数十年全球政治、经济、科技和其他因素的变化，能源地缘政治也在不断重构（Amineh, 2003）。因此，本章以能源地缘政治为研究对象，梳理能源地缘政治的演变过程，并结合疫情形势和俄乌冲突，对未来能源地缘政治格局的变化进行预测，以期为全球能源布局和能源发展提供一些参考。

俄乌冲突割裂了传统的能源供应链，改变了全球能源贸易路线。虽然俄乌冲突对可再生能源贸易的直接影响有限，但其对全球能源市场、地缘政治稳定和投资环境的更广泛影响间接影响了可再生能源行业。

俄乌冲突导致的实际破坏和制度化制裁，直接影响了全球能源贸易。俄乌冲突破坏了运输和物流网络，直接影响到包括可再生能源技术供应链在内的能源供应链。许多国家实施的贸易措施或制裁，间接影响了可再生能源贸易。例如，为应对欧洲对其能源出口的制裁，俄罗斯已将原油运输转向亚洲（IEA, 2023b）。这些措施可能会影响原材料、组件或可再生能源成品的跨境流动。

俄乌冲突对能源转型产生了复杂的影响，尤其是在欧洲，这进一步影响了化石燃料和可再生能源技术的贸易。俄罗斯减少对欧洲天然气的供应导致 2021 年和 2022 年欧洲煤炭消费量增加，以部分填补能源结构的缺口。然而，这种影响是有限且暂时的，因为预测表明，到 2025 年，需求量将低于 2020 年的水平（IEA, 2022c）。

此外，俄乌冲突引发的经济动荡也促使各国加大了能源转型的力度。目前，许多国家和地区都在探索制定加快清洁能源转型的政策措施，如美国的《通货膨胀削减法案》、欧洲的 REPowerEU 计划和日本的 GX 绿色转型计划（IEA, 2023b）。2022 年 5 月，欧盟委员会公布了 REPowerEU 计划，该计划旨在到 2027 年消除欧盟对俄罗斯化石燃料的依赖。该计划还设定了雄心勃勃的目标，包括到 2030 年将可再生能源在最终能源消耗中的比重提高到 45%，超过之前协商的 40% 的目标（IEA, 2023b）。

3.2.4　能源危机与能源安全

能源安全是能源供应链的基础和保障。能源价格的上涨诱发了能源危机，能源危机又加深了能源不安全，并对能源供应链造成威胁。根据国际能源署（IEA）的报告，2022 年下半年全球天然气现货价格达到了前所未有的水平，超过了每桶 250 美元，而煤炭价格也达到了历史最高水平（IEA, 2022d）。此外，俄乌冲突开始后，西北欧柴油价格飙升，突破每桶 200 美元，而北海布伦特原油和乌拉尔原油的价格也在短期内大幅上涨，随后回落（IEA, 2022d）。

3.2.4.1 能源价格驱动的通货膨胀

俄乌冲突发生后，欧美国家对俄罗斯的制裁以及俄罗斯对欧洲国家的能源出口限制，导致全球能源价格大幅上涨，从而带动各国物价水平的上涨（见图3.1）。2022年2~9月，美国、英国、德国、韩国和欧元区国家的CPI指数分别上涨了9.1%、10.1%、10%、6.34%和9.9%。

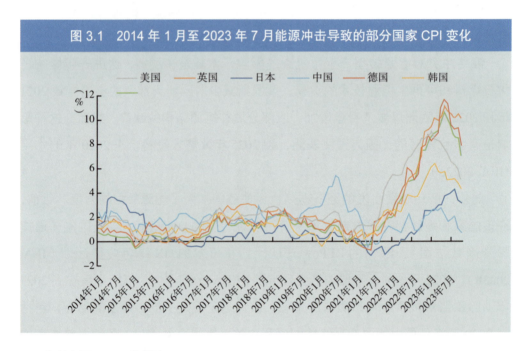

图 3.1 2014 年 1 月至 2023 年 7 月能源冲击导致的部分国家 CPI 变化

资料来源：Wind 数据库。

许多国家的政府提供能源补贴，以减轻能源短缺和价格上涨对居民和企业的直接影响。截至2022年8月，欧洲各国已发放2760亿美元的补贴。具体而言，一方面，德国向工人发放了300美元的一次性能源补贴，而意大利向工人和养老金领取者发放了200美元的一次性生活津贴（参见 *Visual Capitalist*）。另一方面，脱离俄罗斯能源供应链，迫使欧洲国家以更高的价格从美国等国家增加能源进口，从而增加了政府支出。

天然气和煤炭的高价格不仅给政府和企业带来沉重负担，也深刻影响着全球人口的生活（IEA, 2022d）。因此，化石能源价格上涨导致的电价和食品价格上涨将对全球人口产生深远影响。与高收入国家相比，低收入国家的居民将其很大一部分收入用于购买能源和食品，因此能源和食品价格的变化会对他们产生更大的影响，同时也会加大地区发展差距（Von Cramon, 2022）。根据国际能源署的报告，最近刚刚用上电的约 7500 万人可能会失去支付电费的能力，全世界没用上电的总人数已经开始上升，近 1 亿人可能会被迫重新依赖木柴做饭，而不是使用更清洁、更健康的替代品（IEA, 2022d）。

3.2.4.2　欧洲对俄罗斯能源的依赖

随着俄乌冲突愈演愈烈，全球能源供应链已经断裂。2021 年，欧盟 1/5 的初级能源消耗依赖俄罗斯（IEA, 2022a），欧盟因此受到了严重影响。在这场能源危机中，所有燃料（煤炭、石油等）都受到影响，但天然气市场是冲突的核心。从 2022 年 3 月（俄乌冲突开始于 2022 年 2 月底）到 2022 年 10 月，从俄罗斯输往欧盟的每日天然气管道流量下降了约 80%（IEA, 2022d）。俄罗斯与欧洲之间的北溪管道经常发生故障、泄漏和爆炸，并于 2022 年 7 月暂时关闭。由于俄罗斯拥有世界上最大的天然气储量（占世界已探明储量的 19.88%）和出口量（占全球出口量的 7.67%）（BP, 2022），俄乌冲突导致全球能源（尤其是天然气）供应链中断，这对全球经济和欧洲国家来说都是一个巨大的挑战。

3.3　地缘政治变化与能源供应链的新演变

3.3.1　能源统治和能源地缘政治的历史演变

我们可以根据哪种能源最为重要以及其对世界政治的影响，将能源地缘政治格局的历史演变划分为四个时代（见图 3.2）。

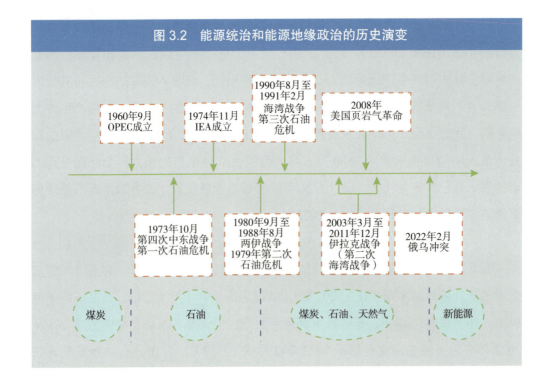

图 3.2　能源统治和能源地缘政治的历史演变

3.3.1.1　以煤炭为中心的能源供应链与英美时代

第一次工业革命期间，改良蒸汽机和汽轮机的出现和使用，标志着人类社会开始进入化石能源时代，煤炭成为欧洲国家主要的能源产品。以英国为首的欧洲国家通过海外扩张的长途运输，建立了连接欧洲与亚洲、非洲、美洲和其他国家的"煤炭供应链"，为其工业生产提供动力。除此之外，英国的先进技术及其遍布全球的"加煤站"网络，使得英国在煤炭方面占据主导地位，强化了其对世界能源的控制。

在英国不断扩展世界能源版图以满足工业化带来的能源需求的同时，美国也于1859年开始对石油进行商业性开发，并在加勒比海地区和菲律宾建立了自己的近海石油帝国。与煤炭相比，石油具有易开采、易存储、更高效等特点（Smil，2017）。自第一次世界大战以来，石油逐渐成为主要能源，并成为英美两国角逐的对象。当时，美国主导的环墨西哥湾地区和英国主导的波斯湾地区成为世界石油中心。《拉帕洛条约》的签订，促使英美两国在石油方面进行合作，由此形成了英美两国共同控制世界能源的格局。

3.3.1.2　以石油为中心的能源供应链与欧佩克时代

为了对抗英美对石油的控制，伊朗、伊拉克、科威特、沙特阿拉伯和委内瑞拉这五个主要产油国于 1960 年 9 月成立石油输出国组织（OPEC），以协调和统一成员的石油政策，并确保石油价格的稳定。根据欧佩克的记录，1962 年，所有欧佩克国家已探明的石油储藏量超过 600 亿吨，约占世界总储量的 69%。其原油产量和出口量分别占世界总量的 50% 和 85%。这有助于欧佩克控制石油生产和出口，以及油价，进而扩大能源贸易网络，建立新的石油帝国。除此之外，1973 年 10 月的第四次中东战争和第一次石油危机确立了欧佩克在石油生产和贸易方面的垄断地位。欧美发达国家在 1974 年 11 月成立国际能源署（IEA）以减少对进口石油的依赖，但欧佩克的实力和国际影响力逐渐扩大，成为影响全球能源供应链和能源地缘政治的格局的重要力量。

3.3.1.3　页岩气革命与石油美元时代

1979 年的第二次石油危机和 1980 年两伊战争分裂了欧佩克的内部力量，使其逐渐丧失了控制能源市场的能力。2003 年伊拉克战争和 2008 年美国的页岩气革命进一步削弱了欧佩克的力量，加强了美国对能源的控制。与此同时，俄罗斯作为"世界能源心脏地带"的一员，拥有丰富的传统化石能源，在世界能源市场上占据着举足轻重的地位。此外，北非国家以及中国、马来西亚、澳大利亚、墨西哥等国也纷纷加入国际能源市场，削弱了欧佩克成员国的垄断地位，推动能源市场向多元化方向发展，逐步形成相互制衡的世界能源地缘政治新格局。

3.3.1.4　俄乌冲突与混合能源时代

俄乌冲突导致全球能源价值链重组，影响了全球各国对能源的控制，引发了新的能源地缘政治变化。此外，传统能源危机引起了全球对新能源的关注，各国逐渐转向对多晶硅、钴、锂等材料的争夺。新能源正逐渐替代传统能源，走向世界能源舞台的中心。因此，一个新的能源地缘政治时代正逐渐形成，混合能源时代即将到来。下一节我们将对新的能源地缘政治做模拟分析。

3.3.2　全球能源供应链的动态演变

俄乌冲突破坏了长期以来相对稳定的地缘政治格局，对全球能源供应链产生了深远影响，推动了新的全球能源地缘政治格局的形成。

3.3.2.1　能源供应链重塑的情景分析

能源供应链与能源地缘政治的未来趋势，将由欧美合作、中俄合作和欧佩克地位趋弱等发展情况决定。图 3.3 概述了这些发展。

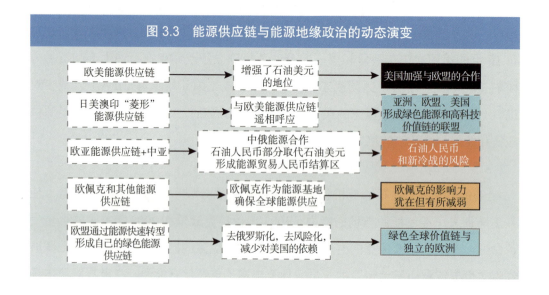

图 3.3　能源供应链与能源地缘政治的动态演变

3.3.2.2　欧美能源供应链

欧盟正通过去俄罗斯化来减少对俄罗斯的依赖，与此同时也在通过进口更多的美国液化天然气和成品油，来加强欧美之间的能源合作。其结果是，美国将在未来几年内建立新的能源供应链，以取代俄罗斯的天然气供应。相应地，美国将主导欧洲能源市场，并通过增加能源出口量和使用美元进行国际结算来维持石油美元的强势地位。

为确保能源安全，欧盟国家通过海运从美国进口液化天然气。如图 3.4 所示，2022 年以前，美国大部分液化天然气出口到亚洲国家（如韩国、日本），而在2022 年，欧盟成为美国液化天然气的主要出口国。因而，欧盟正在从过度依赖俄罗斯天然气向"去俄罗斯化"战略过渡。相反，欧美能源供应链得到强化，美国与欧盟之间的经济和政治联系得到巩固，从而使石油美元走强。其结果是，全球天然气供应链被部分区域化。

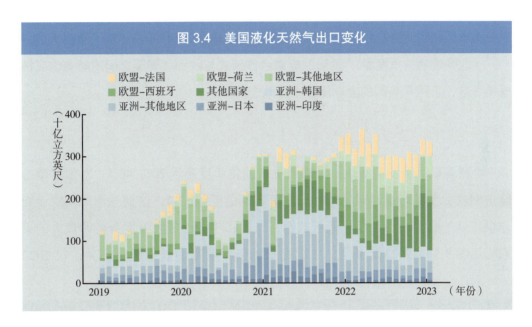

图 3.4 美国液化天然气出口变化

注：图中数据为美国液化天然气按目的地（美洲地区除外）月出口量。
资料来源：EIA。

3.3.2.3 亚太地区的"菱形"能源供应链

能源合作和能源安全在美国具有重要地位。自页岩气革命以来，美国除了拥有大量煤炭储备外，还成为天然气生产大国，并从进口国转为出口国。与此同时，亚太地区新兴经济体经济的快速增长增加了对能源的需求。因此，通过能源基础设施建设，美国加强了与亚太地区的能源合作，以美国为主导的能源合作模式正逐步形成。[1] 从 2000 年至 2022 年，美国的液化天然气出口结构发生了巨大变化。2000 年，

---

1 美国国际开发署负责亚洲事务的高级副助理署长 Gloria Steele 在亚洲"通过能源促进发展与增长"项目（Enhancing Development and Growth through Energy, EDGE）虚拟研讨会上说："通过亚洲 EDGE 项目支持印度 - 太平洋地区的产业参与"，｜美国国际开发署（usaid.gov）档案 2020 年 6 月 25 日。

美国出口液化天然气 1130 万吨，主要出口到墨西哥、加拿大、日本、巴西、中国、智利、危地马拉、韩国等国家。到 2022 年，美国的液化天然气出口量已增加到 8200 万吨，增长了 625.67%。主要出口目的地包括墨西哥、日本、中国、韩国、加拿大、巴西、土耳其、西班牙、新西兰、英国、法国和印度。这表明，美国加强了对亚太地区和欧洲的能源出口，并在亚太地区能源消费和供给中占据了重要地位。

从地缘政治的角度看，"菱形"能源合作模式与欧洲和美国之间的能源供应链遥相呼应，巩固了美国的全球能源主导地位。

3.3.2.4　欧亚能源供应链

欧洲国家对俄罗斯石油、天然气进口的依赖度高达 20%~40%。对俄罗斯的经济制裁促使其增加了对中国和印度等国家的能源出口，这使亚洲成为欧亚能源供应链的重要一环。根据最新数据，印度和中国已成为俄罗斯能源最大的买家（见图 3.5）。2023 年 6 月，中国进口的俄罗斯原油量创历史新高，较 2022

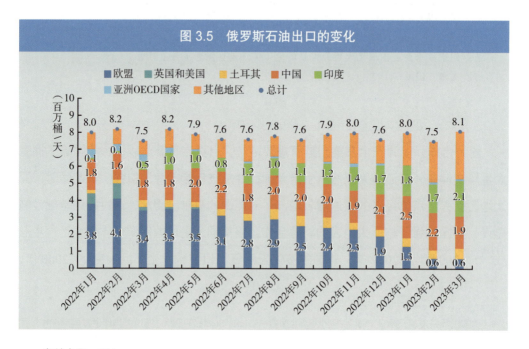

图 3.5　俄罗斯石油出口的变化

资料来源：IEA。

年同期增加 44%（Paraskova, 2023）。根据印度储备银行（RBI）的最新年度报告，俄罗斯在印度原油进口中所占份额从 2.0% 飙升至 19.1%（Fortune India, 2023）。

3.3.2.5　俄罗斯－蒙古国－中国东线天然气管道

2014 年 5 月，中俄东线天然气管道项目签约，这是中俄之间的第一个天然气合作项目，该管道已于 2019 年 12 月正式投产通气。该管道始于俄罗斯东西伯利亚，并由布拉戈维申斯克（海兰泡）进入中国黑龙江。同年，中俄两国签署了西线管道合作协议，进一步强化了中俄之间的能源合作。在 2022 年 2 月，中俄两国签署了远东天然气购销协议，计划建设穿越蒙古国的"西伯利亚力量 2 号"管道，两国间的合作继续深化。由此，俄罗斯首次将供应欧洲的天然气田与亚洲连接起来，形成了欧亚能源供应链，加强了中俄在国际上的能源合作，也强化了人民币和卢布在世界上的地位。此外，西线的建设也为俄罗斯与其他亚洲国家的能源合作奠定了基础，使俄罗斯可以通过中国向亚洲国家输送天然气。

随着欧亚能源供应链、欧美能源供应链和"菱形"能源供应链的构建，全球能源供应链发生了重大变化，形成了以中俄和以美国为中心的两大区域能源体系。在此过程中，两大能源体系将为争夺更广阔的能源市场和更大的影响力展开激烈竞争。

3.3.2.6　欧佩克能源供应链

作为石油垄断组织，欧佩克长期主导全球能源供应和能源定价。然而，随着欧佩克内部矛盾的激化和其他能源供应链的出现，欧佩克在世界能源市场上的地位有所下降。特别是美国页岩气的大规模开发和销售，增强了石油美元的实力，削弱了欧佩克的话语权和影响力。然而，作为最大的能源供应集团，欧佩克仍然保持着其在能源供应中的基础地位。2021 年，欧佩克国家的原油出口量为 1970 万桶/天，比 2020 年下降了 0.2%，但仍占全球原油出口量的 47%。因此，欧佩克在保障全球基本能源供应和能源安全方面，仍然发挥着重要作用。然而，自俄乌冲突爆发以来，欧佩克的"行为"发生了一些变化。沙特阿拉伯正逐渐加强与俄罗斯在"欧佩克+"中的有效合作，并在贸易和经济事务方面，与俄罗斯发展互利合作。除此之外，"欧佩克+"在于 2022 年 10 月 5 日举行的第 33 次部长级会议上决定，从 2022 年 11 月起，将每日原油总产量削减 200 万桶，这相当于全球石油需求量的 2% 左右。因此，欧佩克在保证全球能源基本供应的同时，也加强了与俄罗斯等国的合作，在俄乌冲突的背景下，这对全球能源供应链和全球能源价格产生了一定的冲击和影响。

上述分析表明，未来全球能源供应链将向区域化方向转变，各区域内的能源合作将逐渐加强。一方面，欧美能源供应链的加强可能会强化美国对欧盟国家及全球能源的影响力，同时也使石油美元得到强化。此外，日美澳印形成的四边"菱形"能源供应链呼应了欧美能源供应链，形成了更大范围的区域能源供应关系，在一定程度上也提高了美元的国际地位，进一步强化了美国对世界能源的掌控。另一方面，俄罗斯与亚洲国家（中国、印度、蒙古国）的能源合作，推动了欧亚能源供应链的形成，加强了人民币和卢布在国际上的地位。欧亚供应链有可能与欧美能源供应链形成竞争关系。

下文讨论欧洲国家如何通过发展可再生能源，来减少对俄罗斯和美国的能源依赖从而使欧洲国家保持相对独立的地位，或许还能使其在全球可再生能源发展中占据领先地位，进而加强欧洲国家的地位并巩固欧元的地位。

3.3.2.7 对欧洲能源供应链独立的期望

由于海陆运输距离长，且非管道运输，欧洲国家进口美国能源的成本和风险都很高。能源专家劳伦特·塞格伦（Laurent Segalen）称，2022 年欧洲购买美国一船液化天然气的价格已上涨至 2.75 亿美元，而最初的价格只有 6000 万美元。因此，欧洲国家可能会逐渐减少从美国进口天然气，以避免对美国的过度依赖。此外，欧盟也可能与俄罗斯妥协，以维持天然气进口的基本水平，例如，根据俄罗斯卫星通讯社的报道，俄罗斯总统普京已与土耳其总统埃尔多安就天然气枢纽问题达成一致，允许欧洲国家通过土耳其进口俄罗斯天然气。未来几年，欧盟的一个重要选择是加快可再生能源的发展和能源转型，打造独立的能源供应链。发展可再生能源不仅能帮助欧洲国家减少对俄罗斯的依赖，还能减少对美国的依赖，使欧洲国家处于相对独立的地位。

3.3.3　关于能源供应链重塑影响的可计算一般均衡模拟分析

本节使用 GTAP-E 模型（Mcdougall and Golub, 2007）模拟俄乌冲突及第 3.2 节提到的部分能源供应链重塑情景，以预测其对全球经济和能源贸易的影响。本节旨在量化第 3.2 节中提出的一些能源供应链重构情景下全球经济和能源贸易的变化。在情景设置中，我们试图捕捉导致各种能源供应链形成和稳定的所有可能因素。这里的模拟评估是一种静态比较分析，旨在比较设计情景和基准情景的结果之间的差异，以量化前者的影响。

3.3.3.1　情景设置

情景 1：俄乌冲突。该情景考虑了俄乌冲突对全球能源市场的影响，包括全球能源价格和能源运输成本的上升，以及对俄罗斯能源出口的限制。通过对相关数据的追踪，假设俄乌冲突使煤炭、石油、天然气和成品油的价格分别上涨 10%、2.5%、3% 和 10%，且这些能源运输成本上涨 10%。此外，我们模拟俄罗斯能源出口的减少对各经济体从俄罗斯进口能源的技术系数造成的冲击。

情景 2：欧美能源供应链。该情景的主要模拟假设如下。（1）欧盟和美国对俄罗斯实施能源禁运。具体而言，欧盟和美国自俄罗斯进口的煤炭、石油和成品油为 0。考虑到欧盟对俄罗斯天然气的依赖以及天然气进口难以被替代，假设欧盟自俄罗斯进口的天然气削减 80%，美国从俄罗斯进口的天然气为 0。（2）欧盟及 G7 国家对俄罗斯的能源制裁还包括对俄罗斯能源出口实施价格限制。这里假设俄罗斯天然气出口和煤炭出口价格下降 2%，石油和成品油出口价格下降 5%。（3）欧盟加强从美国进口能源，以取代对俄罗斯能源的依赖。这势必会增加欧盟的能源进口成本，这里假设欧盟国家能源补贴的 30% 将用于从美国和挪威的进口。[1]

情景 3：欧亚能源供应链。该情景的主要模拟假设如下。（1）俄罗斯增加对中国和印度等国家的能源出口。这是通过模拟从俄罗斯进口能源的成本下降来实现的。[2]（2）中国强化自中亚进口能源的供应链。这主要是通过提高能源贸易便利化程度来实现。假设中国与中亚的石油和成品油贸易的便利化程度提高 5%，天然气贸易的便利化程度提高 2.5%。（3）欧亚能源供应链可能面临欧美的能源制裁。这里，我们假设美国和欧盟会将对中国能源产品出口关税提高 1%。

情景 4：日本－澳大利亚－印度－美国能源供应链。根据"印太战略"，日本、印度、澳大利亚和美国将强化能源合作，加快能源供应链的基础设施建设，这里假设四国间能源贸易的非关税壁垒成本降低 5%。

情景 5：该情景是上述四个情景的组合。

3.3.3.2 可计算一般均衡模拟结果[3]

（1）对国内生产总值的影响

从对国内生产总值的影响来看，除挪威等少数经济体外，俄乌冲突情景导致

---

1 Bruegel 报告了欧盟国家和英国为应对能源危机而提供的财政补贴占国内生产总值的比例（https://www.bruegel.org/dataset/national-policies-shield-consumers-rising-energy-prices）。假设这些补贴的 30% 用于从美国和挪威进口天然气以替代从俄罗斯进口。天然气进口价格的变化

$$pims_{s,r}^{gas} = \left(\frac{\delta_{s,r} \times F_r^{gas}}{VIMS_{s,r}^{gas}} - \frac{\gamma_{s,r} \times QIMS_{Rus,r}^{gas}}{QIMS_{s,r}^{gas}} \right) \times 100$$。其中，r 代表欧盟国家和英国，s 代表美国

和挪威，Rus 代表俄罗斯，F_r^{gas} 代表欧盟国家和英国的天然气进口补贴金额、$VIMS$ 和 $QIMS$ 分别为进口额和进口量。δ 是天然气进口补贴在美国和挪威的分布份额，假设美国获得的补贴占补贴总额的 80%，γ 是替代俄罗斯的天然气进口量的分布系数，假设为 0.5。进口价格引起的进口成本变化又可以通过降低进口关税来抵消，这里使用降低关税冲击来模拟欧盟和英国从美国和挪威进口天然气的替代情况。

2 根据 2022 年中国和印度从俄罗斯进口能源的价格变化数据，假设中国和印度进口俄罗斯石油的价格分别下降 10% 和 20%，进口天然气价格分别下降 40% 和 20%。中国和印度从俄罗斯进口煤炭的关税降至零。

3 用于模拟的 GTAP 第 10 版数据库以 2014 年为基准年。该数据库涵盖 121 个国家和 20 个地区集，包括 56 个产业部门（Aguiar et al, 2019）。为进行分析，我们对国家进行了分组处理，共分出 20 个国家组。

经济体出现不同程度的衰退（见图 3.6）。欧盟与美国之间能源供应链的加强，是以欧盟和美国的经济损失为代价的。例如，德国国内生产总值预计将下降 1.6%。欧亚能源供应链对全球经济的影响有限，但中国受益相对较大。日本、澳大利亚、印度和美国之间的能源贸易便利化对美国的影响微乎其微，却促进了其他三个国家的经济增长。

（2）对天然气贸易的影响

欧美能源供应重构，导致欧美从俄罗斯进口的天然气显著减少，而美国对欧洲的天然气出口大幅增加。俄罗斯的天然气出口主要转向亚洲。

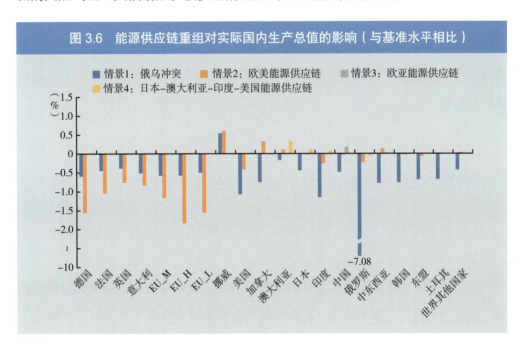

图 3.6　能源供应链重组对实际国内生产总值的影响（与基准水平相比）

注：EU-H= 对俄罗斯能源依赖程度较高的欧盟经济体，EU-L= 对俄罗斯能源依赖程度较低的欧盟经济体，EU-M= 对俄罗斯能源依赖程度中等的欧盟经济体。

资料来源：基于 GTAP-E 模型的模拟结果。

量影响不大。第一条路线是"俄罗斯—中亚—中国和印度"。俄罗斯对中国和印度的天然气出口将分别大幅增长 176.1% 和 93.5%，而中东部地区对中国的天然气出口也将增长 68.2%。第二条路线是"欧盟—美国—中国"，美国和欧盟对中国的天然气出口将下降约 **40%**。

（3）对石油贸易的影响

表 3.1 报告了组合情景下全球双边石油贸易的变化。俄罗斯对欧盟和美国的石油出口完全消失。尽管俄罗斯对其他经济体的石油出口有所增加，例如对印度的石油出口大幅增加了 **236.42%**，但俄罗斯的石油出口总量下降约 **37.9%**。对中国而言，欧盟和美国实施的能源制裁影响了其从其他经济体进口石油，因此与俄罗斯和中东部地区（中亚）的能源合作对于确保中国的石油进口安全至关重要。对欧盟而言，在从俄罗斯进口石油的通道关闭后，尽管从其他来源进口的石油有所增加，但欧盟一些经济体在石油需求方面将面临挑战。例如，EU_L 和德国的石油进口总量分别将下降 **7.8%** 和 **2.3%**。美国、日本、澳大利亚和印度之间的能源合作导致这四个国家之间石油贸易量显著增长，但对这四个国家的石油进口总量影响甚微。

3.4 可再生能源与能源供应链和能源贸易的未来发展方向

3.4.1 碳中和、能源转型和可再生能源的发展

3.4.1.1 能源转型是实现碳中和的关键

转向低碳可再生能源是实现《巴黎协定》等协议中提出的全球气候目标的关键一步。为落实《巴黎协定》，大多数国家已承诺减少温室气体排放，并制定了实现碳中和的路线图和时间表。为实现碳中和，提高可再生能源在能源结构中的比重至关重要。为此，世界各国政府一直在积极制定可再生能源目标，并增加对能源相关领域的投资。全球可再生能源的产能已显著增加，逐渐形成更加多元化和可持续的能源结构。减缓气候变化的努力将推进支持可再生能源的政策和法规的实施。上网电价补贴和可再生能源标准等支持性政策，可以激励对可再生能源项目的投资并影响贸易模式。

表 3.1　综合情景下石油贸易流的变化（与基准水平相比）

单位：%

	东盟	AUS	CAN	CER	CHN	DEU	EU_H	EU_L	EU_M	FRA	GBR	IND	ITA	JPN	KOR	NOR	RUS	TUR	USA
ASEAN	-3.70	-1.11	2.46	0.74	-27.08	89.36	42.17	156.99	43.06	7.77	7.79	-0.72	41.77	-6.69	-7.30	1.99	-23.32	-8.80	-1.17
AUS	-3.70	56.36	-0.17	-1.50	-27.05	84.56	38.62	150.48	39.40	5.01	5.06	102.76	38.11	46.67	-7.19	1.99	-25.28	-11.15	56.28
CAN	-2.96	1.11	2.46	0.74	-27.02	89.36	39.90	156.99	39.51	5.01	5.02	-0.72	38.12	-4.23	-4.85	2.03	-23.32	-8.80	-1.45
CER	-3.69	-1.11	-0.16	-1.79	15.35	84.83	38.98	156.99	39.42	5.00	5.07	-0.73	38.16	-6.69	-7.30	1.99	-23.32	-8.80	-1.20
CHN	-2.53	-1.12	2.46	-1.45	-25.16	89.36	42.17	156.02	43.07	7.77	7.79	1.88	41.77	-4.21	-4.85	1.99	-23.32	-8.80	1.41
DEU	-1.15	-0.59	2.46	0.74	-32.59	89.36	42.17	156.24	39.03	4.87	7.79	1.88	41.77	-4.21	-4.85	1.99	-23.32	-8.80	1.14
EU_H	-1.15	-0.71	1.48	0.74	-32.59	89.36	42.16	150.40	39.02	0.99	4.78	1.88	37.77	-4.21	-4.85	2.00	-23.32	-8.80	1.41
EU_L	-1.15	-1.11	2.46	0.74	-32.59	84.01	40.55	149.75	39.05	5.00	4.75	1.88	41.77	-4.21	-4.85	1.99	-23.32	-8.80	-0.51
EU_M	-1.15	-1.07	1.65	0.58	-32.59	84.01	38.16	150.02	36.70	4.89	4.76	1.88	37.84	-4.21	-5.78	1.99	-23.32	-8.80	0.83
FRA	-1.15	-1.08	2.46	0.74	-32.59	84.44	41.55	156.99	39.42	7.77	7.79	1.88	41.77	-4.21	-4.85	1.99	-23.32	-8.80	1.41
GBR	-3.67	-1.08	-0.18	-1.31	-34.06	84.01	38.16	149.75	39.13	5.00	7.79	-4.00	37.77	-4.21	-7.30	1.77	-23.32	-8.80	-1.20
IND	-1.15	56.41	2.46	-1.75	-25.16	89.36	42.17	156.99	43.07	7.77	7.79	61.15	41.77	50.57	-4.85	1.99	-23.32	-8.80	60.41
ITA	-1.15	-1.04	2.46	-5.50	-32.59	84.01	39.75	139.94	38.43	5.00	5.28	1.88	41.77	-4.21	-4.85	1.99	-23.32	-11.14	0.08
JPN	-3.71	56.37	2.46	0.74	-25.16	89.36	42.17	156.99	43.07	7.77	7.79	61.15	41.77	50.57	-4.85	1.99	-25.03	-8.80	60.41
KOR	-3.70	-1.11	2.46	0.74	-25.16	89.36	42.17	156.99	43.07	7.77	7.79	1.88	41.77	-4.21	-4.85	1.99	-23.32	-8.80	1.41
NOR	-3.73	-1.15	-0.18	-1.85	-27.11	84.01	38.16	149.75	39.05	5.00	4.75	-0.76	37.77	-6.72	-7.33	1.99	-25.32	-11.17	-1.20
RUS	54.35	58.47	61.90	57.34	65.66	-100.00	-100.00	-100.00	-100.00	-100.00	-100.00	236.42	-100.00	48.63	48.59	63.46	26.93	42.42	-100.00
TUR	-3.69	1.18	2.46	0.74	-25.16	89.36	38.53	150.40	43.07	7.77	7.79	-0.73	38.13	-4.21	-4.85	2.17	-23.32	-8.80	1.41
USA	-3.69	56.42	-0.43	0.63	-35.80	84.49	38.59	155.34	38.88	5.90	7.25	50.62	32.43	46.69	-7.30	1.99	-23.32	-8.80	60.41

注：竖表头代表出口方，横表头代表进口方；ASEAN=东盟，AUS=澳大利亚，CAN=加拿大，CER=中东部地区，CHN=中国，DEU=德国，FRA=法国，GBR=英国，ITA=意大利，IND=印度，JPN=日本，KOR=韩国，NOR=挪威，RUS=俄罗斯，TUR=土耳其，USA=美国。

资料来源：基于 GTAP-E 模型的模拟结果。

3.4.1.2　当前全球化的能源供应链

可再生能源供应链是全球性的，因为它们利用了多样化的资源、专业化技术、规模经济和国际合作。这些供应链的全球化性质，对于满足日益增长的对可再生能源的需求，以及在全球范围内应对气候变化至关重要。

可再生能源技术需要从拥有大量制造产能或自然资源（如锂）的不同国家采购，从而形成全球供应链。可再生能源技术和材料密集度高。然而，可再生能源的生产，依赖特定原材料和矿产。不同国家在可再生能源生产的特定方面具有比较优势。与化石燃料相比，可再生能源的基础材料集中在少数国家（IEA，2021）。例如，锂资源主要分布在澳大利亚、阿根廷、玻利维亚和智利。由于比较优势的存在，有必要开展跨境贸易与合作，以获得最佳技术和组件。

此外，可再生能源材料的制造具有规模经济的特点，进一步促进了全球化能源供应链发展。可再生能源项目，如大型太阳能或风能发电场，可从规模经济中获益。

为了实现成本效益，这些项目往往涉及在具有高效制造能力的国家生产和组装部件。全球化生产可以使可再生能源技术以有竞争力的成本实现规模生产，并在过去推动了产品价格的持续下降（Goldthau and Hughes，2020）。

3.4.1.3　可再生能源的机遇

可再生能源的发展受到供需两方面的影响。在需求方面，碳中和目标刺激了对可再生能源的需求，推动了能源转型。能源转型将导致对太阳能电池板、风力涡轮机和储能系统等可再生能源设备的需求激增。因此，能源转型将使可再生能源更多地融入全球能源系统。

在供给方面，科学研发正在推动可再生能源技术创新，从而提高效率、降低成本。可再生能源发电的成本稳步下降，使其与传统能源相比，越来越具有成本竞争力。在许多地区，可再生能源已实现平价上网，这意味着他们的发电成本与传统能源相当，甚至更低。

根据《英国石油公司能源展望（2023年版）》（BP，2023），可再生能源在未来将快速发展。据预测，可再生能源在一次能源供应中的比重将从 2019 年的 11.8% 增至 2050 年的 34.9%~64.0%。太阳能和风能的使用将大幅增长。

预计到 2050 年，太阳能和风能的总装机容量将增长 8~15 倍，从 2019 年的 1231 千兆瓦增至 2050 年的 11420 千兆瓦 ~20225 千兆瓦。2022~2035 年，中国的太阳能和风能装机容量增长占主导地位。可再生能源的快速扩张将导致制造业的显著增长。例如，为了支持可再生能源的发展，全球太阳能电池板的主要原料和组件（多晶硅、硅锭、硅片、电池和模组）的产能需要在 2030 年之前在 2019 年的基础上增加一倍以上，同时现有的生产设施也需要进行现代化改造（IEA，2022b）。

3.4.2　可再生能源供应链与新的世界能源市场和贸易

随着可再生能源技术的不断进步和经济可行性的提高，它们将在塑造全球能源乃至政治格局方面发挥关键作用。可再生能源的发展需要改变能源基础设施和运输网络，以适应可再生能源的多变性。这将带来新的投资机会。从绿色债券到碳交易，各种金融工具不断涌现，用以支持可再生能源项目的开展和部署。

可再生能源技术实现了能源生产的分散化，使社区和个体家庭能够自行发电。相比之下，在化石燃料占主导地位的系统中，电力是由大公司生产的。这种能源的民主化赋予了消费者权力，减少了对集中式电力系统的依赖，促进了能源独立。总的来说，通过能源来源多样化和减少对化石燃料进口的依赖，各国可以加强能源安全，减少受全球能源市场波动的影响。

可再生能源的发展提高了地区电力的连通性。太阳能、风能和水能等可再生能源在不同地区的丰裕程度并不相同。为了充分发挥可再生能源的潜力，各国往往需要利用不同地理位置的资源，这就需要更多的互联能源网。互联能源网可以远距离高效传输可再生能源，促进不同地区可再生能源的整合。

采用可再生能源技术甚至会影响贸易关系和地缘政治。例如，韩国、日本与中国的贸易关系都经历了重大转变，从互补性很强的状态，转变为关键战略性产业竞争日益激烈的局面。其中最主要的是汽车出口，包括快速增长的电动汽车（EV）市场。中国在 2023 年第一季度超过日本，成为世界上最大的汽车出口国，中国生产商已开始在国内销售中占据主导地位，这导致日本汽车产销量急剧下滑（Harley, 2023）。虽然这已经让日本的支柱产业汽车业不安，但中国在电动汽车领域的增长可能会带来更大的挑战。2022 年，中国成功获得了全球电动汽车出口市场约 35% 的份额，而日本的份额在 2018~2022 年从约 25% 下降到不足 10%（IEA, 2023a）。中国在电动汽车出口市场上不断增长的竞争力和市场份额，被视为对日本和韩国的威胁，这可能会影响地缘政治。此外，随着电动汽车产业竞争的升级，电动汽车电池以及生产电池所需的关键矿产（如锂）也越来越被视为经济安全问题（Bell et al., 2023）。

3.4.3　可再生能源供应链面临的挑战

由于太阳能和风能等能源取决于天气条件，可再生能源面临的挑战之一是间歇性。现有的存储技术最多只能提供短期备用，而电力系统的可靠性需要长期备用。可靠的电力供应需要五种时间尺度的备用：年备用、季备用、月份、日备用和旋转备用。相比之下，电池和抽水蓄能被设计成可分别在一小时和一天内提供备用（Blakers et al., 2021）。电池的价格正在迅速下降，可以在短期储能方面（几分钟到几小时）与抽水蓄能相竞争。尽管水力发电被广泛视为一种稳定的电力供应来源，但它也会出现季节性和年度性变化，如旱季、雨季（Stokstad, 2016）。在缺乏长期储存能力且在长期储存技术（主要是以氢为原料的可再生能源电力）广泛部署之前，可再生能源在其发展过程中将面临越来越多的挑战。

需要进一步提高电池和抽水蓄能等储能技术水平，以提高可再生能源的利用率，确保电网的稳定运行。因此，能源创新的关键是在储能、电网集成和智能能源管理方面取得突破，这将使可再生能源更加可靠、更具竞争力。

3.4.3.1　能源供应链的脆弱性

横跨多个地区和国家的全球供应链，使各国易受各种因素导致的国际贸易中断的影响。这些脆弱性凸显了审慎管理供应链以促进能源转型、确保能源供应和经济发展的重要性。

在贸易中断期间，严重依赖可再生能源进口的国家，可能会面临供应短缺或成本提高的问题。例如，贸易争端、关税或地缘政治紧张局势，可能引发全球可再生能源组件和资源贸易的中断，导致严重依赖进口的国家出现供应短缺或成本提高。根据国际能源署 2022 年 7 月发布的《太阳能光伏全球供应链特别报告》，从 2011 年开始，对太阳能光伏供应链的不同组件征收的反倾销税、反补贴税和进口税大幅增加，从单一的进口税增加到 16 种关税和进口税，目前正在审查另外 8 项政策（IEA, 2022b）。总体而言，这些措施涵盖了除中国国内需求外全球需求的 17%（IEA, 2022b）。此外，一些国家可能会引入碳边境调节机制，以解决碳泄漏问题，保护国内产业免受高碳足迹进口产品的影响。这些机制可能会影响可再生能源产品在全球市场的竞争力。

可再生能源材料的生产和加工的集中导致了供应链的脆弱性。能源生产和分配通常集中在特定地区或国家。例如，根据目前在建的制造产能，中国将达到全球多晶硅近 95% 的份额（IEA, 2022b）。许多可再生能源技术依赖少数国家的特定原材料（IEA, 2021）。由地缘政治紧张局势、事故还是极端天气事件引起的供应链中断，都可能导致全球能源市场的短缺和价格飙升，并进一步影响全球可再生能源技术的生产和部署。

3.4.3.2　关键能源转型矿物的安全问题

由于低碳技术是矿产密集型技术，能源转型需要大力发展关键矿产部门。因为自然资源禀赋的差异，关键矿物的供应链比化石燃料的供应链更为集中（IEA, 2021）。因此，要实现 1.5℃ 的温控目标，就需要关键矿物的供应商之间开展合作。尽管集中度较高，但关键矿物的能源安全问题不应像化石燃料那样严重。与化石燃料相比，高度集中和有限的透明度，使关键矿物更容易受到实际破坏、贸易限制或主要生产国的其他事态发展的影响。然而，与需要持续供应的化石燃料不同，可再生能源不需要燃料和其他持续投入。

不幸的是，当代全球地缘政治环境——尤其是中美竞争和全球保护主义的抬头——正日益将关键矿产部门武器化。加拿大强制中国投资者撤资即是一例（Shakil and Liu, 2022）。

低碳技术依赖国际贸易网络和投资来降低成本，并鼓励学习和创新，损害国际贸易、投资和合作会给能源转型带来风险（Goldthau and Hughes, 2020；Helveston and Nahm, 2019）。虽然锂价格创下新高，但截至 2021 年每千瓦时的锂离子电池价格比 20 世纪 90 年代初低 30 倍（Ziegler and Trancik, 2021）。

3.5 能源动态对排放目标的潜在影响

2018 年发布的 IPCC《全球升温 1.5℃特别报告》敦促到 2030 年将全球气温升幅限制在 1.5℃以内，以避免极端天气对世界造成的灾难性影响。为此，2019 年《巴黎协定》确认，发达国家和发展中国家必须分别在 2050 年和 2060 年之前实现碳中和。此外，所有国家都必须在 2070~2090 年实现二氧化碳净零排放，到 2100 年全世界实现温室气体净零排放。《巴黎协定》达成后，大多数国家制定了实现碳中和目标的计划，并通过发展可再生能源和减少化石燃料的使用取得了一些重要成果。在第 26 次缔约方会议上，包括美国和欧盟在内的 40 多个经济体宣布同意在 2030 年前淘汰煤炭，并承诺在 2035 年左右用风能、太阳能或核能取代传统能源，加快能源转型。中国也承诺终止对燃煤发电的海外投资。

然而，新冠疫情期间能源供应链的中断（见上文）以及当前地缘政治的变化，尤其是俄乌冲突，对世界能源转型速度和碳中和时间表产生影响。下面我们从短期和长期角度预测武装冲突对环境和气候治理的影响。

3.5.1 短期：能源动态将对全球气候治理产生影响

在短期内，能源供应问题依然严峻。由于天然气单位热值的碳含量（15.3tC/

TJ）明显低于煤炭（26.37tC/TJ），欧洲国家在能源短缺的情况下可能会增加煤炭的使用进而增加了碳排放量。同样地，为满足日益增长的电力需求，中国计划新建 10 多座燃煤发电站，其中一些正在建设中。虽然在新冠疫情引发的经济衰退期间，与能源相关的二氧化碳排放量有所下降，但被 2021 年创纪录的 19 亿吨新增二氧化碳排放量所抵消（IEA，2022d）。

3.5.2 长期：能源动态将加速能源转型，推动碳减排进程

欧洲天然气供应链的中断增加了投资和使用可再生能源的动力。2022 年 9 月 13 日，为实现"减碳 55%"的目标，欧盟议会通过了《可再生能源发展指令 Ⅱ 》（Renewable Energy Directive, RED Ⅱ），规定到 2030 年，可再生能源消费比重将达到 45%。这样，欧洲国家就可以提前实现碳中和，并在全球环境和气候治理中占据主导地位，拥有话语权。

3.5.3 能源安全和能源供应链的韧性将是未来全球价值链设计的关键

此外，俄乌冲突的爆发引发了全球对能源安全和能源转型的深入思考，各国都在努力平衡能源安全、能源可靠性和能源清洁化之间的关系。在能源供应方面，俄乌冲突爆发后，全球油气价格飙升，欧美国家随后对俄罗斯实施的制裁加剧了能源供应紧张。为确保能源安全，世界各国政府势必要更大规模地开发本土资源，其中许多并不是化石燃料。这将减少全球对化石能源的依赖，改变全球能源结构（如图 3.7 所示）。

全球能源结构的变化和对清洁能源需求的增加不仅将提高能源安全，还将减少全球碳排放，加速世界各国实现碳中和的进程。根据《英国石油公司能源展望（2023 年版）》（BP，2023），在该年的新动力情景下，2030 年的碳排放量要比 2022 年版的数字低约 13 亿吨二氧化碳（3.7%）。这一下调在 2040 年增至约 20 亿吨二氧化碳（6.4%），在 2050 年增至 26 亿吨二氧化碳（9.3%）（如图 3.8 所示）。

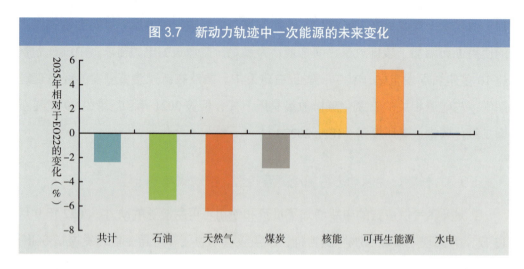

图 3.7 新动力轨迹中一次能源的未来变化

注："新动力"（New Momentum）一词的提出，旨在捕捉全球能源系统目前发展的大致轨迹。新动力重视近年来全球在去碳化目标上的显著增长，以及过去几年中在新动力轨迹中去碳化的方式和速度。在新动力轨迹中，二氧化碳排放量在 2020 年代达到峰值，到 2050 年将比 2019 年的水平低约 30%。

资料来源：《英国石油公司能源展望（2023 年版）》。EO22 指《英国石油公司能源展望（2022 年版）》。

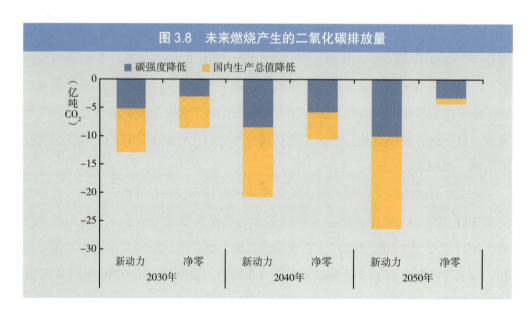

图 3.8 未来燃烧产生的二氧化碳排放量

注：图中碳排放的变化为 EO23 与 EO22 的对比；到 2050 年，净零二氧化碳排放量比 2019 年低约 95%。

资料来源：《英国石油公司能源展望（2023 年版）》。EO22 指《英国石油公司能源展望（2022 年版）》。

3.6　结论

俄乌冲突加剧了地缘政治紧张局势，对全球价值链，包括全球能源供应链产生了巨大影响，使地缘政治问题而非经济利益成为影响能源贸易政策的主导因素。

贸易武器化和贸易制裁正在升级，这将重塑世界能源贸易格局，形成一些细分的区域能源供应链，特别是欧美能源供应链和欧亚能源供应链。这些区域能源供应链将改变世界能源贸易的路线和模式。世贸组织需要顺应这些变化，更新其职能。转向绿色低碳能源是实现净零排放目标的关键一步。随着可再生能源技术的不断进步和经济可行性的提高，可再生能源有望在重塑全球能源供应链乃至政治格局方面发挥关键作用。

这些动态变化都可能影响世界能源转型和气候治理。一个乐观的假设是，欧盟国家将以这些危机为契机，加快可再生能源发展，形成新的绿色能源供应链以加快能源转型和碳中和的实现。

能源安全和能源供应链的韧性将是未来全球价值链设计的关键。能源安全是国家稳定发展的基石，战争、极端天气和流行病等不可预见的情况都会影响全球能源供应，对能源供应链构成威胁。因此，确保能源供应链的长期安全和可靠性，是世界各国都应关注的问题。

（邓又一译、黄绍鹏校、邢予青审订）

参考文献

Aguiar, A., Chepeliev, M., Corong, E., et al., 2019, "The GTAP Data Base: Version 10",

Journal of Global Economic Analysis 4(1), pp. 1-27.

Amineh, M. P., 2003, "Globalisation, Geopolitics and Energy Security in Central Eurasia and the Caspian Region".

Bacchus, J., 2022, "The Black Hole of National Security", CATO Policy Analysis.

Bacchus, J., Cottier, T., et al., 2010, "Energy in WTO Law and Policy", https://www. wto.org/english/res_e/publications_e/wtr10_7may10_e.pdf .

Bell, C. L., Collinson, E., and Shi, X., 2023, "The China Factor in Japan-South Korea Rapprochement", The Diplomat, https://thediplomat.com/2023/05/the-china-factor-in-japan-south-korea-rapprochement/.

Blakers, A., Stocks, M., Lu, B., et al., 2021, "A Review of Pumped Hydro Energy Storage", *Prog. Energy* 3(2), 022003.

BP, 2022, "Statistical Review of World Energy 2022".

BP, 2023, "Energy Outlook 2023".

Ciuriak, D., 2022, "Unfree Flow with No Trust: The Implications of Geoeconomics and Geopolitics for Data and Digital Trade", Centre for International Governance Innovation.

Cottier, T., 2014, "Renewable Energy and WTO Law: More Policy Space or Enhanced Disciplines? ", *Renewable Energy Law and Policy Review* 5(1), pp. 40-51.

Dodds, K., 2019, *A Very Short Introduction to Geopolitics* (Oxford: Oxford University Press).

Fortune India, 2023, "Russia's Share in India's Crude Oil Imports Soars to 19% in FY23", https://www.fortuneindia.com/macro/russias-share-in-indias-crude-oil-imports-soars-to-19-in-fy23/112862.

Goldthau, A., and Hughes, L., 2020, "Protect Global Supply Chains for Low-carbon Technologies", *Nature* 585, pp. 28–30.

Groom, N., 2022, "U.S. to Expand Solar Panel Tariffs After Probe Finds Chinese Evasion", Reuters, https://www.reuters.com/markets/commodities/us-says-solarimports-four-southeast-asian-countries-were-dodging-china-tariffs-2022-12-02/.

Harley, M., 2023. "China Overtakes Japan as the World's Biggest Exporter of Passenger Cars", Forbes, https://www.forbes.com/sites/michaelharley/2023/05/22/china-overtakes-japan-as-the-worlds-biggest-exporter-of-passenger-cars/?sh=3db6db642c4f.

Heath, J. B., 2022, "The New National Security Challenge to the Economic Order", *The Yale Law Journal* 129, pp. 1022-1099.

Helveston, J., and Nahm, J., 2019, "China's Key Role in Scaling Low-carbon Energy Technologies", *Science* 80(366), pp. 794–796.

Hoang, A.T., Nižetíc, S., Olcer, A.I., Ong, H.C., Chen, W.-H., Chong, C.T., Thomas, S., Bandh, S.A., Nguyen, X.P., 2021, "Impacts of COVID-19 Pandemic on the Global Energy System and the Shift Progress to Renewable Energy: Opportunities, Challenges, and Policy Implications", *Energy Policy* 154, 112322.

Hoekman, B., Mavroidis, P., and Nelson, D., 2022, "Geopolitical Competition, Globalization and WTO Reform", Robert Schuman Centre for Advanced Studies Global Governance Programme, RSC 2022/67.

Howse, R., 2022, "The Limits of the WTO", in *Symposium On Gregory Shaffer. Governing the Interface of U.S.-China Trade Relations*, AJIL Unbound.

IEA., 2021, "The Role of Critical Minerals in Clean Energy Transitions", https://doi.org/10.1787/f262b91c-en.

IEA, 2022a, "Global Energy Review: CO_2 Emissions in 2021", https://www.iea.org/reports/global-energy-review-co2-emissions-in-2021-2, License: CC BY 4.0.

IEA, 2022b, "Special Report on Solar PV Global Supply Chains", https://www.iea.org/reports/solar-pv-global-supply-chains/executive-summary.

IEA, 2022c, "The World's Coal Consumption Is Set to Reach a New High in 2022 as the Energy Crisis Shakes Markets", https://www.iea.org/news/the-world-s-coal-consumption-is-set-to-reach-a-new-high-in-2022-as-the-energy-crisis-shakesmarkets.

IEA, 2022d, "World Energy Outlook 2022", https://www.iea.org/reports/world-energy-outlook-2022.

IMF, 2023, "Staff Discussion Notes".

IEA, 2023a, "Global EV Outlook 2023: Catching up with Climate Ambitions.

IEA, 2023b, "Russia's War on Ukraine", https://www.iea.org/topics/russias-war-on-ukraine.

IPCC., 2018, "Global Warming of 1.5 ℃".

Lester, S., & Zhu, H., 2019, "A Proposal for 'Rebalancing' to Deal with 'National Security' Trade Restrictions", *Fordham International Law Journal* 42, pp. 14-51.

Lester, S., and Manak, I. , 2019, 2022, "A Proposal for a National Security Committee at the WTO", *Duke Journal of Comparative & International Law* 30, pp. 267-281.

Li, K., Qi, S., and Shi, X., 2022, "The COVID-19 Pandemic and Energy Transitions: Evidence from Low-carbon Power Generation in China", *J. Clean. Prod* 368, 132994.

Manak, I., 2023, "How Deliberation Can Help the WTO, but Not Fix It", International Law and Policy Blog.

Marceau, G., 2010, "The WTO in the Emerging Energy Governance Debate", WTO.

Mcdougall, R.A. and Golub, A. A., 2007, "GTAP-E: A Revised Energy-Environmental Version of the GTAP Model", GTAP Research Memoranda.

Meredith, S., 2022, "Energy Crisis: Why Has Russia Cut off Gas Supplies to Europe?", CNBC, https://www.cnbc.com/2022/09/06/energy-crisis-why-has-russia-cut-off-gas-supplies-to-europe.html.

Ministry of the Environmental Protection and Natural Resources, 2022, "Digest of the Key Consequences of Russian Aggression on the Ukrainian Environment for June 9-15, 2022", https://mepr.gov.ua/news/39320.html.

Mulder, N., 2022, "The Sanctions Weapon", *Finance and Development*, June.

Nishimara, Y., 2023, "Speech at the CSIS", CSIS, Washington DC.

OECD, 2010, "Export Restrictions on Strategic Raw Materials and Their Impact on Trade", OECD Trade Policy Papers.

OECD, 2010, Export Restrictions on Strategic Raw Materials and Their Impact on Trade and Global.

Paraskova, T., 2023, "China Snaps Up Record-High Volumes of Russian Crude in The First Half of 2023", https://oilprice.com/Energy/Energy-General/China-Snaps-Up-Record-High-Volumes-Of-Russian-Crude-In-The-First-Half-Of-2023.html.

Pomfret, R., 2023," Connecting Eurasian Supply Chains the Impact of Covid-19 and the Russia–Ukraine War on the EU-China Rail Landbridge", *Italian Economic Journal* 9(3), pp. 1049-1062.

Quitzow, R., Bersalli, G., Eicke, L., et al., 2021, "The COVID-19 Crisis Deepens the Gulf between Leaders and Laggards in the Global Energy Transition", *Energy Research & Social Science* 74, 101981.

Reinsch, W., 2021, "Weaponizing Trade", CSIS Commentary.

Roberts, A, Moraes, H. C., and Ferguson, V ., 2019,. "Toward a Geoeconomic Order in Trade and Investment". *Journal of International Economic Law* 22(4), pp. 655-676.

Romanova, T., 2014, "Russian energy in the EU market: Bolstered institutionsand their effects", *Energy Policy* 74, pp. 44-53.

Shagina, M., 2020, "Drifting East: Russia's Import Substitution and Its Pivot to Asia", CEES Papers No. 3, April 2020, Center of Eastern European Studies, University of Zurich, 2020.

Shakil, I., and Liu, S., 2022, "Canada Orders Three Chinese Firms to Exit Lithium Mining", Reuters, https://www.reuters.com/markets/commodities/canada-orders-three-foreign-firms-divest-investments-critical-minerals-2022-11-02/.

Shen, Y., Shi, X., and Zhao, Z., 2022, "Assessing Energy Transition Vulnerability over

Nations and Time, https://doi.org/10.21203/rs.3.rs-1440213/v1.

Shi, X., and Yao, L., 2019, "Prospect of China's Energy Investment in Southeast Asia under the Belt and Road Initiative: A Sense of Ownership Perspective", *Energy Strategy Reviews* 25, pp. 56–64.

Shi, X., Cheong, T.S., Zhou, M., 2021, "COVID-19 and Global Supply Chain Configuration: Economic and Emissions Impacts of Australia-China Trade Disruptions", *Frontiers in Public Health* 9, pp. 1–13.

Simon, D.W., 2022, "Managing Supply Chain Disruption during Geopolitical Risk", Foley Lardner LLP, https://www.foley.com/en/insights/publications/2022/07/avoid-supply-chain-disruption-geopolitical-risk.

Singh, V.K., 2022, "Regulatory and Legal Framework for Promoting Green Digital Finance", in *Green Digital Finance and Sustainable Development Goals,* Singapore: Springer Nature Singapore, pp.3–27.

Smil, V., 2017, "Energy: A Beginner's Guide". Simon and Schuster.

Solar Energy Industries Association, 2019, *The High Cost of Section 201 Tariffs*.

Stokstad, E., 2016, "Power Play on the Nile Ethiopia Stunned Neighbors with a Colossal Dam on the Blue Nile. Could It Spread Prosperity, Not Turmoil?", *Science* 351(6276), pp. 904–907.

Tesla. 2021, "The Impact Report 2021".

Vakulchuk, R., Overland, I., and Scholten, D., 2020,"Renewable Energy and Geopolitics: A Review". *Renewable and Sustainable Energy Reviews* 122, 109547.

Van den Bosche, P., and Akpofure, S. , 2020, "The Use and Abuse of the National Security Exception under Article XXI(b)(iii) of the GATT 1994", WTI Working Paper, No. 03, University of Bern, World Trade Institute.

Von Cramon, S., 2022, "Russia's Invasion of Ukraine – Implications for Grain Markets and Food Security", *German Journal of Agricultural Economics* 71(3), pp. 1-13.

Wang, X., and Shi, B., 2022, "Transmission and Diffusion Effect of Sino-US Trade

Friction along Global Value Chains", *Finance Research Letters* 46, 102057.

Wang, X., and Shi, B., 2022, "Transmission and Diffusion Effect of Sino-US Trade Friction along Global Value Chains", *Finance Research Letters* 46, 102057.

WTO, 2014, "China - Rare Earths (DS432)".

WTO, 2019, "Russia — Measures Concerning Traffic in Transit (DS512)", Panel Report.

WTO, 2020, "World Trade Report 2020".

WTO, 2021, "World Trade Report 2021 - Economic Resilience and Trade".

WTO, 2022, "Australia, Canada, European Union, Japan, New Zealand, Switzerland, United Kingdom, and the United States – Unilateral Trade Restrictive Measures Against Russia (ID77)".

WTO, 2022a, "MC12 Outcome Document WT/MIN(22)/24".

WTO, 2022b, "WTO Ministerial Conferences - MC12 Briefing Note".

WTO, 2023a, "Trade Monitoring Report Update: A Year of Turbulence on Food and Fertilizers Markets".

WTO, 2023b, "World Trade Report".

WTO, 2023c, "Japan-Measures Related to the Exportation of Products and Technology to Korea (DS590)", https://www.wto.org/english/tratop_e/dispu_e/cases_e/ds590_e.htm.

Yotov, et al., 2020, "The Global Sanctions Database", VoxEU CERP, https://cepr.org/voxeu/columns/global-sanctions-data-base.

Ziady, H., 2022, "OPEC Announces the Biggest Cut to Oil Production Since the Start of the Pandemic", CNN, 5 October 2022, https://edition.cnn.com/2022/10/05/energy/opec-production-cuts/index.html.

Ziegler, M.S., and Trancik, J.E., 2021, "Re-examining Rates of Lithium-ion Battery Technology Improvement and Cost Decline", *Energy & Environmental Science* 14(4), pp. 1635-1651.

第 4 章

从无厂半导体公司到遍地晶圆厂？转型中的半导体全球价值链

Henry Wai-chung Yeung（杨伟聪）　黄绍鹏　邢予青

"每个人都想建自己的半导体工厂，但这现实吗？如果这事那么容易，全世界早就到处都是芯片制造厂了……"（魏哲家，台积电首席执行官，2022 年 12 月 17 日）

4.1　引言

一个普遍现象是，个人电脑（PC）、移动电话、电动汽车或遥控玩具狗中所使用的集成电路（IC）——又称半导体芯片——是沿着一条复杂且高度全球化的价值链生产出来的。位于不同经济体和地区的半导体企业，共同完成芯片设计和晶圆制造、组装、封装、测试等必要工作，然后将芯片分销给下游的最终设备制造商。在当今的半导体全球价值链中，没有任何一个经济体拥有既不需要外国技术也不需要外国材料的、自主的和完整的半导体部门。正如本章所意图揭示的那样，在全球半导体产业中，所有经济体都相互依存，但并非所有经济体都需要，或有能力运营高效的芯片制造厂，即所谓的"晶圆厂"（fabs）。事实上，在过去 30 年中，半导体生产的国际化和分散化，在很大程度上是由始于 20 世纪 80 年代末的"无厂革命"（fabless revolution）推动的。半导体技术的日益复杂化和对经济效率的追求，进一步强化了该高科技产业的国际分工。

　　一个关键的驱动因素是新建晶圆厂的成本呈指数级增长。1983 年，成本约为 2 亿美元，而到了 21 世纪 20 年代初，一座尖端晶圆厂的建设成本远超 200 亿美元，且未来十年的运营成本也同样高昂。因此，建立新工厂数百亿美元的成本已成为进入该行业的主要壁垒。1991 年在美国亚利桑那州举行的 In-Stat 论坛上，超威半导体公司（Advanced Micro Devices, AMD）的联合创始人暨前董事长杰里·桑德斯（Jerry Sanders）自豪地宣称："有晶圆厂才是真汉子！"这句话反映了他（以及当时在市场上居于领先地位的 AMD 的竞争对手英特尔）的信念，即集成芯片设计和芯片制造的一体化对于顶级半导体公司至关重要，以及要想在这个竞争激烈的行业中取得成功，就必须对晶圆厂进行大规模投资。然而，芯片设计和生产方面的技术创新，导致了产业组织的变化和半导体全球价值链的崛起。硅谷的许多初创企业不再建造昂贵的晶圆厂，而是专门从事集成电路设计，并将芯片生产任务外包给美国和其他地方的现有企业，从而进入这一行业。概言之，它们从一开始就是无厂芯片设计企业。从 1985 年到 1994 年，仅在硅谷就出现了约 250 家无厂半导体企业。

　　这些无厂半导体企业的崛起挑战了当时传统的一体化器件制造（Integrated Device Manufacturing, IDM）模式。在 IDM 模式下，美国大型半导体企业，如国际商业机器公司微电子部（IBM Microelectronics）、英特尔（Intel）和德州仪器（Texas Instruments），将生产芯片所需的所有工作都置于其自有的晶圆厂内。无厂半导体模式的崛起还加速了生产在空间上的分散，以及半导体产业的全球化。以苹果（Apple）、英伟达（NVIDIA）和高通（Qualcomm）等行业领军企业为代表，无厂模式已成为全球半导体行业的主流商业模式。就连由杰里·桑德斯和其他数位来自仙童半导体公司（Fairchild Semiconductor）的技术人员于 1969 年 5 月联合创办的 AMD，也在 2009 年剥离了所有制造部门，转而采用无厂模式。这一转变将 AMD 从破产边缘拯救回来。到 2020 年，无厂半导体企业的总收入已达 1530 亿美元，约占全球整个行业的 1/3，远高于 2000 年仅占 7.6% 的比例。

　　无厂模式的出现，强化了该产业在任务层面的功能和地域专业化。例如，美国的无厂半导体企业专门从事集成电路设计和营销，而东亚的半导体企业则负责晶圆制造和下游生产活动。其结果是，全球半导体行业的晶圆制造已高度集中于中国（其中，台湾地区是一个重要产地）、韩国、日本和新加坡；2018~2023年，这些国家和地区的晶圆制造产能合计约占全球总产能的 80%。而台积电也从该"无厂革命"中脱颖而出，成为全球最大的纯晶圆代工厂（pureplay foundry），2022 年全球所生产的最先进芯片中，其占比远超 85%。

《全球价值链发展报告 2021》认为，2018 年以来中美贸易摩擦以及新冠疫情，一直在推动全球价值链的地域重构。半导体行业也不例外。新冠疫情期间，全球生产秩序的混乱导致了严重的芯片荒，这成为政策制定者和商界领袖对现有半导体全球价值链韧性的主要关切。随着中美这两个世界上最大的经济体在政治和经济领域的竞争加剧，半导体工厂在东亚的高度集中已被视为贸易争端和地缘政治紧张局势中的一个主要薄弱环节。半导体是现代工业的支柱，半导体技术的进步，决定着人类在人工智能、自动驾驶和下一代电信领域能走多远。对于各主要国家而言，在国内保有最先进芯片的产能，似乎已成为维护国家安全的当务之急。

为了通过建设国内芯片产能来强化半导体供应链的韧性，主要经济体的政府都采取产业政策，提供大量财政补贴和税收优惠。美国的《2022 年芯片和科学法案》承诺提供 520 亿美元的补贴，以振兴美国半导体制造业，增强其在集成电路研究和设计方面的竞争力。为减少欧盟对美国和东亚半导体制造商的依赖，欧洲议会于 2023 年 4 月 18 日批准了 430 亿欧元的《欧洲芯片法案》，计划到 2030 年将欧洲制造的半导体在全球的份额从 10% 提高到 20%。中国将半导体列为未来重点发展的产业之一，并设定了到 2025 年使半导体生产自给率达到 70% 的目标。

其他经济体也在设法提高芯片制造的自给率。20 世纪 80 年代，日本的半导体收入曾占全球的 50% 以上，但在"失去的二十年"中，该份额急剧下降。在当前全球竞相建设晶圆厂的浪潮中，日本政府将半导体定为对经济活动和国家安全至关重要的产业，并拨出 2 万亿日元，为企业在生产设施、芯片制造设备和半导体材料方面的投资提供最高达 50% 的补贴。韩国则将目光投向扩大其"韩国半导体带"（K-semiconductor Belt），希望通过税收减免，到 2030 年吸引高达 4500 亿美元的私人投资。印度虽然不是半导体产业的主要参与者，但印度政府于 2021 年 12 月批准了"印度半导体计划"（Semicon India Program），为在印度发展可持续的半导体和显示器制造生态系统提供 100 亿美元的激励。此外，2021~2023 年，半导体产业前三大巨头每年的自主投资规模分别为：三星（360 亿~400 亿美元）、台积电（300 亿~360 亿美元）、英特尔（200 亿~270 亿美元）。

2023 年，全球半导体产业显然已经走到了一个新的关键期，对韧性和国家安全的关注、对技术领先地位的竞争，都在挑战着备受欢迎且高效运作的无厂半导体设计和制造模式。新一轮技术民族主义的兴起，正使高度国际化的半导体产业转入"真正的民族国家应该拥有晶圆厂"的时代。但是，正如本章开头引用的台积电首席执行官魏哲家的话所指出的那样，虽然"每个人都想建自己的半导体工厂"，但该技术民族主义的目标似乎并不现实。

除引言外，本章包括七个部分。第 4.2 节介绍了当前的半导体全球价值链，以及增加值在一系列必要任务之间的分布，这些任务包括竞争前研发，集成电路设计，晶圆制造，组装、封装和测试（APT），电子设计自动化（EDA）和核心知识产权（Core IP），半导体制造设备（SME），材料和化学品。

第 4.3 节概述了各经济体参与半导体全球价值链的情况。自 2010 年以来，半导体技术的大规模创新导致尖端芯片设计和制造的成本极其高昂。从设计软件和知识产权到材料和制造设备，在半导体全球价值链的各个环节，都是少数几个市场领导者主导市场。美国企业在集成电路设计软件领域处于垄断地位，一小群高度专业化的企业则在设备制造领域居于主导地位。与此同时，当今芯片设计和生产工艺日益复杂，随之而来的是由高度专业化的企业组成的生态系统，这意味着没有任何一个经济体能够在整个半导体价值链中自给自足。

第 4.4 节简要回顾了半导体产业从一体化器件制造模式向无厂模式的演变。2010 年以来，工业应用市场向计算机 / 数据存储和无线通信领域转移，这对领先的无厂半导体企业、代工生产商、微处理器和存储芯片领域的一体化器件制造企业的快速发展至关重要。我们强调，企业特定竞争优势、金融市场就追求经济效益所施加的压力以及不断变化的市场动态，是美国半导体产业的"无厂革命"和此后东亚半导体制造设施高度集中的主要驱动力。这段历史凸显了垂直逆一体化在推动半导体产业全球化方面的重要性。这些关键因素也解释了为何直到2020年代初，在不同的产品细分市场（如逻辑芯片相对于存储芯片）和工业应用领域（如计算机／数据存储相对于汽车）中，一体化器件制造商和无厂半导体企业仍继续混合共存。

在第4.5节中，我们探讨政府在本国半导体产业发展中以及在某些情况下、在引领本国半导体产业中所发挥的作用。在美国和西欧，政府在研发（R&D）和国防采购方面的支出对该产业的早期发展意义重大，而东亚该产业发展则在很大程度上受益于政府的直接补贴和有利的产业政策，尤其是在其早期阶段。为说明"看得见的手"在培育半导体产业方面的重要性，我们简要讨论了日本、韩国、中国台湾地区和新加坡在1990年代之前以及中国在2010年代之后的历史经验。

第4.6节继续上一节的讨论，并论证了自2010年代以来，东亚在芯片制造领域的主导地位与政府主导的产业赶超措施关系不大，而与企业特定的对能力的投资以及不断变化的市场关系更大。通过追求在晶圆代工和存储芯片领域的专业化，东亚企业加深了与重要的无厂半导体企业、原始设备制造商之间的信任关系，也加深了融入不同高增长工业市场（如信息通信技术、汽车、人工智能、机器人、工业电子）的全球生产网络的程度。

第4.7节聚焦近年来各种技术民族主义议程对全球半导体产业的影响，因为越来越多的国家出于国家安全和降低风险的考虑，希望拥有自己的晶圆厂。我们记录了主要经济体为加强半导体供应链韧性、提高半导体制造和研究能力而提供的政策支持和补贴。通过技术主权追求"遍地晶圆厂"并不现实，因为现有半导体全球价值链的组织十分复杂，且尖端芯片制造对技术能力和资本投资的要求极高。各地竞相建设晶圆厂很可能会导致全球半导体市场的碎片化而非一体化，这将不可避免地破坏该产业的规模经济和信任关系；更糟糕的是，它还会导致全球半导体产能过剩。

在第 4.8 节中，我们总结了本研究的主要发现，并勾勒了未来半导体全球价值链发展的一些可能的情境。

4.2　半导体全球价值链：组成环节和增值结构

半导体全球价值链有四大主要环节，并得到由上游三种主要投入品组成的高度专业化的生态系统的支持，因此整个半导体价值链主要由图 4.1 所示的七种不同类型的活动组成。它们共同构成了巨大的全球半导体市场，该市场在 2018 年的销售额达 4850 亿美元，2022 年的销售额达 5700 亿美元，2030 年的销售额预计将超过 1 万亿美元。下面我们逐一讨论这七种不同的活动（Suleman and Yagci, 2022a）。

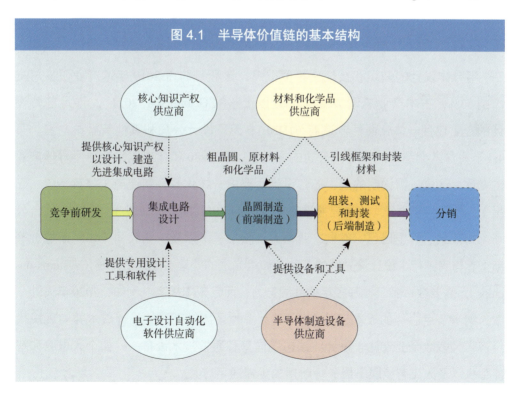

图 4.1　半导体价值链的基本结构

资料来源：改编自 SIA（2016：图 1 和图 2）、Capri（2020：图 4）以及 BCG 和 SIA（2021：图 4）。

4.2.1　竞争前研发

该活动旨在了解为芯片设计和制造技术奠定基础的基本物理、化学过程。它具有显著的正外部性，与专有和竞争性产业研发明显不同，但又与之相辅相成。政府在推动半导体的基础研究方面常发挥重要作用。例如，在美国，许多重大技术突破是在联邦资助的研究项目中取得的。极紫外（EUV）光刻技术的基础，是由 1990 年代由美国能源部资助的"国家极紫外光刻计划"（National Extreme Ultraviolet Lithography Program, NEUVLP）奠定的，该技术对目前制造 10 纳米及以下制程节点尖端半导体不可或缺。砷化镓（GaAs）晶体管是智能手机芯片的关键技术之一，它是 1980 年代末期在美国国防部的"微波与毫米波集成电路"（Microwave and Millimeter-wave Integrated Circuit, MIMIC）计划中开发出来的。

4.2.2　集成电路设计

半导体设计的知识和技能密集度很高，该环节约占 2019 年本产业研发总支出的 53%，占本产业总增加值的 50% 以上（BCG and SIA, 2021）。涉足芯片设计的企业包括一体化器件制造商（IDM）、无厂设计公司和其他新型参与者。第 4.4 节将深入介绍无厂半导体公司的崛起，以及 1980 年代末以来全球半导体产业的变迁。这里只需说明的是，芯片设计主要由一体化器件制造商（如英特尔、三星）、无厂半导体公司（通常将收入的 10%~20% 投资于研发）、系统或平台公司（如苹果、阿里巴巴、谷歌、亚马逊、脸书等）以及工业公司（如特斯拉）等新型参与者进行。设计最先进的芯片，如最先进的处理器或片上系统（systems-on-chips），需要数百名工程师多年的共同努力，而且成本极高。例如，2020 年设计一款 5 纳米节点芯片的成本超过 5.4 亿美元。为了摊销高昂的设计成本并实现规模经济，大多数企业专注于设计终端市场信息和通信技术设备——如个人电脑和智能手机以及人工智能服务器——所用的尖端通用芯片。

美国是全球芯片设计领域的领导者，2021 年，其在无厂半导体设计领域占 68% 的统治性的市场份额（IC Insights, 2022）。中国台湾地区的市场份额为 21%，在芯片设计领域也举足轻重。2020 年，中国在无厂半导体市场的份额为 15%，因美国对华为及其设计子公司海思（HiSilicon）的制约，2021 年中国的市场份额骤降至 9%（Clarke, 2022）。韩国、欧洲和日本在无厂半导体设计市场的地位相对较低，分别仅各占约 1% 的市场份额。

4.2.3　晶圆制造

芯片制造是半导体价值链中最关键的环节之一，也是目前各国政策和安全方面关注的焦点。依芯片类型的不同，晶圆制造需要经历 400~1400 个步骤，平均耗时 12 周。晶圆制造过程使用数百种不同的投入品，包括粗硅晶圆、大宗 / 特种化学品、大宗气体等，以及数十种非常昂贵的专有加工和测试设备 / 工具。晶圆制造过程需要跨越多个阶段，根据电路设计的复杂程度，这些阶段往往要重复数百次。2023 年，一个已制成的 12 英寸晶圆上可包含数百个拇指指甲盖大小的最先进的芯片内核，每个芯片内核可容纳 100 亿个或更多的晶体管，晶体管之间间隔的宽度仅为 3 纳米。

晶圆制造，尤其是最尖端节点（2020 年为 5 纳米，2023 年为 3 纳米，2025 年预计为 2 纳米）的晶圆制造，资本密集度极高，需要数百亿美元的巨额前期投资来建造高度专业化的晶圆厂。纯晶圆代工厂的资本支出通常占其年收入的 30%~40%，而一座标准产能的最先进晶圆厂目前需要约 50 亿美元（模拟芯片晶圆厂）至 200 亿美元甚至更多（逻辑 / 存储芯片晶圆厂）的资本支出。晶圆制造的知识密集度也很高。运营先进节点晶圆厂，需要对包括工程科学的多种复杂工艺有深入的了解，还需要积累大量的技术资源和专业人才。即使是英特尔这样历史悠久的顶级晶圆生产商，自 2010 年代末以来，在开发 10 纳米以下先进工艺节点时也屡屡受挫，目前英特尔仍在奋力追赶领先的芯片制造商，如中国台湾地区的台积电和韩国的三星。

4.2.4　组装、封装和测试

组装、封装和测试（Assembly，Packaging，and Testing，APT）通常被称为

"后端制造"，该活动将前端晶圆厂生产的硅晶圆转化为成品芯片，以便安装到电子模块和最终设备中。APT 活动通常被外包给专业化的企业，这些企业将成品硅晶圆切成单个芯片，封装到保护壳中，并在将其运往电子设备制造商之前进行缺陷测试。与前端制造相比，后端制造的资本密集度较低，所需的劳动力也多得多。APT 市场总规模约为 300 亿美元（Kleinhans and Baisakova, 2020）。尽管在 2023 年之前的 10 年中，APT 产业经历了重大整合，但因进入壁垒较低，APT 市场仍然是一个集中度较低的细分市场。大多数 APT 活动在中国台湾地区（2019 年占 53%）和中国（2019 年占比超过 20%）进行。

4.2.5　电子设计自动化和核心知识产权

无工厂设计公司在很大程度上依赖对电子设计自动化（Electronic Design Automation, EDA）软件和核心知识产权（core IP）的使用。EDA 软件广泛应用于几乎所有类型芯片的设计，对于最先进的节点而言，它变得尤为复杂，技术和知识密集度极高。为了跟上本产业极短的创新周期，EDA 软件供应商有着整个半导体价值链中最高的研发支出比例（平均超过收入的 35%）（Nenni and McLellan, 2019）。虽然 EDA 部门仅占半导体市场的 3% 左右，但 EDA 软件供应商在持续开发新工艺方面举足轻重，在该产业及其生态系统中发挥着巨大作用。这些特点导致了该部门寡头垄断的市场结构。三家美国公司——铿腾（Cadence）、新思（Synopsys）和明导（Mentor）（2017 年被西门子收购）——主导了整个 EDA 市场，在 2021 年占据了总计 75% 的市场份额（TrendForce, 2022）。鉴于这种极端的市场集中度和对单一国家供应商的严重依赖，EDA 领域显然已成为极易受到地缘政治冲突影响的供应链依赖点或"瓶颈"。

在图 4.1 中，核心知识产权是指有知识产权和可重复使用的集成电路功能组件 / 模块的设计。这些设计（如电路图）具有特定的接口和功能（IP 块），由核心知识产权供应商授权给芯片设计人员使用，后者再根据需要将其整合到芯片布局中。核心知识产权与 EDA 领域有些重合，它也是研发高度密集的部门，市场份额主要集中在少数几家英美企业手中，其中英国 ARM 公司 2020 年的市场份额达到 40%，位居榜首；美国 EDA 供应商新思的市场份额为 20%，铿腾的市场份额则为 6%（Clarke, 2022）。

4.2.6　半导体制造设备

半导体设备制造（SME）涉及 50 多种由不同生产商提供的高精尖设备，每种设备专门用于完成复杂芯片制造过程中的特定步骤或特定类型的活动。开发和制造这些先进的、高精度的制造设备需要大量的研发投资。半导体制造设备企业在研发方面的投资通常占其收入的 10%~15%。2019 年，该部门的研发投入占整个产业的 9%，资本支出占整个产业的 3%，增加值则占 12%（BCG and SIA, 2021）。据估计，2021 年全球半导体制造设备产业的规模，将从 2019 年的 640 亿美元和 2020 年的 710 亿美元（SEMI, 2022a）增至 1030 亿美元。鉴于其研发强度高，该部门由五大半导体制造设备供应商主导也就不足为奇，它们共占有 70% 以上的市场份额。这五家半导体制造设备供应商 2019 年的收入从 50 亿美元到 150 亿美元不等，它们分别是：美国的应用材料公司（Applied Materials）（最大）、泛林（Lam Research）、科磊（KLA）（最小），荷兰的阿斯麦（ASML）（见专栏 4.1）以及日本的东京电子（Tokyo Electron）。

专栏 4.1　ASML：半导体光刻设备的主导供应商

ASML 成立于 1984 年，是三家荷兰实体——电子巨头飞利浦（Philips）、半导体设备制造商先进半导体材料国际公司（Advanced Semiconductor Materials International, ASMI）和国有私募基金 MIP——的合资企业。40 年来，ASML 一直专注于光刻机的开发和制造，目前，它已是半导体产业最大的供应商。2022 年，ASML 实现收入 230 亿美元，占有光刻机市场 90% 以上的份额，并且是极紫外（EUV）光刻机全球唯一的供应商。在飞利浦研发的基础上，ASML 在成立当年推出了第一台光刻机（PAS 2000 步进式光刻机）。1991 年，ASML 推出了非常成功的 PAS 5500 系统，吸引了重要客户，如美国的 IBM 和美光（Micron），实现了盈利，为其最终取得主导地位奠定了基础。浸没式光刻机和极紫外光刻机的开发是 ASML 崛起为目前全球光刻机领域霸主的两个关键步骤。2003 年，ASML 推出了世界上第一台浸没式光刻机的原型机（Twinscan AT: 1150i），遥遥领先于尼康推出的干式 157 和 193 浸没式光刻机。2004 年，台积电成为首家使用 ASML 的浸没式光刻机来生产 90 纳米节点芯片的制造商。2006 年，ASML 取代尼康，成为第一大光刻机供应商。

ASML 的第二个关键步骤，是发明了革命性的极紫外光刻机，使最先进工艺节点上的芯片制造成为可能。1997 年，ASML 启动了开发极紫外光刻机的计划。1999 年，ASML 获得美国政府允许，加入了由几家美国主要半导体制造商（如英特尔、超威和摩托罗拉）和三个国家实验室（劳伦斯－利弗莫尔实验室、桑迪亚实验室和劳伦斯－伯克利实验室）的研究人员组成的美国极紫外光刻机研发联盟"EUV LLC"。该联盟的目标是，在 2006 年或更早的时候，将极紫外光刻技术推向市场。2010 年，ASML 向三星交付了第一台试产的极紫外光刻系统（TWINSCAN NXE:3100），这标志着光刻技术新时代的开始。由于开发成本高昂、技术复杂，ASML 邀请其三个最重要的客户——英特尔、三星和台积电——加入其"客户共同投资计划"（Customer Co-Investment Program）。2012 年，这三家公司同意为 ASML 极紫外光刻机的研发提供资金，以换取 ASML 的股份。2013 年，ASML 收购了美国光刻机光源制造商西盟半导体（Cymer），加速了极紫外光刻机的研发。同年，ASML 交付了第一台可用于生产的极紫外光刻机——TWINSCAN NXE:3300（第二代极紫外光刻机）。第三代极紫外光刻系统（NXE:3350）则于 2015 年面世。

2020 年初，随着极紫外光刻机进入大批量生产阶段，ASML 交付了第 100 套极紫外光刻系统。2021 年初，ASML 最先进的极紫外光刻系统售价为 2 亿欧元。尽管如此，这些极紫外光刻系统仍供不应求。仅台积电位于台南的最先进的 3 纳米晶圆 18 厂，就需要 50 多套极紫外光刻系统，但由于 ASML 自身供应链的限制，其在 2020 年只能生产约 31 套，2021 年 42 套，2022 年 55 套，2023 年约为 60 套。

资料来源

ASML, 2022, "The Ongoing Evolution of Moore's Law", ASML, https://www.asml.com/en/news/stories/2022/moores- law-evolution.

ASML, 2023, "History (of ASML)", ASML, https://www.asml.com/en/company/about-asml/history.

Hofman, S., 2022, "Making EUV: from Lab to Fab", ASML, https://www.asml.com/en/news/stories/2022/making-euv-lab-to-fab.

Miller, C., 2022, *Chip War: The Fight for the World's Most Critical Technology* (New York: Simon and Schuster).

Raaijmakers, R., 2018, *ASML's Architects: The Story of the Engineers Who Shaped the World's Most Powerful Chip Machines* (Nijmegen: Techwatch Books).

Sterling, T., 2022, "Computer Chip Giant ASML Places Big Bets on a Tiny Future", Reuters, http://reuters.com/technology/ computer-chip-giant-asml-places-big-bets-tiny-future-2022-05-20.

与半导体制造设备供应的情况类似，半导体制造设备的需求也高度集中于少数几家尖端半导体制造商。这表明，它们在相互支持的生态系统中建立了非常密切的信任关系。目前，只有台积电、三星和英特尔这三大巨头仍在建设尖端晶圆厂，并对必要的先进半导体制造设备进行投资。因此，尖端半导体制造设备的客户群相对较小，且高度依赖与来自中国台湾地区、韩国、美国以及中国（正在先进芯片制造领域迎头赶上）的客户之间的贸易关系。2019 年，ASML 在中国台湾地区和韩国的销售额占其全球销售额的 64%；东京电子 57% 的销售额来自中国、韩国和中国台湾地区；应用材料公司仅对台积电的销售额就占其年销售额的 14%（Kleinhans and Baisakova, 2020）。概言之，虽然美国、欧洲和日本是生产 / 供应半导体制造设备的主要地区，但它们在很大程度上依赖来自东亚地区的受信任的客户，即中国台湾地区、韩国和中国的尖端晶圆厂。这反过来又说明了半导体全球价值链是多么相互依存。

4.2.7 材料和化学品

半导体制造商必须依赖专业化的材料和化学品供应商，其中多数是服务于多个产业的大型企业。半导体制造在电路图案化（circuit patterning）、沉积、蚀刻、抛光和清洗等多种工艺步骤中使用 300 多种不同的投入品（材料、化学品和气体），其中许多采用尖端技术生产。例如，用于制造硅锭（然后被切成硅晶圆）的多晶硅对纯度的要求极为严格。只有四家主要供应商在技术上能够胜任，他们共占据全球 90% 以上的市场份额（BCG and SIA, 2021）。

2019 年，用于前端和后端活动的半导体制造材料的全球市场规模估计为 520 亿美元。许多高度专业化的材料，都是在需要大规模投资的超大型工厂中生产的，具有很强的规模 / 范围经济性。对于世界领先的硅晶圆、光刻胶和气体供应商来说，资本支出通常占其年收入的 13%~20%。由于许多日本公司（如信越化学、住友化学和三井化学）在该市场的某些细分领域占据主导地位，日本是半导体材料和化学品最重要的供应国，占据全球市场 24% 的份额，其次是美国，占19%。巴斯夫（BASF）、林德（Linde）和默克（Merck KGaA）等欧洲公司也是重要的化学品供应商（Khan et al., 2021）。

上述内容说明半导体产业具有高度专业化的产业结构。此外，在设计阶段，还可进一步区分三类芯片（逻辑芯片、存储芯片和 DAO 芯片——分立器件、模拟芯片、光电子器件和传感器）。暂且不谈主要由政府承担的竞争前研发，半导体增加值的份额因而可细分为图 4.2 所示的八个类别。设计阶段是最重要的阶段，它分为逻辑芯片设计（占半导体增加值的 30%）、存储芯片设计（17%）和 DAO 芯片设计（9%）。就增加值的份额而言，紧随其后的是晶圆制造（19%）和半导体制造设备（12%）。而组装、封装和测试（6%），材料和化学品（5%），以及电子设计自动化和核心知识产权（3%）的增加值份额则要小得多。

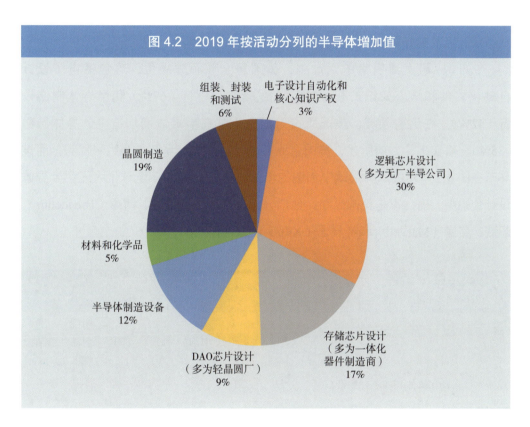

图 4.2　2019 年按活动分列的半导体增加值

资料来源：SIA（2021）。

4.3　半导体全球价值链：主要经济体参与者

过去 20 年来，半导体价值链已发展成最具"全球化"特征的价值链之一。相当复杂的半导体全球价值链将世界不同地区连接起来，并使半导体成为信息和通信技术及其他最终产品生产中的重要中间品，而这些最终产品则销往全球不同市场。2019 年，就增加值的创造而言，有六个主要经济体（美国、欧洲、中国、韩国、日本、中国台湾地区）参与了半导体全球价值链，每个经济体贡献了行业总增加值的 8% 或更多（BCG and SIA, 2021; Suleman and Yagci, 2022a）。由于不同地区的公司专注于不同的增加值环节，典型的半导体生产流程涉及多数（如果不是全部）主要经济体，产品则可能跨越国界 70 次。表 4.1 进一步说明了 2021 年八类增值活动的分布。

在知识 / 研发最密集的活动中，美国居全球领先地位，这包括电子设计自动化软件和核心知识产权（72%）、逻辑芯片设计（67%）和半导体制造设备（42%）。在这些领域，美国所占份额大于其在半导体增加值中的总体份额（35%）。事实上，如前所述，美国企业在逻辑芯片设计环节占有绝对优势，而该环节在图 4.2 所示的八类活动中创造的增加值最高。2021 年全球十大无厂半导体设计公司中，有六家是美国公司，他们分别是高通、英伟达、博通（Broadcom）、超威、美满（Marvell）和赛灵思（Xilinx）（IC Insights, 2022）。

表 4.1 2021 年半导体价值链上按活动分列的经济体增加值

单位：%

	美国	欧洲	中国	韩国	日本	中国台湾地区	其他
电子设计自动化软件和核心知识产权	72	20	3	—	—	—	—
逻辑芯片设计（多为无厂半导体公司）	67	8	6	4	4	9	3
存储芯片设计（多为一体化器件制造商）	28	—	—	58	8	—	4
DAO 芯片设计（多为轻晶圆厂）	37	18	9	6	21	4	6
设计共计	49	8	5	20	9	6	3
半导体制造设备	42	21	—	3	27	—	5
材料和化学品	10	6	19	17	14	23	12

续表

	美国	欧洲	中国	韩国	日本	中国台湾地区	其他
晶圆制造	11	9	21	17	16	19	7
组装、封装和测试	5	4	38	9	6	19	19
总体	35	10	11	16	13	10	5

注：其他包括以色列、新加坡和世界其他地区；电子设计自动化和核心知识产权、设计、半导体制造设备、材料和化学品的地区分解是基于公司收入和公司总部所在地，而晶圆制造及组装、封装和测试的地区分解则是基于已安装的产能和生产设施所处的地理位置。

资料来源：SIA（2023）。

资本和劳动较密集的活动，如半导体前端（晶圆制造）和后端（APT）制造，以及半导体材料，主要集中在东亚，包括中国、中国台湾地区、韩国、新加坡和日本。劳动密集程度最高的 APT 活动主要在中国（38%）、中国台湾地区（27%）等地进行。约 75% 的晶圆制造产能集中在东亚——分别为中国台湾地区（19%）、韩国（17%）、日本（16%）和中国（21%）。在资本密集的半导体材料环节，这四个地方也占 70% 以上的份额。此外，日本在半导体制造设备（27%）和 DAO 产品（21%）环节都占有可观份额，而韩国则在日益商品化的存储芯片产品方面占有压倒性份额（58%），该领域的资本特别密集，且由 IDM 企业主导（98%）。

相比之下，美国在劳动密集的 APT 环节所占的份额要小得多（5%），在资本密集的晶圆制造（11%）或材料和化学品（10%）环节中所占的份额也大大低于其在半导体产业增加值中所占的总体份额。欧洲企业在总增加值中所占的份额仅为 10%，在逻辑和存储芯片的供应方面所起的作用相对较小。不过，它们在半导体制造设备（21%）、电子设计自动化软件和核心知识产权（20%）、DAO 芯片设计（18%），特别是汽车集成电路（Kleinhans and Baisakova, 2020）领域表现出很强的实力，但在增加值排前两位的活动，即逻辑芯片设计（8%）和晶圆制造（9%）方面，欧洲相对落后（见表 4.1）。近年来，晶圆产能的地区分布，尤其是尖端产能在东亚的高度集中，一直是备受关注的焦点，值得进行更深入的讨论（另见4.6）。在图4.3中，2019年，所有的尖端逻辑芯片的产能均位于中国台湾地区（92%）和韩国（8%）。虽然10纳米以下高端（逻辑）芯片的产能仅占全球半导体制造产能的2%，但逻辑芯片作为一个整体占全球产能的约41%。此外，韩国在存储芯片产能方面占主导地位（44%）。尽管美国在DAO设计方面占主导地位，但是日本的DAO芯片产能（28%）是所有地区中最高的，其次是欧洲（22%）。

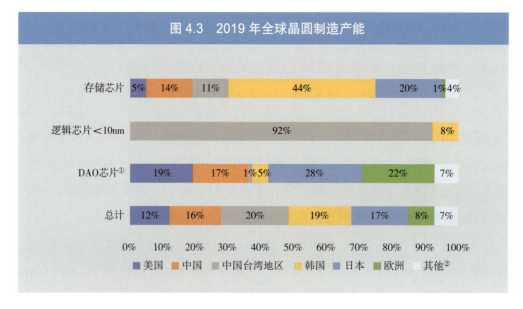

图 4.3　2019 年全球晶圆制造产能

注：①分立器件、模拟芯片、光电子器件和传感器；②其他包括以色列、新加坡和世界其他地区；产能的地区分解以产能设施所在地为基础，与公司总部所在地无关，例如，如果三星公司在美国建立了晶圆厂，其产能将计入美国的产能，而不是韩国的产能。

资料来源：BCG and SIA（2021）。

鉴于目前晶圆产能在地理上的高度集中，特别是尖端晶圆产能在东亚的高度集中，自然灾害和地缘政治冲突显然会对半导体全球价值链的配置和稳定构成重大威胁，而半导体全球价值链目前已被广泛认为是事关经济增长和国家安全的重大事项。在第4.7节"技术民族主义"中，我们将探讨当今相互高度依存的半导体全球价值链中的"瓶颈"和风险，在此之前，我们将分析：（1）与"无厂革命"相关的半导体产业组织的变化；（2）政府在产业发展中的作用；（3）东亚在半导体全球价值链中的崛起。

4.4　全球半导体产业的变迁：从一体化晶圆厂到"无厂革命"

1959 年，德州仪器公司的杰克・基尔比（Jack Kilby）和仙童半导体公司的罗伯特・诺伊斯（Robert Noyce）分别发明了硅基双极型集成电路（Braun and MacDonald，1982），从而率先在美国开启了现代半导体时代。到 1961 年底，约有 150～200 家半导体企业从少数几个自 1950 年代中期就已存在的企业中拆分派生出来。

在整个 1960 年代，许多规模较小的美国企业，以 IDM 生产商的身份进入半导体市场，拥有自己的芯片生产厂（晶圆厂），其中包括两家著名的仙童"派生"公司——成立于 1968 年的英特尔公司和成立于 1969 年的超威公司。新成立的英特尔公司很快取得了两项重要的技术突破。1970 年 10 月，英特尔推出了世界上第一块 1Kb DRAM 存储芯片 Intel 1103。1 年后，4 位微处理器 Intel 4004 诞生。即使在今天，这些产品对英特尔和全球半导体产业仍有深远影响。1972 年，英特尔首款量产的 1Kb DRAM 成为全球最畅销的存储芯片，为公司带来了 2340 万美元收入中的 90%。半个世纪后的 2021 年，英特尔依然是微处理器领域世界顶级的半导体公司，并创下了 790 亿美元的收入纪录（见专栏 4.2）。但现在，其他半导体企业——包括许多并没有自己的一体化晶圆厂的"无厂半导体企业"——也已在这个全球化程度更高的产业中崭露头角。

> **专栏 4.2　英特尔与美国在一体化器件制造领域的主导地位**
>
> 作为半导体产业 IDM 企业的典范，英特尔自 1968 年成立以来，一直忠实于其一开始就实施的垂直一体化战略，是将研发与制造紧密结合的范例。

1968 年 7 月 18 日，罗伯特·诺伊斯（Robert Noyce）和戈登·摩尔（Gordon Moore）在加州山景城共同创建英特尔公司时，就怀有这种将研发和制造放在同一地点的战略愿景（Moore and Davis, 2004）。尽管英特尔的第一项发明是世界上首个 1Kb DRAM 存储芯片—Intel 1103，但它还是在 1986 年退出了存储芯片业务。1979 年，作为全球最大的生产商，英特尔的存储芯片业务达到顶峰，当时的利润为 7800 万美元。但在 1983 年，由于日本存储芯片生产商的激烈竞争，仅在第三季度，英特尔公司就巨亏 1.14 亿美元。正如英特尔前首席执行官安德鲁·格鲁夫（Andrew Grove, 1990: 159）所感叹的那样："英特尔是一家规模庞大、实力雄厚的公司，但我们选址选错了国家。本产业的所有活动都在向日本转移。"

与此同时，英特尔在 1971 年发明世界首款微处理器 Intel 4004 后，就几乎垄断了个人电脑（PC）的中央处理器（CPU）芯片市场。在格鲁夫的领导下，英特尔最终退出了 DRAM 市场，专注于利润率更高的微处理器，后者一直是其压倒性的核心业务，占其 2018 年 700 亿美元和 2021 年 780 亿美元收入的 75% 以上。在用于计算机和其他数控设备的微元件（micro-components）产品方面，市场由创造者兼巨头英特尔主导。2018 年英特尔仍占据该市场 66% 的份额。如今，若将格鲁夫（1996）"只有偏执狂才能生存"的观点用于全球半导体产业的另一个战略拐点，那么在 2020 年代以全球竞争和地缘政治紧张局势为特征的、高度动荡的环境中，只有拥有最好晶圆厂的 IDM 和代工企业才能生存下来（Yeung, 2022）。

早在 2000 年，当时的行业领导者英特尔公司已在 130 纳米的尖端节点上运行。而晶圆代工企业的龙头台积电那时的工艺节点则是 150 纳米和 180 纳米，落后于大多数顶级 IDM 企业（130 纳米）。到 2010 年代末，英特尔显然是垂直一体化程度最高的企业，这是英特尔奉为圭臬的战略做法之一。英特尔的所有晶圆厂都用于生产供个人电脑和平板电脑所用的"Intel Inside"微处理器。2015 年，台积电最尖端的晶圆 12 厂是 16 纳米制程，仍落后于英特尔在美国的 D1X 晶圆厂的 14 纳米制程。不过，在 2020 年底的 5 纳米节点以及 2022 年底的 3 纳米节点，台积电、三星和英特尔这三巨头在率先进入先进节点的量产方面竞争激烈，但竞争态势似乎更有利于台积电（见专栏 4.7）和三星（见专栏 4.5），英特尔则因其在亚利桑那州钱德勒（Chandler, Arizona）新建的晶圆 42 厂向 7 纳米（2021 年）和 5 纳米（2023 年）过渡时持续受阻而落后。英特尔持续受阻的原因是，当时对相关先进技术的需求疲软。2021 年 5 月，英特尔宣布了一项新战略，即通过成立一个名为"英特尔代工服务"（Intel Foundry Services, IFS）的新部门，为第三方芯片设计企业提供内部代工业务，这改变了英特尔作为 IDM 企业（只生产自己设计的芯片）的专业化定位。

资料来源

Grove, A., 1990, "The Future of the Computer Industry", *California Management Review* 33 (1), pp.148-160.

Grove, A., 1996, *Only the Paranoid Survive: How to Identify and Exploit the Crisis Points That Challenge Every Business* (New York: Currency).

Moore, G. and Davis, K., 2004, "Learning the Silicon Valley Way", in Timothy Bresnahan, T. and Gambardella, A. eds., *Building High-Tech Clusters: Silicon Valley and Beyond* (Cambridge: Cambridge University Press).

Yeung, H. W., 2022, *Interconnected Worlds: Global Electronics and Production Networks in East Asia, Innovation and Technology in the World Economy Series* (Stanford, CA: Stanford University Press).

　　表 4.2 总结了 1959~2022 年全球半导体产业变迁的主要趋势和驱动因素。到 1970 年代末，德州仪器、摩托罗拉（Motorola）和仙童等极具创新力的美国 IDM

企业取得了巨大成功，而 IBM 微电子部（Microelectronics Division）作为 IBM 大型计算机系统的内部专用生产商也拥有异乎寻常的巨大实力，这意味着美国几乎主宰了整个半导体产业。到 1980 年代初，IBM 还是世界上最大的内部专用集成电路的生产商，以及半导体工艺和产品技术的主要创新者。通过对专门化的半导体产品（如微处理器芯片组和存储器件）的设计、制造和营销的垂直整合，美国的 IDM 企业形成了巨大的规模经济和范围经济。

1980 年代和 1990 年代，随着新进入者在存储芯片制造领域占据越来越大的份额，主要的美国企业纷纷退出，存储芯片市场经历了重大动荡。美国和欧洲企业在 DRAM 市场上先后面临日本企业和韩国企业的巨大挑战（Brown and Linden, 2011）。市场排名前五的英特尔公司于 1986 年退出 DRAM 市场，专注于利润率更高的微处理器，到 1995 年，其在整个半导体产业的排名已升至第一。到 1980 年代末，美国 11 家 DRAM 生产商中有 9 家退出了存储芯片市场。1990 年代，来自韩国的两家后来者——三星和现代（即今天的 SK 海力士，SK Hynix）——成为存储芯片领域的重要挑战者。自 1980 年代中期以来，日本和韩国的 IDM 企业相继成为顶级存储芯片生产商，而美国的 IDM 企业在微处理器领域仍占主导地位，全球半导体产业的产业组织开始发生两种变革性的变化——逻辑或处理器芯片设计领域的"无厂革命"，以及逻辑芯片制造领域纯晶圆代工厂的崛起（见表4.2）。如前所述，到 2019 年，芯片设计约占半导体产业总增加值的一半。下文中，我们将从实证的角度，说明无厂半导体企业及其代工供应商的崛起如何导致全球半导体生产的垂直逆一体化。

表 4.2　1959~2022 年全球半导体产业变迁的主要趋势和驱动因素

演变阶段	详情
出现	1959 年至 1970 年代末
特点	"微电子革命"：集成电路和微处理器的发明
产业组织	通过一体化器件制造实现垂直整合
领先的经济体	美国、欧洲和日本

续表

演变阶段	详情
主导企业	仙童、德州仪器、英特尔、摩托罗拉、美国国家半导体（National Semiconductor）、超威；飞利浦、意法半导体（STMicroelectronics）、西门子（Siemens）；东芝（Toshiba）、日本电气（NEC）、日立（Hitachi）
关键转变	1980 年代中期至 2010 年代
转变过程	"无厂革命"：将芯片生产外包的"无厂半导体企业 – 晶圆代工厂"模式的兴起 存储芯片主导企业的变迁
变革的驱动力	精通工艺和制造技术 随着设计自动化软件和核心设计知识产权的出现，芯片设计与芯片制造逐渐分离 个人电脑、无线通信和数据中心带来的新需求
领先的经济体	日本、韩国、中国台湾地区、美国和欧洲
主导的 IDM 企业	东芝和日本电器、三星和 SK 海力士、德州仪器、意法半导体、恩智浦（NXP）［由菲利普、摩托罗拉和飞思卡尔（Freescale）等企业的半导体部门辗转合并而形成］和英飞凌（Infineon）（前身为西门子的半导体部门）
主导的无厂半导体企业	博通、高通、英伟达、苹果、超威、联发科（MediaTek）
主要生产合作伙伴（东亚）	台积电、三星、联电（UMC）、格芯（GlobalFoundries）（前身为超威的制造部门）、中芯国际（SMIC）
现状	2020~2022 年
特点	IDM 和无厂半导体企业 / 晶圆代工企业共同占据主导地位 前十强的集中度很高 晶圆代工厂拥有尖端工艺技术（3~5 纳米） 新晶圆厂的建设成本非常高（200 亿~300 亿美元） 计算机和数据存储、无线通信等终端市场占据主导地位 在汽车和其他芯片领域，"守旧派"一直居于重要地位
领先的经济体	美国、中国台湾地区、韩国、日本、欧洲、中国、新加坡
主导的 IDM 企业	英特尔、美光和德州仪器、三星和 SK 海力士、铠侠（Kioxia）（前身为东芝的半导体部门）和瑞萨（Renesas）（前身为日本电气的半导体部门）、意法半导体、恩智浦和英飞凌
主导的无厂半导体企业	博通、高通、英伟达、苹果、超威、联发科
主要生产合作伙伴（东亚）	台积电、三星、联电、格芯、中芯国际

资料来源：Yeung（2022a：表 2.1）。

4.4.1 无厂半导体企业的崛起

成立于 1984 年的美国企业赛灵思（Xilinx）是无厂半导体生产模式的先驱。1985 年，赛灵思公司以日本精工爱普生（Seiko Epson）公司为其代工服务供应商，开启了其无厂半导体设计业务，其后它又选择美国 IDM 企业超威作为第二代工供应商。与此同时，赛瑞克斯公司（Cyrix）于 1988 年成立，这是一家无厂微处理器企业，依靠德州仪器和欧洲 IDM 企业 SGS-Thomson 微电子公司（意法半导体的前身）的晶圆厂。1985~1994 年，硅谷共涌现约 250 家无厂半导体创业企业。到 2002 年，在全球 640 家无厂半导体企业中，美国有 475 家。在这场"无厂革命"风起云涌之际—— Langlois（2003）用纵向一体化的美国企业的"消失之手"来描述这一过程——大多数无厂半导体企业的规模相对较小，不得不依赖 IDM 企业［如德州仪器、摩托罗拉、富士通（Fujitsu）和精工爱普生］或 OEM 企业的自有专属生产商（如 IBM 微电子部）所拥有的现成晶圆厂的"多余"产能。它们开始受制于这些 IDM 企业或自有专属生产商的产能分配。

2000~2020 年，无厂半导体企业发展迅速（见表 4.3）。2000 年，无厂半导体企业的总收入为 167 亿美元，仅占全球 2210 亿美元半导体市场的 7.6%。收入最高的无厂半导体企业是赛灵思，其收入为 17 亿美元，与领头羊英特尔（Intel）的 302 亿美元或 13.7% 的全球份额相比，相形见绌。然而，到 2020 年，无厂半导体企业的收入已增长到 1530 亿美元，约占整个市场的 1/3。截至 2020 年，前五大无厂半导体企业的收入从 2000 年的极低水平成倍增长（超威除外，当时它还是一家为与 IBM 兼容的个人电脑生产微处理器的第二来源 IDM），这在一定程度上反映了市场的整合，以及前十大无厂半导体企业收入的集中。例如，高通公司和博通公司——当今无线调制解调器和移动应用处理器芯片市场的两大领军企业——的收入，从 2000 年的略高于 10 亿美元（当时英特尔的收入已达 302 亿美元，东芝为 104 亿美元），分别增至 2020 年的 176 亿美元和 158 亿美元，成为全球第五大和第六大半导体公司。在此期间，图形处理器和片上系统解决方案领域的另外两家市场领导者英伟达和联发科也实现了快速增长。这些顶级无厂半导体企业，包括超威在内，大多专注于逻辑芯片设计。

表 4.3　2000~2020 年按类型、收入和份额统计的世界领先半导体公司

单位：10 亿美元，%

主导企业①	经济体	2000 年		2005 年		2010 年		2015 年		2018 年		2020 年	
IDM 企业													
英特尔	美国	30.2	13.7	35.5	14.8	40.4	13.0	51.4	14.9	69.9	14.4	72.8	15.6
三星电子	韩国	8.9	4.0	17.7	8.9	28.4	9.1	38.7	11.2	74.6	15.4	57.7	12.4
SK 海力士	韩国	5.1	2.3	5.6	2.3	10.4	3.3	16.5	4.8	36.3	7.5	25.8	5.5
美光	美国	6.3	2.9	4.8	2.0	8.9	2.9	14.1	4.1	29.7	6.1	22.0	4.7
德州仪器	美国	9.2	4.2	10.8	4.5	13.0	4.2	12.3	3.6	15.4	3.2	13.6	2.9
铠侠（东芝）②	日本	10.4	4.7	9.1	3.8	13.0	4.2	8.8	2.5	11.4	2.4	10.4	2.2
意法半导体	意大利/法国	7.9	3.6	8.9	3.7	10.3	3.3	6.9	2.0	9.7	2.0	10.2	2.2
英飞凌	德国	4.6	2.1	8.3	3.5	6.3	2.0	6.8	2.0	9.1	1.9	9.6	2.1
恩智浦（菲利普）③	荷兰	6.3	2.9	5.6	2.3	4.0	1.3	9.6	2.8	9.0	1.9	8.6	1.8
瑞萨电子（日本电气）④	日本	8.2	3.7	8.1	3.3	11.9	3.8	5.7	1.7	6.7	1.4	6.5	1.4
飞思卡尔（摩托罗拉）③	美国	5.0	2.3	5.6	—	4.4	1.4	—	—	—	—	—	—
富士通	日本	5.0	2.3	2.6	1.1	3.1	1.0	1.1	0.3	—	—	—	—
无厂半导体企业													
高通⑤	美国	1.2	0.5	3.5	1.5	7.2	2.3	16.5	4.8	16.6	3.4	17.6	3.8
博通⑥	美国	1.1	0.5	2.7	1.1	6.7	2.2	8.4	2.4	17.5	3.6	15.8	3.4
联发科	中国台湾地区	0.4	0.2	1.4	0.6	3.5	1.1	6.7	1.9	7.9	1.6	11.0	2.4
英伟达	美国	0.7	0.3	2.1	0.9	3.1	1.0	4.4	1.3	10.4	2.1	10.6	2.3

续表

主导企业①	经济体	2000 年		2005 年		2010 年		2015 年		2018 年		2020 年	
苹果	美国	—	—	—	—	—	—	6.1	1.8	6.2	1.3	10.0	2.1
*超威*②	美国	3.8	1.7	3.9	1.6	6.4	2.1	3.9	1.1	6.0	1.2	9.8	2.1
华为海思	中国	—	—	—	—	0.3	0.1	3.1	0.9	5.5	1.1	5.2	1.1
无厂半导体企业总收入		16.7	7.6	39.8	16.6	65.4	21.0	87.5	25.3	97.4	20.1	153	32.8
前十大半导体企业总收入		98.9	44.8	115	48.1	150	48.1	183	52.9	292	60.2	257	55.2
半导体市场总额		221	100.0	240	100.0	312	100.0	346	100.0	485	100.0	466	100.0
晶圆代工企业③													
台积电	中国台湾地区	5.1	38.1	8.2	37.6	12.9	39.3	26.5	53.1	31.1	50.6	46.0	54.1
三星晶圆代工部	韩国	—	—	0.2	0.9	0.8	2.4	3.9	7.8	3.4	5.5	14.5	17.0
联电	中国台湾地区	3.1	23.1	2.8	12.8	3.8	11.6	4.4	8.8	5.0	8.1	6.0	7.1
格芯③	阿联酋/美国	0.5	3.7	1.1	5.0	3.5	10.7	4.8	9.6	6.2	10.1	5.7	6.7
中芯国际	中国	—	—	1.2	5.5	1.6	4.9	2.1	4.2	3.0	4.9	4.2	4.9
晶圆代工市场总额		13.4	100.0	21.8	100.0	32.8	100.0	50.2	100.0	61.5	100.0	85.1	100.0

注：① 以斜体标示的主导企业是作者之一在 2017 年和 2018 年采访过的企业。其中部分主导企业（三星、意法半导体、恩智浦和超威），有多名高级或最高管理人员受访，访谈在亚洲不同地点进行。

② 东芝的存储芯片业务于 2018 年 6 月出售给由贝恩资本（Bain Capital）牵头的财团，并于 2019 年 10 月更名为铠侠。

③ 飞利浦半导体部门于 2006 年出售给私募股权公司，并更名为恩智浦。飞思卡尔于 2004 年从摩托罗拉的半导体部门拆分出来。恩智浦于 2015 年收购了飞思卡尔。

④ 瑞萨电子（Renesas Electronics）2010 年之前的数据，指的是 2010 年 4 月与瑞萨科技（Renesas Technology）（2002 年 11 月由三菱和日立的半导体部门合并组成的实体）合并成立瑞萨电子之前的日本电气的数据。

⑤ 高通公司的收入仅包括其芯片设计服务（不包括其相当可观的许可收入）。

⑥ 在新加坡注册成立的 Avago 公司于 2014 年收购了 LSI 公司，并于 2015 年以 370 亿美元的价格收购了博通公司，成为新博通公司（Broadcom Inc），其 2015 年的收入并入博通。

⑦ 超威在 2009 年将其晶圆制造部门拆分成立格芯后即成为无厂半导体企业。

⑧ 晶圆代工企业的收入，通常被计入其无厂半导体企业和轻晶圆厂型 IDM 客户的营收成本（占前者总收入的 40%~45%），因此不增加半导体市场的总收入。

⑨ 格芯 2005 年的收入指的是于其 2009 年 9 月收购的新加坡特许半导体制造公司（Chartered Semiconductor Manufacturing，CSM）的收入。格芯于 2012 年被阿布扎比国有先进技术投资公司（Advanced Technology Investment Company）全资收购。2015 年，格芯从 IBM 微电子收购了位于佛蒙特州伯灵顿和纽约州东菲什基尔的三座晶圆厂。

资料来源：IHS Markit/Informa Tech Custom Research，2016 年 7~10 月及 2019 年作者访谈以及企业报告和网站。

半导体芯片设计与芯片制造分离的这一未曾被人们预料到的发展，可由建造晶圆厂的成本上升，以及美国金融市场的偏好（Nenni and McLellan, 2019）这两个主要因素得到解释。1983 年，建设一座 1.2 微米节点的最尖端晶圆厂需要花费 2 亿美元——这个价格远超许多硅谷小型无厂半导体企业的承受能力。到 1990 年，0.80 微米节点上的尖端晶圆厂的建设成本翻了一番，达到 4 亿美元。到 2001 年，建设一座 0.13 微米（或 130 纳米）的工厂需要 30 亿美元。即使是赛灵思公司——2000 年无厂半导体市场的领导者，其收入也仅有 17 亿美元。此外，自 1980 年代末以来，美国风险投资家对成本更低、回报更快的芯片设计工作的投资偏好，意味着很少有无厂半导体企业能获得足够多的资金来建造自己的晶圆厂。除了极少数例外（如英特尔和美光），美国的资本市场并不青睐 IDM 企业，因为他们建造晶圆厂需承担高额资金支出，且需要更长的时间（3~5 年）才能获得丰厚的利润回报。在硅谷，风险资本更愿意投资于美国半导体企业所从事的高价值和高潜在回报率的芯片设计工作，这些企业虽是无厂半导体企业或是轻晶圆厂，但拥有强大的专有技术和知识产权（Kenney, 2011）。在整个 2010 年代，硅谷半导体企业青睐的模式，是专注于软件和定制芯片设计，并将晶圆制造外包给主要位于东亚的晶圆代工供应商，以及他们在芯片组装、封装和测试领域的后端服务合作伙伴（关于东亚合作伙伴的崛起，见 4.6）。

　　在美国无厂半导体企业获得空前发展的这一时期，通过由风险投资企业、私募基金和对冲基金进行的机构投资，资本市场的影响依然很强。图 4.4 说明，在整个 2010 年代，华尔街持续青睐无厂半导体企业，因为它们的市价净值比一直远高于领先的 IDM 企业英特尔（在 2013~2022 年，其市价净值比徘徊在 1.1 与 3.1 之间）。总部位于纽约的激进对冲基金第三点（Third Point）的首席执行官丹尼尔·勒布（Daniel Loeb）在 2020 年写给时任英特尔董事长奥马尔·伊什拉克（Omar Ishrak）的年终信中，甚至鼓动这家全球领先的最大 IDM 企业重新考虑其战略备选方案，包括专注于内部处理器芯片设计，以及拆分晶圆厂，以此作为留住苹果、微软和亚马逊等客户的新解决方案。勒布持有价值近 10 亿美元的英特尔股份，他认为："如果英特尔不立即做出改变，我们担心美国获得最先进半导体供应的渠道将被侵蚀，从而迫使美国更加依赖地缘政治不稳定的东亚，为其从个人电脑到数据中心到关键基础设施等一切产品提供动力"（Herbst-Bayliss and Nellis, 2020）。如专栏 4.2 所述，英特尔对此给予了积极回应，并在 2021 年 5 月推出了英特尔代工服务（IFS），为第三方芯片设计企业提供代工服务。

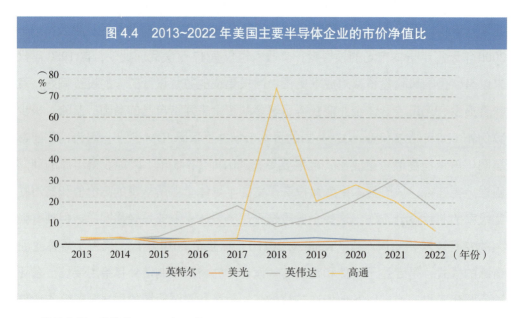

图 4.4　2013~2022 年美国主要半导体企业的市价净值比

资料来源：彭博社，2023 年 3 月。

4.4.2　专用晶圆代工厂的崛起

自 1980 年代中期以来，纯专用晶圆代工厂模式已成为一种新型的组织半导体生产和支持无厂芯片设计企业的方式。这种纯晶圆代工厂的概念始于轨道半导体公司（Orbit Semiconductor），这是一家小型的专用代工厂，由加里·肯尼迪（Gary Kennedy）于 1985 年在加州建立，为国防、航空航天和工业客户生产半导体器件（Saxenian, 1994）。但该模式的主要采用者在东亚，尤其是中国台湾地区。联电（UMC）和台积电（TSMC）分别成立于 1980 年和 1987 年，是（台湾）工业技术研究院（Industrial Technology Research Institute，ITRI）的衍生公司，他们自 1990 年代初以来一直位列三大代工企业。联电在 1980 年代以逻辑和存储芯片的 IDM 企业起家，但直到 1990 年代中期才战略性地转向纯晶圆代工，部分是为应对英特尔越来越多地对来自中国台湾地区的微处理器公司采取法律行动（Mathews and Cho, 2000）。到 2000 年，台积电和联电已确立其在晶圆代工市场的主导地位，收入分别为 51 亿美元和 31 亿美元，占晶圆代工市场 134 亿美元总收入的 38.1% 和 23.1%。在取代 IDM 在晶圆代工服务市场的主导权之后，前五大纯晶圆代工企业贡献了 94 亿美元，占该市场的 70.1%。

与整个市场的收入从 2000 年的 2210 亿美元翻番至 2020 年的 4660 亿美元（2021~2022 年约为 6000 亿美元）相比，代工市场从 2000 年的 134 亿美元增长到 2020 年的 851 亿美元，增长到原来的 6.4 倍，这充分说明了代工市场的重要性。

因此，无厂半导体企业和专用晶圆代工厂的兴起，彻底改变了半导体生产网络的产业组织。这种紧密耦合的无厂半导体企业 - 晶圆代工厂模式（fabless-foundry model），撼动了以往由美国 IDM 企业（如英特尔和德州仪器）和自有专属生产商（如 IBM 微电子部）主导的整个产业，并使诸如笔记本电脑、智能手机、平板电脑、物联网产品等移动设备，以及数据和网络中心自 2000 年代末以来实现了巨大增长（Yeung, 2022a）。在这种半导体生产的新模式中，无厂半导体企业无须拥有生产设施，这就是"无厂"称谓的由来。相反地，它专门开发专有技术，为信息和通信技术（ICT）产品（如移动设备、数字电视、云端服务器和车用数字显示仪表板）设计逻辑和处理器芯片组。无厂半导体企业通常与专用或纯半导体代工提供者（大多来自中国台湾地区，少数来自韩国、中国和美国）签订长期合同，以生产尖端芯片组和其他半导体器件。

创新的纯晶圆代工模式，是指专门只为外部客户服务的晶圆代工厂。它的出现意味着这些供应商不开发自己的芯片设计和 / 或产品——这正是纯晶圆代工理念的核心。晶圆代工厂因此被无厂或轻晶圆厂客户视为值得信赖的芯片制造服务供应商。这种信任关系在尖端逻辑芯片领域尤为重要，因为此时设计成本极其高昂，且代工生产所需的电路蓝图中包含着专有知识。有了企业间的高度信任关系，大型的资本密集的代工供应商就能根据客户（如无厂芯片设计企业）提供的专有设计，满足它们在尖端晶圆制造方面的需求。

一些 IDM 企业也将部分制造需求外包给专门的代工企业。部分轻晶圆厂型 IDM 企业不愿投资尖端晶圆厂。它们可以在需求上升时，或在产品生命周期较短或批量较小的芯片上，使用晶圆代工厂的产能，并将内部晶圆厂与这些纯晶圆代工供应商进行比较，从而规避建设造价高昂的新晶圆厂的巨大风险。由于采用了这种"轻晶圆厂"战略，大多数老牌 IDM 企业并未开发新的制程技术和能力，无法在技术要求最高的集成电路类别（逻辑芯片）中竞争。只有极少数 IDM 企业，如英特尔、三星、SK 海力士和美光，能够在 2020 年代初之前持续投资于尖端晶圆厂。

5 家"守旧派"IDM 企业（德州仪器、意法半导体、英飞凌、恩智浦和瑞萨）已经选择了轻晶圆厂战略，并在特定产品领域（如模拟芯片、微控制器和分立器件）保持竞争力，这些产品无须更换现有设备，只需使用传统工厂的成熟工艺技术即可制造。这些产品在产业应用中生命周期也长得多（如汽车芯片为期 20 年的合格供货合同）。由于缺乏更先进的制程技术（<28 纳米），这些 IDM 企业通常将大部分（如果不是全部）逻辑芯片外包给纯代工供应商。例如，2007 年，德州仪器仍是仅次于英特尔和三星的全球第三大 IDM 企业，但它宣布，在 0.045 微米或 45 纳米一代之后，将不再在内部开发新的制程技术，该声明震惊业界。从 32 纳米节点开始，德州仪器转而依靠中国台湾地区的台积电和联电进行制程

开发。到 2011 年收购美国国家半导体公司时，德州仪器的总收入已达 143 亿美元，同时将其约 20% 的晶圆（75% 是先进逻辑芯片）外包给领先的代工供应商。

到 1990 年代末，这种无厂半导体企业 - 晶圆代工厂模式使半导体产业的国际化延伸到东亚新兴工业化经济体，远远超出了这些经济体以往仅对在美国、欧洲或日本制造的芯片进行组装、封装和测试的任务范围（Henderson, 1989）。

4.4.3　半导体市场的整体分工状况

因此，自 2000 年代中期以来，就芯片生产网络的组织而言，全球半导体产业的特点是三种形式的"垂直性"或垂直专业化的混合共存：（1）在不同地点拥有先进晶圆厂的 IDM 企业；（2）与可信赖的纯晶圆代工供应商合作的无厂半导体企业；（3）在全球拥有内部后缘（trailing-edge）晶圆厂和外包代工支持的轻晶圆厂型 IDM 企业。

- 一些 IDM 企业在过去 20 年中迅速发展，成为最大的半导体公司。它们大多与市场周期特定（market-cycle specific）的存储器件有关，如三星、SK 海力士、美光和东芝。在此期间，英特尔的收入增长了一倍多，但其市场份额仍为 14%~15%。
- 如上所述，顶级无厂半导体企业也在迅速扩张。
- 五家"守旧派"轻晶圆厂型 IDM 企业中的四家，即德州仪器、意法半导体、英飞凌和恩智浦（包括前摩托罗拉和飞利浦）实现了一定的增长，而瑞萨的收入则在 2005~2020 年大幅下降。尽管如此，由于两家排名前三的存储芯片 IDM 企业，以及所有排名前六的无厂逻辑芯片企业的排名上升，轻晶圆厂型 IDM 在这一时期前 15 大半导体企业中的排名还是大幅下降（Suleman and Yagci, 2022a）。

总体而言，自 2000 年代中期以来，半导体产业的集中度大大提高。总收入排名前十位的企业所占的份额，从 2005 年的 48% 提高到 2018 年的 60% 以上。

更为突出的是，2018 年前五强企业的收入就已占总收入的 47%，而前两强三星和英特尔的合并份额达到近 30%。在不同年份的前十强企业名单中，2005 年及之前没有任何一家是无厂半导体企业，但 2020 年有 6 家——高通（见专栏 4.3）、博通、联发科、英伟达、苹果和超威。这种变化表明，自 1980 年代中期以来，"无厂革命"取得了巨大成功。但是，对照超威公司的杰里·桑德斯（Jerry Sanders）所宣称的"现在听我说，听清楚了。有晶圆厂才是真汉子！"这种无厂半导体企业 - 晶圆代工厂的半导体生产模式的兴起，意味着什么？到 2020 年代初，真正的半导体企业甚至经济体是否一定要拥有晶圆厂，才能在这个技术和资本都极其密集的产业中保持竞争优势？

专栏 4.3　高通公司与美国无厂半导体企业和智能手机的双重革命

美国无厂半导体企业高通公司（Qualcomm）在 2000~2020 年取得了巨大的增长，这得益于它在两场革命——无厂革命和智能手机革命——中扮演的核心角色。高通公司的成功在很大程度上归功于其自 2000 年代末以来在智能手机专有 CDMA 基带处理器芯片（如骁龙系列）领域的主导地位。2003 年，三星公司率先采用了高通公司基于 CDMA 的技术和芯片组 MSM6250，高通公司与三星公司的紧密战略合作关系对其成为移动通信用无线芯片组的技术主导者起到了至关重要的作用。在此之前，德州仪器曾是占主导地位的数字基带芯片供应商，占据了全球手机市场份额的一半以上，包括诺基亚和爱立信品牌手机所用芯片的大部分市场份额（Glimstedt et al.，2010）。

高通和博通这两家领先的无厂半导体企业在 2010 年代的主导地位表明，这种半导体芯片设计与制造的组织分离为无厂半导体企业及其代工厂在快速增长的全球移动通信设备生产网络中提供了一个非常重要的机会窗口（Nenni and McLellan，2019）。这些美国无厂设计公司在 2000~2020 年的巨大增长说明了它们的巨大成功。如表 4.3 所示，2000 年，高通公司的收入刚刚超过 10 亿美元。2010 年，它成为全球十大半导体公司之一，销售额首次达到 100 亿美元，并超越了海力士和美光等内存芯片 IDM 企业。2020 年，高通公司仍以 176 亿美元的芯片相关收入位居无厂半导体企业之首。两年后的 2022 年，这一数字翻了一番多，达到 370 亿美元（如果包括许可收入，则为 440 亿美元），这使高通公司成为全球第三大半导体公司（仅次于英特尔和三星）！

在移动通信等快速发展的行业中，领先的无厂半导体企业，如成立于 1985 年的高通公司一直摒弃英特尔等 IDM 企业所追求的纵向一体化的全球生产网络模式，而是利用其代工合作伙伴（如台积电）和下游客户（如手机制造商）的核心能力和信任关系，发展横向组织的全球生产网络。

资料来源

Glimstedt, H., Bratt, D. and Karlsson, M. P., 2010, "The Decision to Make or Buy a Critical Technology: Semiconductors at Ericsson, 1980–2010", *Industrial and Corporate Change* 19 (2), pp. 431-464.

Nenni, D. and McLellan, P., 2019, "Fabless: The Transformation of the Semiconductor Industry", SemiWiki.com Project.

半导体市场的这些巨大变化表明，无论是原来就有半导体制造的经济体（如美国、欧洲和日本），还是其他后来者（如中国、巴西、印度和马来西亚）（Yap and Rasiah, 2017; Grimes and Du, 2022），都面临着以创新为基础的发展的巨大挑战。自 1980 年代末以来，产业组织动态不断变化的部分原因在于政府的作用。第 4.5 节中，我们将讨论政府在支持半导体产业发展中的作用，首先是在美国和欧洲国家，其次是在日本，再次是东亚的三小龙经济体，最后是中国。

4.5 政府在半导体产业发展中的作用

最近，由于美国、欧盟和日本纷纷出台措施，为域内半导体生产提供激励，关于产业政策有效性的长期争论再次成为各方关注的焦点。本部分通过回顾发达经济体和东亚地区的半导体产业政策，说明政府支持对半导体生产的潜在影响。在东亚，政府在资助研究、培训工程师、促进技术转让，以及缓解资金限制等方面确实发挥了有效作用。

4.5.1 先进经济体对半导体生产的支持

从 1960 年代到 1980 年代末，技术民族主义是半导体生产发展的主要路径，它深深嵌入国家创新体系和保护性监管制度之中。在此背景下，正如上文提到的那样，先进工业化经济体的政府在追求技术进步和市场主导地位的角逐中激烈竞争（Langlois et al., 1988）。美国、日本和西欧国家的政府资助并支持由大学和研究机构、私营企业和产业联盟组成的半导体国家创新生态系统。大型计算机系统和半导体的许多早期创新，也与国防和其他关键军事任务有关（O'Mara, 2019）。

1980 年代，当其国内领先企业受到外国竞争者的挑战时，各国政府便开始推行技术民族主义，通过法律和行政机制来规制外国竞争（Reich, 1987）。在 1980 年代初期，由于日本企业拥有更好的工艺技术和晶圆厂良率，美国便采取措施，来应对半导体领域日本企业对美国企业日趋激化的竞争（Tyson, 1993）。1986 年《美日半导体协定》等自愿出口限制是针对日本生产商实施的，目的是限制他们向美国出口用于计算机和其他消费电子产品（如当时的录像机）所用的 DRAM 存储芯片。这一限制也使英特尔和国家半导体等美国半导体企业能够重新装备其生产设施，以便在这一细分市场上更有竞争力。该协议还保证，日本政府将确保这些美国企业在日本半导体市场至少占有 20% 的份额。

1987 年，美国政府牵头成立了由惠普、AT&T、IBM 和 DEC 等 14 家美国半导体企业组成的 SEMATECH（Semiconductor Manufacturing Technology）（半导体制造技术）联盟，以抵御日本的竞争，重拾产业竞争力。该研发联盟在 5 年内获得了 10 亿美元的资助，其中一半来自美国国防部的国防高级研究计划局（Defense Advanced Research Projects Agency, DARPA）。

DARPA——或者更宽泛地说，美国国防部——在促进技术创新及其商业化方面发挥了核心作用，这种作用一直持续到 2010 年代（Weiss, 2014）。在欧洲，欧洲信息技术研发战略计划（European Strategic Programme for Research and Development in Information Technology, ESPRIT）于 1983 年启动，为期十年，旨在促进半导体、数据和知识处理以及办公和工厂自动化等基础技术领域的研发合作。该计划的第一个五年的资金总额为 13 亿美元，其中一半来自欧洲经济共同体（EEC），其余来自其他利益相关方（Borrus, 1988）。当时西欧最大的两家半导体企业飞利浦和西门子也在 1985~1987 年的经济衰退后获得了约 4 亿美元的补贴，用以进入 1Mb 和 4Mb DRAM 市场。

1970 年代末至 1980 年代末，日本半导体产业的崛起也得到了本国政府的大力支持。例如，成立于 1976 年的超大规模集成电路技术研究协会（VLSI Technology Research Association）是一项为期 4 年的公私合作项目，得到了日本通商产业省 290 亿日元的支持。它汇集了日本最大的 5 家半导体企业——富士通、日本电气、日立、三菱电机和东芝，并于 1980 年开发出 256k DRAM 芯片，比美国早两年。在 1986 年达到顶峰时，日本在世界半导体市场的份额上升到 46%，超过了美国企业所占的 43%；当时世界 DRAM 产品的约 75% 和最新一代 DRAM 器件的 95% 来自日本企业。如方框 4.2 所述，日本存储芯片制造商的主导地位，导致英特尔公司不情愿地退出了自己开创的存储芯片业务。

到 1980 年代末，美国的份额进一步下降到 37%，日本企业取代美国企业成为市场主导者，几乎占整个半导体市场的 50%。正如 Angel（1994）所称，虽然日本政府在 20 世纪 70 年代后期赞助的合作研究计划（如超大规模集成电路技术研究协会）有助于日本企业在半导体工艺和制造技术方面迎头赶上，但"日本企业随后在竞争中取得的成功，与这种广为人知的政府干预关系不大，却与个别企业的内部研发努力，以及日本半导体生产商在 1980 年代的大部分时间内取得的卓越制造绩效关系更大"。

4.5.2 东亚小龙的崛起

政府的支持对东亚经济体存储芯片生产商和晶圆代工厂的初期发展也至关重要。这些经济体现已成为半导体市场的主要参与者。到 1990 年代末期，日本存储芯片制造商面临来自其他东亚小龙经济体的一大批全新的芯片制造商的激烈竞争。如表 4.3 所示，日本制造商在 2000~2015 年开始走下坡路。

自 1990 年代末以来，在东亚，中国台湾地区和新加坡的晶圆代工生产商，以及韩国和中国台湾地区的存储芯片制造商的崛起，预示着半导体制造业在这些经济体开始落地生根，并在接下来的 20 年中逐渐占据主导地位。在发展初期，许多此类企业需要大量投资来实现规模经济、提高成本效率，以赶上先进经济体中拥有卓越技术和组织能力的先行者。初始投资的时间跨度较长，这促使东亚三小龙经济体的政府直接参与半导体产业的早期创建，并将其作为工业化计划的一个组成部分（Mathews and Cho, 2000）。表 4.4 总结了这三个东亚经济体及中国在企业特定能力建设和产业转型方面不断变化的国别和制度背景。这些经济体自 2000 年代以来在全球半导体产业中发挥了非常重要的作用。总体而言，这些经济体在 1970 年代和 1980 年代广泛采用了以下政策工具组合，以推行针对特定目标的产业政策（Yeung, 2016；Suleman and Yagci, 2022b）。

（1）通过担保贷款或政策性贷款、补贴性赠款和退税提供财政激励；

（2）"挑选赢家"，或将选定的企业培养成"国家冠军企业"；

（3）对进口进行管制性干预，限制外国企业进入国内市场；

（4）发起行业和技术联盟，发展国内企业之间的合作伙伴关系；

（5）对研究机构进行投资以补贴研发成本，启动技术转让，并刺激企业的拆分和创业；

（6）采用胡萝卜加大棒的方法，对激励措施的接受者提出绩效要求；

（7）更广泛地发展产业生态系统和集群，包括与外国企业的联系；

（8）批准海外侨民技术企业家归国设立国有和私营企业的计划，被称为反向"人才外流"或"新阿尔贡人"（new argonauts）（Saxenian, 2006）。

概言之，在 1970 年代和 1980 年代，韩国和中国台湾地区积极推行这种针对特定部门或特定目标的产业政策，但自 1990 年代末期以来，由于其企业的能力不断增强，并与全球龙头企业（如无厂半导体企业）及其生产网络形成战略耦合，政策干预力度有所减弱。1990 年代，精英官僚机构，如韩国的经济规划委员会和中国台湾地区的"经济规划与发展委员会"，要么被解散，要么被削弱。与此同时，新加坡政府长期以来一直奉行促进贸易和投资开放的功能性或横向产业政策。自 2001 年加入世界贸易组织以来，中国政治经济的特点是双管齐下——国家通过部门性产业政策促进本国企业（主要是国有企业）的发展，并通过贸易自由化持续支持外商投资。

在第一类企业，即半导体代工供应商中，中国台湾地区和新加坡的不同案例，都涉及某种独特的动态组合，它包括最初的政策干预，以及随后企业通过不断创新实现在产业市场专业化的特定过程。1990 年代中期以前，政策主导的举措，在中国台湾地区和新加坡，都为这些领先的代工企业的发展奠定了重要基础。在中国台湾地区，70 年代和 80 年代主要通过技术转让，而不是直接分配信贷来引导产业发展，而这些技术转让，主要由（台湾）工业技术研究院，特别是其属下的电子工业研究所（Electronics Research and Service Organization, ERSO，成立于 1974 年），以及其后续衍生机构主导。这些研究机构获得了最初的但往往也是过时的芯片制造技术，具体而言是 1976 年从美国无线电公司（RCA）获得 7 微米大规模集成电路（LSI）技术，1987 年从飞利浦公司获得了 2 微米超大规模集成电路（VLSI）技术。在联电和台积电分别于 1980 年和 1987 年拆分为独立企业时，这些技术被转让给了它们。

回顾过去，这些晶圆代工厂在 2000 年代实现了前所未有的发展，其关键在于通过晶圆代工服务的专业化，不断进行企业特定的技术创新和组织变革。在（台湾）电子工业研究所和（台湾）工业技术研究院退出其早先的指导中国台湾地区半导体产业发展的主导性角色之后，台积电自 1995 年以来，仍取得大规模增长。它很好地利用了无厂半导体设计公司的巨大增长，特别是在 4.4 所讨论的无线和移动通信设备，以及数字多媒体解决方案领域。作为高通、英伟达、苹果和联发科为移动设备和计算机设计的芯片组的可靠的代工厂，台积电实现了高产能利用率，并因此在半导体制造的专业化中获得了巨大收益。

　　新加坡政府出资的特许半导体制造公司（CSM）也采用了与台积电类似的某些组织创新，但一个完善的国内半导体产业生态系统才是关乎成败的关键因素。这个生态系统既包括上游设备供应商、测试和组装服务，也包括下游的无厂客户及其最终用户（包括全球主导企业及其制造服务供应商）。CSM 在晶圆代工领域的失败表明，要发展半导体制造业，政府的支持是必要条件，但并非充分条件（见专栏4.4）。

专栏 4.4　新加坡的特许半导体制造公司和国家主导的赶超的失败

　　特许半导体制造公司成立于 1987 年（与台积电同年），技术来自两家美国企业——国家半导体公司（IDM）和新瑞半导体公司（Sierra，无厂半导体企业）——的转让，最初是国有的新加坡技术集团（Singapore Technologies Group）的一个部门。直到 1999 年底，新加坡技术集团一直由国家投资机构淡马锡控股公司全资所有。到 1990 年代末，新加坡技术集团已发展出一条垂直一体化的半导体代工制造价值链，包括芯片设计（TriTech）、晶圆制造（CSM）以及测试和组装（STATS）（Mathews and Cho，2000）。

　　新加坡 CSM 公司似乎是在高度资本密集的产业——半导体代工服务——实现国家主导的赶超的完美教科书案例。该公司成立之时，正值东亚国家的产业政策转向促进半导体等高增加值制造业。它得到了新瑞半导体及东芝等行业领先企业的技术支持，以及新加坡技术集团的全力支持。到 1990 年代末，

CSM 已经拥有了一条垂直整合的晶圆代工价值链，新加坡的半导体产业也已站稳脚跟。到 2000 年代末，新加坡半导体产业的产值达到了 260 亿美元。CSM 似乎已做好准备，要与台积电和联电等晶圆代工服务领域的主要竞争对手一较高下。在整个 2000 年代，微软、博通和高通都是 CSM 的主要客户（Yeung，2016）。

但是，这个故事中缺少了一些东西，因为从 1990 年代末开始，CSM 的业绩并不理想，原因是新加坡缺乏足够数量的无厂设计企业，其下游"消费者"（如电子和计算机产品的合同制造商）也越来越少。事实上，新加坡的半导体产业过去和现在都是由外资 IDM 企业主导，其中大多数并不参与类似于 CSM 所提供的第三方代工服务。因此，CSM 在 1998~2008 年遭受了重大亏损。2009 年 9 月，淡马锡控股公司将其在 CSM 的全部股份剥离并出售给阿布扎比支持的格芯公司，后者将 CSM 在新加坡的晶圆厂与从亏损的美国 IDM 企业超威分离出来的制造部门合并。格芯为 CSM 支付了 18 亿美元，并承担了其 22 亿美元的未偿债务。

资料来源

Mathews, J. A. and Cho, D.-S., 2000, *Tiger Technology: The Creation of A Semiconductor Industry in East Asia* (Cambridge: Cambridge University Press).

Yeung, H. W., 2016, *Strategic Coupling: East Asian Industrial Transformation in the New Global Economy*, Cornell Studies in Political Economy Series, Ithaca (NY: Cornell University Press).

半导体制造业的第二个领域，同时也是更大领域，是中国台湾地区和韩国生产存储芯片的 IDM 企业。如表 4.3 所示，其中一些 IDM 企业已成为全球最大的半导体企业。但它们在这两个东亚经济体中的发展道路大相径庭。与专门从事代工服务的非常成功的"表兄弟"（台积电和联电）不同，到 2000 年代，中国台湾地区的大多数 IDM 企业在新技术和组织创新方面已经落后。回顾过去，1980 年代中期，中国台湾地区的半导体 IDM 企业，在（台湾）工业技术研究院的领导下，在前者奠定的坚实基础上起步。但该领域并未像纯晶圆代工厂那样起飞。从1983 年到 1998 年，中国台湾地区不断有专门生产 DRAM 和闪存芯片的 IDM 企业成立（Mathews and Cho, 2000）。从早期进入的茂矽电子（Mosel-Vitelic）、华邦电子（Winbond）（电子工业研究所的非正式拆分公司，由华新丽华集团接管）和旺宏电子（Macronix）（易失性存储器专业制造商），到家族企业台塑集团属下的南亚科技（及其与英飞凌的合资企业华亚科技），以及独立企业，如力晶科技（Powerchip Technology）和晶豪科技（Elite Semiconductor），到 2000 年代初，这些 IDM 企业利用从全球领先企业获得的技术许可，发展成各种计算和电信设备以及消费电子产品中使用的存储器件的重要生产商。

表 4.4　1980~2022 年部分东亚经济体产业发展的体制背景的演变

	韩国	中国台湾地区	新加坡	中国
1980~2000 年				
发展战略	国家冠军和出口企业	本地企业参与出口和全球经济	外资企业和有限的本国企业参与出口和全球经济	国有企业、财政分权、外资企业参与加工出口
政策支持	部门性产业政策和高选择性	部门性产业政策和低选择性	横向产业政策和高度国有化	横向产业政策和高度国有化
资本形成	国有和国内银行；1997 年亚洲金融危机之前对外国直接投资的依赖程度较低	银行；对外国直接投资依赖程度中等	国有金融控股公司；高度依赖外国直接投资	国有银行；高度依赖外国直接投资
商业结构	财阀或企业集团占主导地位；家族控制程度高	大型企业集团；家族控制程度高	国有和外资所有权比例高；家族控制有限	国有和外资所有权比例高
半导体行业	从弱小到 IDM 企业的兴起	从弱小到晶圆代工企业的兴起	从弱小到晶圆代工企业的兴起，依赖外资企业	发展薄弱且有限

续表

	韩国	中国台湾地区	新加坡	中国
	2001~2022 年			
发展战略	企业重组、市场自由化和放松金融管制	市场更加自由化，本地企业的国际化	私有化，促进国内企业及其国际化发展	促进本国（国有）企业发展和外国投资的双轨制；趋于内部循环／国内市场
政策支持	减少干预性产业政策，降低选择性；更积极的自由贸易安排	促进企业升级的横向产业政策；更积极的自由贸易安排	促进企业升级的横向产业政策；高度活跃的自由贸易安排	部门性产业政策升级和国有所有权的调整2001 年之后，加入世贸组织和促进出口；2018 年之后，中美贸易摩擦和制裁
资本形成	银行重组；更多的外国直接投资，更多地依赖资本市场	银行重组；更多地依赖资本市场	国家金融控股公司；高度依赖外国直接投资和资本市场	大型国有金融控股公司；对外国直接投资和资本市场的依赖程度中等
商业结构	少数财阀占主导地位；家族控制程度高	家族企业集团与科技企业的崛起	与政府有关联的企业和外资企业占主导地位	高度国家控制，中等程度的外资和家族控制
半导体行业	从新兴的 IDM 企业发展成占主导地位的全球龙头企业	从新兴晶圆代工企业发展成占主导地位的晶圆代工企业	外资企业从出现到大量存在	从新兴企业到受美国制裁影响而瘫痪的国内晶圆代工和存储芯片企业

资料来源：Yeung（2016）和 Hamilton-Hart and Yeung（2021）的分析，以及 Ning（2009）、Fuller（2016）、Lee（2019）和 Xing（2021）提供的进一步信息。

在其发展的最初十年中，来自中国台湾地区的 IDM 企业成功利用了从（台湾）工业技术研究院获得的，来自日本、美国和德国领先存储芯片生产商的技术许可。通过专业化，中国台湾地区的这些 IDM 企业得以改进这些技术，并在 2000 年代，为迅速增长的全球市场开发尖端的存储产品。2000 年代，全球存储器件市场出现了激烈的产业竞争，存储器件的技术在较短时间内迅速标准化，产品生命周期被大幅压缩。中国台湾地区许多专门生产存储器件的 IDM 企业成为产业锁定的受害者，无力抵御价格和利润下降的必然趋势。尽管获得了支持，但对扩大规模以降低生产成本的过分强调，并没有带来新的技术或组织创新（Fuller, 2007）。大多数中国台湾地区的 DRAM 生产商成为其外国合作伙伴的专属供应商，且不得不支付许可费并承担大部分投资风险。2000 年代初，日本的几家顶级存储 IDM 企业也退出了市场。

韩国两大财阀——三星和 SK 海力士——不断进行技术创新，并在存储芯片生产领域实现了规模经济。其中，三星（见专栏 4.5）成功地将其逻辑芯片和存储器件集成到其内部其他部门和其他电子巨头生产的各种电子产品中，如苹果的 iPhone 手机（至 2016 年）。可以说，在韩国的 IDM 企业取得后发优势的初始阶段，国家主导的举措发挥了重要作用。1969 年，为了利用韩国朴正熙总统颁布的《电子工业促进法（1969~1976）》，美国国家半导体公司与韩国金星电子公司（Goldstar Electronics, LG 电子的前身）成立了合资企业，生产晶体管。同年，三星通过与日本三洋和日本电气的合资企业首次涉足电子领域。这些合资企业为这两家当今全球电子行业的巨型财阀奠定了早期基础。

专栏 4.5　韩国三星公司是发展中国家的成功产物吗?

三星电子直到 1970 年代中期才涉足半导体领域。朴正熙总统 1977~1981 年的第四个五年计划，确定了作为韩国关键部门之一的电子产业的发展路径。在这一历史背景下，发展中国家在最初促使三星等财阀进行多元化并进入电子产业的过程中，起到了至关重要的作用。1983 年 12 月 1 日，三星公司推出了一款性能良好的 64k DRAM，举国震惊其设计技术来自当时刚刚起步的美国 DRAM 生产商美光公司的授权，工艺技术来自日本夏普公司（Sharp）。但到了 1980 年代中期，国家资助对其大规模发展已不再重要。从 1983 年到 1989 年，三星、LG 和现代集团在 VSI 半导体上投资了约 40 亿美元。其中只有 3.5 亿美元是根据 1981 年颁布的《半导体产业长期基本计划（1982-1986）》[The Promulgation of Basic Long Term Plan for the Semiconductor Industry（1982-1986）] 中的条款，由国家主动提供的低息贷款。事实上，1986~1989 年，尽管花费了 1.1 亿美元，但由国家出资的电子和通信研究所（Electronics and Telecommunications Research Institute, ETRI）牵头的全国 4Mb DRAM 研发联盟，却未能促使三星、现代和 LG 等参与方进行合作并共享技术。相反，它们通过内部研发工作各自开发出了自己的 4Mb 设计（Dedrick and Kraemer, 1998）。

进入 1990 年代，三星缩小了与美国和日本主要竞争对手的技术差距（1986 年英特尔退出存储芯片市场，1992 年日本"泡沫经济"破灭，说明这两国主要竞争对手的实力已大不如前）。1990~1994 年，三星在美国专利商标局注册的 DRAM 专利数量接近其三大日本竞争对手日本电气、东芝和日立。到 1990 年代中期，三星将其 16Mb 同步动态随机存储器（SDRAM）技术转让给了日本冲电气公司（Oki）。这是在半导体领域韩国向日本进行技术转让的第一个已知案例。2001 年，三星成为世界上第一家使用 300 毫米晶圆（12 英寸）技术的企业（Mathews and Cho, 2000）。然而，如果把三星在 2010 年代的成功完全归功于其早期建立在国家引导的大规模投资基础上的规模经济，就大错特错了。与台积电一样，持续的技术和组织创新，是三星能够超越日本和中国台湾地区，以及美国和西欧 IDM 企业的关键平台。不同于中国台湾地区的 IDM 企业，三星通过在半导体技术和国际化方面的突破性赶超，选择了一条与众不同的发展路径。

1983~1997 年，三星通过在半导体行业签订各种技术协议，实现了快速赶超（Shin, 2017）。早在 1991 年，三星的研发投入就已占到总销售额的 9%，与日本的主要竞争对手不相上下。在技术创新方面，三星对国家资助的研究机构的依赖程度大大降低。相反，它转向内部研发实验室、友好的全球主导企业和国际行业协会。1990 年代中期，三星跻身全球十大半导体 IDM 企业之列，其在半导体领域的成功显而易见。自 1990 年代末以来，三星在研发和生产设施方面的大量投资具有战略意义，目的是进一步实现规模经济，并对来自中国台湾地区和中国的后来者和其他竞争者构成强大的进入壁垒。2000 年代，三星在内存芯片领域与美光

（美国）和东芝（日本）等竞争对手拉开了更大的差距。2000~2004 年，三星拥有的 DRAM 专利数量超过除日立外的所有日本竞争对手。2005~2009 年，三星拥有 61 项 DRAM 专利，是所有韩国和日本 DRAM 生产商中最多的。其成功的关键因素与及时投资、迅速扩大生产规模和工艺创新有关。

到 2010 年代末，三星的竞争优势已远远超出其规模经济、复杂的应用设计和工艺产率。除了通过持续投资研发活动在半导体技术领域取得巨大领先优势外，三星还得益于其独特的组织协同效应，这种协同效应蕴含在三星公司组织其 IDM 业务的企业特定的商业模式中，即既供应内部自有品牌产品（如手机和电视机），也供应第三方供应商，如计算机、电信设备和其他消费电子产品领域的全球主导企业（Yeung, 2022）。

资料来源

Dedrick, J. and Kraemer, K., 1998, *Asia's Computer Challenge: Threat or Opportunity for the United States and the World?* (New York: Oxford University Press).

Mathews, J. A. and Cho, D.-S., 2000, *Tiger Technology: The Creation of A Semiconductor Industry in East Asia* (Cambridge: Cambridge University Press).

Shin, J.-S., 2017, "A Dynamic Catch-up Strategy in the Memory Industry and Changing Windows of Opportunity", *Research Policy* 46 (2), pp.404-416.

Yeung, H. W., 2022, *Interconnected Worlds: Global Electronics and Production Networks in East Asia*, Innovation and Technology in the World Economy Series (Stanford, CA: Stanford University Press).

但是，自 2000 年代以来，这些领先的韩国半导体公司一旦融入不同的全球生产网络，为领先于竞争对手、维持其持续增长和盈利能力，就必须进行新的、企业特定的技术和组织创新。为创造有利环境，以方便国内企业进口关键中间产品，以促进其与全球生产网络建立战略伙伴关系，同时也为方便外资企业投资国内企业，以提高其产能和技术能力，韩国实施了更加自由的贸易和投资政策。不过，这种促进国内半导体产业研发能力提升的功能性产业政策，还是被私营企业的举措所取代，因为这些企业通过其不断扩大的全球生产网络，找到了发展这种能力的新渠道。1990 年代，三星、LG 和其他财阀开始脱离国家资助的研发联盟，加快其内部研发活动和技术进步，以追赶全球主导企业。到 2000 年代初，它们已有效地控制了国内半导体产业的研发和生产活动，并在这关键的十年中成为行业高速增长的领导者。到 2000 年代，三星和 SK 海力士（1999 年收购 LG 半导体后由现代集团更名而来）在全球存储器件市场的崛起表明，产业市场专业化和规模经济等后发优势，可成为这些韩国财阀 IDM 企业的强大竞争优势的来源。有利的政府支持和企业特定的创新等一些供给侧因素，是东亚在全球半导体产业崛起的必要因素。

自 2010 年代中期以来，由于高资本支出、快速折旧和频繁的工艺技术升级，投资新建晶圆厂的成本变得非常高昂。新建一座晶圆厂的成本动辄 100 亿~150 亿美元，对于领先的半导体企业来说，资本支出往往非常庞大。具有讽刺意味的是，在晶圆代工服务领域，资金约束对整个半导体行业造成的巨大压力只有利于中国台湾地区（台积电）、韩国（三星晶圆代工部）和中国（中芯国际）的少数晶圆代工供应商，它们在 2010 年代积极投资于新晶圆厂和资本设备（Yeung, 2022a）。中芯国际是晶圆代工领域的后来者，中国政府支持的"国家集成电路产业投资基金"（又称"国家集成电路基金"）是其大股东。尽管美国对中芯国际进行制裁，限制其进口美国芯片制造设备和技术，但中芯国际仍致力于建立新的晶圆厂，以满足汽车和消费电子产品的应用需求。2021 年 3 月 18 日，中芯国际宣布将耗资 24 亿美元新建一座 28 纳米晶圆厂，该厂将于 2022 年在深圳建成，深圳市政府将持有其 23% 的股份。这种通过投资基金向国内半导体企业输送国有资本的做法，是一种体制上的尝试。国家对中芯国际的持股比例也从 2014 年的 15% 增至 2018 年的 45%——具体是，国家集成电路基金 19%、国有企业大唐电信 19% 和清华紫光集团 7%。

尽管政府的支持在半导体产业发展的初始阶段是有益的，但它并不是持续成功和占据主导地位的充分因素，这一点在下文将会得到证明。尽管自 2000 年代以来，中国实施了积极的产业政策（见表 4.4），但其在不同半导体产品类别中的地位仍然较弱（Fuller, 2019；Yeung, 2022a）。截至 2018 年，中国为数不多的模拟和分立芯片工厂均为外资所有 [如美国的德州仪器和日本的罗姆（Rhom）]，且中国并无微元件 IDM 工厂。尽管中国在信息和通信技术最终产品的组装方面发挥着主导作用，但 2018 年中国 26 家内资晶圆厂的产量仅占 2019 年国内半导体市场规模（1310 亿美元）和 2020 年国内半导体市场规模（1430 亿美元）的约 6%。即使将 SK 海力士、三星、英特尔、台积电和联电等大型外资晶圆厂也计算在内，这一份额也仅小幅增至 16%。截至 2020 年，中国巨大的半导体市场仍然严重依赖东亚其他地区以及美国和欧洲的某些地区生产的芯片。自 2018 年以来，中国每年进口价值超过 3000 亿美元的芯片——2020 年达 3800 亿美元，2021 年前 5 个月达 1630 亿美元。这些进口芯片中，约有一半被用于国内销售和出口的 ICT 最终产品。

4.6　东亚在半导体全球价值链中的崛起

到了新千年之交，除中国外，政府在东亚半导体产业崛起中的作用已经减弱，因为该地区的代工和 IDM 企业已经更多地融入了半导体和下游最终产品（如个人电脑、智能手机和服务器）的全球价值链。此时，产业市场专业化已成为成功更为关键的因素（Yeung, 2022b）。通过在半导体工业产品和细分市场的专业化，中国台湾地区和韩国以及稍后的中国的后发企业发展出了新的企业特有能力，这些能力既不符合"先动优势"（新产业），也不符合"后发优势"（扩大规模）的描述。这些企业特有能力体现在三个关键方面：新的半导体产品或工艺技术、灵活的半导体生产和产品多样性，以及组织诀窍（organizational knowhow）和获取市场信息的专有途径（如通过无厂客户及其最终用户原始设备制造商）。企业层面的能力提升还受制于政府的新角色和产业竞争态势的独特组合。由于这些新角色的干预性质较隐蔽，因此它们对半导体企业和产业发展的直接影响也较难追踪。

在已实现规模经济并超越先进工业化经济体的先发企业之后，东亚的后发企业仍凭借自身的生产能力和卓越的制造水平，逐步开发出了自有的、更先进的技术。这些新技术对于维持企业在全球半导体产业的市场领导地位至关重要，而随着时间的推移，全球半导体产业的竞争也日趋激烈，需要企业具备更强的动态能力（如不断学习和升级技术）。在某些情况下，东亚半导体企业，如台积电（见专栏4.6）和三星（见专栏4.5），在美国、西欧和日本先行者现有的增量知识或未充分利用的知识基础上，通过非增量性地创造互补性和集成性知识，创造出动态能力。

产业市场领导地位的专业化，使东亚半导体企业能够通过灵活的生产和产品多样化发展更大的范围经济。虽然规模经济对东亚半导体企业在赶超先行者的初期（如三星公司在存储器件领域）十分重要，但要在全球生产网络中持续取得成功，这些东亚半导体企业就必须灵活地进行专业化。在这一资本密集型产业中，通过降低产品/服务的单位成本进行竞争，不如通过产品差异化或服务多样化以获取更高的价值来得更有效和持久。半导体产业的竞争态势，往往有利于同时拥有规模经济和范围经济的企业，它们不易被锁定在特定产品或服务上（Hobday et al., 2004）。东亚领先的半导体企业，如台积电，往往会针对不同的产品、市场和商业周期采取不同的战略组合（Dibiaggio, 2007）。

随着东亚半导体企业与不同产业（如信息通信技术、汽车、人工智能、机器人、工业电子）的全球生产网络的深度融合，它们发展出了新的组织形式，强化了与主要客户和供应商之间的信任关系，使其能够更好地控制市场信息和客户准入。这种独特的产业动态条件大大增加了企业层面的信息不对称和市场信息成本（Epicoco, 2013）。2000年代至2010年代末，贸易体制更加自由且运作良好，这为东亚半导体企业巩固与全球不同产业的主导企业的战略关系提供了有利的背景。

台积电成立于1987年，是从获得资助的(台湾)工业技术研究院（ITRI）拆分派生出来的，自1990年代初以来一直是半导体代工服务市场的领导者。1992年，台积电的销售额略高于2.5亿美元。到1997年，其收入几乎翻了一番。2010年，台积电已在半导体代工市场占据主导地位，在总值为 330 亿美元的市场中占近 40% 份额（占所有半导体企业总销售额的 10%）。其 129 亿美元的营收仅次于英特尔、三星、德州仪器、铠侠这四大 IDM 企业（见表 4.3）。2020 年，其收入增长了两倍多，达到 460 亿美元，其在代工市场的份额则进一步增至 54.1%。在苹果和高通等无厂客户对高性能逻辑芯片需求的推动下，台积电的收入在 2022 年进一步增长 30%，首次超过 700 亿美元。

自 2010 年代以来，台积电在晶圆代工市场的主导地位使所有领先的无厂半导体企业受益匪浅。台积电与其无厂客户之间的共生信任关系，远远超出了电子产品最终组装中的传统合约制造（Sturgeon, 2002）。在这种相互依存的关系中，台积电不仅采用尖端工艺技术进行生产，还为无厂半导体企业和轻晶圆 IDM 企业提供高度工艺特定的设计支持和知识产权库服务。从 2005 年的 65 纳米制程开始，台积电建立了开放式创新平台（Open Innovation Platform）计划，与领先的设计软件供应商（如新思和锂腾）以及核心知识产权设计供应商（如 ARM）开展早期合作。台积电和设计生态系统共同运作，成为一家虚拟 IDM 企业，推动其无厂客户在创新性技术方面的开发和测试（Kapoor and McGrath, 2014）。2018 年，新思发布了新思云解决方案（Synopsys Cloud Solution），为开发高性能云计算片上系统（SoC）的最终客户提供服务。这一基于云的设计解决方案，是台积电与领先的云服务供应商——如亚马逊和微软——合作的成果，并经认证适合于台积电的尖端工艺，用以实现集成电路设计和验证（Nenni and McLellan, 2019）。

与英特尔等一体化器件制造企业相比，台积电可以将领先的无厂企业和轻晶圆企业对芯片制造的各种需求聚合起来，在其晶圆厂工艺方面实现更好的规模经济和范围经济。台积电在管理不同晶圆厂特定的工艺配方的复杂要求方面，积累了更多的实验性和制度性知识，包括新芯片的初始鉴定以及随后的试产和量产。随着时间的推移，这些关于新产品导入和产品生命周期管理流程的内部诀窍，将成为台积电最强大的专有优势，并形成巨大的进入壁垒。台积电的发言人曾将其比喻为不同的半导体企业制作"汉堡"和"炒面"的"中央厨房"（Yeung, 2016）。

鉴于其纯晶圆代工模式及其与客户和设备供应商之间的高度信任关系，台积电拥有在同一制造厂服务 10 多家客户和制造 100 多种产品的组织能力。

经过 2010 年代后半期的大量资本投资和合作生态系统的建设，台积电在 3 纳米和 5 纳米尖端工艺节点的晶圆制造方面，比英特尔在美国的晶圆厂更先进。只有三星在韩国的最先进的 3 纳米和 5 纳米晶圆厂，能与台积电在台南的超大型晶圆厂相媲美，该情况在 2020 年代中后期可能仍将持续。芯片制造技术的领先地位不断向东亚顶级晶圆厂转移，这对半导体全球价值链的产业组织具有深远影响。到 2020 年底，台积电位于台南的晶圆 18 厂 5 纳米节点已开始量产，最初用于为苹果生产 A14/A14X 移动应用处理器芯片，以及为华为生产麒麟 1000 网络处理器芯片。台积电的研究部也在研究新的二维材料，以克服块状（三维）半导体的纳米限制（Li et al., 2019）。到 2022 年底，台积电位于台南的晶圆 18 厂 3 纳米节点也进入高产率量产阶段，标志着台积电在半导体制造领域继续保持技术领先地位。

资料来源

Kapoor, R., and McGrath, P. J., 2014, "Unmasking the Interplay between Technology Evolution and R&D Collaboration: Evidence from the Global Semiconductor Manufacturing Industry, 1990–2010", *Research Policy* 43 (3), pp.555-569.

Li, M.-Y., Su, S.-K., Wong, H.-S. P., et al., 2019, "How 2D Semiconductors Could Extend Moore's Law", *Nature* 567, pp.169-170.

Nenni, D., and McLellan, P., 2019, "Fabless: The Transformation of the Semiconductor Industry", SemiWiki.com Project.

Sturgeon, T. J., 2002, "Modular Production Networks: A New American Model of Industrial Organization", *Industrial and Corporate Change* 11 (3), pp.451-96.

Yeung, H. W., 2016, *Strategic Coupling: East Asian Industrial Transformation in the New Global Economy, Cornell Studies in Political Economy Series* (Ithaca, NY: Cornell University Press).

到 2010 年代末，全球半导体市场已由来自美国和东亚的 IDM 企业和无厂半导体企业，以及主要位于东亚的顶级代工合作伙伴共同主导。它们的主要产品是内存、逻辑和微处理器芯片，用于驱动 ICT 设备（如智能手机、个人电脑、平板电脑和服务器）和其他工业应用（如汽车和电气设备）。表 4.5 根据全球 300 多个晶圆厂的微观数据逐厂汇总，描绘了 2000~2018 年芯片制造产能的地理变化（Yeung, 2022b；另见图 4.3）。在此期间，IDM 和晶圆代工厂的总数比较稳定——2000 年为 325 座，2010 年增至 344 座，2018 年整合为 296 座（但预计目前的大规模新晶圆厂建设在 2023~2025 年竣工后，将再次增至 350 座以上）。然而，全球这些晶圆厂的总产能的增长非常明显，2000~2010 年翻了一番，2018 年进一步增长 32%，达到每月近 1700 万片晶圆。该增长率与同期半导体市场的收入增长相当吻合——从 2000 年的 2210 亿美元增长到 2018 年峰值时的 4850 亿美元（2021 年和 2022 年再次达到 5900 亿~6000 亿美元）。

表 4.5　2000~2018 年按工厂位置、产品应用和产能分列的世界半导体制造地域分布情况（括号内为外资厂的数目和占比）

晶圆厂区位	2000 年		2010 年		2018 年	
	晶圆厂数目	产能	晶圆厂数目	产能	晶圆厂数目	产能
美国						
逻辑	14(2)	311(85.5)	11(3)	589(309)	4(3)	433(370)
内存	6(3)	251(134)	5(1)	319(36.0)	4(0)	244(0)
代工厂	4(2)	90.6(39.3)	5(3)	125(73.8)	8(4)	285(105)
总计	68(18)	1310(407)	57(14)	1875(529)	44(12)	1770(547)
日本						
逻辑	43(6)	509(121)	47(6)	696(125)	25(0)	481(0)
内存	14(0)	359(0)	13(0)	1035(0)	14(2)	1658(281)
代工厂	3(1)	57.9(38.3)	4(1)	58.1(25.7)	10(3)	242(76)
总计	132(10)	1724(243)	131(14)	2667(307)	87(8)	2965(471)

续表

晶圆厂区位	2000 年		2010 年		2018 年	
	晶圆厂数目	产能	晶圆厂数目	产能	晶圆厂数目	产能
韩国						
逻辑	9(0)	314(0)	10(0)	772(0)	10(0)	722(0)
内存	7(0)	555(0)	9(0)	2000(0)	13(0)	2579(0)
代工厂	1(0)	28.6(0)	2(0)	92.3(0)	3(0)	211(0)
总计	22(3)	1058(107)	23(2)	2939(74.4)	28(2)	3563(50.8)
中国台湾地区						
逻辑	2(0)	54.7(0)	4(0)	144(0)	5(0)	238(0)
内存	6(0)	154(0)	13(0)	830(0)	10(3)	831(393)
代工厂	17(0)	514(0)	24(0)	1630(0)	27(0)	2947(0)
总计	26(1)	724(1.7)	42(1)	2606(1.7)	43(4)	4017(395)
中国						
逻辑	1(0)	7.2(7.2)	1(0)	8.1(8.1)	1(0)	12.9(0)
内存	0(0)	0(0)	3(3)	189(189)	5(1)	728(3.4)
代工厂	4(0)	64.8(0)	19(2)	681(92.2)	25(4)	1364(264)
总计	8(3)	84.3(19.5)	27(9)	913(232)	37(11)	2189(353)
欧洲						
逻辑	9(3)	164(58.0)	6(1)	167(36.0)	4(0)	134(0)
内存	5(2)	136(59.6)	4(2)	116(55.0)	2(0)	65.0(0)
代工厂	3(1)	47.3(25.5)	7(4)	150(121)	8(4)	259(193)
总计	55(30)	845(437)	42(25)	889(441)	37(19)	1019(559)
新加坡	8(3)	167(14.6)	14(14)	702(702)	12(12)	1042(1042)
以色列 / 马来西亚	6(5)	77.8(68.8)	8(2)	290(228)	8(2)	431(373)
总计	325	5991	344	12879	296	16997

注：晶圆厂产能以每月相当于千片 8 英寸（200 毫米）晶圆为单位。

资料来源：根据 IHS Markit/Informa Tech Custom Research 提供的各半导体制造商的晶圆厂层面的数据计算所得（2016 年 7~10 月和 2019 年）。

从地域上看，自 2000 年代以来，新建晶圆厂和产能的大幅增长已转向东亚。虽然韩国和中国台湾地区在 2000 年已拥有一定的产能，但它们仍然远远落后于日本、美国，中国台湾地区甚至落后于欧洲，中国和新加坡的晶圆厂产能则微不足道。到 2018 年，中国台湾地区成为全球最大的半导体生产者，每月生产 400 万片晶圆，紧随其后的是韩国（360 万片）、日本（300 万片）和中国（220 万片）。即使是新加坡这个城市国家的产能（104 万片）也略高于整个欧洲的产能（102 万片）。美国跌至第五位，44 家晶圆厂的月产量为 180 万片。2010 年代，日本的晶圆厂进行了大幅整合，从 2010 年的 131 家减少到 2018 年的 87 家。美国也有近 1/4 的晶圆厂关闭，总产能略有下降。就产品应用而言，中国台湾地区和中国是迄今为止最大的晶圆代工生产者（主要生产逻辑芯片），而韩国和日本则在存储芯片生产方面遥遥领先，新加坡和中国台湾地区则居于其后。无论在逻辑芯片或存储芯片领域，美国和欧洲的晶圆厂的数量和产能在整个 2010 年代都在下降（Huggins et al.，2023）。

2010 年代，全球半导体制造产能的巨大增长及其向东亚的转移，是由信息和通信技术设备（个人电脑和智能手机）、数据中心服务器以及消费电子产品（如电视机）等数个主要产品应用领域对逻辑和存储芯片的中间市场需求的巨大增长所驱动的。表 4.6 在企业层面对上述宏观结论进行了分析。2018 年，以台积电为首的前五大晶圆代工供应商的产出中，逻辑芯片占绝大多数（见专栏 4.6）。台积电在用于智能手机、个人电脑和工业电子产品的逻辑芯片的制造方面名列前茅，这促成了中国台湾地区在晶圆代工企业中的主导地位（见表 4.2）。2018 年，台积电把其晶圆厂产能的 54%，用于制造由苹果（占台积电 2019 年总收入的 24%）、海思（15%）、高通（6%）和联发科（4.3%）设计的智能手机逻辑芯片。从地理位置上看，台积电每月 230 万片的巨大晶圆产能主要集中在中国台湾地区的 8 座晶圆厂。美国仍是主导逻辑芯片设计（主要位于硅谷的无厂半导体企业）和微处理器设计与制造（表 4.3 中的英特尔）的中心，而东亚的代工供应商则在逻辑芯片制造方面占据主导地位。

表 4.6	2010 年和 2018 年按晶圆厂产能、主要应用、晶圆厂地点和市场分列的世界顶级半导体制造商				

主导企业	销售额 （10 亿美元）		晶圆厂产能	应用 （占 2018 年销售额的百分比）	总部和晶圆厂所在地	主要最终市场 （占 2018 年销售额的百分比）
	2010 年	2018 年				
IDM						
三星	28.4	74.6	2474	内存 88%	韩国、美国、中国	智能手机、个人电脑、消费电子产品
英特尔	40.4	69.9	722	微处理器 76%	美国、爱尔兰、以色列、中国	个人电脑、服务器、数据中心
SK 海力士	10.4	36.3	1385	内存 99%	韩国、中国	智能手机、个人电脑
美光	8.9	29.7	1038	内存 100%	美国、新加坡、中国台湾地区、日本	个人电脑和服务器 37%；存储 26%；智能手机 21%
铠侠（东芝）	13.0	11.4	1310	内存 100%	日本	智能手机、个人电脑、消费电子产品
晶圆代工厂						
台积电	12.9	31.1	2266	逻辑 87%	中国台湾地区、中国、美国	智能手机 54%，个人电脑 15%，工业电子产品 17%
格芯	3.5	6.2	592	逻辑 68%	美国、德国、新加坡	智能手机 35%，个人电脑 23%，消费电子产品 23%
联电	3.8	5.0	653	逻辑 84%	中国台湾地区、中国、新加坡	智能手机 42%，个人电脑 16%，消费电子产品 28%
三星	0.8	3.4	371	逻辑 100%	韩国、美国	智能手机、个人电脑
中芯国际	1.6	3.0	451	逻辑 53%	中国	智能手机和无线产品 41%，消费电子产品 38%

续表

主导企业	销售额（10亿美元）		晶圆厂产能	应用（占2018年销售额的百分比）	总部和晶圆厂所在地	主要最终市场（占2018年销售额的百分比）
	2010年	2018年				
世界市场	312	485	16997	内存34% 逻辑22% 微处理器12%	—	计算机和数据存储37%，无线产品和智能手机30%，工业电子产品11%，消费电子产品8.6%

注：晶圆厂产能以每月相当于千片8英寸（200毫米）晶圆为单位。

资料来源：作者对 IDM 企业和代工供应商的采访（以斜体表示）、IHS Markit/Informa Tech Custom Research（2016 年 7~10 月和 2019 年），以及公司报告和网站。

存储器件是最大的芯片应用领域，2018 年收入达 1650 亿美元，占全球市场的 34%，其芯片制造和晶圆厂的地理分布，仍以高度集中在东亚的、采用 IDM 模式的垂直一体化生产网络为基础。如表 4.3 所示，该市场由四家非常大的 IDM 企业——三星、SK 海力士、美光和铠侠（东芝）——控制。三星在 1990 年代末崛起为市场领导者（见专栏 4.5），2018 年，三星一家公司就占据了内存市场 40% 的份额，相当于其后两家公司——SK 海力士（22%）和美光（18%）的总和。三星和 SK 海力士的存储芯片厂大多位于韩国，而铠侠（东芝）的五个工厂全部位于日本（见表 4.6）。相比之下，美国 IDM 企业美光的七个晶圆厂在地理位置上更为分散，但其位于新加坡、中国台湾地区和日本的四个晶圆厂占其总产能的 80%。

2010 年代，东亚地区大规模新建晶圆厂或扩大产能，难以用有利的政府政策和本地化生态系统的大力支持来解释。如果东亚地区对利用这些新产能生产的内存和逻辑芯片没有相应的市场需求，那么这些必要的"东亚"条件就不足以支撑该地区产能的扩大。东亚的顶级半导体企业如果没有预计到未来的需求和/或获得其顶级客户有力的订单承诺，就不会在 2010 年代投入巨额资金来建设新的晶圆厂，例如，从 2016 年起，苹果公司的 iPhone 芯片就全部采用台积电的最新工艺节点在专用晶圆厂中生产，而个人电脑和服务器领域的 OEM 主导企业，则成为三星和 SK 海力士内存芯片的主要客户（Fontana and Malerba, 2010）。

由需求主导的市场动态，驱动了全球生产网络中的企业的特定战略，如果不考虑这种市场动态，就很难解释，为什么中国台湾地区和韩国在 2010 年代出现了进一步的产能增长，当时它们各自的政府支持已越来越弱，干预也越来越少，其领先的国内半导体企业对政府支持的依赖也越来越小，它们更多地倚仗其与全球生产网络和价值链中的主导企业的战略耦合。但在新冠疫情后的 2020 年代，随着全球竞争和地缘政治紧张局势的进一步加剧，越来越多的经济体和大区，希望通过使自己的半导体价值链本地化或回流，并拥有 AMD 公司杰里·桑德斯（Jerry Sanders）所指的"真正的晶圆厂"。在 4.7 节中，我们将从尚在发展中的技术民族主义的角度，探讨民族国家在半导体制造领域拥有自己的晶圆厂，是否就更像一个"真"国家。

4.7 技术民族主义：经济体必须有晶圆厂吗？

最近一些国家立法通过的新政策，如美国的《芯片和科学法案》（The CHIPS and Science Act）、欧盟的《芯片法案》（Chip Act）以及日本政府向半导体产业拨付 2 万亿日元补贴，都表明发达国家正纷纷重新启用产业政策，而这些发达国家过去更倾向于自由放任，而不是政府干预，并积极向发展中国家推销自由市场理论，即通常所说的"华盛顿共识"。自由市场的信奉者往往认为没有必要制定产业政策，并将信息壁垒和可能出现的寻租作为反对产业政策的有力论据（Rodrik, 2008）。卡托研究所（CATO Institute）一份题为《质疑产业政策》的报告，强烈反对美国采取新的产业政策来加强半导体制造业和其他战略产业（Lincicome and Zhu, 2021）。另外，诺贝尔奖得主迈克尔·斯彭斯（Michael Spence, 2023）则认为，产业政策不仅服务于经济目标，也服务于社会目标。经济效率不应是评估产业政策有效性的唯一标准。鉴于近期的地缘政治紧张局势和对国家安全问题的担忧，斯彭斯认为在美国实施产业政策是不可避免的。

自 2020 年代以来，新一轮技术民族主义的复兴与三大驱动力有关：（1）对半导体全球价值链韧性的担忧；（2）半导体是国家安全的基础；（3）当今大国之间的互动进程，尤其是中美争夺技术领导地位的竞赛（Capri, 2019；Luo, 2022）。我们总结了所有主要经济体近期为实现半导体产能本国化，以及提高半导体供应链韧性而颁布的政策，并评估了这些政策可能产生的短期影响。

第一，新冠疫情和近期的地缘政治冲突，促使世界各地的决策者认识到诸如半导体等关键产品的供应链韧性——即从意外冲击中快速恢复和适应的能力（Pettit et al., 2010）——至关重要。特别是，新冠疫情造成的破坏暴露了全球供应链中长期存在的脆弱性，尤其是那些与某些关键产品的供应过度依赖于单一国家／地区相关的脆弱性——地缘政治问题加剧了这种脆弱性（White House, 2021）。自 2020 年中以来，主要受居家经济的推动，对芯片的需求激增，尤其是在消费电子和汽车领域。在供给侧，合格的芯片制造产能（尤其是车用芯片的制造产能）存在瓶颈，这些产能主要位于东亚，并受到新冠疫情的不利影响（Suleman and Yagci, 2022）。这两股力量共同导致了 2021 年和 2022 年全球芯片供应的严重短缺和价格的快速上涨（LaPedus, 2021；J.P. Morgan, 2022），进而影响了汽车、工业和通信等产品。

几十年来，在许多国家和地区对内部生产采取自由主义政策的大背景下，全球价值链由跨国公司组织和主导，他们将效率、生产率和低成本置于安全、可持续性和韧性之上。在半导体领域，前文讨论的"无厂革命"追求超高效率，导致逻辑芯片的生产高度集中在中国台湾地区和韩国的晶圆代工厂。东亚产业政策的成功和市场动态也造就了韩国、日本和中国的巨型存储芯片制造商。在半导体制造设备和材料的供应方面，同样存在明显的地域集中现象。根据波士顿咨询集团和美国半导体产业协会的研究，在半导体全球价值链中，近乎所有主要类型的增值活动都存在"瓶颈点"（chokepoints），总数至少达 50 个，在这些"瓶颈点"上，单一地区——或是从物理位置的角度，或是从所有权的角度——占全球供应总量的 65% 或更多（BCG and SIA, 2021）。所有主要经济体现在都意识到，它们需要实现半导体进口来源的多样化，并提高供应链的韧性，最可能通过恢复国内生产、近岸外包或向新的地点进行友岸外包（Lund et al., 2020；G7, 2023）。

第二，半导体是国家安全的基础。这是技术民族主义兴起的第二个原因。事实上，更具韧性和更有保障的供应链被认为对一国的经济安全（稳定的就业和关键产业的平稳运行）、国家安全和技术领先地位至关重要。更重要的是，全球各主要经济体都认为半导体是经济和国家安全的重要技术基础。

美国的政策制定者认为，科技进步将决定 21 世纪的地缘政治格局。与生物技术和清洁技术一起，包括微电子、量子信息系统和人工智能在内的计算相关技术，被认为是整个美国科技生态系统中真正的"力量倍增器"。因此，美国新国家安全战略的一个关键要素就是投资于国家实力的源泉，为美国的技术活力和创新引擎充电，尤其是在这些基础领域。与此同时，美国将对半导体等关键技术采取"小院高墙"战略，确保"基础技术的瓶颈点必须在院子里，墙也要高，因为不能让竞争对手利用美国和盟国的技术来破坏美国和盟国的安全"（Sullivan, 2022）。

第三，与第 4.5 节中讨论的 1980 年代中期不同，这种新技术民族主义的前提是，世界已经进入了一个大国间系统性地缘政治竞争的新时代，这些相互竞争的大国在意识形态、价值观、政治制度和经济模式等方面存在巨大差异，新技术民族主义实际上是对这种结构性变化的一种回应。通过强调技术自主 / 自给自足的重要性，新技术民族主义为政府的积极干预提供了理由和支持，力图在具有重要战略意义的技术领域领先于对手，以获得地缘政治利益（Reich, 1987; Tyson, 1993）。因此，新技术民族主义表现出一种逆全球化、脱钩和去风险的倾向，它对技术流动施加限制，并越来越多地采取单边、攻击性和域外管辖措施来实现国家目标。

为了强化半导体供应链的韧性和应对国家安全问题，主要经济体最近纷纷通过技术民族主义的产业政策，推动芯片制造产能的本地化和 / 或回流。其主要形式是提供直接补贴和税收减免。

（1）美国。2022 年《芯片和科学法案》是新一轮干预性产业政策最具代表性的样本，它反映了美国经济政策制定立场的广泛转变。该法案已于 2022 年 8 月

9 日经签署生效，它提供 527 亿美元的紧急补充拨款，用于支持已获授权的半导体计划，此外还有一笔估计约达 240 亿美元的半导体投资税收抵免。该法案设立的这项覆盖半导体制造设备和设施投资 25% 的投资税收抵免（Investment Tax Credit, ITC），是缩小美国与其他国家半导体投资成本差距的又一工具。该法案设置了具有强烈技术民族主义倾向的强有力的护栏条款，如禁止资金／投资税收抵免的接受者在中国或其他有关外国扩建／建设高于特定技术门槛的生产设施，并限制他们与相关外国实体进行任何联合研究或知识产权交易。该法案的 B 部分授权——而不是像该法案中的半导体基金那样是拨款——在 5 年内为多个联邦机构管理的研发计划提供近 1700 亿美元的资金。这比资金预算的基准线增加了 825 亿美元，是美国历史上公共研发领域最大的 5 年投资。

（2）中国。除了上文讨论过的"国家集成电路计划"，针对美国在先进半导体技术方面对华全面出口管制，中国也做出了反应。2022 年 10 月，有报道称中国政府计划将在 2023 年，在半导体产业推出一项新的总值达 1 万亿元（约合 1430 亿美元）的财政激励计划，这代表着中国在半导体领域朝着"自立自强"迈出一大步，以应对美国阻挠其技术进步的举措。此外，中国转向在成熟节点技术方面实现全面国产化。上述激励方案将主要以补贴和税收减免的形式分配，以支持国内半导体和芯片制造设备的生产和研究活动，而非直接进行干预性投资。激励方案的大部分资金可能将用于补贴少数最成功的半导体企业，以及购买国产半导体设备（补贴金额最多不超过成本的 20%）。

（3）欧洲。2021 年 2 月，欧洲议会批准了欧盟提出的价值 6725 亿欧元的"复苏与韧性基金"（Recovery and Resilience Facility, RRF），该基金将以赠款和贷款的形式在未来几年内发放。共同立法者同意，至少 20% 的"复苏与韧性基金"将用于支持欧洲的"数字转型"，它们还为半导体产业设定了特定目标，即到 2030 年，欧洲尖端半导体的产值应至少达到全球总产值的 20%，5 纳米以下的制造产能以 2 纳米为目标，且能效是现在的 10 倍。欧盟委员会注意到欧盟对外部供应商的依赖，以及其在半导体全球价值链中份额的减少，在美国宣布其《美国芯片法案》（CHIPS for America Act）之后，欧盟委员会也于 2021 年 9 月决定，将颁布新的《欧洲芯片法案》（European Chips Act），该法案旨在建立一个最先进的欧洲芯片制造生态系统，以保持欧盟的竞争力和自给自足。2023 年 4 月，欧洲议会批准了《欧洲芯片法案》。到 2030 年，该法案将调动价值超过 430 亿欧元（470 亿美元）的公共和私人投资，并充分利用欧洲的优势，即在世界居于领先地位的研发机构和网络，以及其所拥有的极具先驱性的设备制造商。

（4）日本。如第 4.5 节所述，日本的半导体制造商在 1980 年代曾占据全球一半以上的市场份额（见表 4.3）。此后，其市场份额大幅下降，2010 年代，日本芯片制造商退出了大规模芯片开发的竞争。在当前半导体供应短缺、经济安全和供应链韧性备受关注的背景下，日本政府一直在努力建立一个法律框架，以对在日本建设新的半导体生产设施（尤其是尖端制程）进行补贴。2021 年 12 月，一项立法提案被提交给国会并获批准，其内容是为 2021 财年提供 7740 亿日元（68 亿美元）的补充预算，用于为半导体工厂提供补贴。2021 年 10 月宣布的位于熊本的台积电－索尼合资工厂是首个受益者。该工厂在成熟节点进行生产，于 2022 年开工，并将在 2024 年开始量产——日本政府将提供全部 1 万亿日元（88.2 亿美元）资本投资的一半。其他可能的受益者还包括美国美光以及日本铠侠等内存芯片制造商。根据 2022 年颁布的《经济安全促进法》，日本在 2022 财年进一步专门拨出 1.3 万亿日元的补充预算充实补助资金，用于资助与半导体、芯片制造设备和部件相关的新投资的 1/3，以及半导体制造原材料投资的一半。在日本投资的国内外企业都有资格获得这种补贴。Rapidus 是一家新成立的日本芯片制造商，以生产 2 纳米芯片为目标，它获得了日本政府 3300 亿日元的补贴。美国公司美光则将获得 2000 亿日元补贴，用于扩建其在广岛的工厂。

（5）印度。2021 年 12 月，印度批准了"印度半导体计划"（Semicon India Program）（又称"印度半导体和显示器制造生态系统发展计划"）（Program for Development of Semiconductors and Display Manufacturing Ecosystem in India）。该计划拨款 100 亿美元，为印度发展可持续的半导体和显示器制造生态系统提供激励。该计划旨在提供极具吸引力的激励措施，以期为半导体和显示器制造业带来总计 250 亿美元的投资。其目的是提高印度的半导体自给率，使印度成为半导体全球价值链中的重要一员。更一般地，印度将提供价值 300 亿美元的激励措施，使其成为全球电子产品制造中心。

综合来看，这些技术民族主义政策的短期效果相当明显——全球晶圆厂产能大幅增加，或者说是"遍地晶圆厂"。2021~2023 年，全球半导体产业预计将投资 5000 多亿美元，新建 84 家大容量前端芯片制造厂，每年的数量分别为 23 家、33 家（创历史新高）和 28 家（SEMI, 2022b）。虽然东亚在新增产能中仍占大部分，但新增产能的全球分布比以前更加多样化。毫不奇怪，美国已成为全球新增资本支出最多的地区。2021~2023 年，预计仅在美国就有 18 家新工厂开工建设。在新芯片制造厂的数目方面，中国预计将超过所有其他地区，目前计划建设的成熟节点芯片厂达 20 个。在《欧洲芯片法案》的推动下，欧洲对新半导体厂的投资预计将达历史最高水平，2021~2023 年，计划新建的晶圆厂达 17 座。同期，中国台湾地区预计将开工建设 14 座新工厂，日本和东南亚预计将各开工建设 6 座新工厂，韩国预计将开工建设 3 座大型工厂。

但是，这种"遍地晶圆厂"的现象，在未来十年是否依然现实？在提出一些结论性意见之前，我们先从中美两国的技术定位，以及中国努力实现半导体自给自足的大背景出发，对这一现象进行简要探讨。长期以来，人们一直认为，具有技术民族主义思维倾向的政策制定者会毫不犹豫地削减或切断与对手的经济和技术联系，如果他们认为这种联系对对手更有利（Nelson and Ostry, 1995）。事实上，这正是 2020 年代相互竞争的地缘政治大国间正在发生的事情。新一轮技术民族主义浪潮的演变，可视为大国（尤其是美国和中国）之间的互动过程。这一浪潮最早出现在 2010 年代，当时中国推出了一系列大规模的产业政策计划。受许多东亚经济体产业政策成功经验的启发——尤其是在半导体产业，如 4.5 中所讨论的那样——中国在 2010 年代推出了多项超大型产业政策计划，尤其是 2014 年推出的《国家集成电路产业发展推进纲要》（又称"国家集成电路计划"）和与之配套的"国家集成电路产业投资基金"（又称"大基金"）（VerWey, 2019；Capri, 2020）。

据估计，中国政府在这些计划上的总体资金投入规模前所未有，约达 3000 亿美元，最终目标是在半导体等关键战略领域占有一席之地。中国已稳步缩小了与全球领先企业的技术差距，并在许多基础技术和未来新兴技术领域，确立了自己作为领先者之一的地位（Manyika et al., 2019）。在半导体领域，华为就是一个著名的例子。华为通过其芯片设计子公司海思（HiSilicon）迅速崛起为全球最大的电信设备制造商和全球顶级半导体公司之一（Berman et al., 2000）。

到 2010 年代末，许多美国政界人士越来越倾向于认为，中国正在开展一场广泛的运动，挑战美国的大国地位，因此，对中国的技术转让和与中国的技术合作，不应仅看到其在商业方面的利益，还应将其视为潜在的国家安全风险。这种焦虑的加剧，促使美国自 2020 年起，开始实施高技术管控措施。

从特朗普政府开始，美国采取了一系列技术民族主义措施，包括加强对"军民两用"技术的控制、对一些知名中国高科技企业实施制裁和限制，以及对中国实施全面的半导体出口管制。Suleman 和 Yagci（2022a）认为，这些举措代表了美国确保其在半导体等关键供应链中居于领先地位的战略取向。美国国会于 2018 年通过了《出口管制改革法案》（Export Control Reform Act, ECRA）。该法案以"新兴"和"基础"技术为重点，扩大了美国商务部《受控商品清单》（Controlled Commodity List, CCL）中军民两用技术的范围，将 10 类技术纳入了"军民两用"的范畴。此外，美国还对华为和其他一些中国高科技公司实施了全面制裁和限制。在中美技术民族主义创新竞赛的背景下，华盛顿特别对准了华为和其他中国高科技公司，如中兴通讯和中芯国际，拒绝它们进入美国（电信）市场，并对它们实施严格的出口管制。

2022 年 10 月，拜登政府对中国实施了几十年来最严格的技术出口限制，这是美国对中国的技术和地缘政治愿景做出的强烈反应。概言之，这些全面的限制措施，禁止中国获得最先进的芯片，若它们在设计和制造过程中使用了美国软件和 / 或设备，或者它们是由雇用美国人为其工作的晶圆厂制造。这些针对性极强的限制措施具有整体性，它们既针对半导体全球价值链的各个环节，又环环相扣，每个环节都利用了美国在特定瓶颈点上的主导地位，同时又共同服务于总体目标（Allen, 2022；Suleman and Yagci, 2022a）。2023 年 3 月，日本和荷兰效仿美国，宣布对关键半导体技术实施新的出口管制，这些管制措施已分别于 2023 年 7 月和 9 月生效。

毫不奇怪，中国也对美国主导的这些制裁采取了反制措施。

4.8 结论

新冠疫情、全球芯片短缺以及美国对半导体技术的出口限制，使全世界都在关注这一重要的高科技领域。现在，许多发达经济体的政府建立（重建）国内半导体制造产能（晶圆厂）的紧迫性大大提高，并制定了具体的产业政策。从美国和欧盟到日本、韩国、印度和中国，这些由政府主导的计划往往以供应链韧性和国家安全考虑为名。在这场建设"遍地晶圆厂"的全球竞赛中，人们普遍忽视了这样一个事实，即半导体全球价值链（GVC）本身正处于大规模转型期，从以前基于在同一半导体企业内部进行设计和制造的完全一体化的 IDM 模式，到自 1990 年代以来半导体器件的设计和制造在组织和地理上的日益分离。在 1980 年代末以来的这场"无厂革命"中，芯片设计和生产可以在完全不同的企业和地理位置完成。与此同时，半导体设计和制造领域巧夺天工的技术创新有增无减，不断推动着所谓的"摩尔定律"——即芯片越来越小，但算力越来越强——继续向前沿发展。再加上过去 20 年来，个人电脑、智能手机和服务器等新的工业应用领域对这种更小、更强大芯片的需求持续强劲，半导体制造在技术方面变得更加复杂，在资金投入方面也变得更加资本密集。到 2010 年代末，只有三家半导体企业有能力持续投资新的尖端晶圆厂（定义为 10 纳米或更小节点的工艺技术）。

这些行业特定的特点给当前各国建设"遍地晶圆厂"的政策举措带来了根本性的挑战。正如我们在本章开头引用目前世界领先的芯片制造商台积电的首席执行官所说的那样，必须谨慎看待这些政策，因为让每个国家都建立自己的晶圆厂既不现实，也不容易。事实上，本章已经用大量证据证明，半导体全球价值链在组织和地理方面的复杂程度远远超出了大多数"自己的晶圆厂"的政策倡导者的想象。本章表明，在过去十年中，顶级半导体主导企业已经提高了他们的集体市场份额，尤其是在逻辑和存储芯片这两个门类。在半导体全球价值链的各个环节，从设计软件和知识产权到材料和制造设备，虽然都是少数几家市场领先者占据主导地位，但每一个环节又都依赖全球众多受信赖的关键供应商和技术领先者。即使是作为芯片制造领域最尖端光刻机唯一供应商的荷兰 ASML 公司，也要依赖数百家专业供应商，才能生产出任何尖端晶圆厂都不可或缺的价值 2 亿欧元的 EUV 光刻机。

为了解释 2020 年代初之前半导体全球价值链的这些变革性变化，本章第 4.4 节着力探究了自 1990 年代以来无厂逻辑芯片设计公司及其制造合作伙伴（即台积电等纯晶圆代工企业）的崛起，研究了该行业的演变。我们的研究结果表明，芯片设计和生产的高成本、资本市场的偏好、必要的规模经济以及不断变化的市场动态在推动这场"无厂革命"中发挥了重要作用。随着逻辑芯片越来越复杂，计算能力越来越强，能效越来越高，其设计和生产也相应需要成本更高的人力资本、电子设计自动化软件、知识产权和高度专业化的生产设备，而这些投入品只有少数企业能负担得起。在美国，特别是在硅谷，风险资本对轻资产半导体企业的青睐，迫使更多的美国初创企业转向无厂模式。但谁来为这些无厂企业制造芯片呢？答案很明确，那就是东亚（如中国台湾地区、韩国、新加坡以及最近的中国）的纯晶圆代工厂。本章的经验证据支持了我们在导言中概述的论点，即芯片设计和制造的这种垂直逆一体化，实际上推动了半导体生产的全球化，并使半导体全球价值链的遍布全球。

但这种"无厂革命"并未发生在半导体的每一个产品类别中。自 2010 年代以来，半导体全球价值链中出现了不同形式的垂直化或垂直专业化。我们的分析表明，半导体全球价值链中的无厂半导体企业－晶圆代工厂模式在特定应用的逻辑芯片领域尤为强大和高效。但在目前全球半导体市场的另一个关键产品类别——即规模高达 6000 亿美元的存储芯片领域，一体化器件制造（IDM）或垂直一体化仍是组织全球生产网络和全球价值链的主导模式。由 IDM 主导的芯片设计和生产，在微元件、模拟和分立芯片领域也同样普遍。在所有这些产品类别中，领先的集成电路制造企业（除英特尔在微处理器领域外）多采用混合方式组织其生产网络，特点是成熟技术节点采用内部晶圆厂，而先进逻辑芯片则完全外包给领先的代工供应商，如台积电和格芯。通过这种轻晶圆厂方式，这些 IDM 企业能够充分利用现有的充分折旧的晶圆厂，避免投资新的尖端晶圆厂所需的巨额成本。这种对领先晶圆代工供应商的依赖，反过来又解释了为何在 2021~2023 年，他们的客户（许多是汽车行业的客户）会遭遇全球性芯片短缺。

就产业集中度而言，东亚目前在逻辑芯片和存储芯片的生产方面发挥着主导作用，因为该地区有几家顶级的纯晶圆代工供应商（台积电、三星晶圆代工、联电和中芯国际）和 IDM 企业［三星、SK 海力士和铠侠（东芝）］。第 4.5 节中的实证讨论提供了一些证据来支持我们的论点，即日本、韩国、中国台湾地区和新加坡政府的扶持，对 1970 年代到 1990 年代初代工和存储芯片生产领域的冠军企业的初期发展至关重要。通过政府赞助的产业联盟、以贷款和赠款的形式提供优惠的资金支持、国家研究机构推动的技术转让，以及对特定企业的政策倾斜（即"挑选赢家"）等一系列政策组合，这些东亚经济体，从 1970 代末的日本开始，在连续的历史时期内，在半导体工艺和制造技术方面实现了快速赶超。但必须指出的是，并非所有东亚政府主导的举措都取得了成功。中国台湾地区在半导体代工方面取得的成就——台积电，其次是联电，就是其范例——现在已众所周知，但其对内存芯片 IDM 生产商的政策支持就不那么成功。同样，如专栏 4.4 所示，新加坡在国家主导下试图扶持企业成为纯代工领域的"国家冠军"，但并未奏效。然而其在吸引外国半导体企业（如存储芯片领域的美光公司和代工领域的联电公司）方面，却颇为成功。

在半导体追赶和／或建设尖端晶圆厂的过程中，关于由政府主导的举措的历史经验在正反两方面都存在，其中一个关键原因是常忽视半导体全球价值链中的"需求侧"因素——即市场动态的关键作用。

本章第 4.6 节提供了实证数据，说明自 2010 年代以来，在产业应用领域，市场向计算机／数据存储和无线通信转移，这一转变对逻辑芯片领域领先的无厂半导体企业和代工生产商，以及微处理器和存储芯片领域的 IDM 企业的快速发展至关重要。虽然东亚各国政府仍通过更横向型的产业政策（如对研发和产业集群的制度支持以及贸易自由化）提供支持，但它们在直接引导国内企业在半导体产业实现发展和转型方面所起的作用已变得不那么明显和可行，但作为后来者的中国是个例外。相反，东亚的半导体制造主导企业利用了"无厂革命"支持下的新市场动态，以及来自计算机、数据中心和无线通信等新的产业应用方面的大量需求。这些东亚企业通过提升企业特定能力和产业专业化，开发了新的半导体产品或工艺技术、实现了灵活的芯片生产方式和产品多样性，并发展出先进的组织诀窍和获取市场信息的专有途径（例如，通过无厂客户以及它们的最终用户原始设备制造商）。

到 2020 年代，半导体全球价值链不再局限于任何特定企业或国家领土。本章第 4.6 节、第 4.7 节提供了进一步的证据，以支持以下结论：尽管越来越多的政府出于国家安全和降低风险的考虑，希望通过拥有"自己的晶圆厂"成为"真"国家，但在疫情后，这种由技术民族主义推动的对半导体制造技术主权的追求，其前景既不容乐观，也不可靠。

如果不同时从需求侧和供给侧因素对过去 20 年半导体全球价值链的转变进行现实的评估，这种"遍地晶圆厂"的全球竞赛很可能会导致产能过剩、晶圆厂开工率不足、市场破碎化和全球技术分岔。尽管其中一些成本本身就是技术民族主义政策目标的组成部分，但它们在实现技术主权方面的前景不容乐观。

考虑到追求"遍地晶圆厂"的潜在成本，我们不妨在本文的最后概述一下 2020 年代半导体全球价值链可能出现的三种情况。第一种也是最有可能出现的情况是，半导体价值链的现有组织结构和地理分布将继续蹒跚前行。虽然美国和欧盟将通过近期的技术民族主义产业政策将增加更多芯片产能，但这些新增产能仍将相对有限，且并非处于最尖端，因而不会从根本上重塑半导体全球价值链的竞争态势。但正如第 4.7 节所讨论那样，这些政策不一定在每个经济体都奏效，因此对现有的卓越中心，即芯片设计领域的美国，设备和材料领域的美国、欧盟和日本以及芯片制造领域的东亚和美国，他们的影响将相对较小。在该情景下，仅在逻辑芯片和存储芯片的成熟节点上，中国才是主要参与者。

第二种情况更为激进，甚至可能是革命性的。在这种可能性较小的、发生了重大技术创新的情景中，一个或多个经济体（如中国或美国）开发出新的突破性的、超越原有使用半导体的集成电路生产平台。要实现这些重大创新，显然需要密集的研发努力和资金资源。终端市场对基于新材料或工艺突破的集成电路的需求也是如此。该革命性场景基于一个关键假设，即现有的中美关系、世界贸易体制和全球新自由主义秩序不会出现实质性恶化，从而阻碍技术变革。在该场景下，现有的半导体全球价值链将受到这些革命性平台的挑战，这有可能导致整个行业的重心从现有的居于主导地位的卓越中心移出。

第三种最具破坏性的情况是地缘政治竞争、政府干预甚至军事冲突的升级，这将从根本上扰乱甚至摧毁半导体全球价值链。在这种情况下，中国和中国台湾地区之间的关系，有可能成为重塑全球半导体生产和市场的主要力量和拐点。同样严重的变化是，美国对中国实施的进一步贸易限制和技术制裁，或将涵盖所有半导体技术类别、关键投入品和主要工业应用。

正如本章开头指出的那样，由于芯片最终用户的巨大多样性，政府管制或甚至仅是敌意的升级，都可能会颠覆整个全球半导体产业。无论是军事紧张局势还是贸易/技术紧张局势进一步升级，一个有半导体全球价值链的相互关联的世界都可能终结，随之而来的或是一个更糟糕的新世界。我们可以肯定的是，在这样一个全球逆一体化的新时代，"遍地晶圆厂"仍将是痴人说梦。

（黄绍鹏译、邢予青审订）

参考文献

Allen, G.C., 2022, "Choking Off China's Access to the Future of AI", Center for Strategic and International Studies (CSIS).

Angel, D.P., 1994, *Restructuring for Innovation: The Remaking of the U.S. Semiconductor Industry* (New York: Guilford).

Bacchus, J., 2022, "The Black Hole of National Security", *Cato Institute Policy Analysis* 936, pp.1-13.

BCG and SIA, 2021, "Strengthening the Global Semiconductor Supply Chain in an Uncertain Era", https://www.semiconductors.org/wp-content/uploads/2021/05/BCG-x-SIA-Strengthening-the-Global-Semiconductor-Value-Chain-April-2021_1.pdf.

Berman, N., Maizland, L., and Chatzky, A., 2020, "Huawei: China's Controversial Tech Giant", Council on Foreign Relations Backgrounders, https://www.cfr.org/backgrounder/chinas-huawei-threat-us-national-security.

Borrus, M.G., 1988, *Competing for Control: America's Stake in Microelectronics*, Cambridge (MA: Ballinger Publishing).

Braun, E., and MacDonald, S., 1982, *Revolution in Miniature: The History and Impact of Semiconductor Electronics*, Second Edition (Cambridge: Cambridge University Press).

Brown, C., and Linden, G., 2011, *Chips and Change: How Crisis Reshapes the Semiconductor Industry*, Paperback Edition (Cambridge, MA: MIT Press).

Capri, A., 2019, "Techno-nationalism: What Is It and How Will It Change Global Commerce?", *Forbes*.

Capri, A., 2020, "Semiconductors at the Heart of the US-China Tech War", Hinrich Foundation.

Clarke, P., 2022, "China's Share of Global Fabless IC Market Collapsed in 2021", EENews, https://www.eenewseurope.com/en/chinas-share-of-global-fabless-ic-market-collapsed-in-2021.

Cyberspace Administration of China. 2023, "Micron's Products Sold in China Fail Cybersecurity Review", http://www.cac.gov.cn/2023-05/21/c_1686348043518073.

htm.

Dibiaggio, L., 2007, "Design Complexity, Vertical Disintegration and Knowledge Organization in the Semiconductor Industry" *Industrial and Corporate Change* 16 (2), pp.239-267.

Epicoco, M., 2013, "Knowledge Patterns and Sources of Leadership: Mapping the Semiconductor Miniaturization Trajectory", *Research Policy* 42 (1), pp.180-195.

Fontana, R. and Malerba, F., 2010, "Demand as a Source of Entry and the Survival of New Semiconductor Firms". Industrial and Corporate Change 19 (5), pp.1629-1654.

Fuller, D.B., 2007, "Globalization for Nation-building: Taiwan's Industrial and Technology Policies for High-technology Sectors". *Journal of Interdisciplinary Economics* 18 (2/3), pp.203-224.

Fuller, D.B., 2016, *Paper Tigers, Hidden Dragons: Firms and the Political Economy of China's Technological Development* (Oxford: Oxford University Press).

Fuller, D.B., 2019, "Growth, Upgrading, and Limited Catch-up in China's Semiconductor Industry", in Brandt L., and Rawski, T.G., (eds.), *Policy, Regulation and Innovation in China's Electricity and Telecom Industries* (Cambridge: Cambridge University Press).

G7. 2023, "G7 Leaders' Statement on Economic Resilience and Economic Security", European Council, https://www.consilium.europa.eu/media/64501/g7-statement-on-economic-resilience-and-economic-security.pdf.

Global Research Reports, https://www.jpmorgan.com/insights/research/supply-chain-chip-shortage.

Grimes, S., and Du, D., 2022, "China's Emerging Role in the Global Semiconductor Value Chain", *Telecommunications Policy* 46 (2).

Hamilton-Hart, N., and Yeung, H.W., 2021, "Institutions under Pressure: East Asian States, Global Markets and National Firms", *Review of International Political Economy* 28 (1), pp.11-35.

Henderson, J., 1989, *The Globalisation of High Technology Production* (London: Routledge).

Herbst-Bayliss, S., and Nellis, S., 2020, "Exclusive: Hedge fund Third Point Urges Intel to Explore Deal Options", Reuters, https://www.reuters.com/article/uk-intel-thirdpoint-exclusive-idINKBN2931PW.

Hobday, M., Rush, H., and Bessant, J., 2004, "Approaching the Innovation Frontier in Korea: The Transition Phase to Leadership". *Research Policy* 33 (10), pp.1433–1457.

Hodiak, J., and Harold, S.W., 2020, "Can China Become the World Leader in Semiconductors?", The Diplomat, https://thediplomat.com/2020/09/can-china-become-the-world-leader-in-semiconductors.

Huggins, R., Johnston, A., Munday, M., et al., 2023, "Competition, Open Innovation, and Growth Challenges in the Semiconductor Industry: The Case of Europe's Clusters", *Science and Public Policy*, scad005.

IC Insights. 2022, "Chinese Companies Hold only 4% of Global IC Marketshare", IC Insights Research Bulletin, https://www.icinsights.com/data/articles/documents/1444.pdf.

J.P. Morgan., 2022, "Supply Chain Issues and Autos: When Will the Chip Shortage End?"

Kenney, M., 2011, "How Venture Capital Became a Component of the US National System of Innovation", *Industrial and Corporate Change* 20 (6), pp.1677-1723.

Khan, S., Mann, A., and Peterson, D., 2021, "The Semiconductor Supply Chain: Assessing National Competitiveness", *Center for Security and Emerging Technology*.

Kleinhans, J.P., and Baisakova, N., 2020, "The Global Semiconductor Value Chain: A Technology Primer for Policy Makers", Stiftung Neue Verantwortung.

Langlois, R.N., 2003, "The Vanishing Hand: The Changing Dynamics of Industrial

Capitalism". *Industrial and Corporate Change* 12 (2), pp.351–385.

Langlois, R.N., Pugel, T.A., Haklisch, C.S., et al., 1988, *Micro-Electronics: An Industry in Transition* (Boston: Unwin Hyman).

LaPedus, M., 2021, "End in Sight for Chip Shortages?", Semiconductor Engineering, https://semiengineering.com/end-in-sight-for-chip-shortages/.

Lee, K., 2019, *The Art of Economic Catch-Up: Barriers, Detours and Leapfrogging in Innovation Systems* (Cambridge: Cambridge University Press).

Lincicome, S., and Zhu, H., 2021, "Questioning Industrial Policy: Why Government Manufacturing Plans Are Ineffective and Unnecessary", White Paper, Cato Institute, https://ssrn.com/abstract=3965762.

Lund, S., Manyika, J., Woetzel, J., et al., 2020, "Risk, Resilience, and Rebalancing in Global Value Chains", McKinsey Global Institute.

Luo, Y., 2022. "Illusions of Techno-nationalism", *Journal of International Business Studies* 53, pp.550-567.

Manyika, J., McRaven, W. H, and Segal, A., 2019, "Innovation and National Security: Keeping Our Edge", Council on Foreign Relations Report No. 77, https://www.cfr.org/report/keeping-our-edge/pdf/TFR_Innovation_Strategy.pdf.

Mathews, J.A. and Cho, D.S., 2000, *Tiger Technology: The Creation of A Semiconductor Industry in East Asia* (Cambridge: Cambridge University Press).

Ministry of Commerce of the PRC., 2023, "Announcement on Export Controls on Gallium and Germanium Related Items", http://www.mofcom.gov.cn/article/zwgk/gkzcfb/202307/20230703419666.shtml.

Nelson, R.R., and Ostry, S., 1995, "Techno-nationalism and Techno-globalism", The Brookings Institution.

Nenni, D., and McLellan, P., 2019, "Fabless: The Transformation of the Semiconductor Industry", SemiWiki.com Project.

Ning, L., 2009, *China's Rise in the World ICT Industry: Industrial Strategies and the*

Catch-Up Development Model (London: Routledge).

O'Mara, M., 2019, *The Code: Silicon Valley and the Remaking of America* (New York: Penguin).

Olcott, E., and Sevastopulo, D., 2023, "China Bans Micron's Products from Key Infrastructure over Security Risk", *Financial Times*, https://www.ft.com.

Pettit, T.J., Fiksel, J., and Croxton, K.L., 2010, "Ensuring Supply Chain Resilience: Development of a Conceptual Framework", *Journal of Business Logistics* 31 (1), pp.1-20.

Reich, R., 1987, "The Rise of Techno-nationalism", *The Atlantic Monthly*, 259, pp.63-69.

Rodrik, D., 2008, "Industry Policy for the Twenty-First Century", Working Paper 4767, Harvard Kennedy School, Harvard University.

Saxenian, A., 1994, *Regional Advantage: Culture and Competition in Silicon Valley and Route 128* (Cambridge, MA: Harvard University Press).

Saxenian, A., 2006, *The New Argonauts: Regional Advantage in a Global Economy* (Cambridge, MA: Harvard University Press).

SEMI., 2022a, "2021 Global Semiconductor Equipment Sales Surge 44% To Industry Record $102.6 Billion", SEMI Reports, https://www.semi.org/en/news-media-press-releases/semi-press-releases/2021-global-semiconductor-equipment-sales-surge-44%25-to-industry-record-%24102.6-billion-semi-reports.

SEMI., 2022b, "Global Chip Industry Projected to Invest more than $500 Billion in New Factories by 2024, SEMI Reports", SEMI Press Releases, https://www.semi.org/en/news-media-press-releases/semi-press-releases/global-chip-industry-projected-to-invest-more-than-%24500-billion-in-new-factories-by-2024-semi-reports, accessed on 10 May 2023.

SIA., 2016, "Beyond Borders: How an Interconnected Industry Promotes Innovation and Growth", Semiconductor Industry Association, https://www.semiconductors.org/wp-content/uploads/2018/06/SIA-Beyond-Borders-Report-FINAL-June-7.pdf.

SIA., 2021, "2020 State of the U.S. Semiconductor Industry, Semiconductor Industry Association", https://www.semiconductors.org/wp-content/uploads/2020/07/2020-SIA-State-of-the-Industry-Report-FINAL-1.pdf.

SIA., 2023, "2022 State of the U.S. Semiconductor Industry", Semiconductor Industry Association, https://www.semiconductors.org/wp-content/uploads/2022/11/SIA_State-of-Industry-Report_Nov-2022.pdf.

Spence, M., 2023, "In Defense of Industrial Policy", Project Syndicate, https://www.project-syndicate.org/commentary/industrial-policy-us-chips-and-science-act-debate-by-michael-spence-2023-05.

Suleman, A., and Yagci, M., 2022a, "The Impact of Sanctions on Global Value Chains", Background Paper for the Workshop on "Global Value Chain Development Report 2023: Resilient and Sustainable GVCs in Turbulent Times", World Trade Organization.

Suleman, A., and Yagci, M., 2022b, "The Rising Role of the State in the Governance of Global Value Chains", Background Paper for the Workshop on "Global Value Chain Development Report 2023: Resilient and Sustainable GVCs in Turbulent Times", World Trade Organization.

Sullivan, J., 2022, "Remarks by National Security Advisor Jake Sullivan on the Biden-Harris Administration's National Security Strategy", The White House, https://www.whitehouse.gov/briefing-room/speeches-remarks/2022/10/13/remarks-by-national-security-advisor-jake-sullivan-on-the-biden-harris-administrations-national-security-strategy/.

TrendForce., 2022b, "New US EDA Software Ban May Affect China's Advanced IC Design, Says TrendForce", https://www.trendforce.com/presscenter/news/20220815-11338.html.

Tyson, L. D., 1993, "Who's Bashing Whom? Trade Conflicts in High-Technology Industries", Institute for International Economics.

VerWey, J., 2019, "Chinese Semiconductor Industrial Policy: Past and Present", *Journal of International Commerce and Economics 1.*

Voon, T., 2019, "The Security Exception in WTO Law: Entering a New Era", *American Journal of International Law* 113, pp.45-50.

Weiss, L., 2014, *America Inc.? Innovation and Enterprise in the National Security State* (Ithaca, NY: Cornell University Press).

White House., 2021, "Building Resilient Supply Chains, Revitalizing American Manufacturing, and Fostering Broad-based Growth: 100-day Reviews Under Executive Order 14017", DC: White House.

Xing, Y., 2021, *Decoding China's Export Miracle: A Global Value Chain Analysis* (Singapore: World Scientific).

Yap, X.S., and Rasiah, R., 2017, *Catching Up and Leapfrogging: The New Latecomers in the Integrated Circuits Industry* (New York: Routledge).

Yeung, H.W, 2016, *Strategic Coupling: East Asian Industrial Transformation in the New Global Economy*, Cornell Studies in Political Economy Series (Ithaca, NY: Cornell University Press).

Yeung, H.W., 2022a, *Interconnected Worlds: Global Electronics and Production Networks in East Asia*, Innovation and Technology in the World Economy Series (Stanford, CA: Stanford University Press).

Yeung, H.W., 2022b, "Explaining Geographic Shifts of Chip Making Toward East Asia: Market Dynamics in Semiconductor Global Production Networks", *Economic Geography* 98 (3), pp.272-298.

Zhen, L., 2023, "China Curbs Critical Metal Exports in Retaliation for Western Restrictions on Chip Industry", SCMP, https://www.scmp.com.

第 5 章

追溯全球价值链上的
二氧化碳排放

孟 渤 王 苒 李 萌 李禧源 闫云凤

全球价值链的崛起被视为 21 世纪经济全球化最重要的特征之一（Baldwin, 2013；WTO-IDE, 2011；Antràs and de Gortari, 2020），它不仅使全球企业获得了更高的经济效率（Bloom et al., 2012；Melitz and Trefler, 2012），还帮助发达和发展中经济体利用其比较优势获得增加值、收入和就业机会（Gereffi and Fernandez-Stark, 2016；Meng et al., 2020；Meng and Ye, 2022）。然而，在通过全球生产共享创造价值的同时，作为副产品，全球价值链也在不同国家的能源密集型生产阶段产生了大量温室气体排放和污染，或与之相关（Meng et al., 2023）。此外，全球价值链的复杂性和不确定性日益增加，中间产品和对外直接投资的多次和频繁跨境，使"谁为谁排放"变得更加难以捉摸，因此，如何设计环境政策（包括国内和国际规制、税收、碳定价等），以使各国、各产业和各企业能够明确其在气候变化方面的责任，是一项巨大挑战。

明确每个国家的二氧化碳排放责任，对于有效开展国际合作以应对气候变化至关重要。如果各国没有意识到它们正在为一个有可能实现其目标的全球事务做贡献，那么他们就没有动力承担减排成本。而确保减排量在各国间的分配与排放责任相对应，将是就绿色议程达成国际共识的重要因素。

本章提出了一个统一的核算框架，用于在国家、部门和双边层面追溯全球价值链上的二氧化碳排放。该核算框架可以被用于更好地理解以不同角色出现的全球价值链参与者的排放责任，如生产者、消费者、出口商、进口商、投资者和被投资者。之后，我们展示该框架如何为改进环境政策设计、气候变化谈判和绿色全球价值链治理提供有益见解，从而使那些排放性生产活动的受益者承担更适当的减排成本份额。我们的主要发现包括如下三点。（1）自 2001 年以来，发展中经济体纯粹服务于本国最终需求的国内价值链所产生的二氧化碳排放量增加了一倍。现在，这些排放量大约是发达经济体相应排放量的两倍。鉴于全球价值链植根于国内，当务之急是通过更有效的工具如环境规制、税收和在国内引入碳交易计划来遏制这些排放。通过绿色化国内生产，发展中经济体也可以通过全球价值链实现绿色化出口。（2）1995~2021 年，发达经济体和发展中经济体的全球价值链碳强度都有所下降。然而，通过国际贸易来创造国内增加值，相较于通过纯国内价值链来创造国内增加值，仍具有更高的碳密集度。因此，在《巴黎协定》背景下，必须在全球价值链中引入碳定价，以大幅提高全球排放成本。（3）通过国际贸易和跨境投资（如对外直接投资）渠道，全球价值链增加了碳泄漏。然而，目前的减排目标并未明确而一致地考虑到全球价值链参与者的不同角色及责任，如生产者、消费者、出口商、进口商、投资者和被投资者。这使在全球价值链相关排放方面，国内企业比跨国公司的负担更重，因此跨国公司应在应对气候变化方面发挥更积极的作用。

　　在第 5.1 节中，我们首先概述了二氧化碳排放量的快速增长所带来的气候变化挑战，并说明了在未来二三十年内实现碳中和目标的难度。在第 5.2 节中，我们介绍了传统的以属地为基础的，在国家、部门和双边层面追溯全球价值链上、下游的二氧化碳排放量和增加值的核算框架。基于该框架，我们开发了一种新方法来明确国家层面的自我和共同排放责任并将其应用于真实数据。在第 5.3 节中，我们将企业异质性信息纳入核算框架，从而可以区分跨国公司和国内企业在全球价值链上产生和引致排放过程中所发挥的作用。在第 5.4 节中，我们利用要素收入贸易的概念，进一步将基于属地的排放核算更新为基于企业控制的排放核算。这有助于更好地理解跨国公司对外直接投资活动中排放责任与企业控制之间的关系。在第 5.5 节中，我们提出了一些政策建议。

5.1 既往的二氧化碳排放与气候变化挑战

气候变化是人类在 21 世纪面临的最紧迫挑战之一。它给环境、经济和人类福祉带来了巨大风险。本部分首先利用美国国家航空航天局的可视化图表，直观展示二氧化碳排放增加对气候变化的影响。之后，我们将展示主要经济体排放产生的历史演变，以及未来实现碳中和目标是多么具有挑战性。

5.1.1 气候变化的可见影响

图 5.1（基于美国国家航空航天局的可视化工具）显示了二氧化碳排放浓度、温度和海冰覆盖率的显著变化。图中最上方的板块显示了 2002~2022 年，在 1.9~8 英里的高度范围内，全球二氧化碳排放浓度和分布的变化。黄色至红色区域表示二氧化碳排放浓度较高，而蓝色至绿色区域表示浓度较低，单位为百万分之一。我们可以很容易地观察到一个明显的上升趋势。事实上，目前大气中的二氧化碳比至少 65 万年以来的任何时候都要多（Hopkin, 2005；Lüthi et al., 2008）。同图的中间板块显示了 1880~1884 年以及 2017~2021 年全球地表温度异常变化的进程，高于正常温度和低于正常温度分别以红色和蓝色显示（正常温度以白色显示，根据 1951~1980 年这 30 年基期计算而得）。不难看出颜色的显著变化。事实上，自 1880 年以来，地球上的全球平均气温至少上升了 1.1℃（1.9℉），而且大部分变暖发生在 1975 年以后，速度大约为每十年 0.15~0.20℃（GISS-NASA, 2023）。此外，海冰覆盖率也发生了重大变化。图 5.1 底部板块显示了 1979~2022 年北极海冰的年最小值。每年夏季结束时，海冰覆盖面达到最小，留下所谓的常年冰盖。自 1979 年开始有卫星记录以来，常年冰盖面积一直在稳步下降，与 1981~2010 年的平均水平相比，每十年下降 12.6%。

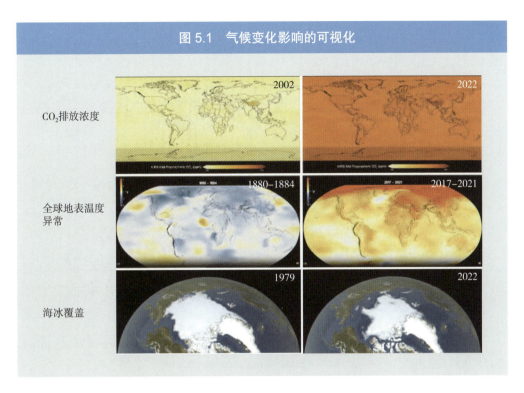

图 5.1 气候变化影响的可视化

资料来源：美国国家航空航天局的大气红外探测器（AIRS）、GISS 地表温度分析（GISTEMP v4）和科学可视化工作室（SVS）。

5.1.2 既往的二氧化碳排放和实现碳中和的挑战

通过上述美国国家航空航天局的可视化图表，我们可以看到，气候变化的影响是如何在这些年显著变化的。气候变化的主要来源之一是化石燃料燃烧产生的温室气体排放，其中二氧化碳排放占绝大部分（超过 75%）。图 5.2 显示了1830~2021 年，发达经济体和新兴大型经济体二氧化碳排放量的历史演变，以及这些国家宣布的碳中和目标（到 2070 年）。

显然，美国是发达经济体中最大的排放国，其次是欧盟 27 国、日本和加拿大。从二战后到 1980 年，美国和欧盟 27 国的二氧化碳排放量都出现了大幅增长。美国和欧盟 27 国的主要区别在于：欧盟 27 国的排放量于 1980 年达到峰值并在

图 5.2 1830~2021 年主要经济体的 CO_2 历史排放量及其实现碳中和的目标年份

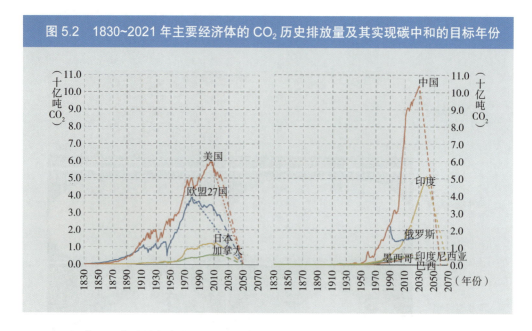

注：既往 CO_2 排放数据来自 PRIMAP-hist 既往各国排放时间序列（Gütschow et al., 2016）。各国的气候目标来自"气候行动跟踪"（https://climateactiontracker.org）。

之后逐渐下降，而美国的排放量在 1980 年之后的约 25 年间持续增长，并于 2008 年前后达到峰值。伴随着 1960~1970 年的经济腾飞，日本二氧化碳排放量快速增长。与美国的模式类似，日本在 1980 年后也经历了排放量增加，并于 2012 年达到峰值，但增加的趋势相对较弱。从历史角度看，发达经济体从工业革命到第二次世界大战期间的累计二氧化碳排放量，仅占其累计排放总量的一小部分（约 20%），而超过 80% 的排放量发生在第二次世界大战之后。与发达经济体二氧化碳排放量的变化模式相比，在新兴经济体中，中国的排放量在其于 2001 年加入世界贸易组织后急剧增加，并占据了主导地位；印度紧随其后，其排放量也在 2000 年后迅速增长。中国和印度排放量快速增长的共同特点是：作为所谓的"亚洲工厂"的重要生产中心和枢纽，积极地参与了全球价值链。

应对气候变化的主要挑战是如何减少二氧化碳排放。图 5.2 中的发达经济体集团已承诺到 2050 年底实现碳中和（净零碳）。两个最大的新兴经济体——中国和印度，其目标分别是在 2060 年和 2070 年实现碳中和。假设发达经济体从现在起按照线性排放趋势到 2050 年实现净零碳，我们可以通过连接其当前排放水平和 2050 年净零碳目标的虚线的斜率，来观察其所需的排放下降速度。根据这一指标，美国正面临着最严峻的挑战，其次是欧盟 27 国。日本和加拿大一直是相对低碳的社会，因此实现碳中和所需的减排量要少于美国和欧盟 27 国，所需的努力也略少。此外，如果美国和欧盟 27 国能更早地从其碳峰值年开始采取更多行动（见图 5.2 中的虚线），那么它们实现碳中和的道路可能会更容易一些。对于新兴经济体，尤其是中国和印度，其二氧化碳排放量将持续增长直至未来达到峰值，这将带来更多挑战。假若中国能够实现在 2030 年达到二氧化碳排放峰值的承诺，那么到 2060 年实现净零碳排放将是一项艰巨的任务，因为其减排虚线的斜率非常陡峭。印度等其他新兴经济体也将面临严峻挑战。如果印度与中国一样，二氧化碳排放量呈上升趋势，且比中国晚 10 年达到排放峰值，那么到 2070 年实现碳中和将需要非常大幅度且迅速地减排。即便在 2040 年，由于绿色技术的扩散或外溢，印度能够以中国二氧化碳排放峰值一半的水平，达到与其相同的工业化程度，要在 2070 年实现碳中和，印度仍需付出巨大努力。

需要注意的是，图 5.2 中显示的排放是属地排放，这并不一定意味着产生排放的国家要对这些排放负百分之百的责任。这主要是因为在全球价值链时代，一国的排放可能是由于其生产通过复杂的国际贸易和投资途径满足了其他国家的最终需求。换句话说，由于没有公认的全球碳价格，市场机制无法解决所有通过国际贸易和投资发生的碳泄漏问题，正如与所谓的"污染天堂"（Pollution Heaven）和"逐底竞争"（Race to the Bottom）[1] 假说相关的文献所讨论的那样（Copeland and Taylor, 1994；Taylor, 2005；Xing and Kolstad, 2002；Konisky, 2007；Bu and Wagner, 2016；Avendano et al., 2023）。更为重要的是，全球价值链战略允许跨国公司将总部和工厂职能分离——即所谓的"二次分拆"（Baldwin, 2013）——这导致增加值和碳排放在全球价值链上的分布不对称。具体而言，专业从事制造和组

1　"逐底竞争"一词的起源通常可追溯到美国最高法院大法官 Louis Brandeis 在"Liggatt v Lee"一案中的反对意见。在其中他描述了企业如何在美国"成本最低、法律限制最少的州"成立，从而导致"并非在尽职维度，而是在懈怠维度"上的竞争（Louis K. Liggett Co. V. Lee, 288 U. S. 517）（Supreme Court, 1933）。

装等低附加值任务的国家，承担了高碳排放，而从事研发和营销的国家获得的增加值更多，但承担的碳排放较少（见图5.3）。例如，苹果公司约70%碳足迹是在制造过程中产生的（Apple，2022），这些制造过程位于美国之外，但对于苹果公司实现其品牌、软件和其他无形资产的价值不可或缺，同时苹果公司在由其海外合同制造商生产的产品中获得了最大份额的增加值。参与全球价值链的发展中国家一般专业从事碳排放量相对较高的低附加值工作。在某种程度上，发展中国家碳排放量的增加，要归因于过去几十年全球价值链的扩散。应对气候变化的一个关键问题，是如何帮助发展中国家从实质上积极参与全球价值链时代的减排行动中来。因为这些国家既是跨国公司主导下的全球价值链的一部分，又是今后二氧化碳的主要排放者，但它们减排技术相对落后、法规相对薄弱，还面临着经济发展和减贫的巨大挑战。

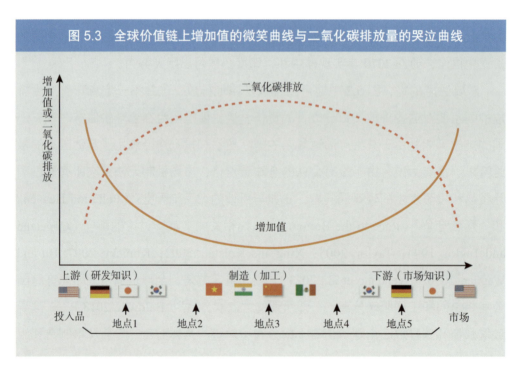

图 5.3 全球价值链上增加值的微笑曲线与二氧化碳排放量的哭泣曲线

资料来源：作者根据与邢予青的讨论设计。

5.2　全球价值链上的二氧化碳排放及其责任

全球价值链上的二氧化碳排放涉及复杂生产网络的国内和国际部分。在对排放责任和如何减少全球价值链上的排放进行以政策为导向的讨论之前，我们需要清楚地了解全球价值链上排放的产生、转移和吸收。这就需要建立一个连贯、系统的核算框架，以追踪国家、部门和双边层面的排放情况。本部分介绍了基于全球价值链的排放追溯体系，并提出了全球价值链上生产者和消费者之间排放责任的分担方法。

5.2.1　追踪全球价值链中的二氧化碳排放

关于国际贸易与排放之间的关系，大量文献探讨了基于生产（或属地）和基于消费的核算概念（Peters, 2008；Hoekstra and Wiedmann, 2014；Kander et al., 2016）。类似的应用还涉及许多环境问题，包括气候变化、能源使用、空气污染、材料使用、土地使用、生物质、水质和生物多样性等（Wiedmann, 2009；Tukker and Dietzenbacher, 2013）。这种核算在方法和概念上，与全球价值链相关的"增加值贸易"的研究有很大的重合（Johnson and Noguera, 2012；Koopman et al., 2014；Timmer et al., 2014）。利用多区域投入产出（MRIO）模型，Meng 等（2018）将气候变化和全球价值链两个独立的研究方向联系起来。其核算方法的主要优势在于，可以从生产、消费和贸易的角度追溯每个阶段的排放和增加值。在其核算中，与国际贸易相关的排放被进一步分为传统贸易（经典的李嘉图式贸易，如"法国葡萄酒换英国布匹"，在这种贸易中不存在国际生产共享）、简单的全球价值链贸易（要素成分跨境一次）和复杂的全球价值链贸易（要素成分跨境一次以上）。此外，利用该框架，我们可以清楚地区分基于本国消费的排放（在纯粹的国内价值链中为国内最终使用而产生的排放，不涉及国际贸易）。

本章使用的核算框架主要遵循 Meng 等（2018）的观点。如图 5.4 所示，该框架背后的逻辑是，一个国家或部门基于生产的排放，通过众多价值链途径直接或间接地隐含在所有下游国家和部门，并最终被国内或国外的需求所吸收（从上游到下游的排放追溯）。反过来，任何特定最终产品的生产都会引起上游供应商直接和间接中间产品的排放，从这个意义上说，在同一核算框架下，排放也可以从下游追溯到上游（理论上，它们可以被定义为基于消费的排放）。为便于分析可能多次跨越多个边境的复杂贸易流，我们将贸易分为五个路径。

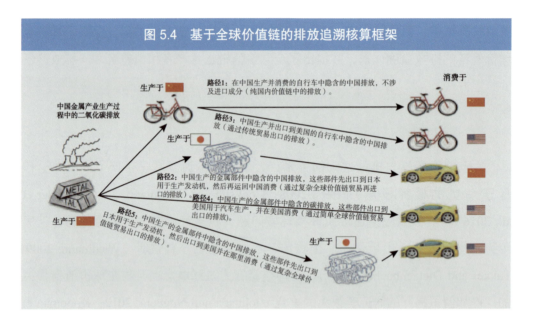

图 5.4　基于全球价值链的排放追溯核算框架

资料来源：Meng et al.（2023）。

路径 1 上的排放，是通过创造一个国家的国内生产总值，以满足该国对国内生产的商品和服务的最终需求（纯国内价值链）而产生的。在这种情况下，国家对这些排放负有"自我责任"。路径 2 上的排放仅在一国国内产生和吸收，但也涉及国际贸易，其中中间产品跨境一次以上，因此属于通过复杂全球价值链贸易再进口的排放的类别。路径 3、4、5 上的排放分别指通过传统贸易、简单全球价值链贸易和复杂全球价值链贸易出口的排放。每项双边贸易中沿路径 2、3、4、5 的排放量之和为双边贸易中隐含排放（Emissions Embodied in Bilateral Trade, EEBT），这与 Peters（2008）提出的定义一致。因此，我们基于全球价值链的核算方法将现有的基于生产的排放、基于消费的排放、排放出口、排放进口、排放再进口和 EEBT 整合在一个统一的框架下。家庭直接燃烧产生的排放不包括在上述框架内，因为它们不属于创造国内生产总值的生产过程，而只被视为消费国基于"自我责任"的排放的一部分。

5.2.2 基于生产和基于消费的排放以及全球价值链上的排放转移

通过将上述核算框架应用于 MRIO 长时间序列数据（综合自世界投入产出数据库和亚洲开发银行的多地区投入产出表），我们估算了 1995~2021 年发达经济体和发展中经济体基于生产和基于消费的排放，并展示了国际排放转移是如何通过不同的途径，以不同的碳强度（例如，按 2015 年不变价格计算的每创造 1 美元国内生产总值的排放量）发生的。

图 5.5 显示，1995~2007 年（2007 年达到峰值），发达经济体属地二氧化碳排放量逐渐增加。2008 年后出现明显下降，2021 年达到 119 亿吨，已经低于 1995 年的 124 亿吨。在此期间，以满足国外最终需求为目的的排放出口，是 1995~2007 年排放上升的主要驱动力；生产过程中产生的基于自我责任的排放，是 2008~2021 年排放下降的主要驱动力；而通过家庭燃烧产生的基于自我责任的排放，在整个期间对两个经济组别而言都相对稳定。值得注意的是，发达经济体的排放出口在 2018 年后呈现小幅增长的趋势。发达经济体基于消费的排放在 1995~2007 年增加，原因是排放进口增加，而在 2008~2018 年减少，主要原因是生产过程中基于自我责任的排放减少。发达经济体的排放进口，尤其是通过传统贸易途径的排放进口在 2018 年后再次反弹，呈现增长趋势。这种演变可能是因为最终产品进口的增加，特别是在新冠疫情期间从中国的进口增加。

与发达国家相比，发展中经济体在基于自我责任的排放和排放进出口方面都有更大的增长。2004~2018 年，发展中经济体生产过程中基于自我责任的排放、基于生产的排放和属地排放在很大程度上超过了发达经济体在 2007 年达到的峰值水平。此外，到 2021 年，发展中经济体生产过程中基于自我责任的排放是发

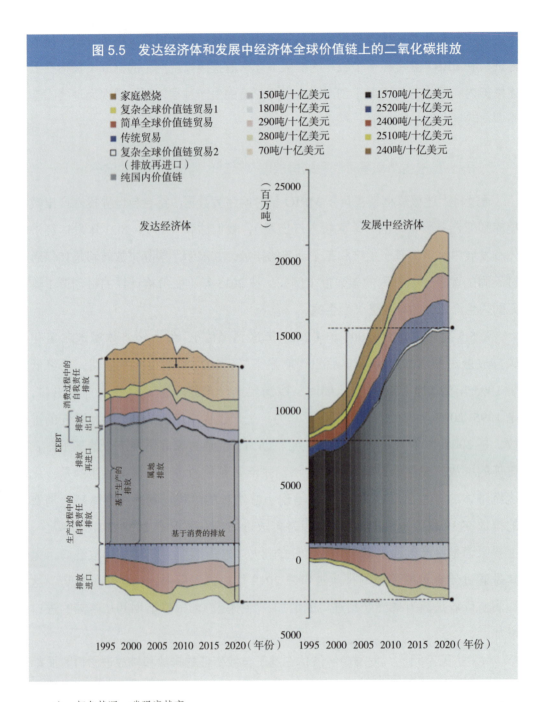

图 5.5　发达经济体和发展中经济体全球价值链上的二氧化碳排放

注：颜色越深，碳强度越高。
资料来源：根据 Meng 等（2023）估算而得。

达国家的 2.1 倍。从积极的方面来看，这一趋势在 2019 年之后出现了明显的下降，但考虑到该现象背后的混合因素，如新冠疫情和地缘政治风险的影响，该下降趋势是否持续还有待观察。

与此同时，发展中经济体的进口排放呈显著增长趋势，到 2021 年已非常接近发达国家的水平。从发展中经济体基于全球价值链不同路径的排放的贸易增长结构来看，1995~2021 年，其排放出口和进口分别增长了约 3.0 倍和 3.3 倍，其中与全球价值链贸易相关的排放占绝大部分（排放出口占 63.2%，排放进口占 74.5%）。

图 5.5 所示的碳强度及其演变的主要信息可归纳如下：1995~2021 年，发达经济体和发展中经济体的碳强度都呈下降趋势。然而，2021 年发展中经济体的碳强度仍然远高于发达国家。此外，发展中经济体属地的排放量不断增加，这意味着这些经济体碳强度的下降并不能抵消排放量的增加，这可能是因为经济和人口的快速增长（Peters et al., 2007）。

5.2.3　全球价值链上各经济体二氧化碳排放责任分担

目前，《巴黎协定》的重点是属地排放（易于监测），而基于消费的排放作为参照点被用于设计可能的跨国财政支持机制，以使发达经济体能够帮助发展中经济体减排。遗憾的是，无论是基于属地的核算还是基于消费的核算（二者都将全部责任要么分配给生产者，要么分配给消费者），由于在责任分担方面缺乏共识，都不能充分激励各经济体开展减排工作。尽管一些开创性的研究已经讨论由生产者和消费者分担排放责任的话题（如 Kondo et al., 1998；Bastianoni et al., 2004；Lenzen et al., 2007；Andrew and Forgie, 2008；Cadarso et al., 2012；Dietzenbacher et al., 2020），但仍有两个问题需要解决。其一是如何确定一个经济体二氧化碳排放的自我责任。若缺乏准确的衡量标准，我们甚至无法确定各相关方应分担的责任排放量。另一个问题是如何确定适当的权重，以便在全球价值链的不同生产者和消费者之间恰当分配排放责任。

如上所述，与生产过程相关的基于自我责任的排放，可以通过使用基于投入产出的分解方法，将全球价值链分为纯粹的国内部分和国际部分来确定，而与家庭直接燃烧过程相关的基于自我责任的排放则可以直接定义。因此，剩下的问题是如何在全球价值链的各个生产者和消费者之间分配二氧化碳排放转移的责任。在此，我们基于以下逻辑，从生产者和消费者的角度引入了一种估算碳泄漏的新方法，即贸易（狭义）隐含排放的双边转移。首先，如果一个国家希望在无贸易（NT）的情景下（一种经济自给自足或封闭状态的形式），维持以货币计算的、其目前对国内生产的商品和服务的最终需求水平（保持以美元计算的最终需求支出额不变），则其排放被定义为 NT 排放。不言而喻，在这种无贸易情景下，在国家层面上，一国基于生产的排放等于其基于消费的排放。因此，以基于生产的实际排放量与 NT 排放量之间的差额，可被定义为基于生产的碳泄漏，而基于消费的实际排放量与 NT 排放量之间的差额，则可定义为基于消费的碳泄漏。这或是一种基于《温室气体议定书项目核算体系》（The GHG Protocol for Project Accounting）来衡量"被避免的排放"（在公司价值链之外发生的排放节约）的新方法（Greenhouse Gas Protocol, 2011；Rocchi et al., 2018）。

根据生产和消费两侧碳泄漏的狭义定义，我们可以用两种比例来衡量排放责任。一种是特定国家基于生产的碳泄漏与总碳泄漏（基于生产的碳泄漏＋基于消费的碳泄漏）之比。该指标用于衡量一国作为生产国和消费国的碳泄漏的相对重要性（一种横向比较）。另一种是一国基于生产的碳泄漏与全球基于生产的碳泄漏的比例。该比例用于衡量特定国家在全球基于生产的碳泄漏中的重要性（一种纵向比较）。这些比例也可以同样的方式应用于基于消费的碳泄漏。由于我们的核算框架可以测量生产过程中基于自我责任的排放，因此生产（或消费）方应分担的责任，可被定义为基于生产的排放（或基于消费的排放）与基于自我责任的排放之间的差额。最后，通过同时应用这两类比例（横向和纵向），可以根据我们的算法逐步估算出一个国家作为生产方和消费方的总责任，当步数迭代接近无穷大时，在数学上可以证明这是一个收敛函数（传统方法将生产侧和消费侧的碳泄漏责任视为同等重要）。但在我们的方法中，根据一国内部基于生产的泄漏和基于消费的泄漏的相对贡献，以及与世界上其他国家的泄漏水平相比，每种

类型的泄漏的相对贡献，这两类泄漏被认为有所不同。详细数学证明见 Meng 等
（2023）。

　　表 5.1 显示了 2021 年 10 个最大排放国的生产者和消费者分担全球二氧化碳
排放的结果。在将所有排放转移责任分配给生产者的极端情况下，中国的排放量
占总排放量的 32.6%，其次是美国（13.5%）。如果将所有排放转移责任分配给消
费者，中国的排放量占总排放量的 29.2%，其次是美国（16.7%）。根据我们的责
任分担模型，中国的排放量占总排放量的 31.4%，其次是美国（16.1%）。总之，
自 2012 年以来，发展中经济体的排放责任份额已超过发达经济体。从排放转移
的责任分担途径来看，全球价值链贸易显然占了大多数（69.0%，其中 42.9% 来
自简单全球价值链贸易，26.1% 来自复杂全球价值链贸易）。1995~2021 年，发
达经济体和发展中经济体在全球排放中的责任份额分别为 45.9% 和 54.1%，而在
国家层面，中国的责任份额（24.9%）大于美国（19.6%）、印度（5.3%）、俄罗
斯（5.1%）、日本（4.8%）和德国（2.8%）。上述结果明显不同于使用现有方法
得出的结果，现有方法的责任分配要么基于以生产为基础和以消费为基础的排放
的线性组合（Kondo et al., 1998），要么沿生产过程中的需求链和供应链按增加值
的权重分配（Lenzen et al., 2007），或按因贸易而减少全球的排放量的权重分配
（Dietzenbacher et al., 2020）。

表 5.1　沿全球价值链分担排放责任

单位：百万吨二氧化碳

	生产者承担排放转移的全部责任 (2021)	消费者承担排放转移的全部责任 (2021)	生产者和消费者共同承担责任 (2021)	通过三条贸易路线共同承担排放转移责任 (2021)				1995~2021 年累积的全球排放的责任总额
				贸易总额	传统贸易	简单全球价值链贸易	复杂全球价值链贸易	
中国	9424.2 (32.6%)	8458.8 (29.2%)	9092.7 (31.4%)	1744.2 (21.9%)	540.4 (6.8%)	749.0 (9.4%)	454.8 (5.7%)	161885.2 (24.9%)
美国	3912.2 (13.5%)	4845.4 (16.7%)	4649.4 (16.1%)	1156.2 (14.5%)	358.2 (4.5%)	496.5 (6.2%)	301.5 (3.8%)	127559.9 (19.6%)

续表

	生产者承担排放转移的全部责任(2021)	消费者承担排放转移的全部责任(2021)	生产者和消费者共同承担责任(2021)	通过三条贸易路线共同承担排放转移责任(2021)				1995~2021年累积的全球排放的责任总额
				贸易总额	传统贸易	简单全球价值链贸易	复杂全球价值链贸易	
印度	2151.1 (7.4%)	2003.8 (6.9%)	2044.1 (7.1%)	333.4 (4.2%)	103.3 (1.3%)	143.2 (1.8%)	86.9 (1.1%)	34582.3 (5.3%)
俄罗斯	1372.4 (4.7%)	905.6 (3.1%)	1321.9 (4.6%)	535.0 (6.7%)	165.8 (2.1%)	229.8 (2.9%)	139.5 (1.8%)	33347.1 (5.1%)
日本	997.8 (3.4%)	1057 (3.7%)	993.7 (3.4%)	276.6 (3.5%)	85.7 (1.1%)	118.8 (1.5%)	72.1 (0.9%)	31222.0 (4.8%)
德国	554.9 (1.9%)	692.2 (2.4%)	624.0 (2.2%)	312.0 (3.9%)	96.7 (1.2%)	134.0 (1.7%)	81.4 (1.0%)	18479.1 (2.8%)
印度尼西亚	482.3 (1.7%)	485.4 (1.7%)	475.5 (1.6%)	83.1 (1.0%)	25.7 (0.3%)	35.7 (0.4%)	21.7 (0.3%)	8919.6 (1.4%)
墨西哥	340.4 (1.2%)	349.8 (1.2%)	315.3 (1.1%)	103.2 (1.3%)	32.0 (0.4%)	44.3 (0.6%)	26.9 (0.3%)	8616.7 (1.3%)
巴西	310.4 (1.1%)	326.7 (1.1%)	310.3 (1.1%)	92.6 (1.2%)	28.7 (0.4%)	39.8 (0.5%)	24.1 (0.3%)	7867.8 (1.2%)
英国	266.0 (0.9%)	439.4 (1.5%)	394.9 (1.4%)	213.5 (2.7%)	66.2 (0.8%)	91.7 (1.2%)	55.7 (0.7%)	12077.6 (1.9%)
RoW	9131.7 (31.6%)	9379.5 (32.4%)	8721.5 (30.1%)	3121.9 (39.2%)	967.2 (12.1%)	1340.6 (16.8%)	814.1 (10.2%)	205547.9 (31.6%)
世界	28943.4 (100.0%)	28943.4 (100.0%)	28943.4 (100.0%)	7971.7 (100.0%)	2469.7 (31.0%)	3423.3 (42.9%)	2078.7 (26.1%)	650105.2 (100.0%)
发达经济体	9651.4 (33.3%)	10749.4 (37.1%)	10530.4 (36.4%)	3746.3 (47.0%)	1160.6 (14.6%)	1608.8 (20.2%)	976.9 (12.3%)	298685.8 (45.9%)
发展中经济体	19292.1 (66.7%)	18194 (62.9%)	18413.1 (63.6%)	4225.4 (53.0%)	1309.1 (16.4%)	1814.5 (22.8%)	1101.8 (13.8%)	351419.5 (54.1%)

注：括号内为占总量的比。

资料来源：根据 Meng 等（2023）估算而得。

我们的目的与上述开创性工作的目的一致，但我们的方法（理念）更进一步，它明确考虑了基于全球价值链的排放核算的作用。我们的方法的创新之处在于，我们根据生产者和消费者对基于全球价值链的碳泄漏的贡献（使用横向和纵向权重），来分配他们的责任，其定义是他们在 NT 情景下的排放量（根据定义，在国家层面上，基于生产的排放等于基于消费的排放）与其基于生产的和基于消费的实际排放量之间的差额。这使我们的结果在系统上更加合理。

5.3 追踪全球价值链中跨国公司的二氧化碳排放

气候变化是一个备受关注的全球性问题，深受跨国公司的影响（Pinkse and Kolk，2012）。跨国公司作为全球价值链的组织者，通过跨境贸易和对外直接投资协调全球生产分工（Wang et al., 2021）。跨国公司占全球贸易的近 80%（World Bank, 2020），并对全球和国家层面的温室气体排放产生重要影响（Zhu et al., 2022）。《巴黎协定》要求其成员提交本国确定的贡献（Nationally Determined Contributions, NDCs），以实现 1.5℃的目标（UNFCCC，2015）。根据基于生产的核算原则，各国可通过对外直接投资将本国的排放转移到其他国家。该行为削弱了东道国的减排努力。因此，关键是明确跨国公司的二氧化碳排放行为，并通过有效的政策设计提高其减排动力。

5.3.1 衡量全球价值链中跨国公司的二氧化碳排放

跨国公司的对外投资活动不仅涉及投资目的地（东道国）和投资国（母国），第三国（既非东道国也非母国的国家）的需求，也会引发东道国的生产行为，同时诱发二氧化碳排放。因此，本部分旨在回答"跨国公司为谁排放二氧化碳"的问题（见专栏 5.1），并探讨跨国公司的二氧化碳排放流向不同目的地，特别是第三国的原因。此外，本部分还区分了不同贸易模式下隐含的跨国公司的二氧化碳排放。

专栏 5.1　全球价值链中跨国公司的二氧化碳排放核算

图 5.6 中展示了一个核算框架，该框架量化了全球价值链中跨国公司的二氧化碳排放，同时区分了二氧化碳排放的目的地和贸易模式。

图 5.6　跨国公司二氧化碳排放核算框架（基于全球价值链的前向联系进行的分解）

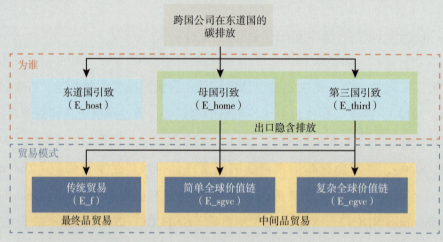

资料来源：根据 Wang 等（2017）和 Yan 等（2023）绘制。

对于在一个国家进行生产的跨国公司，该核算框架可根据全球价值链的前向联系，将其二氧化碳排放总量分解为以下七条路径。

路径 1：东道国引致的跨国公司的排放。

路径 2：跨国公司的排放隐含在出口到跨国公司母国的最终产品中。

路径 3：跨国公司的排放隐含在出口到跨国公司母国并被母国消费的中间产品中。在此过程中，跨国公司参与了简单全球价值链活动。

路径 4：跨国公司的排放隐含在出口到跨国公司母国的中间产品中，母国使用这些中间产品生产出口产品。在此过程中，跨国公司参与了复杂全球价值链活动。

路径 5：跨国公司的排放隐含在出口到第三国的最终产品中。[1]

路径 6：跨国公司的排放隐含在出口到第三国并被第三国消费的中间产品中。在此过程中，跨国公司参与了简单全球价值链活动。

路径 7：跨国公司排放隐含在出口到第三国的中间产品中，第三国使用这些中间产品生产出口产品。在此过程中，跨国公司参与了复杂全球价值链活动。

路径 2~7 可被视为国外引致的 CO_2 排放，换句话说，即跨国公司出口隐含排放。根据不同的贸易模式，出口隐含排放可以分解为两部分：最终品贸易隐含的排放和中间品贸易隐含的排放。在考虑中间品跨境次数的情况下，跨国公司中间品贸易隐含的排放可进一步分解为简单全球价值链活动（为生产之目的，中间品跨境一次）或复杂全球价值链活动（为生产之目的，中间品跨境至少两次）隐含的排放（Wang et al., 2017）。

该框架基于经济合作与发展组织的跨国公司活动分析（Analytical Activities of Multinational Enterprises, AMNE）数据库（Cadestin et al., 2018），该数据库根据国内或外资公司的股份对产业进行细分。

资料来源

Cadestin, C., de Backer, K., Desnoyers-James, I., et al., 2018, "Multinational Enterprises and Global Value Chains: The OECD Analytical AMNE Database", OECD Trade Policy Papers, No. 211.

Wang, Z., Wei, S., Yu, X., et al., 2017, "Measures of Participation in Global Value Chains and Global Business Cycles", NBER Working Paper, No.23222.

Yan, Y., Li, X., Wang, R., et al., 2023, "Is There a 'Third-country Effect' in Global Carbon Emission Transfer? New insights from Multinational Enterprises on the Trade-investment Nexus", GVC Development Report Background Paper.

---

1 本文中的第三国指除东道国和跨国公司母国以外的国家 / 地区。

5.3.2 跨国公司二氧化碳排放的变化趋势

跨国公司二氧化碳排放量介于 3.2940 亿吨与 3.8797 亿吨之间，占全球二氧化碳排放量的 10%~13%。跨国公司二氧化碳排放量在 2008 年之前急剧增长，之后受金融和经济危机的影响，降至 3.3490 亿吨的低点。然后在 2010 年进一步上升到危机前水平，此后再次下降。2014~2016 年，随着全球对外直接投资活动的复苏，跨国公司排放量与前几年相比略有上升，但仍低于 2008 年的峰值（见图 5.7）。

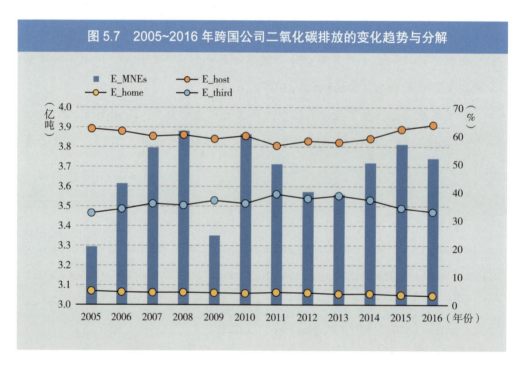

图 5.7　2005~2016 年跨国公司二氧化碳排放的变化趋势与分解

注：E_MNEs 代表跨国公司的二氧化碳排放量，E_host 代表跨国公司由东道国引致的排放量所占的比例，E_home 代表跨国公司由母国引致的排放量所占的比例，E_third 代表跨国公司由第三国引致的排放量所占的比例。

资料来源：使用经合组织 AMNE 数据库 ICIO 数据估算而得。

关于跨国公司的二氧化碳排放结构，显然，E_host（50%~70%）和 E_third

（30%~40%）是两个较大的部分。2005~2011 年，前者所占比重从 62.5% 下降到 56.4%，后者所占比重从 32.6% 上升到 39.3%，反映了全球生产的快速分散化。2011 年之后，这两个指标呈现相反的趋势，表明一些跨国公司对外投资的动机可能发生了变化，其重点逐渐从寻求出口平台和效率转向寻求市场和战略资产。然而，E_home 的比例不到 5%，并且在整个研究期间逐渐下降。

跨国公司的二氧化碳排放主要集中在美国、德国、加拿大和英国等发达国家，这些国家拥有先进的技术和庞大的消费市场，吸引了相当大数量的对外直接投资（见图 5.8）。美国、中国和德国是 2016 年跨国公司二氧化碳排放量排名前三的经济体，2005~2016 年，这些国家的跨国公司的二氧化碳排放，分别增长了 49.7%、23.0% 和 23.7%。跨国公司的大量二氧化碳排放，反映了这些经济体对全球分散化生产的广泛参与（ADB, 2021），以及它们在区域间和区域内生产共享活动中的重要作用。

2005~2016 年，欧盟作为一个整体，其跨国公司的二氧化碳排放量下降了 8.3%，主要原因有两个。其一，二氧化碳排放交易体系（欧盟排放交易计划，EU-ETS）的建立，使欧盟成为世界上环境监管最严格的地区，导致其生产依赖更多的非化石能源。[1] 其二，严格的环境法规促使一些区域内的跨国公司将其碳密集型生产活动转移到环境标准较低的海外经济体（通常是发展中经济体），这减少了欧盟成员国的排放量，却引发了对其他经济体的碳泄漏（Koch and Basse, 2019）。

虽然跨国公司在发展中经济体的二氧化碳排放体量很小，但增长迅速，如印度（90.9%）、墨西哥（27.4%）和南非（40.3%）。这表明一些发达经济体通过对外直接投资将其生产转移到了发展中经济体。这使发展中经济体能够参与全球价值链，并为其融入全球经济提供了新的机遇。然而，该过程伴随发达经济体对发展中经济体的大量碳转移。

图 5.8 还厘清了"跨国公司为谁排放二氧化碳"的问题。跨国公司在不同经

---

1 资料来源：https://www.iea.org/data-and-statistics/data-tools/energy-statistics-data-browser。

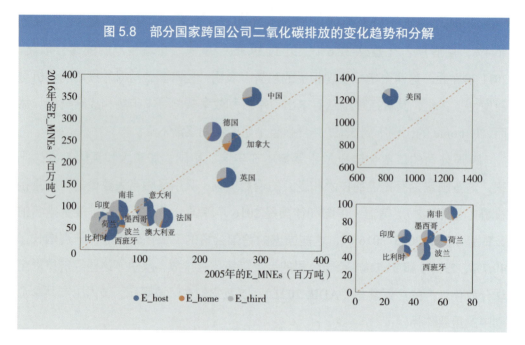

图 5.8　部分国家跨国公司二氧化碳排放的变化趋势和分解

注：选取跨国公司二氧化碳排放量最高的 15 个经济体。横轴代表 2005 年的跨国公司二氧化碳排放，纵轴代表 2016 年的跨国公司二氧化碳排放；红线为 45 度线。位于 45 度线以上的经济体，2016 年的 E_MNEs 高于 2005 年；45 度线以下的经济体，2016 年的 E_MNEs 低于 2005 年。圆圈的颜色代表不同目的地引致的二氧化碳排放在 2016 年跨国公司二氧化碳排放量中所占的比例。E_MNEs、E_host、E_home and E_third 的含义同图 5.7。

资料来源：使用经合组织 AMNE 数据库 ICIO 数据估算而得。

济体的不同投资动机，导致其二氧化碳排放结构也不同。对于大型经济体，跨国公司的二氧化碳排放主要由东道国的生产和消费引致。例如，2016 年美国、中国、德国和英国的 E_host 分别占跨国公司二氧化碳排放量的 83%、71%、58% 和67%。跨国公司在这些国家投资的动机主要是寻求市场，即在全球最大的消费市场占据市场份额。因此，外资企业的产品主要在国内市场消费。

E_third 份额较高的经济体不仅包括发展中经济体，如南非（54%），还包括一些发达经济体，如荷兰（69%）。这表明，跨国公司在这些经济体投资时，不仅考虑东道国的要素禀赋，如低成本劳动力，还考虑地理位置、全球价值链网络和贸易协定，上述所有因素都可以降低区域间或区域内的贸易成本，促进对第三国的出口。一些研究人员将这种对外直接投资动机称为"第三国出口平台"对外直接投资（Ekholm et al. 2007；Ito et al., 2013）

在加拿大和墨西哥，跨国公司的二氧化碳排放有明显的"美国效应"。E_home 在这两个经济体中的占比明显高于其他经济体。通过追踪跨国公司的母国后可以发现，这两个经济体 95% 以上的 E_home 由美国所引致。这表明，美国跨国公司通过其"母国出口平台"对外直接投资建立了以美国为中心的区域生产网络（Ekholm et al., 2007.）

5.3.3　按贸易模式分解跨国公司的二氧化碳排放

2005~2016 年，中间产品贸易隐含排放（E_i）是最终产品贸易隐含排放（E_f）的三到四倍（见图 5.9）。这表明，全球价值链生产安排推动了跨国公司的出口活动。图 5.9 还表明，2005~2016 年，E_f 保持相对稳定，而 E_i 则呈现明显的上升和下降。特别是在 2011 年之后，前者几乎没有变化，后者则大幅下降。这意味着，与传统国际贸易相比，作为国际生产共享活动一部分的中间产品贸易，对全球经济波动和各经济体贸易政策变化更为敏感，更容易受到经济冲击的影响。

大多数中间产品贸易隐含的排放与简单全球价值链活动有关。中间产品贸易隐含的排放（E_i）可以进一步分解为两部分，即简单全球价值链活动隐含的排放（E_sgvc）和复杂全球价值链活动隐含的排放（E_cgvc）。2005~2016 年，在跨国公司的全部二氧化碳排放中，超过 60% 与简单全球价值链活动相关，只有 15% 与复杂全球价值链活动相关（其余为与最终产品贸易相关的排放）。对比 Zhang 等（2017）的研究结果，即在不区分企业异质性的情况下，全球价值链活动隐含的排放约占全球总排放量的 55%，这里的结果反映出相较于国内企业，跨国公司更深入地嵌入了全球价值链网络。

跨国公司出口中隐含的排放下降，主要受简单全球价值链贸易中隐含的排放下降所驱动。2005~2016 年，简单全球价值链活动中隐含的排放（E_sgvc），在跨国公司出口隐含的排放中所占份额下降了 3.4 个百分点，而最终产品贸易中隐含

图 5.9 2005~2016 年跨国公司出口隐含排放分解

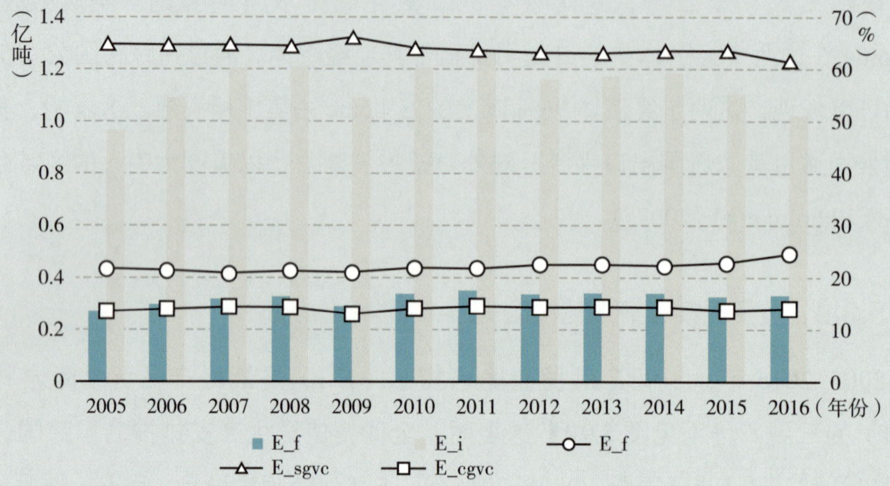

资料来源：Yan et al.（2023a）。

的排放（E_f）在跨国公司出口隐含的排放中所占份额上升了 2.7 个百分点，复杂全球价值链活动中隐含的排放（E_cgvc）在跨国公司出口隐含的排放中所占份额保持相对稳定。这些变化反映出跨国公司正在努力整合其跨境生产活动，以应对金融危机以来贸易保护主义抬头和去全球化所导致的全球供应链中断风险。这些努力包括缩短生产长度和减少中间投入品的跨境次数以确保其供应链的稳定性，如生产近岸化和生产回流举措。这在很大程度上涉及用国内生产的产品取代与简单全球价值链相关的中间产品。因为后者只跨境一次，相较于复杂全球价值链活动中的中间产品，寻找国内替代品可能更容易，破坏性也更小。复杂全球价值链中的生产共享活动涉及中间产品多次跨境，形成了涵盖多个经济体的生产网络。跨国公司相对较难去改变其复杂全球价值链的生产安排。因此，在此期间，E_cgvc 的份额几乎保持不变也就不足为奇了。

专栏 5.2　产业层面的分析：纺织业

图 5.10 显示，在纺织业，跨国公司在中国产生的排放远超其他国家，约占跨国公司二氧化碳排放总量的 36.4%。从组成结构来看，美国纺织业的跨国公司排放主要由国内需求引致；相反，在英国、意大利、法国、波兰，特别是越南的纺织业，排放主要由第三国引致；而在中国、印度、土耳其和德国的纺织业，由国内需求和第三国需求引致的跨国公司排放所占比例较为接近。

图 5.10　2016 年十大经济体纺织业跨国公司二氧化碳排放量

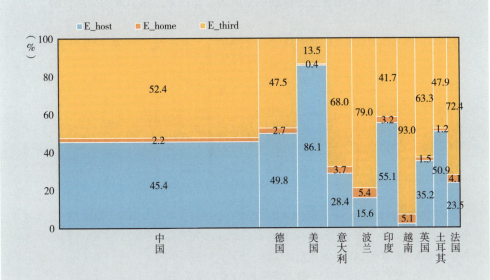

注：本图选取了纺织业跨国公司二氧化碳排放量最高的前十个经济体。这些经济体的跨国公司二氧化碳排放量占纺织业跨国公司二氧化碳排放总量的 70% 以上，因此具有很强的代表性。每条横线的宽度，与该国纺织业跨国公司二氧化碳排放量占全球纺织业跨国公司二氧化碳排放总量的比例成正比，横线越宽，占比越大。

资料来源：使用经合组织 AMNE 数据库 ICIO 数据估算而得。

以中国、意大利和越南为例，我们可以分析其第三国引致的二氧化碳排放的区域分布和贸易模式（见图 5.11）。从 E_third 的区域分布来看，意大利的 E_third 中流向欧盟的部分所占份额最大；越南和中国的 E_third 中，流向美国的部分所占份额最大。此外，这三个经济体 E_third 中流向东亚和东盟经济体的部分主要是通过中间产品贸易，而流向美国的部分则主要是通过最终产品贸易。这表明，在与东亚和东盟经济体的生产共享活动中，这三个经济体的位置更接近上游生产阶段，而在与美国的生产共享活动中，它们更接近下游生产阶段。

图 5.11   2016 年部分经济体纺织业跨国公司由第三国引致的排放分解

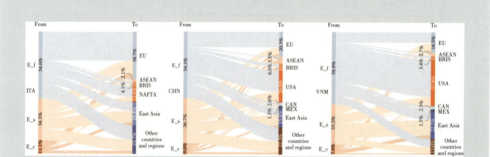

注：EU= 欧盟；ASEAN= 东盟；BRIS= 巴西、俄罗斯、印度和南非；NAFTA= 北美自由贸易协定；East Asia= 东亚；Other countries and regions= 其他国家和地区；USA= 美国；CAN=加拿大；MEX= 墨西哥；ITA= 意大利；CHN= 中国；VNM= 越南。

资料来源：使用经合组织 AMNE 数据库 ICIO 数据估算而得。

与之前讨论的许多文献一样，在不考虑原材料贸易的情况下，位于全球价值链上游的经济体，倾向于出口更多的中间产品，相比之下，位于全球价值链下游的经济体，倾向于出口更多的最终产品（Koopman et al., 2014；Meng et al.,

2018；Wang et al., 2013；Zhang et al., 2017）。该结论也适用于东道国是以下经济体的跨国公司：由于跨国公司在东道国的生产活动主要使用当地生产要素，东道国在全球价值链中的相对地位会影响其跨国公司所出口的商品的种类。

资料来源

Koopman, R., Wang, Z., and Wei, S., 2014, "Tracing Value-added and Double Counting in Gross Exports", *American Economic Review* 104, pp.459-494.

Meng, B., Peters, G.P., Wang, Z., et al., 2018, "Tracing CO$_2$ Emissions in Global Value Chains", *Energy Economics* 73, pp.24-42.

Wang, Z, Wei, S, and Zhu, K., 2013, "Quantifying International Production Sharing at the Bilateral and Sector Levels", NBER Working Paper, No.19677.

Zhang, Z., Zhu, K., and Hewings, G.J.D., 2017, "A Multi-regional Input–output Analysis of the Pollution Haven Hypothesis from the Perspective of Global Production Fragmentation", *Energy Economics* 64, pp.13-23.

5.3.4　衡量跨国公司在全球价值链中的碳足迹

随着对外直接投资成为跨国公司进行全球化生产的重要手段，跨国公司通过全球价值链对环境的影响不仅超越了公司的边界，也超越了国界，因为它们影响着全世界的气候变化。因此，本部分旨在阐明跨国公司最终产品生产所使用的上游投入的来源和它们引致的二氧化碳排放，以及跨国公司最终产品及其隐含的二氧化碳排放的消费目的地（见专栏 5.3）。

专栏 5.3　跨国公司在全球价值链中的碳足迹核算

图 5.12 中展示了 Yan 等（2023b）提出的核算框架，该框架量化了跨国公司在全球价值链中的碳足迹，同时区分了碳足迹的来源和去向。

图 5.12　跨国公司碳足迹的核算框架（基于全球价值链后向联系进行的分解）

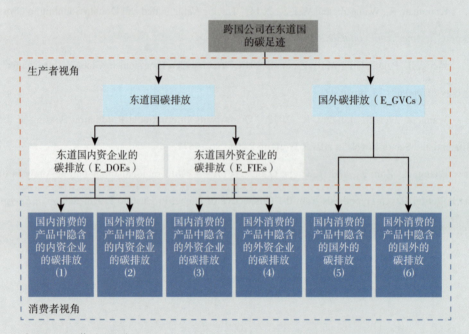

来源：Yan 等（2023）。

对于在一个国家生产的跨国公司，该核算框架可基于全球价值链的后向联系，将其总碳足迹分解为以下六条路径。

路径 1：跨国公司最终产品生产所引致的东道国内资企业的二氧化碳排放（E_DOEs），这些最终产品在国内消费。

路径 2：跨国公司最终产品生产所引致的东道国内资企业的二氧化碳排放，

这些最终产品在国外消费。

路径 3：跨国公司最终产品生产所引致的东道国跨国公司子公司（外资企业）的二氧化碳排放（E_FIEs），这些产品在国内消费。

路径 4：跨国公司最终产品生产所引致的东道国外资企业的二氧化碳排放，这些产品在国外消费。

路径 5：跨国公司最终产品生产通过全球价值链引致的国外的二氧化碳排放，这些产品在国内消费。

路径 6：跨国公司最终产品生产通过全球价值链引致的国外的二氧化碳排放，这些产品在国外消费。

该框架基于经济合作与发展组织的跨国公司活动分析（AMNE）数据库（Cadestin et al., 2018），该数据库根据国内或外资公司的股份对产业进行细分。

资料来源

Cadestin, C., de Backer, K., Desnoyers-James, I., et al., 2018, "Multinational Enterprises and Global Value Chains: The OECD Analytical AMNE Database", OECD Trade Policy Papers, No. 211.

Yan, Y., Li, X., Wang, R., et al., 2023, "Decomposing the Carbon Footprints of Multinational Enterprises along Global Value Chains", *Structural Change and Economic Dynamics* 66, pp.13-28.

5.3.5　从生产者视角看跨国公司碳足迹构成

在主要发达经济体，特别是位于全球价值链上游、以创新活动为主的 G7 国家以及欧洲部分经济体，跨国公司的碳足迹主要由其子公司产生的排放构成，即外资企业的排放（E_FIEs）。例如，在美国和德国，E_FIEs 占跨国公司最终生产引起的二氧化碳排放总量的 50%~60%。对于一些发展中经济体，尤其是经济规模较大、但通常位于全球价值链相对下游位置的"金砖四国"（BRIC），内资企业的排放（E_DOEs）占跨国公司碳足迹的绝大部分；例如，在中国和印度这两个最大的新兴经济体中，E_DOEs 占前者跨国公司全部引致排放的 74.0%，占后者跨国公司全部引致排放的 53.4%。这不仅是因为在这些经济体中，内资企业的碳强度明显高于外资企业，还因为这些内资企业越来越多地参与跨国公司的生产共享活动，特别是以跨国公司的上游中间产品供应商的形式（Wang et al., 2021）。在南亚、东南亚、拉丁美洲和欧洲的大多数国家，尤其是那些经济规模相对较小的国家，跨国公司的碳足迹主要包括通过全球价值链引致的国外排放（E_GVCs），新加坡和墨西哥是典型。2016 年，新加坡境内跨国公司通过进口与全球价值链活动相关的中间产品所引致的国外排放，占该国全部引致排放的 78.9%，这一比例在墨西哥为 42.7%，这表明这两个经济体的市场非常开放，对全球价值链的依赖程度很高。

5.3.6 从消费者视角看跨国公司碳足迹构成

从下游最终消费者的视角分析跨国公司在全球价值链中的碳足迹也非常重要，因为这有助于了解最终使用如何触发整个上游供应链所隐含的排放。图 5.13 从消费者的视角分解了跨国公司的碳排放。

我们可以看到，在美国、德国、中国和印度，所有由跨国公司引起的排放主要隐含在国内消费的产品中。特别是在美国，隐含在国内消费产品中的排放量占 87.0%。这说明，美国本土市场巨大，国内购买力强劲，因此大部分国内（内资或外资企业）和国外上游供应商的产品，都是为了满足美国自身需求而生产的。相比较而言，在新加坡，67.7% 的跨国公司碳足迹与国外最终需求相关。更重要的是，发达经济体和发展中经济体所引致的排放占比相对更接近。受其在全球价值链中地位和其要素禀赋影响，新加坡的经济既面向发达经济体，也面向发展中经济体。一方面，它通过出口高增加值的中间产品，弥补了发展中经济体生产能力的不足；另一方面，它也与发达国家的生产网络紧密结合，成为全球生产网络的重要枢纽。还有一个意义的发现是，与发达经济体相比，在中国、印度和墨西哥，与国外最终需求对应的跨国公司碳足迹所占比例更大，且这些需求大多来自发达经济体。墨西哥的情况尤其需重视，因为该国 46.9% 的跨国公司碳足迹与发达经济体的需求有关；而在中国和印度，该比例分别为 26.7% 和 21.1%。国内市场的消费能力相对较低，以及全球价值链的深度嵌入，是造成该现象的主要原因。

图 5.13　2016 年从消费者视角看部分经济体跨国公司碳足迹构成

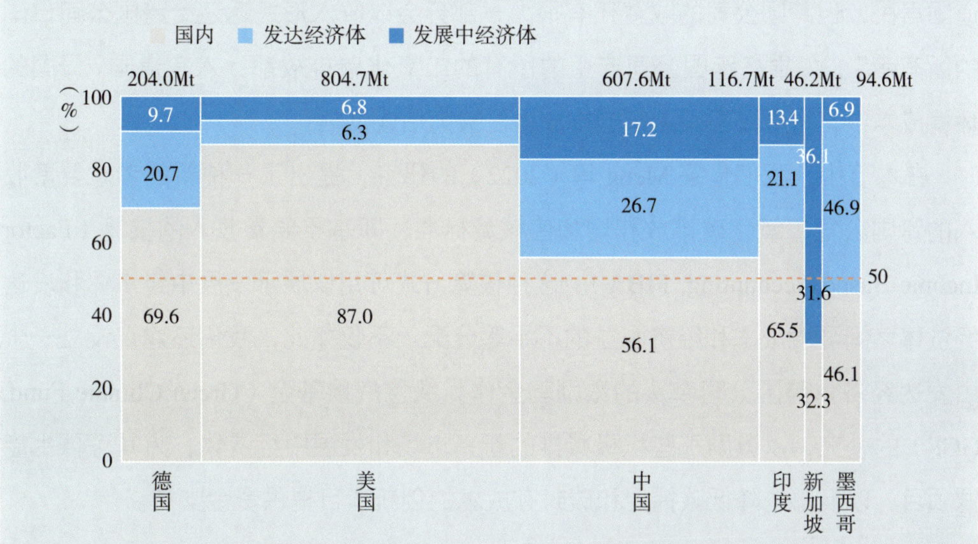

注：图上方的数据显示了作为东道国，每个经济体的跨国公司碳足迹。
资料来源：Yan et al.（2023b）。

5.4 重新评估跨国公司在全球价值链中的碳减排责任：基于要素收入的视角

像上文那样沿全球价值链追溯跨国公司的排放忽略了排放责任的再分配这个重要因素。跨国公司的跨国投资促进了环境成本和经济利益在国家间的再分配。正如 Bohn 等（2021）所指出的那样，"一个国家内部产生的增加值并不一定会为该国带来收入。虽然很大一部分增加值以工资、再投资收益和利润的形式归入东道国居民，但跨国公司的收益还有很大一部分会以收入形式返还给跨国公司母国的所有者"。如果将跨国公司产生的所有的二氧化碳排放都计入东道国 / 母国的环境成本中，将导致不同国家的排放责任被高估或低估。

在本节中，我们借鉴 Meng 等（2022）的研究，提出了一种新的考虑要素收入的跨国公司二氧化碳排放和增加值核算标准，即基于要素收入的核算（Factor Income-Based Accounting, FIBA）。这种核算方式可用以展示发展中经济体和发达经济体之间环境成本和经济利益的不平等分配。不仅如此，我们还建议设立一个由发达经济体跨国公司牵头的激励基金作为绿色气候基金（Green Climate Fund, GCF）的补充，以激励那些积极减排的新兴市场和发展中经济体，为其可再生能源项目，以及那些降低碳捕捉和碳封存成本的创新项目提供资金支持。

专栏 5.4　要素收入贸易的概念及其与贸易总额和增加值贸易的关系
（以美国对中国的出口为例）

在投入产出（IO）系统中，与要素收入相关的增加值由劳动报酬、净税收和资本回报（包括有形资产和无形资产；实践中即包括资本折旧在内的总运营盈余）组成。按总值计算，美国出口（1 + 2 + 3 + 6 + 7 + 8 + *）包括美国国内美资企业（1 + 2 + 3）和外资企业（6 + 7 + 8）的国内增加值，以及这些出口产品所含的外国增加值和重复计算的中间产品部分（*）。从增加值的角度看，美国出口（1+2+3+6+7+8）是纯粹的国内增值（1+2+3+6+7+8），即不涉及外国增值或重复计算。按要素收入计算，美国出口（1+2+3+4+5+6+7）包括美资企业的国内增加值（1+2+3）、位于中国（4）和第三国（5）的美资企业的资本回报、美国外资企业的劳动报酬（6），以及位于美国的外资企业产品的净税收（7）。

企业所有权 ＼ 企业所在地	位于美国			位于中国			位于第三国		
美资企业	劳动报酬 1	产品征税净额 2	资本回报 3	劳动报酬	产品征税净额	资本回报 4	劳动报酬	产品征税净额	资本回报 5
				*	*	*	*	*	*
外资企业（包括中资企业）	劳动报酬 6	产品征税净额 7	资本回报 8	劳动报酬	产品征税净额	资本回报	劳动报酬	产品征税净额	资本回报
				*	*	*	*	*	*

注：* 指美国对中国出口总额中包含的外国增加值和重复计算；净税收指税收减去对产品的补贴。

以不同方式衡量的美国对中国的出口：

出口总额 = 1+2+3+6+7+8+*

增加值贸易（TiVA）= 1+2+3+6+7+8

要素收入贸易（TiFI）= 1+2+3+4+5+6+7。

资料来源：Meng et al.（2022）。

资料来源

Meng, B., Gao, Y., Ye, J., Zhang, M., Xing, Y., 2022, "Trade in Factor Income and the US-PRC Trade Balance", *China Economic Review* 73, 101792.

5.4.1 跨国公司的环境成本和经济利益

图 5.14a 和 5.14b 显示了发达经济体，以及新兴市场和发展中经济体由于跨国公司子公司的生产而产生的排放，这些排放是通过基于生产的核算（Production-Based Accounting, PBA）和基于要素收入的核算（FIBA）来衡量的。新兴市场和发展中经济体按基于生产的核算方法测算的跨国公司排放，远高于按基于要素收入的核算方法测算的跨国公司排放，而发达经济体用基于生产的核算方法测算的

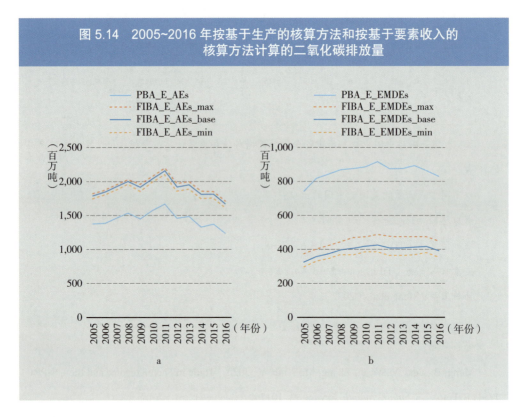

图 5.14　2005~2016 年按基于生产的核算方法和按基于要素收入的核算方法计算的二氧化碳排放量

注：PBA_E 表示按基于生产的核算方法计算的二氧化碳排放量，FIBA_E 表示按基于要素收入的核算方法计算的二氧化碳排放量；AEs 表示发达经济体，EMDEs 表示新兴市场和发展中经济体；min（最小值）、base（基准值）和 max（最大值）表示按基于要素收入的核算方法计算的二氧化碳排放量的下限、基准和上限（上下限的设定基于关于生产技术的假设）。

资料来源：作者使用经合组织 AMNE 数据库 ICIO 数据估算而得。

跨国公司排放，远低于基于要素收入的核算方法测算的跨国公司排放。这表明，新兴市场和发展中经济体引进外资而产生的排放，高于其对外投资产生的排放，而发达经济体则相反。该结果在一定程度上支持了 Sapkota 和 Bastola（2017）、Shao（2017）、Shahbaz 等（2018），以及 Avendano 等（2023）所讨论的污染天堂假说。也就是说，对外直接投资成为发达经济体的跨国公司将污染和排放转移到环境标准较低的新兴市场和发展中经济体，以降低其实施成本和碳税的途径（Singhania and Saini, 2021）。

现在，让我们将注意力转向跨国公司子公司创造的增加值（见图 5.15）。新兴市场和发展中经济体按基于生产的核算方法计算的增加值，是其按基于要素收入的核算方法计算的增加值的两倍多。相比之下，发达经济体按基于生产的核算方法计算的增加值，远远低于其按基于要素收入的核算方法计算的增加值。因此，就跨国公司活动的资本回报而言，发达经济体通过对外直接投资活动，从新兴市场和发展中经济体获取了大量资本收益，而新兴市场和发展中经济体则经历了要素收入的净流出。

总之，对外直接投资流动不仅导致了东道国和母国之间的碳转移，还促使增加值和收益在二者之间进行重新分配。尽管跨国公司的子公司在东道国创造了大量的增加值，但这些增加值的利益可能并不完全属于这些国家（Bohn et al., 2021；Meng et al., 2022）。然而，在创造这些增加值过程中所产生的二氧化碳排放却全部被计入东道国的属地排放（根据基于生产的核算方法），这导致某些经济体在收益与环境污染之间失衡。在全球跨境投资活动中，发达经济体通过对外直接投资产生的"真实"增加值和二氧化碳排放可能被低估，而在新兴市场和发展中经济体中，这二者则可能被高估。

传统的基于生产的分析框架掩盖了这种高估和低估。发达经济体实际上获得了比传统统计口径更高的经济收益，而分配给它们的环境成本却远远低于它们实际应承担的责任。新兴市场和发展中经济体则恰恰相反，相较于传统统计口径，他们获得的以资本回报体现的要素收入更少，承担的环境成本却更高。

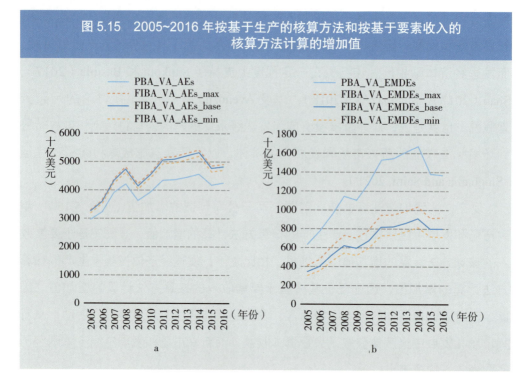

图 5.15　2005~2016 年按基于生产的核算方法和按基于要素收入的核算方法计算的增加值

注：PBA_VA 表示按基于生产的核算方法计算的增加值，FIBA_VA 表示按基于要素收入的核算方法计算的增加值；AEs 表示发达经济体，EMDEs 表示新兴市场和发展中经济体；min（最小值）、base（基准值）和 max（最大值）表示按基于要素收入的核算方法计算的增加值的下限、基线和上限（边界的设定是基于对生产技术的假设）。

资料来源：作者使用经合组织 AMNE 数据库 ICIO 数据估算而得。

在国家层面，图 5.16 将选定经济体分为四类。第三类，即左下象限，包括主要的对外直接投资流出国（如韩国、日本、荷兰、法国和瑞士）[1]。在这些国家，按基于生产的核算方法计算的跨国公司排放量和增加值，低于按基于要素收入的核算方法计算的跨国公司排放量和增加值。这些经济体通过对外直接投资，不仅转移了大量的二氧化碳排放，还获得了大量基于资本获得的要素收入。

1　2016 年，荷兰、日本、瑞士、法国和韩国的对外直接投资流量分别位居世界第 3、第 4、第 5、第 7 和第 11 位，对外直接投资存量分别位居世界第 2、第 6、第 8、第 9 和第 15 位，详见 https://data.oecd.org/fdi/fdi-flows.htm#indicator-chart。

图 5.16　2005 年和 2016 年部分经济体按基于生产的核算方法和按基于要素收入的核算方法计算的跨国公司二氧化碳排放量和增加值

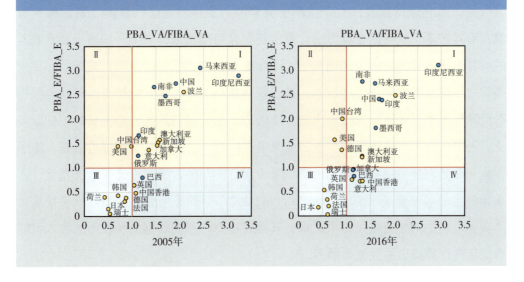

注：PBA_VA 和 PBA_E 表示按基于生产的核算方法计算的跨国公司增加值和二氧化碳排放量，FIBA_VA 和 FIBA_E 表示按基于要素收入的核算方法计算的跨国公司增加值和二氧化碳排放量。纵轴表示 PBA_E 与 FIBA_E 的比率。若 PBA_E/FIBA_E>1，按基于生产的核算方法计算的二氧化碳排放量大于按基于要素收入的核算方法计算的二氧化碳排放量，而若 PBA_E/FIBA_E<1，则按基于生产的核算方法计算的二氧化碳排放量小于按基于要素收入的核算方法计算的二氧化碳排放量。横轴表示 PBA_VA 与 FIBA_VA 的比率。若 PBA_VA/FIBA_VA>1，按基于生产的核算方法计算的增加值大于按基于要素收入的核算方法计算的增加值；反之，则按基于生产的核算方法计算的增加值等于或小于按基于要素收入的核算方法计算的增加值。

资料来源：作者使用经合组织 AMNE 数据库 ICIO 数据估算而得。

　　大多数新兴市场和发展中经济体中的领头羊，如中国、印度、墨西哥和南非，接受了大量对外直接投资，属于第一类（右上象限）。这些经济体按基于生产的核算方法计算的跨国公司排放量和增加值，都远远大于其按基于要素收入的核算方法计算的跨国公司排放量和增加值。这表明，在对外投资驱动的全球化生产过程中，相对于其所获得的相对较小的要素收入收益（即增加值通过对外直接投资流入而流出），新兴市场和发展中经济体付出了相对较高的环境成本（即二氧化碳排放通过对外直接投资的流入而流入）。

在第二类（左上象限）中，美国是典型。其按基于生产的核算方法计算的跨国公司二氧化碳排放量，大于按基于要素收入的核算方法计算的二氧化碳排放量，而其按基于生产的核算方法计算的跨国公司增加值，则小于按基于要素收入的核算方法计算的跨国公司增加值，这意味着在跨国投资活动下，美国的二氧化碳排放和增加值均表现为净流入。该现象可能与一般人的直觉相悖，因为美国拥有全球最大的对外直接投资流出量。原因之一是美国的跨国公司主要集中在服务业，而服务业相对于碳密集型制造业来说是绿色产业。另一种解释可能是，美国很大一部分对外直接投资是通过避税港流向目的国的，这些投资并未被直接计入美国流出的对外直接投资（Coppola et al., 2021）。如果所有这些隐性投资都被计入美国流出的对外直接投资中，那么其通过投资转移的碳排放和获得的收入可能会比目前计算得出的数值大很多。

对于第四类经济体（右下象限），按基于生产的核算方法计算的跨国公司二氧化碳排放量，小于按基于要素收入的核算方法计算的跨国公司二氧化碳排放量，而按基于生产的核算方法计算的跨国公司增加值，则大于按基于要素收入的核算方法计算的跨国公司增加值。因此，虽然这些经济体通过对外直接投资活动转移了部分二氧化碳排放，但同时，流入这些经济体的对外直接投资也导致其增加值净流出。英国就是一个典型的例子。与许多发达经济体一样，英国通过对外直接投资活动，向国外转移了更多的排放，从而在环境方面体现为净受益。

新兴市场和发展中经济体的 PBA_VA/FIBA_VA 和 PBA_E/FIBA_E 比率，尤其是中国和马来西亚的这两个比率，2005~2016 年显著下降。这主要得益于它们流出的对外直接投资不断增长。[1] 另外，加拿大和意大利，由于它们所接纳的跨

---

1 2005 年，中国和马来西亚的对外直接投资存量分别为 572 亿美元和 220 亿美元，而 2016 年，两国的对外直接投资存量分别增长到 13574 亿美元（+2372.8%）和 1260.2 亿美元（+571.9%）。

国公司的二氧化碳排放强度下降[1]，PBA_E/FIBA_E 的值显著下降，从第一类变为第四类。相比之下，由于碳系数的增长以及跨国公司子公司产出的扩大[2]，德国 PBA_E/FIBA_E 的数值出现了显著上升，使其从第三类成为第二类。

从产业的角度看，图 5.17 显示了部分经济体基本金属产业的跨国公司按基于生产的核算方法和按基于要素收入的核算方法计算的二氧化碳排放量和增加值。一半以上的跨国公司的排放产生于新兴市场和发展中经济体（见图 5.17a）。其中，在中国、其他新兴市场和发展中经济体，按基于生产的核算方法计算的跨国公司排放量分别占跨国公司排放总量的 34.2% 和 23.9%。相比之下，发达经济体按基于生产的核算方法计算的跨国公司排放量约占跨国公司排放总量的 40%，且其中的大部分排放产生于欧盟 23 国（25.6%），产生于美国和其他发达经济体的排放分别仅占 8.4% 和 7.9%。值得注意的是，尽管跨国公司在中国境内的排放约占其排放总量的 1/3，但其在中国创造的增加值仅占其增加值总额的 14.1%。相比较，这些企业在欧盟 23 国和其他发达经济体的排放分别占其排放总量的 25.6% 和 7.9%，而创造的增加值占比却为 40.7% 和 15.0%。这凸显了中国金属产业的外资企业高排放、低增加值的生产特点。

接下来，我们将分析按基于要素收入的核算方法计算的跨国公司排放。包括中国在内的新兴市场和发展中经济体按基于要素收入的核算方法计算的排放量，约占跨国公司全球排放总量的 30%，而以美国和欧盟 23 国为代表的发达经济体的占比为 70%。然而，新兴市场和发展中经济体按基于要素收入的核算方法计算的增加值仅为 18%，约 82% 的增加值则由发达经济体控制的跨国公司获得（见图 5.17b）。应重点关注其他发达经济体与中国在环境成本和经济收益方面的不平衡。前者约承担了跨国公司总排放的 7.9%，同时通过对外直接投资活动获得了跨国公司 1/4 以上的基于要素收入的收益，而后者约承担了跨国公司总排放的 1/3，但只获得了不到 6% 的基于要素收入的收益。

---

1 加拿大和意大利的跨国公司的二氧化碳排放强度从 2005 年的 0.29 千克/美元和 0.09 千克/美元下降到 2016 年的 0.16 千克/美元和 0.06 千克/美元。
2 德国境内跨国公司的二氧化碳排放强度从 2005 年的 0.07 千克/美元增至 2016 年的 0.17 千克/美元。

图 5.17　2016 年部分经济体基本金属产业的跨国公司按基于生产的核算方法
和按基于要素收入的核算方法计算的二氧化碳排放量和增加值

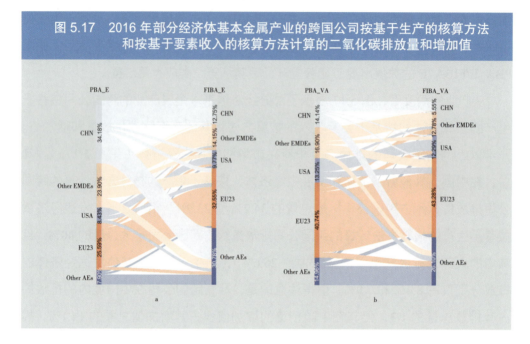

注：PBA_VA 和 PBA_E 表示用基于生产的核算方法计算的增加值和二氧化碳排放量，
FIBA_VA 和 FIBA_E 表示用基于要素收入的核算方法计算的增加值和二氧化碳排放量。EU23 表
示欧盟的 23 个发达经济体，Other AEs 表示其他发达经济体，Other EMDEs 表示除中国以外的新
兴市场和发展中经济体。波浪线表示 CO_2 排放量和增加值的流向。

资料来源：作者使用经合组织 AMNE 数据库 ICIO 数据估算而得。

　　从排放的属地构成来看，对于中国的跨国公司而言，其按基于要素收入的核
算方法计算的排放，有 96.4% 发生于中国国内；而对其他新兴市场和发展中经济
体而言，其跨国公司按基于要素收入的核算方法计算的排放，有 74.7% 是在境内
产生的，约 17% 是在发达经济体排放的。然而，与新兴市场和发展中经济体不同
的是，对于发达经济体的跨国公司而言，其按基于要素收入的核算方法计算的排
放，有 50% 以上产生于国外。具体来说，美国的跨国公司按基于要素收入的核算
方法计算的排放中，分别有 16.9% 和 21.8% 是在中国以及其他新兴市场和发展中
经济体产生的；欧盟 23 国的跨国公司按基于要素收入的核算方法计算的排放中
分别有 6.6%、18.4% 和 6.3% 是在中国、其他新兴市场和发展中经济体以及美国

产生的；其他发达经济体的跨国公司按基于要素收入的核算方法计算的排放中，只有 17.9% 发生于国内，而在中国以及其他新兴市场和发展中经济体中排放的部分则分别占 54.9% 和 16.0%。

5.4.2 由跨国公司牵头的激励基金设计

在基于要素收入的核算框架下，发达经济体的"实际"排放量，远高于政府间气候变化专门委员会（IPCC）使用的基于生产的核算框架下算得的排放量。这些超额排放是发达经济体通过跨国公司的投资行为对新兴市场和发展中经济体的净碳转移。如图 5.18 所示，截至 2016 年，全球范围内发达经济体对新兴市场和发展中经济体的累计净碳转移量高达 18.08 亿吨，即使是在"共同但有区别的责任"下，这也大大增加了新兴市场和发展中经济体的环境成本和减排压力。

针对这一现象，Yan 等（2023c）建议设立一个由发达经济体跨国公司牵头的激励基金，作为全球绿色基金的补充，以支持新兴市场和发展中经济体开发可再生能源项目以及碳捕捉与封存技术，帮助其适应和减缓气候变化。转移的资金可设定为等于发达经济体向新兴市场和发展中经济体的累计净碳转移量乘以碳价格的估算值。我们的初步估算采用了欧盟2005~2016年的年平均碳价格[1]。这将导致 266 亿美元从发达经济体的跨国公司转移到新兴市场和发展中经济体。虽然使用其他的碳价格估计值和不同时间段会产生不同的结果，但毫无疑问，如果跨国公司能够达成共识，该激励基金将成为全球绿色气候基金的有力补充（见图 5.18）。

1　如果相关数据，以货币形式计算跨国公司累计净碳转移责任的正确方法，则应使用对外直接投资母国和东道国之间的碳成本（价格）差。

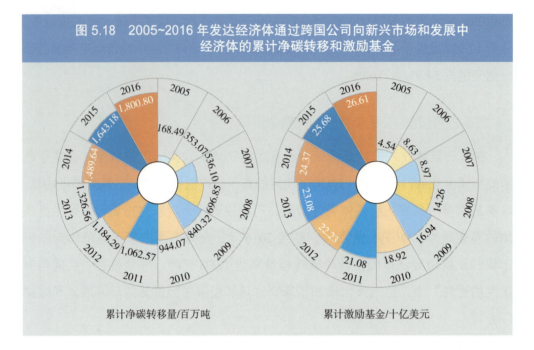

图 5.18　2005~2016 年发达经济体通过跨国公司向新兴市场和发展中经济体的累计净碳转移和激励基金

累计净碳转移量/百万吨

累计激励基金/十亿美元

资料来源：作者使用经合组织 AMNE 数据库 ICIO 数据估算而得。

　　表 5.2 进一步说明了 2016 年发达经济体对新兴市场和发展中经济体不同产业的净碳转移，以及预计从发达经济体跨国公司处筹措的激励基金。很明显，发达经济体对新兴市场和发展中经济体的最大的碳转移发生在公用事业（2.676 亿吨），其次是中低技术制造业（1.154 亿吨）。对于这些碳转移，发达经济体的跨国公司将分别支付 15.841 亿美元和 6.833 亿美元，占这些企业 2016 年从新兴市场和发展中经济体获得的总增加值的 3.3% 和 0.4%，用以建立激励基金，帮助这些经济体应对气候变化和碳减排。须强调的是，与中低技术制造业相比，应特别注意从跨国公司处筹措足够的激励基金，用以支持新兴市场和发展中经济体的公用事业减排。该产业不仅是碳密集型行业，其劳动报酬率也远低于其他产业。换句话说，发达经济体的跨国公司通过较小的经济成本转移了更多的二氧化碳排放，这无疑增加了新兴市场和发展中经济体的减排压力。

表 5.2	2016 年发达经济体通过跨国公司向新兴市场和发展中经济体部分行业的净碳转移和激励基金			
产业	净碳转移 / 百万吨	增加值 / 百万美元	激励基金 / 百万美元	所占份额
初级产品	3.63	82318.33	21.51	0.03%
低技术制造业	10.00	139346.78	59.23	0.04%
中低技术制造业	115.42	162676.81	683.30	0.42%
中高 / 高技术制造业	17.22	104779.79	101.95	0.10%
公用事业	267.57	47852.21	1584.10	3.31%
建筑业	11.60	97121.46	68.69	0.07%
服务业	9.34	469348.87	55.32	0.01%

注：根据经合组织的产业清单，34 个产业分为初级产品、低技术、中低技术、中高 / 高技术制造业、公用事业、建筑业和服务业。

资料来源：作者使用经合组织 AMNE 数据库 ICIO 数据估算而得。

5.5　结论和讨论

全球价值链已在许多国家变得非常普遍，这导致通过贸易和投资（如对外直接投资）渠道进行国际生产共享所产生的二氧化碳排放量激增。全球价值链现象涉及中间产品的多次跨境流动，这可能会使《巴黎协定》的实施复杂化，因为《巴黎协定》的实施依赖于国家政策的协调。国际气候变化谈判所面临的持续挑战是，如何在全球价值链的不同参与者（如生产者、消费者、出口商、进口商、投资者和被投资者）之间分配全球变暖的责任。

本章提出了一个统一的全球价值链核算方法，使我们能够通过各种贸易途径追溯不同国家—部门—双边组合的二氧化碳排放责任。我们的核算结果表明，自 2001 年以来，发展中经济体基于自我责任的生产过程中的排放，占全球排放增长的很大一部分，并于 2019 年达到峰值。这一点是令人担忧的，因为大多数发展中经济体的环境法规较弱，执法水平较低。以中国为例（见 Tang et al.,

2020），如果能为不同类型的企业（无论是大型还是中小型企业，无论是国有、外资还是私营企业）引入更均衡的监管覆盖面和更平等的金融体系，中国就能以更低的国内增加值损失更高效地实现其 2030 年二氧化碳减排承诺（与 2030 年"一切照旧"的情景相比，中国的绿色投资将减少 50%，能源效率将提高 84%）。一旦中国的国内生产变得更加"绿色"，其通过全球价值链的出口也将更加"绿色"。

虽然 1995~2021 年，发达经济体和发展中经济体以单位增加值排放量衡量的全球价值链碳强度均有所下降，但通过国际贸易产生国内生产总值的过程仍然比通过纯国内价值链产生国内生产总值的过程更加碳密集。然而，在全球层面精心设计的边境调整机制（Carbon Border Adjustment Mechanism, CBAM），对于达成提高碳成本和减少碳泄漏的共识至关重要。例如，Qian 等（2023）对欧盟的碳边境调整机制进行了基于全球价值链的可计算一般均衡模型模拟分析，结果表明欧盟一些国家的国内增加值会增长更多，欧盟以外的二氧化碳排放也会减少。然而，由于欧盟各国的"反弹效应"和碳泄漏，欧盟的碳边境调整机制也将导致欧盟内部二氧化碳排放总量略有增加；大多数国家，尤其是非欧盟国家，消费者的福利，将出现相对较大幅度的下降。因此，一个可能的替代方案，是在国家—部门—双边层面设计全球价值链上的碳边境调节机制，该机制以每个国家对二氧化碳排放的责任份额为基础，而不是像贸易关税那样简单地单向征收。

除了研究国家层面的责任外，我们还研究了作为全球价值链主要参与者的跨国公司的作用。基于跨国公司复杂的生产安排，全球二氧化碳排放不仅在投资国（母国）和生产国（东道国）之间转移，还会在全球价值链上的其他国家间（第三国）转移，这增加了全球碳转移的复杂性。从全球看，跨国公司约 30%~40% 的二氧化碳排放隐含在其对第三国的出口中，但由于跨国公司的对外投资动机和全球价值链生产安排不同，这些份额在不同经济体存在差异。接近 80% 的第三国引致的排放与全球价值链活动有关，但该比例在不同东道国间有很大差异（例如，在印度为 60%，而在澳大利亚则超过 90%），东道国在全球价值链中的位置

（无论是价值链下游还是上游）是造成这一差异的重要因素。从部门层面来看，在纺织部门，有近 1/3 的跨国公司的排放产生于中国，其中 50% 由第三国引致的，而该比例在美国仅为 14%，在越南则超过 90%。

　　跨国公司的跨国投资也影响了各国排放责任和经济利益的分配。总体而言，2005~2016 年，发达经济体按基于要素收入的核算方法计算的增加值和二氧化碳排放，分别被低估了 2872 亿 ~7665 亿美元和 4.154 亿 ~4.896 亿吨，而新兴市场和发展中经济体的增加值和二氧化碳排放则被高估了。后者承担了前者的部分排放责任，这在一定程度上支持了污染天堂假说。从国家角度看，作为对外直接投资主要流出地区的发达经济体获得了更多的要素收入，却承担了较低的环境成本，而作为对外直接投资流入主要地区的新兴市场和发展中经济体获得的要素收入较少，却承担了较高的环境成本。截至 2016 年，通过跨国公司的投资，发达经济体对新兴市场和发展中经济体的累计净碳转移量达 18.008 亿吨。如果基于据此估计的环境成本，对新兴市场和发展中经济体进行补偿，则将有额外的 266.1 亿美元被用于补充绿色气候基金。我们的研究为未来各国分担碳排放责任的谈判提供了有益的参考，也为绿色气候基金提供了可行的融资方式，这将有助于与《巴黎协定》一致的净零排放目标的实现。

　　尽管国际社会就"共同但有区别的责任"原则达成了共识，但在有效落实方面仍存在许多挑战。鉴于将全球升温控制在 1.5℃ 以内的难度越来越大，而大多数发展中经济体没有绝对的减排目标，环境法规也相对薄弱，帮助这些国家制定恰当的、有抱负的减排目标和 / 或实现碳中和就至关重要，这将有助于遏制当前全球二氧化碳排放量的快速增长。《巴黎协定》允许各国从不同的起点出发，追求不同的抱负，实现各自的碳中和目标，并采用基于生产的核算方法来衡量各国的排放量（例如，在单个国家实现碳中和的最初设想，就是对所有直接和间接排放承担全部责任），但没有明确通过国际贸易和投资直接、间接造成的碳泄漏的责任分担问题。这意味着，碳净出口国和对外直接投资净流入国，在实现本国碳中和目标方面，可能承担了过多的责任，而碳净进口国和对外直接投资净流出国承担的责任，可能少于其应承担的责任。从这个意义上说，如果我们想实现净零排放的全球目标，那么就跨国碳泄漏的责任分担进行谈判将是不可避免的。因此，我们基于全球价值链的责任分担方法将为未来的谈判提供重要参考。

（李禧源译、黄绍鹏校、邢予青审订）

参考文献

ADB, 2021, *Global Value Chain Development Report 2021: Beyond Production*, Manila: ADB.

Andrew, R. and Forgie, V., 2008, "A Three-perspective View of Greenhouse Gas Emission Responsibilities in New Zealand", *Ecological Economics* 68, pp.194-204.

Antràs, P. and de Gortari, A., 2020, "On the Geography of Global Value Chains", *Econometrica*, 88, 1553-1598.

Baldwin, R., 2013, "Trade and Industrialization after Globalization's Second Unbundling: How Building and Joining a Supply Chain are Different and Why it Matters", *NBER Working Paper*, No.17716.

Bastianoni, S., Pulselli, F.M. and Tiezzi, E., 2004, "The Problem of Assigning Responsibility for Greenhouse Gas Emissions", *Ecological Economics* 49, pp.253-257.

Bloom, N., Sadun, R., and Van Reenen, J. 2012, "Americans Do It Better: US Multinationals and the Productivity Miracle", *American Economic Review* 102, pp. 167-201.

Bohn, T., Brakman, S., and Dietzenbacher, E., 2021, "From Exports to Value Added to Income: Accounting for Bilateral Income Transfers", *Journal of International Economics* 131, 103496.

Bu, M. and Wagner, M., 2016, "Racing to the Bottom and Racing to the Top: The Crucial Role of Firm Characteristics in Foreign Direct Investment Choices",

Journal of International Business Studies 47, 1032-1057.

Cadarso, M.Á., López, L.A., Gómez, N, and Tobarra, M.Á., 2012, "International Trade and Shared Environmental Responsibility by Sector-An Application to the Spanish Economy", *Ecological Economics* 83, pp.221-235.

Cadestin, C., de Backer, K., Desnoyers-James, I., Miroudot, S., Rigo, D., and Ye, M., 2018, "Multinational Enterprises and Global Value Chains: The OECD Analytical AMNE Database", *OECD Trade Policy Papers*, No. 211.

Copeland, B.R. and Taylor, M.S., 1994, "North-South Trade and the Environment", *The Quarterly Journal of Economics* 109, pp.755-787.

Coppola, A., Maggiori, M., Neiman, B., and Schreger, J., 2021, "Redrawing the Map of Global Capital Flows: The Role of Cross-border Financing and Tax Havens", *The Quarterly Journal of Economics* 136, pp.1499-1556.

Dietzenbacher, E., Cazcarro, I., and Arto, I., 2020, "Towards a More Effective Climate Policy on International Trade", *Nature Communications* 11, p.1130.

Ekholm, K., Forslid, R., and Markusen, J.R., 2007, "Export-platform Foreign Direct Investment", *Journal of the European Economic Association* 5, pp.776-795.

Gereffi, G., and Fernandez-Stark K., 2016, "Global Value Chain Analysis: A Primer", *The Duke Center on Globalization, Governance & Competitiveness*.

GISS-NASA (Goddard Institute for Space Studies, National Aeronautics and Space Administration), 2023, *GISS Surface Temperature Analysis Version 4 (GISTEMP v4)*, https://data.giss.nasa.gov/gistemp/.

Greenhouse Gas Protocol, 2011, "Corporate Value Chain (Scope 3) Accounting and Reporting Standard", *World Resources Institute and World Business Council for Sustainable Development*, Washington, DC.

Gütschow, J.., Jeffery, M.L., Gieseke, R., Gebel, R., Stevens, D., Krapp, M., and Rocha, M., 2016, "The PRIMAP-hist National Historical Emissions Time Series", *Earth System Science Data* 8, pp.571-603.

Hoekstra, A.Y., and Wiedmann, T.O., 2014, "Humanity's Unsustainable Environmental Footprint", *Science* 344, pp.1114-1117.

Hopkin, M. 2005, "Greenhouse-gas Levels Highest for 650,000 Years", *Nature*.

Ito, T. 2013, "Export-platform Foreign Direct Investment: Theory and Evidence", *The World Economy* 36, pp.563-581.

Johnson, R.C., and Noguera G., 2012, "Accounting for Intermediates: Production Sharing and Trade in Value Added", *Journal of International Economics* 86, pp.224-236.

Kander, A., Jiborn, M., Moran, D.D., and Wiedmann, T.O., 2016, "Reply to 'Consistency of Technology-adjusted Consumption-based Accounting'", *Nature Climate Change*, 6, pp.730-730.

Koch, N., and Basse, Mama H., 2019, "Does the EU Emissions Trading System Induce Investment Leakage? Evidence from German Multinational Firms", *Energy Economics* 81, pp.479-492.

Kondo, Y., Moriguchi, Y., and Shimizu, H., 1998, "CO_2 Emissions in Japan: Influences of Imports and Exports", *Applied Energy* 59, pp.163-174.

Konisky, D.M. 2007, "Regulatory Competition and Environmental Enforcement: Is There a Race to the Bottom?", *American Journal of Political Science* 51, pp.853-872.

Koopman, R., Wang, Z., and Wei, S. 2014, "Tracing Value-added and Double Counting in Gross Exports", *American Economic Review* 104, pp.459-494.

Lenzen, M., Murray, .J, Sack, F., and Wiedmann, T., 2007, "Shared Producer and Consumer Responsibility—Theory and Practice", *Ecological Economics* 61, pp.27-42.

Lüthi D., Le Floch, M., Bereiter, B., Blunier, T., Barnola, J-M, Siegenthaler, U., Raynaud, D., Jouzel, J., Fischer, H., Kawamura, K., and Stocker, T.F., 2008, "High-resolution Carbon Dioxide Concentration Record 650,000–800,000 Years Before Present", *Nature* 453, pp.379–382.

Melitz, M.J., and Trefler, D., 2012, "Gains from Trade When Firms Matter", *Journal of Economic Perspectives* 26, pp.91-118.

Meng, B., Gao, Y., Ye, J., Zhang, M., and Xing, Y., 2022, "Trade in Factor Income and the US-China Trade Balance", *China Economic Review* 73, 101792.

Meng, B., Liu, Y., Gao, Y., Li, M., Wang, Z., Xue, J., Andrew, R., Feng, K., Qi, Y., Sun, Y., Sun, H., and Wang, K., 2023, "Developing Countries' Responsibilities for CO_2 Emissions in Value Chains Are Larger and Growing Faster than Those of Developed Countries", *One Earth* 6, pp.167-181.

Meng, B., Peters G.P., Wang, Z., and Li, M., 2018, "Tracing CO_2 Emissions in Global Value Chains", *Energy Economics* 73, pp.24-42.

Men, g B., and Ye, M., 2022, "Smile Curves in Global Value Chains: Foreign- vs. Domestic-owned Firms; the U.S. vs. China", *Structural Change and Economic Dynamics* 60, pp.15-29.

Meng, B., Ye, M., and Wei, S., 2020, "Measuring Smile Curves in Global Value Chains", *Oxford Bulletin of Economics and Statistics* 82, pp.988-1016.

Peters, G.P., 2008, "From Production-based to Consumption-based National Emission Inventories", *Ecological Economics* 65, pp.13-23.

Peters, G.P., Weber, C.L., Guan, D., and Hubacek, K., 2007, "China's Growing CO_2 Emissions — A race between Increasing Consumption and Efficiency Gains", *Environmental Science & Technology* 41, pp.5939-5944.

Pinkse, J., and Kolk, A., 2012, "Multinational Enterprises and Climate Change: Exploring Institutional Failures and Embeddedness", *Journal of International Business Studies* 43, pp.332-341.

Qian, H., Meng, B., and Ye, J., 2023, "How Will the EU's Carbon Border Tax Redefine Global Value Chains? Considering Firm Heterogeneity", *IDE Discussion Paper*.

Rocchi, P., Serrano, M., Roca, J., and Arto, I., 2018, "Border Carbon Adjustments Based on Avoided Emissions: Addressing the Challenge of Its Design", *Ecological Economics* 145, pp.126-136.

Sapkota, P., and Bastola, U., 2017, "Foreign Direct Investment, Income, and

Environmental Pollution in Developing Countries: Panel Data Analysis of Latin America", *Energy Economics* 64, pp.206-212.

Shahbaz, M., Nasir M.A., and Roubaud, D. 2018, "Environmental Degradation in France: The Effects of FDI, Financial Development, and Energy Innovations", *Energy Economics* 74, pp.843-857.

Shao, Y., 2017, "Does FDI Affect Carbon Intensity? New Evidence from Dynamic Panel Analysis", *International Journal of Climate Change Strategies and Management* 10, pp.27-42.

Singhania, M., and Saini, N., 2021, "Demystifying Pollution Haven Hypothesis: Role of FDI", *Journal of Business Research* 123, pp.516-528.

Tang, W., Meng, B., and Wu, L., 2020, "The Impact of Regulatory and Financial Discrimination on China's Low-Carbon Development: Considering Firm Heterogeneity", *Advances in Climate Change Research* 11, pp.72-84.

Taylor, M.S., 2005, "Unbundling the Pollution Haven Hypothesis", *Advances in Economic Analysis & Policy* 4.

Timmer, M.P., Erumban, A.A., Los, B., Stehrer, R., and de Vries, G.J., 2014, "Slicing up Global Value Chains", *Journal of Economic Perspectives* 28, pp.99-118.

Tukker, A., and Dietzenbacher, E., 2013, "Global Multiregional Input–output Frameworks: An Introduction and Outlook", *Economic Systems Research* 25, pp.1-19.

UNFCCC, 2015, *Adoption of the Paris Agreement*, Paris: United Nations Framework Convention on Climate Change.

Wang, Z, Wei, S., Yu, X., and Zhu, K., 2017, "Measures of Participation in Global Value Chains and Global Business Cycles", *NBER Working Paper*, No. 23222.

Wang, Z., Wei, S., Yu, X., and Zhu, K., 2021, "Tracing Value Added in the Presence of Foreign Direct Investment", *NBER Working Paper*, No. 29335.

Wang, Z., Wei, S., and Zhu, K., 2013, "Quantifying International Production Sharing at the Bilateral and Sector Levels", *NBER Working Paper*, No. 19677.

Wiedmann, T., 2009, "A Review of Recent Multi-region Input–output Models Used for Consumption-based Emission and Resource Accounting", *Ecological Economics* 69, pp.211-222.

World Bank, 2020, *World Development Report 2020: Trading for Development in the Age of Global Value Chains*.

WTO-IDE, 2011, *Trade Patterns and Global Value Chains in East Asia*.

Xing, Y., and Kolstad, C.D., 2002, "Do Lax Environmental Regulations Attract Foreign Investment?", *Environmental & Resource Economics* 21, pp.1-22.

Yan, Y., Li, X., Wang, R., and Pan, A., 2023a, "Global Value Chain and Export-embodied Carbon Emissions: New Evidence from Foreign-invested Enterprises", *Economic Modelling* 127, 106449.

Yan, Y., Li, X., Wang, R., Zhao, Z., and Jiao, A., 2023b, "Decomposing the Carbon Footprints of Multinational Enterprises along Global Value Chains", *Structural Change and Economic Dynamics* 66, pp.13-28.

Yan, Y., Li, X., Wang, R., Zhao, Z., and Li, X., 2023c, "Visible Carbon Emissions vs. Invisible Value-added: Re-Evaluating the Emissions Responsibility of Multinational Enterprises in Global Value Chains", *GVC Development Report Background Paper*.

Yan, Y., Li, X., Wang, R., Zhou, Y., and Zhao, Z., 2023d, "Is There a "Third-country Effect" in Global Carbon Emission Transfer? New Insights from Multinational Enterprises on the Trade-investment Nexus", *GVC Development Report Background Paper*.

Yan, Y., Wang, R., Chen, S., Wang, F., and Zhao, Z., 2022, "Mapping Carbon Footprint along Global Value Chains: A Study Based on Firm Heterogeneity in China", *Structural Change and Economic Dynamics* 61, pp.398-408.

Zhang, Z., Li, J., and Guan, D., 2023, "Value Chain Carbon Footprints of Chinese Listed Companies", *Nature Communications* 14, 2794.

Zhang, Z., Zhu, K., and Hewings, G.J.D., 2017, "A Multi-regional Input–output

Analysis of the Pollution Haven Hypothesis from the Perspective of Global Production Fragmentation", *Energy Economics* 64, pp.13-23.

Zhu, K., Guo, X., and Zhang, Z., 2022, "Reevaluation of the Carbon Emissions Embodied in Global Value Chains Based on an Inter-country Input-output Model with Multinational Enterprises", *Applied Energy* 307, 118220.

第 6 章

全球价值链绿色化：政策行动的概念框架

Elisabetta Gentile, Rasmus Lema, Roberta Rabellotti, Dalila Ribaudo

6.1 引言

全球价值链绿色化是减少其生态足迹的过程，例如减少全球价值链发展带来的对温室气体排放、生物多样性丧失和现有自然资源过度开发的影响（De Marchi et al., 2019）。减少全球温室气体排放是实现《巴黎协定》将升温控制在 1.5℃ 以内目标的基础。然而，国际生产、贸易和投资越来越多地在全球价值链中组织起来，不同的生产阶段分布在不同的国家，这使得协调产业链中的多方参与者实现这一共同目标变得更具挑战性（ADB，forthcoming）。

要分析价值链如何实现绿色化，首先必须了解全球价值链对环境的影响。全球价值链影响环境有三个主要渠道：规模效应、结构效应和技术效应（World Bank, 2020）。规模效应被描述为，生产水平的提高导致运输量和行程增加、废物产生以及稀缺资源被过度开发，从而导致温室气体排放量增加。由于全球价值链涉及中间产品的多次跨境流动，经济活动的增加会导致中间投入品的运输和包装产生额外排放。事实上，第 5 章的研究表明，全球价值链已导致通过贸易和投资共享国际生产所产生的二氧化碳排放量激增。据估计，2018 年国际运输部门的排放量占全球排放总量的 10% 以上（OECD, 2022），尽管在新冠大流行期间国际运

注：本章由亚洲开发银行（ADB）提供。文中观点仅代表作者本人，不代表亚行或其理事会或其所代表的政府的观点和政策。

输的总体碳排放量有所下降，但是目前，它们正在恢复到新冠疫情发生前的水平（Crippa et al., 2023）。由于超过 80% 的国际货物贸易量是通过海运进行的，因此海运是与全球价值链联系最紧密的运输类型（UNCTAD, 2021）。据估计，2018 年航运排放量占全球排放总量的 2.89%，根据规模效应的大小，预计到 2050 年，国际航运的温室气体排放总量将比 2008 年增加 130%（IMO, 2020）[1]。

结构效应反映的是一个国家内部的生产结构因国际贸易而发生的变化。在全球价值链中，生产过程被分解成可以从一个地方转移到另一个地方的任务。当生产任务转移到效率最高的地方时，就会产生环境效益；当碳密集型任务被转移到环境监管宽松的地方时，就会产生环境成本（即污染外包）。后一种情况也会导致环境不平等，因为一些国家从转移碳密集型任务的经济活动中获益，而另一些国家则要付出代价（ADB, forthcoming）。以往的证据并没有显示出全球价值链向气候政策宽松国家的重新布局，这可能是因为，与资本、劳动力和运输成本相比，减排在企业总运营成本中所占比重较小（Copeland et al., 2021；WTO, 2022）。值得注意的是，现有的经验证据可能处于排放许可证价格相对较低的时期。随着碳定价倡议的日益普及和排放许可证价格的上涨，造成碳泄漏的诱因可能会增加（World Bank, 2022）。

技术效应是指企业通过贸易获得减少单位产出排放的生产方法。在全球价值链中，知识会沿着价值链在企业间流动，促使不同供应商开发、采用和改造"绿色"产品和工艺（Altenburg and Rodrick, 2017）。参与全球价值链可以有力地激励企业"清洁"其生产流程，以符合主导企业的要求，而那些无法适应的企业则会被排除到价值链之外[2]。

总之，规模效应导致温室气体排放量增加（在结构和技术不变的条件下）；结构效应可忽略不计；技术效应导致单位产出的排放量减少。因此，要减小全球

---

1 在进行本研究时，评估新冠大流行对未来碳排放的影响还为时过早（IMO, 2020）。
2 丰田、苹果或耐克等主导企业会安排其供应商网络生产特定产品。它们往往控制着接近和获得关键资源和活动的渠道，如产品设计、国际品牌和与最终消费者的接触。这通常使它们对生产网络中的其他供应商具有相当大的影响力（Chang et al., 2012）。

价值链对环境的影响，技术效应必须压倒规模效应。宏观层面的经验证据表明，净效应取决于多种因素，如污染物的类型、国家的发展阶段、产业结构和能源结构（WTO, 2022）。

本章研究的重点是在企业层面推进全球价值链绿色化的潜在政策工具。本章提出了一个概念框架，以研究以下问题：（1）为什么会出现全球价值链绿色化；（2）全球价值链中开展环境创新的类型；（3）所涉及的参与者；（4）全球价值链绿色化如何发生以及不同阶段的特征；（5）全球价值链绿色化的结果。表 6.1 详细描述了概念框架中的不同要素，并附有案例研究以说明基于证据的政策启示。

全球价值链是一个由独立但相互关联的企业组成的网络，主导企业往往专门从事高附加值活动，依靠外部供应商完成生产任务。图 6.1 显示了沿价值链进行的温室气体排放的影响。假定图中所示的"被报告公司"是全球价值链中的主导企业，则该公司拥有和控制的资源所产生的直接排放（即范围 1 排放）显示在图

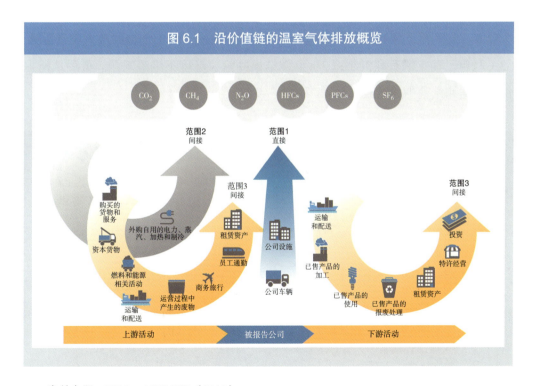

图 6.1　沿价值链的温室气体排放概览

资料来源：WRI and WBCSD（2011）。

的正中央。最左边是公司自用的外购电力、蒸汽、加热和制冷产生的间接排放，即范围 2 排放。最后，是被报告公司价值链中发生的间接排放，包括上游和下游排放，即范围 3 排放。

全球技术领先企业苹果公司的案例足可说明范围 3 排放的重要性：该公司的二氧化碳排放量中只有不到 1% 直接来自自己公司。由于使用可再生能源，其能源使用不产生排放。然而，产品在其生命周期中，在上下游生产和使用过程中的排放量很大：超过 75% 的排放量来自供应商企业的产品制造，14% 来自产品使用过程，5% 来自产品运输（Apple, 2022a）。因此，主导企业应当对其整个价值链的环境足迹负责。

如第 5 章所分析的，生产任务产生的排放越来越多地集中在发展中经济体，它们生产出口到高收入经济体的商品和服务。因此，全球价值链的绿色化也有助于纠正因价值链上任务的地理分布而造成的环境不平等。

本章其余部分安排如下。接下来的五节将探讨表 6.1 所示的概念框架中的五个要素。随后是三管齐下的政策行动战略，其基础是：（1）创造并放大驱动因素；（2）利用已确定的有利机制；（3）监测结果并解决环境不平等问题。最后从所提供的证据和结论中总结经验教训。

表 6.1 全球价值链绿色化的概念框架

关键问题	为什么全球价值链绿色化正在发生	全球价值链的绿色化涉及哪些类型的环境创新	环境创新的参与者是谁	环境创新是怎样在价值链中实施的	其生物物理影响是什么
说明	全球价值链绿色化的主要驱动力	在全球价值链中环境创新的主要形式	全球价值链绿色化的主要参与者	全球价值链绿色化的推动因素	全球价值链绿色化的成果
主要类别	**制度驱动因素** • 在国家层面 ▸引入可持续性标准 ▸引入碳税 ▸引入或修订国家环境立法	**环境工艺创新** • 能源来源、高能耗材料、稀缺自然资源、有毒投入品的替代	**价值链内部的参与者** • 主导企业：采购商和生产商	• 由主导企业促成 ▸标准驱动 ▸指导驱动 • 由供应商促成自主构建内部知识	• 减缓气候变化 • 减轻生物多样性损失

続表

关键问题	为什么全球价值链绿色化正在发生	全球价值链的绿色化涉及哪些类型的环境创新	环境创新的参与者是谁	环境创新是怎样在价值链中实施的	其生物物理影响是什么
主要类别	• 在全球层面 ▸ 贸易协定中的环境条款 ▸ 国际环境协定 **市场驱动因素** • 现有市场中消费者或专业用户的偏好变得更环保 • 市场需求转向环保主导的市场 **技术驱动因素** • 制造业新的绿色技术 • 减少浪费、能源消耗以及增强可追溯性的数字技术	• 减少生产过程中产生的废物 • 减少能耗 • 优化物料流 **环境产品创新** • 取代有害环境的部件的新设计 • 设计可再生产品 • 耐用性设计 • 环境有害产品的替代 • 回收利用 • 废物再利用 **环境组织创新** • 精益生产 • 绿色供应链管理	• 供应商（不同层级） **价值链外部的参与者** • 国家／地方政府 • 非政府组织 • 民间社团	• 集体促成 商业协会、财团 • 由国家促成 国家和地方政府	• 领土和海洋生态系统的可持续利用 • 推广可负担、可信赖和可持续的能源 • 推广可持续的消费和生产模式
补充问题	• 这些驱动因素是否可以追溯到绿色转型中具体的结构性改变 • 驱动因素主要是国内的还是全球的	• 这些创新是否同时涉及多种类型的创新，横跨产品、流程和组织等不同层面 • 绿色创新发生在全球价值链的哪个阶段	• 是一个主要推动者，还是由多个参与者共同推动环境创新 • 内部和外部参与者如何相互影响	• 学习是在集体层面还是个人层面发生 • 在哪些领域具备能力 • 应在整个产业链中制定哪些激励措施来促进环境创新的推广	• 创新能否使全球价值链整体更加绿色 • 全球价值链绿色化的努力是否主要只是提高了主导企业的声誉，而不是改善了环境 • 是否有积极和消极结果之间的权衡 • 谁是全球价值链绿色化的受益者，谁是受损者

6.2 全球价值链绿色化的驱动因素

全球价值链的绿色化有制度、市场和技术方面的驱动因素，这些因素之间会产生溢出效应。制度驱动力通常间接来源于减少母国经济的负外部性的社会压力和政治决策。例如，截至 2022 年，有 46 个国家通过碳税或排放交易计划对排放进行定价（Black et al., 2022）。丹麦目前拥有最高的企业碳税计划，到 2030 年将达到每吨二氧化碳排放 160 美元（Jacobsen and Skydsgaard, 2022）。然而，由于某些国家的排放成本越来越高，这些国家的企业有可能将碳密集型生产转移到气候政策不那么严格的国家，这种现象被称为"碳泄漏"。

为了阻止向没有碳定价的国家的碳泄漏的发生，欧盟正在逐步实施碳边境调节机制（Carbon Border Adjustment Mechanism, CBAM），该机制于 2023 年提交报告，并将于 2026 年正式生效。碳边境调节机制是一种碳关税，所针对的对象是被认为碳泄漏风险最大的商品——水泥、钢铁、铝、化肥、电力和氢，旨在确保进口产品的碳价格与国内产品的碳价格相当。然而，正如第 5 章所讨论的，对碳边境调节机制也存在争议，有人认为它进一步加剧了全球贸易紧张局势，并不公平地影响了历史排放量较低的发展中经济体（ADB, forthcoming）。

多边情境下也可能出现制度驱动因素。例如，详细的环境条款被纳入贸易协定章程，造成发展中国家的绿色出口增加，这在环境规制严格的国家尤为明显（Brandi et al., 2020）[1]。此外，私人治理机制正变得越来越重要，环境问题由此成为由企业倡议推动的更广泛的多边合作和标准化网络的一部分。例如，全球航运公司马士基与其客户签订的"碳契约"（Carbon Pact）协议，为减少运输过程中的碳排放奠定了跨越价值链的基础。通过"碳契约"，马士基获得了客户生产网络物流数据的透明度，从而释放出优化运输排放的潜力（Salminen et al., 2022）。

全球价值链绿色化的市场驱动力源于现有市场的消费者或专业用户的需求偏好变得更环保，或者源于市场需求向环保主导市场（即具有更严格环境协议的市

---

1 关于优惠贸易协定（PTAs）中包含的环境条款的叙述，详见贸易与环境数据库（TREND）（IDOS, 2022）。

场）转移。例如，消费者对气候变化的担忧可能会导致全球买家引入公平贸易标签，其中包括确保环境标准的认证程序，如在木制品中引入森林管理委员会（Forest Stewardship Council, FSC）标签，以确保可持续采购；英国跨国公司乐购（Tesco）于 2007 年引入气候标签，尽管由于不可预见的成本和其他企业较少采用，该标签已于 2012 年停止使用（Lucas and Clark, 2012）。专栏 6.1 中讨论的英国零售商玛莎百货（Marks & Spencer，M&S）的"A 计划"，则是消费者成功推动主导企业绿色化其价值链的一个例子。

总需求模式可能会从环境规制宽松的地区转向绿色主导市场（Beise and Rennings, 2005）。由于外国需求的诱导效应，外国法规刺激了能源领域的可再生能源的创新。外国的气候和环境政策从而可以刺激其他国家的绿色创新。全球价值链可以作为一个重要渠道，通过传递外国环境监管严格性的信号来诱导国内可再生能源创新（Herman and Xiang, 2022）。这些创新通常是通过努力满足对环境要求更高的客户的需求来传播的。主导企业可能会通过合作或监督供应商的环境绩效，将环境要求转移到供应链上游，以减少客户和机构的压力（Laari et al., 2016）。

当对部门产品的最终需求从一个市场转移到另一个市场（后者是绿色经济的一部分）时，就会出现不同的需求效应。例如，当对锂的需求从来自陶瓷和玻璃变成来自锂离子电池——一个对环境关注度高得多的市场时，就诱发了环境创新，从而减少全球价值链源头的采矿废物（Tabelin et al., 2021）。

专栏 6.1　为绿色付费的意愿（或不为绿色付费的意愿）：斯里兰卡的纺织品

由于大量使用自然资源、能源和化学品，纺织业对环境的影响很大（European Parliament, 2023）。纺织业也是"轻工业"之一，其生产的进入壁垒相对较低，是发展中经济体实现出口导向型工业化的跳板（OECD, WTO, and IDE-JETRO, 2013）。图 6.2 展示了斯里兰卡的案例。1990~2021 年，斯里兰卡的纺织品和服装出口稳步增长，纺织品和服装制造业的增加值也有所提高，尽管增速较慢。

　　斯里兰卡纺织品价值链上的出口商通常是国际服装品牌的一级供应商，出口那些用进口材料制造的成品服装。英国零售商玛莎百货就是国际品牌之一。2006 年，玛莎百货进行了一项调查，结果显示顾客对该公司关注气候变化的期望越来越高。然而，顾客并不想为此支付高昂的费用，也不想知道公司在应对气候变化方面所做的努力，以及如何开展工作的细节（Goger, 2013）。为了能够根据该调查结果来调整战略，玛莎百货于 2007 年推出了玛莎百货 A 计划，其口号是："A 计划！因为我们只有一个地球，所以没有 B 计划！"（M&S, 2015）。A 计划包括 100 项将在 5 年内兑现的道德承诺，将在公司内部和全球约 2500 家供应商中实施，其理念是，从长远来看，环境升级可以增强供应商的竞争力。

图 6.2　1990~2021 年斯里兰卡在纺织品和服装制造业的表现

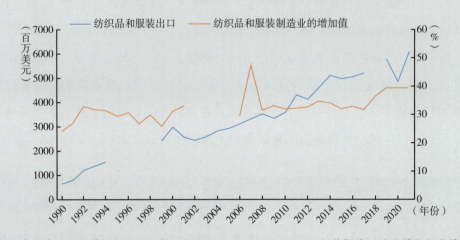

资料来源：世界银行 WTIS（World Integrated Trade Solution）数据库以及世界银行世界发展指标（World Development Indicators）。

　　2007 年，作为首批 A 计划项目之一，玛莎百货决定在斯里兰卡建设四个环境友好型服装厂作为先行示范项目，这主要是由于斯里兰卡供应商与玛莎百货经过 20 年的业务合作，已经建立了良好的信任关系（Goger, 2013）。试点项目涉及工厂和工作流程的绿色设计，如雨水收集、太阳能发电、减少废弃物和节能冷却系统（见图 6.3）。

图 6.3　A 计划生态示范工厂

生态示范工厂的绿色制服

车间内的绿色植物和自然采光

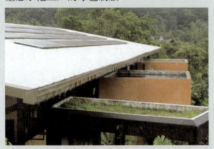

生态示范工厂的绿色屋顶

太阳能电池板和雨水收集系统

资料来源：Goger（2013）。

虽然建设生态示范工厂的成本比传统工厂约高出 30%，但是玛莎百货公司提供的种子资金只占总成本很小的一部分。此外，它没有提供溢价，没有承诺更高的订单，也没有向供应商提供长期合同。示范生态工厂是由拥有大量财务和管理资源的企业建立的，这些企业完全有能力从先动优势中获益（Goger, 2013）。

在另一项研究中，Khattak 等（2015）采访了斯里兰卡的三家纺织企业，这些企业的一家或多家工厂已经走上了环境升级的道路。所有企业都已实现能源与环境设计先锋（Leadership in Energy and Environmental Design, LEED）

认证标准，通过了国际标准化组织（ISO）14001 认证，并签署了《全球契约》（Global Compact）。这是一项针对企业的政策倡议，参与的企业致力于使其运营和战略符合人权、劳工、环境和反腐败领域的 10 项原则。要获得全球买家（即欧洲和美国的零售商）的采购，就必须遵守这些标准。

Khattak 等（2015）研究了三家公司，这些公司通过技术、组织和社会举措的结合，参与了环境升级。由于替代了化石能源，并转向使用沼气、太阳能、光伏发电，以及通过水力发电来生产蒸汽，所有参与研究的企业都减少了碳排放。一些工厂还引进了雨水收集设施以及能够减少垃圾填埋的废物回收系统。这些企业通过纳入与其已取得的环境认证所设定的标准相符的政策和规定，以及实施监测工具，对其组织流程进行了改造。最后，这些公司还组织实施了各种计划，以在各级员工中培养绿色文化。

在 Khattak 等（2015）研究的这三个案例中，主导企业在环境升级过程中均发挥了关键作用。它们鼓励当地供应商升级，制定标准，并提供未来合同以换取合规性。它们不仅分享认证标准方面的知识以帮助供应商升级，还分享关于未来行业趋势方面的知识。值得注意的是，这三家工厂都生产和出口高附加值产品，而这些产品的规格和生产流程不易被编码。因此，主导企业和供应商之间需要频繁互动，以传递所需的隐性知识。

对于这三家本地供应商而言，主导企业并未提供任何低成本资金或赠款来支持环境创新，而且其中的多数主导企业也没有因为产品是以环境可持续的方式生产的，而设定更高的价格。由于生产的生态效率的提高降低了运营成本，所以这三家供应商可以通过向国际买家提供更低的价格来保持竞争力。

除了要求供应商在没有任何资金支持的情况下改善环境合规性外，众所周知的是，主导企业还会向供应商施压，要求他们降低价格，这种做法被称为"压榨"。虽然能力和财务状况良好的供应商可以承担绿色化运营的初期投资，但能力和资金有限的企业可能会被排除在价值链之外（Goger, 2013; Ponte, 2020）。

本案例研究表明，消费者需求的变化可以促进全球价值链的绿色化。然而，当消费者不愿意为以可持续方式生产的绿色产品支付溢价，而主导企业不愿意奖励供应商的此类合规行为时，只有那些拥有大量资金的先进企业才能参与其中。

资料来源

European Parliament, 2023, *The Impact of Textile Production and Waste on the Environment (infographics)* .

Goger, A., 2013, "The Making of a 'Business Case' for Environmental Upgrading: Sri Lanka's Eco-factories", *Geoforum* 47, 73-83.

Khattak, Amira and Christina Stringer and Maureen Benson-Rea and Nigel Haworth, 2015, Environmental Upgrading of Apparel Firms in Global Value Chains: Evidence from Sri Lanka. *Competition & Change* 19(4), 317–335.

Marks & Spencer, 2015, *Reflections on Plan a Progress* .

Organisation for Economic Cooperation and Development (OECD) and World Trade Organization (WTO) and Institute of Developing Economies – Japan External Trade Organization (IDE-JETRO), 2013, *Aid for Trade and Value Chains in Textiles and Apparel* .

Ponte, S., 2020, "The Hidden Costs of Environmental Upgrading in Global Value Chains", *Review of International Political Economy* 29(3), 818–843.

当新技术能带来具有绿色化效应的效率节约，或为满足更环保的需求的要求而进行创新时，就会产生全球价值链绿色化的技术驱动力。创新可能不限于单个企业，而是通过整个价值链传播。这种传播尤其是在全球北方和南方国家之间的传播，是全球价值链绿色化的关键（Glachant et al., 2013）。

21 世纪初发生的重大技术变革被称为"第四次工业革命"（the Fourth Industrial Revolution, 4IR），其特点是各种技术突破交汇融合，不仅包括数字技术（如人工智能），还包括物理技术（如新材料）和生物技术（如生物工程）。与全球价值链绿色化高度相关的是智能制造和服务技术，以及数据处理技术（Lema and Rabellotti, 2022）。

智能制造和服务技术涉及生产任务的自动化和分散化。它们包括先进机器人技术、3D打印、无线技术和传感器（如物联网）。这类技术，例如射频识别（RFID）标签，它可以提高物流效率，从而减少全球贸易对碳排放的总体影响；采伐和伐木设备中的固定及移动传感器，以及卫星数据，可提供相关事项的精确信息，如树种、生物多样性计数或非法伐木和捕鱼状况；无线传感器和GPS跟踪系统可生成用于优化物流和大幅减少碳排放的数据（Caldeira Pedroso et al., 2009; Gale et al., 2017; Mangina et al., 2020）。对于已经采用物联网和机器人的智能工厂而言，改进算法可实现持续优化并提高能效。例如，在一家使用机器人的智能手机制造商（位于中国）的案例中，该厂商为了优化机器人操作而改变了算法，提高了这些机器人的生产率（Fuoco, 2018）。

最后，使用3D打印技术替代传统生产方法也可以节省大量成本。例如，一项研究发现，在生产非关键飞机部件时，使用增材制造技术可以减轻这些部件的重量，从而减轻飞机的重量，最终减少其燃料消耗以及与航空旅行中的相关碳排放（Huang et al., 2016）。

数据处理技术实现了企业内部和企业之间的互联和数据交换。这些技术包括大数据、区块链、云计算和人工智能。区块链可以提高上游和下游的可持续性。例如，在上游供应链管理中，区块链可以追踪有问题的产品或部件以减少再生产，而且召回这些产品更可减少资源消耗和温室气体排放；区块链还可以提高可追溯性，确保绿色产品对环境无害，例如基于区块链的供应链环境分析工具系统（Supply Chain Environmental Analysis Tool）可追溯产品的碳足迹，森林认证授权计划（Programme for the Endorsement of Forest Certification, PEFC）则可确保木材是通过可持续的来源采购的（Saberi et al., 2019）。在下游，区块链可用于提高回收利用的积极性，例如，RecycleToCoin系统可使人们退回塑料容器以获得经济奖励，还可向买家提供有关产品原产地的信息，并保证信息的真实性。

　　人工智能与能源、生产和自然资源管理等环境领域问题息息相关（Toniolo et al., 2020）。例如，为了减少运营中的能耗，企业开始采用能够优化智能电网中绿色能源使用的技术。在农业领域，供应链专业人员可以利用人工智能，通过监控和预测货物状态来规划易腐货物的运输和交付方式。这通常得到人工智能的辅助，人工智能可以利用来自智能供应链系统和智能食品物流中的传感器和其他技术的数据。认证、行为准则、供应链报告、生命周期评估、供应商审计、智能包装和生态效率计划等措施，都可得到人工智能的帮助。在这方面，机器学习和智能自动化可改善环境管理。

　　专栏 6.2 介绍了一个著名的案例，即东热带太平洋（Eastern Tropical Pacific, ETP）围网捕捞中捕获金枪鱼时，海豚由于被渔网缠住而大量死亡。在 ETP 捕捞的金枪鱼随后被加工成罐头，卖给美国的消费者。海豚死亡是金枪鱼罐头价值链中的一个负面的生物物理结果，在 20 世纪 70 年代初到 21 世纪初的 30 年间，市场、制度和技术驱动因素的融合，使得海豚死亡率大大降低。这也是一个国家层面的立法导致环境成本"泄漏"的案例，国家立法者随后努力解决该问题。这凸显了采取多边行动制定共同规则和标准的重要性。

专栏 6.2 　"金枪鱼 – 海豚问题"与全球价值链绿色化的驱动因素

　　东热带太平洋（ETP）是太平洋上从墨西哥延伸到秘鲁的一大片海域，也是世界上唯一一个在金枪鱼群上方经常出现大群海豚并伴有成群海鸟的地区。这种聚集使人们可以通过搜寻海鸟来确定大群金枪鱼的位置，因为海鸟会密切跟踪金枪鱼。一旦发现海豚靠近海面，这些海豚就会被围网追逐和包围，以捕捉其下方的金枪鱼群。围网是一种垂直悬挂在水中的大型围绕网，其下端由重物压住，上端由浮子浮起。一旦包围了金枪鱼群，围网就会"抿"住底部，跟在金枪鱼后面的海豚因此也会被捕获（见图 6.4）。

图 6.4 围网

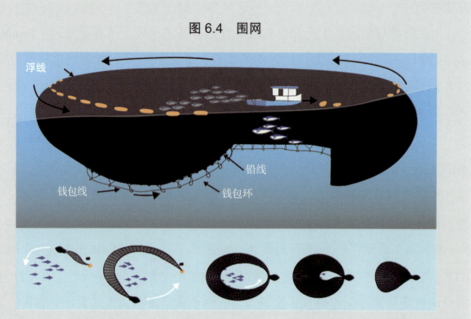

资料来源：作者根据 AFMA 2023 编制。

据估计，自 20 世纪 50 年代末以来，超过 700 万条海豚被 ETP 金枪鱼围网渔船捕杀（IMMP，2022），而这仅仅是由于缠绕造成的。研究表明，追逐和缠绕还可能对海豚造成许多其他负面影响，如提高幼崽死亡率、导致哺乳期雌性海豚与幼崽分离、繁殖力下降、捕食增加、交配和其他社会系统紊乱，以及生态破坏（Ballance et al., 2021）。

20 世纪 60 年代中期，ETP 金枪鱼围网捕捞中海豚的高死亡率引起了美国公众的广泛关注，公众呼吁政府采取行动，最终于 1972 年促使颁布《海洋哺乳动物保护法案》（Marine Mammal Protection Act, MMPA），其目标是将海豚死亡率降低到"接近零的微不足道的水平"（NOAA，2023）。由于海豚死亡率在《海洋哺乳动物保护法案》颁布后仍居高不下，该法案在随后的修正案中被收紧，这致使许多美国船只将船旗国注册为其他国家，或使用其他方法在其他区域捕捞金枪鱼（Ballance et al., 2021）。

相对较早的时候，渔船就已经改进了围网捕鱼方法，以减少海豚因缠绕而死亡。其中既有简单的解决办法，如让会游泳的人和潜水员解开和释放海豚，或使用高强度泛光灯在夜间给网中的海豚提供照明。也有技术性更强的解决方案。例如，"退网"，即在围网收网并将大约 2/3 的网带上船后，船只反向行驶，这样可以释放海豚，而金枪鱼往往会留在海豚下方较深的网中。事实证明，在围网上缝上一个网眼相对较小的"海豚安全"面板，使之环绕在海豚最有可能聚集的退网区的顶端，这种方法也非常有效（Ballance et al., 2021）。

由于 MMPA 要求严格，美国渔船离开了 ETP 船队，而其他国家的渔船大量进入，因此在 ETP 使用围网的渔船数量继续增加。由于担心美国在降低海豚死亡率方面取得的成果被非美国船只所抵消，1984 年 MMPA 修正案规定，禁止从海豚死亡率高于美国船队的船队进口金枪鱼。1988 年，金枪鱼进口对海豚死亡率的要求进一步收紧。与此同时，环境舆论压力导致美国三大金枪鱼罐头生产商自愿采取行动，只购买用围网捕捞以外的方法捕获的金枪鱼。

在墨西哥和其他国家根据《关税与贸易总协定》（GATT）提出质疑后，美国于 1997 年解除了对销售围网捕捞金枪鱼的禁令。同时，1990 年对 MMPA 的一项修正案设立了"海豚安全"标签，规定在捕获金枪鱼的整个过程中，不得以海面上的海豚为目标使用围网，该事实需由持证观察员进行核实。这些标签与向美国主要零售商施压的环保活动相结合，有效地将以海豚为代价的金枪鱼捕获排除在规模巨大且利润丰厚的美国市场之外（Ballance et al., 2021）。墨西哥根据世贸组织非歧视规则多次质疑海豚安全标签，世贸组织的上诉机构于 2012 年和 2015 年裁定美国败诉，认为该标签没有考虑其他金枪鱼捕捞方法对海豚造成的风险。在美国调整标签后，上述机构于 2019 年支持了该措施，并裁定其完全符合世贸组织规则（WTO, 2019）。

　　20 世纪 90 年代初，在解除对非 MMPA 标准金枪鱼的禁令之前，外国船队希望重新进入美国市场，在此基础上提出了一系列多边倡议（Ballance *et al.*, 2021）。1992 年，10 个捕鱼国（包括美国和墨西哥）通过《拉霍亚协定》（La Jolla Agreement）建立《国际海豚保护项目》（International Dolphin Conservation Program），重点关注海豚死亡率在美国船队受制于 MMPA 的情景下和在海豚安全标签的情境下的可比性。该协议有两个主要特点：（1）每艘船的海豚死亡率限额（Dolphin Mortality Limit, DML）不可转让，一旦该船只达到自己的海豚死亡率限额，就必须停止以海豚为目标的围网捕捞，即使更换船旗国的船只仍将保留其海豚死亡率限额；（2）国际审查小组（International Review Panel, IRP）的任务是根据渔业观察员的报告，审查明显不遵守《拉霍亚协定》的情况。除《拉霍亚协定》缔约方代表外，IRP 还包括通过选举产生的行业和非政府组织代表，这提高了该协议的透明度和问责制。

　　1995 年，12 个国家签署了《巴拿马宣言》。该宣言重申将海豚死亡率降低到接近零的承诺，宣布各国打算正式制定严格地按每艘船计算的鱼群特定的海豚死亡率限额，并同意在每艘大型围网渔船上安排渔业观察员，以核实海豚死亡率。最后，1998 年，《拉霍亚协定》和《巴拿马宣言》的规定被正式纳入《国际海豚保护项目协定》（Agreement on the International Dolphin Conservation Program, AIDCP）。这项具有法律约束力的多边协定，有三个主要目标：（1）通过设定年度限额，逐步将协定区金枪鱼围网捕捞中海豚的意外死亡降低到接近零的水平；（2）寻求对生态无害的、与海豚无联系的大型黄鳍金枪鱼捕获方法，以消除渔业中海豚的死亡情况；（3）在考虑生态系统中各物种间的相互关系的条件下，确保协定区的金枪鱼种群的长期可持续性，以及与该捕捞活动有关的海洋资源的长期可持续性（IATTC, 2023）。AIDCP 还规定，船长应定期参加以教育船长减少副捕获物（bycatch mitigation）为目的的信息研讨会，这是在该协定下获得从事围网捕鱼的证书的要求之一。

　　这些制度与市场和技术驱动因素共同作用，将因缠绕造成的海豚死亡率降低了 99% 以上。然而，目前还不清楚海豚数量是否已经恢复，以及恢复到何种程度。这是因为要进行全面的、反复的调查，才能得出海豚种群数量的严格估计值，这需要大量资金，而且在如此广阔和偏远的地区进行作业造成的困难，以及渔业的跨国性质，这些因素都使数据收集、监管和执法更为复杂化（Ballance et al. 2021）。为监测各国联合行动的生物物理成果，须采取多边行动。

资料来源

Ballance, Lisa T. and Tim Gerrodette and Cleridy E. Lennert-Cody and Robert L. Pitman and Dale Squires, 2021, "A History of the Tuna-Dolphin Problem: Successes, Failures, and Lessons Learned", *Frontiers in Marine Sciences* 8(754755).

International Marine Mammal Project (IMMP), 2022, The Tuna Dolphin Tragedy.

Inter-American Tropical Tuna Commission (IATTC), 2023, Agreement on the International Dolphin Conservation Program (AIDCP) (Accessed on 6 October 2023).

National Oceanic and Atmospheric Administration (NOAA), 2023, Marine Mammal Protection Act: The full text of the Marine Mammal Protection Act of 1972 as amended (Accessed on 6 October, 2023).

World Trade Oraganization, 2019, US-Tuna II (MEXICO) (DS381): Summary of Key Findings (Accessed on 6 October 2023).

6.3　环境创新的类型

　　环境创新被定义为工艺、产品和组织模式的根本性或渐进性改变，其目的是减少产业链的生态足迹，如对温室气体排放、生物多样性损失和自然资源过度开发的影响（De Marchi et al., 2019）。在本节中，我们将环境工艺创新、环境产品创新和环境组织创新区分开来，尽管在现实世界中，这三类创新有很多重合之处。例如，环境工艺创新和环境产品创新可能很难区分，这两者往往是同时发生的，因为要改变产品，通常就需要改变生产工艺。工艺创新和组织创新也可能重叠，因为工艺改进可能是执行 ISO 4000 等环境管理标准的结果（De Marchi and Di Maria, 2019）。尽管如此，本节提供的证据有助于更具体地了解哪类创新使全球价值链更加绿色。

当通过重组生产工艺或使用先进技术提高价值链不同阶段的生态效率时，就会出现环境工艺创新。Bjorklund 等（2012）举例说明了 PET 塑料瓶回收过程中的环境工艺创新。由于收集的 PET 瓶数量庞大，这增加了对存储空间的需求，增加了运输过程中的碳排放量，从而带来了挑战。为解决这些问题，瑞典一家回收公司 Returpack 引入了一种新设备，用于压缩塑料瓶收集卡车中的瓶子，从而减少整个流程中的运输量。这一创新减少了运输次数，增加了塑料瓶回收的数量，降低了公司的碳排放量。

Kunkel 等（2022）探讨了中国电子工业企业因采用大数据分析（BDA）促进可持续供应链合作而实现的绿色发展。采用 BDA 跟踪供应商的环境足迹使以下方面成为可能：（1）跟踪供应链上的二氧化碳排放量；（2）预测公司是否面临无法实现可持续发展目标的风险；（3）计算供应链上的碳足迹；以及（4）跟踪物流过程中的车队路线。这也使得集装箱和可重复使用包装材料的跟踪和追踪更加有效，减少了包装的数量，降低了成本。

意大利阿尔齐尼亚诺的制革区是全球价值链中供应商作为环境创新的积极参与者的一个例子（见专栏 6.3）。当地政府支持建立基本基础设施，以减少集群的生态足迹，这使企业能够利用欧盟提供的资金进行环境创新。

环境产品创新是指开发环境友好产品（即设计时考虑耐用性、使用可回收产品、循环利用、减少包装和废物再利用）。Aquafil 是意大利一家专门生产地毯用尼龙纱线的公司（De Marchi et al.，2013b）。除了投资能源生产和更有效的能源管理（通过联合发电厂）外，该公司还开发了一种名为 Econyl 的新型纱线，这些纱线用回收的地毯制成，从而减少了原材料的使用和产品生命周期末期的废弃物。

专栏 6.3　产业集群中的环境创新——阿尔齐尼亚诺制革区

在皮革生产过程中，生产最终产品的几个步骤需要消耗大量的水，并排放大量的污染物，这些污染物在最后阶段会产生粉尘和有机化合物等排放。因此，皮革业在环境可持续性方面的投资不断增加。

阿尔齐尼亚诺（Arzignano）是意大利东北部的一个工业城镇，人口约为25000人。其工业区专门从事皮革生产，当地的制革厂是不同价值链中的供应商，如家具产业中的宜家家居、时尚产业中的 LVMH，以及汽车产业中的奥迪和宝马。在皮革全球价值链中，制革厂通常在生产阶段执行低附加值任务（见图 6.5）。生产前附加值较高的任务，如研发，通常由化工企业（包括巴斯夫等大型跨国公司）完成，而主导企业则负责生产后阶段附加值较高的任务，如营销和品牌推广（De Marchi and Di Maria, 2019）。

图 6.5　阿尔齐尼亚诺制革厂的皮革生产

资料来源：Gruppo Mastrotto SpA。

　　为了应对环境压力和严格的监管，自20世纪70年代初以来，该产业集群在集群和企业层面开展了大量的环境升级活动，并逐渐形成了一套系统的方法。在当地政府的支持下，联合体建立了水处理厂和工业污水处理系统，以收集制革厂的污泥和废水。这些投资是改善当地环境状况的基本基础设施，也是进一步发展产业集群的基础；这是在由欧盟委员会资助的GreenLIFE项目下实现的，该项目从2014年持续到2017年。五家当地公司开发了多项工艺创新，使皮革生产过程更具可持续性（European Commission, 2021）。当地制革厂引入的第一项创新旨在实现水的再利用，同时减少用电量。另一个创新领域是在浸灰工艺中使用含氧水而不是污染物来优化物料流，从而减少有毒投入品的使用。最后，当地企业开发了一种新的鞣剂，这种鞣剂来自可再生资源，以天然聚合物代替铬。

　　虽然基本基础设施的建立主要是为了减轻当地的压力，但制革厂参与全球价值链为其参与环境创新提供了强大的动力。首先，通过展示开发此类先进工艺的能力，制革厂希望向其国际买家发出信号，说明自己已准备好从事更高附加值的活动，包括共同开发新的产品系列。其次，大型国际买家，尤其是汽车和时尚产业的买家，在消费者和政策制定者的压力下，对供应商的可持续投入要求越来越高。最后，当无法在成本上与新兴市场（如中国）的供应商竞争时，环境可持续性就成为保持竞争优势的关键（De Marchi and Di Maria, 2019）。

　　GreenLIFE项目下测试的新工艺表明，浴槽水回收使水量最多可减少70%；化学品消耗量减少（硫酸盐最多可减少80%，氯化物最多可减少20%，完全不使用铬和甲醛化合物）；能耗降低（电力最多可减少10%，甲烷最多可减少10%）；废物产生量减少（按重量计产生的废物中最多有50%可回收）；制革区的异味排放减少（European Commission, 2021）。该项目的实施还促进了一系列欧盟法规的颁布。

阿尔齐尼亚诺皮革集群的案例凸显了全球价值链绿色化的几个方面。首先，在该例子中，是供应商而非主导企业扮演了全球价值链中环境创新的推动者的角色，因为后者不具备制革工艺方面的技术知识（De Marchi and Di Maria, 2019）。其次，它是集体推动创新的一个范例，这在产业集群中很常见（Giuliani, Pietrobelli and Rabellotti, 2005）。最后，该案例凸显了地方政府作为创新推动者的作用，支持当地基础设施的建设，推动了集群的进一步发展，同时也凸显了欧盟等超国家组织在支持环境创新方面的作用。

资料来源

De Marchi, V., and Di Maria, E., 2019, "Environmental Upgrading and Suppliers' Agency in the Leather Global Value Chain", *Sustainability* 11(23), 6530.

European Commission, 2021, *GREEN LIFE: GREEN Leather Industry for the Environment*. Reference: LIFE13 ENV/IT/000840 (accessed September 24, 2023).

Giuliani, Elisa and Carlo Pietrobelli and Roberta Rabellotti, 2005, "Upgrading in Global Value Chains: Lessons from Latin American Clusters", *World Development* 33(4), pp. 549-573.

专栏 6.4 介绍了意大利一家生产高端设计厨房的公司 Valcucine 的案例。由于其持续的研发努力，该公司开发了多项具有环保特点的技术，使其在竞争中脱颖而出，从而获得了溢价（De Marchi et al., 2013a）。

专栏 6.4　Valcucine 公司：指导驱动的产品创新方法

Valcucine 是一家位于意大利东北部的公司，专门从事面向高端市场的厨房生产，进行商业化运作。该公司的商业模式以极具吸引力的设计、技术创新以及对质量和可持续性的关注为基础。除组装外，该公司不从事任何制造活动，而是依靠一个由大约 300 家供应商组成的网络，其中一级供应商大多位于其周边地区。设计和营销是公司内部的主要活动，而销售则由世界各地的专业零售商和几家旗舰店负责。Valcucine 负责几乎所有新产品的营销和设计，并在技术特点方面与供应商合作。

Valcucine 的环保目标是减少生产过程中使用的材料、减少家具废弃物处理对环境的影响，以及提高可回收性。Valcucine 通过广泛的产品创新，实现了这些目标。Valcucine 的厨房用品的设计，不仅在技术上和美观上水平高超，而且具有很高的可回收性（高达 100%）——这归功于其对原材料（如玻璃和铝）的选择，以及仅使用通过机械接头组装在一起的单一材料组件。其灯具和电器等配件被认为是市场上最环保的产品之一。

在 Valcucine 的网络中，典型的供应商都是小型的家庭经营企业，他们获得和维持环境工艺认证的成本可能会高得令人望而却步。因此，公司通常不会要求将认证作为进行交易的先决条件。相反，该公司通过严格的内部控制系统来保证产品符合环保要求，该系统基于对供应商所使用工艺的第一手的了解，而这种了解则是通过频繁的实地考察和共同开发工艺创新来实现的。公司还积极寻找符合其要求的二级供应商，并与一级供应商合作开发新产品。例如，通过与一级供应商、清漆生产商和机械公司密切合作，共同开发新型水性清漆，改善了空气排放和对健康的影响（De Marchi et al.，2013a）。

Valcucine 通过分享产品、工艺或组织方面的知识，有时还通过联合投资或提供其他有利的财务条件，敦促其供应商进行环保升级。公司就如何减少对环境有害的产品和工艺提供建议，并与供应商合作开发新的解决方案。此外，公司还努力向供应商宣传减少环境影响的重要性，以及这一过程可以如何为他们带来重要的经济效益。

Valcucine 公司的案例表明，这种基于主导企业与其供应商密切合作的精神导师的方法，可以带来超越单纯遵守环境工艺认证标准的环境创新。不过，只有在主导企业与其诸多主要供应商的实际差距较小的情况下，这种方法才更可能奏效。

资料来源

De Marchi, V. and Maria E. D. and Ponte S., 2013a. "The Greening of Global Value Chains: Insights from the Furniture Industry", *Competition & Change* 17 (4), pp.299–318.

当组织变革减少了公司对环境的影响时（如引入精益生产工具），就会引发环境组织创新。具有环境影响的组织创新的一个例子是"精益生产"的实践，它旨在通过避免过度生产和过多库存，减少运输、缺陷、延误和过度加工来降低生产成本。

Chiarini（2014）对欧洲五家生产摩托车部件的制造商进行了研究，其客户包括比亚乔、阿普利亚、宝马和本田。所有公司都有类似的装配线，并且不处理化学产品；公司主要关注的是生产过程中的能源消耗、机油泄漏以及烟尘排放。为了解决环境问题，公司采用了精益生产方式。该研究表明，简单的组织创新，如将机器之间的距离拉近，可以减少工厂内材料的装卸和运输，引进新技术压制塑料产品可以减少垃圾的产生量。在该案例中，激励这些供应商采用精益生产方式的因素有两个：在欧盟经营意味着这些公司致力于执行环境战略，如 ISO 14001，并每年公布其环境收支状况和影响；提高效率和减少浪费可以降低生产成本。

Laari 等（2016）调查了 119 家芬兰制造企业采用客户驱动的绿色供应链管理（Green Supply Chain Management, GSCM）的情况。GSCM 管理供应链的上游和下游，以最大限度地减少对环境的整体影响。它是环境技术和供应链管理技术的结合，涉及企业的内部事务（即绿色运输和绿色营销），以及与供应商和客户的外部交易。该研究发现，制造商如果在内部实施强有力的供应链管理，再加上对供应商进行公平独立的环境监督，就有可能在环境问题上表现出色；如果企业寻求提高财务业绩，就需要与客户建立更多的合作关系，以实现环境目标。

6.4　环境创新中的参与者

有关全球价值链的文献都强调主导企业在沿价值链转移知识和引进创新方面所发挥的作用。在全球价值链绿色化方面，主导企业被描述为环境创新的主要推动者。正如下一节将进一步阐述的那样，主导企业可以采用不同的治理机制，来促进或强制供应商绿色化。例如，主导企业可以为供应商制定标准并要求其遵守，也可以提供指导、传授知识并强化绿色化所需的学习过程（De Marchi et al.，2019）。上文中的斯里兰卡纺织品供应商的案例，就是一个买方驱动的环保创新的范例。

供应商也可以自主引入环境创新，促进全球价值链的绿色化。专栏 6.3 中讨论的意大利皮革价值链的案例表明，参与汽车和时装价值链的制革厂，并非是在有主导企业具体要求的情况下，才引入了环境创新，而是积极主动地预测该产业将引入的新技术标准。

产业链外部的参与者包括政策制定者、客户、非政府组织和民间社团。6.2.1讨论了全球价值链绿色化的制度驱动因素，而专栏 6.5 中讨论的哈瓦萨生态园的案例，则说明了政策制定者如何超越其监管角色成为全球价值链绿色化进程的直接参与者，在该案例中，政策制定者与私营参与者合作共同制定政策。

De Marchi 等（2019）提到了两个独立第三方组织在持续制定社会环境标准方面发挥作用的例子：即乐施会的"品牌背后"（Behind the Brands）运动（2013~2016 年）和随后的"执行倡议"（2016~2020 年），以及绿色和平组织在时尚产业开展的"排毒"（Detox）运动。乐施会要求 10 家最大的食品和饮料公司改进其社会和环境政策。这些公司引入了一个记分卡系统，不仅在公司本身，而且还在其供应链层面，用来衡量可持续发展和人权政策与承诺的力度。在绿色和平的运动倡议提出后，包括时装业零售商和供应商在内的 80 家公司，承诺减少或消除其产品中的有毒化学品。

专栏 6.5 私营部门和政府携手合作：哈瓦萨工业园区

哈瓦萨是埃塞俄比亚的一个城市，人口约为 50 万，拥有一个占地 300 英亩的工业生态园。生态园的建立是公私部门协同合作的结果，更具体地说，是埃塞俄比亚政府与 Phillips-Van-Heusen (PVH) 公司合作的结果。

PVH 总部位于纽约市，是时尚产业最大的控股公司之一，旗下拥有 Calvin Klein 和 Tommy Hilfiger 等品牌。在应对气候变化方面，PVH 承诺：（1）到 2030 年其全球供应链（范围 3）的排放量将减少 30%；（2）到 2030 年弃用一次性塑料；（3）到 2025 年实现纺织废水中有害化学品和有害微纤维的零排放（PVH, 2019）。

埃塞俄比亚政府的目标是通过在供应商层面建立可持续的纺织和服装业，来吸引投资者。政府通过工业园区开发公司（Industrial Parks Development Corporation, IPDC）采取行动，该公司致力于在重要的战略制造业吸引外国直接投资。公共投资推动在废物管理等领域创造就业机会和实现技术转让。

当 PVH 对埃塞俄比亚表现出兴趣时，政府建立了哈瓦萨工业园。PVH 表示，所有环境和安全法规，以及数据驱动的监控系统的特点都必须基于可持续服装联盟（Sustainable Apparel Coalition, SAC）（PVH 是该联盟的成员）制定的标准，PVH 还以此作为从埃塞俄比亚采购的条件。生态园提供固体废物管理系统、100% 可再生能源，以及 LED 灯等基础设施，这些都是企业获得认证供应商资格的必要条件。

2012 年，PVH 成为来到埃塞俄比亚该园区的先行者。目前，园区内有来自美国、中国、印度、斯里兰卡的 18 家服装和纺织公司，以及 6 家本地制造商（Hawassa Industrial Park, 2023）。

　　哈瓦萨工业园是政策制定者超越其监管角色，成为全球价值链绿色化过程直接参与者的一个案例（Jensen and Whitfield, 2022），因此，该园区是私人参与者与政府政策设计相融合而促成环境升级的一个范例。该项目为当地供应商提供了基本的基础设施，使其能够达到 SAC 规定的标准，从而参与纺织品全球价值链。然而，由于延误、缺乏资金，以及生态园在完工和人员配备方面的困难，Jensen 和 Whitfield（2022）得出的结论认为，到目前为止，对绿色基础设施的公共投资的主要受益者是外国买家，而国内在利用可持续资源的基础上，通过纵向一体化创建新产业的能力则相当有限。

资料来源

Hawassa Industrial Park (accessed on 24 September 2023).

Jensen, F., and Whitfield, L., 2022. "Leveraging Participation in Apparel Global Supply Chains through Green Industrialization Strategies: Implications for Low-income Countries", *Ecological Economics* 194, 107331.

Phillips-Van-Heusen (PVH), 2019. *Forward Fashion Targets* (accessed 24 September 2023).

　　在确保价值链中的供应商正确执行环境标准（如 ISO 14001）方面发挥关键作用的其他的第三方机构，还包括一些独立的认证机构，如瑞士通用公证行（Société Générale de Surveillance, SGS）、天祥集团（Intertek）和必维国际检验集团（Bureau Veritas）。这些机构负责检验供应商是否符合这些标准，其报告也将决定供应商能否继续留在价值链中。一些第三方标准主要关注环境问题，如"化学品的注册、评估、许可和限制"（Registration, Evaluation, Authorization and Restriction of Chemicals, REACH）、"全球回收标准"（Global Recycle Standard, GRS）、"良好棉花倡议"（Better Cotton Initiative）、ISO 14001 和"能源与环境设计先锋"（Leadership in Energy and Environmental Design, LEED）。其他一些标准，如"负责任的全球成衣制造"（Worldwide Responsible Accredited Production, WRAP）、Sedex 标准和"公平贸易"（Fair Trade）标准则主要关注社会问题，并提供环境准则（Khan et al., 2019）。然而，随着可持续发展日益成为主流，品牌也越来越有动力展示第三方"绿色"认证，消费者应核查自己在产品上看到的所有绿色认证标签，以确定标签的有效性（EarthTalk, 2016）。

6.5 环境创新的促成机制

在全球价值链中，环境创新实施的促成机制各不相同。知识在价值链中的流动方式，以及环境创新的开发和引入方式，会因参与方的不同而发生变化。我们记录了这些不同的机制，并将其区分为四类：（1）由主导企业促成；（2）由供应商促成；（3）由集体促成；（4）由政府促成。

主导企业是在全球价值链中引入环境创新的主要参与者。De Marchi 等（2013b）分析了全球价值链绿色化所采用的两种主要方法：标准驱动的方法和指导者驱动的方法。

标准驱动的方法是指主导企业引入旨在减少产业链环境影响的具体规则和行为准则，供应商必须满足这些规则和准则。标准和认证可以由第三方组织制定，也可以由主导企业自己制定。

De Marchi 等（2013a）介绍了宜家家居的案例。该公司要求其供应商同时获得两种认证，即获得 ISO 4001 认证，并使用森林管理委员会（FSC）认证的木材，且还须遵守宜家家居自己的 IWAY 供应商行为准则（IWAY, 2019）；宜家家居的供应商还需对其二级供应商的环境行为负责，如果一级供应商从同样遵守 IWAY 供应商行为准则的二级供应商处采购，宜家家居将对其进行奖励。宜家家居建立了一套核查和向同行学习的系统，以确保其供应商遵守行为守则的要求。宜家还设立了正式项目，转让生态效率方面的专业知识，帮助供应商获得可再生能源，并与可再生电力供应商谈判以签订价格合理的合同。许多不同产业的其他公司也推出了类似的计划。另一个典型的例子是苹果公司，该公司采用了供应商清洁能源计划（Apple, 2022b）。

对于那些旨在提高生产过程中的生态效率，以及在价格敏感市场中实现成本效率的大型企业来说，标准驱动的方法非常有效。通过实施标准和强有力的控制系统，宜家家居选择了能够遵守这些标准的供应商，而主导企业和供应商都能因生产过程中的成本降低而获益（De Marchi et al., 2013a）。

Krishnan 等（2022）提出的关于肯尼亚——英国园艺价值链的证据，记录了主要由遵循标准来驱动的方法的局限性。作者指出，英国超市对肯尼亚出口公司施加了非常严格的标准，而这些公司又强制农民遵守这些条件。农民于是采取病虫害综合治理和土壤检测等环境措施，这些措施非常复杂，且在该地区很少使用。出口公司偶尔也会与培训协会和非政府组织合作，提供一些培训和推广服务，但仅限于少数示范农场，而且每年只有几次。此外，农民签订的合同在符合标准和购买数量方面非常严苛，支付的价格也没有考虑生产成本的增加，以及对土壤和水质的影响。该研究得出的结论是，在所有调查指标中——土壤和水的质量、生物多样性和资源的可持续利用——肯尼亚农民的生物物理后果都是负面的。另外，肯尼亚出口公司和英国超市则在"绿色"声誉和增加生态友好产品的市场份额方面受益。

指导者驱动的方法是指在无法获得认证或供应商需要支持的情况下，主导企业直接向供应商传授知识，并维持其绿色化进程。Kunkel 等（2022）在研究中国电子产品供应链的数字化及其对该产业可持续发展的影响时发现，买方和供应商之间的合作在推动价值链数字化以实现可持续发展方面，起着根本性的作用。买家和供应商之间的持续互动是建立信任关系的关键，而信任对于相互获取能源使用数据至关重要。专栏 6.1 描述了 Khattak 等（2015）访谈的 3 家斯里兰卡绿色纺织品制造商如何与其国际买家频繁互动，以获得在复杂产品生产过程中进行环境创新的隐性知识。专栏 6.4 讨论了意大利厨房设计公司 Valcucine 如何与少数投入非常大的供应商密切合作，以达到环保目标，而不是强加标准，从而共同开发环保创新。

供应商参与环境升级的能力和战略意图，是指导者驱动的方法取得成功的关键（Khattak et al., 2015）。由于能够实现环境升级的供应商通常规模较大，能力较强，因此最终结果可能是供应商群体的合并，留给规模较小、较为边缘化的供应商的机会就更少了（Khan et al ., 2019）。

Khan 等（2019）在对巴基斯坦服装链的研究中，强调了一种主动环境升级的趋势，即供应商预测未来的环境要求，利用其升级举措作为竞争因素，以寻找到新的买家和市场。

更常见的是，在集群中，创新是一种集体努力，因为通常具有共同专业化特点的企业会习惯于在创新活动上进行合作（见专栏 6.5）。最后，当国家或地方公共行为主体提供了有助于全球价值链绿色化的基础设施时，创新将发挥关键的促进作用（见专栏 6.3 和 6.5）

6.6　全球价值链绿色化的影响

大量文献论述了全球价值链对工人和社会的影响（这是第七章的主题），但关于环境可持续性的文献则要少得多，迄今为止仅进行了少数几项研究，本章前几节对此进行了回顾。本节将继续从这些文献中寻求启示，现在我们将注意力转向全球价值链绿色化的生物物理后果，即对环境，包括动植物、土地、土壤、水、空气以及大气的影响（Mackie, 2021）。我们首先简要归纳文献中辨析的绿色化后果的类型，然后讨论解释这些影响的关键问题。大多数研究倾向于更多地关注环境创新，而不是生物物理后果，因此这一讨论会受到不确定性、知识不完整以及缺乏有力的定量证据的制约。

总体而言，全球价值链绿色化进程的生物物理后果可分为以下几类。

- 温室气体排放：研究侧重于主导企业计划的环境创新和潜在的减排（De Marchi et al., 2013a；Jensen and Whitfield, 2022；Khattak et al., 2015；Bjorklund et al., 2012）。

- 生物多样性：在与森林损毁相关的全球价值链中，对公司从事环境监测和环境改善进行的研究（Gallemore et al., 2022），以及对确保可持续木材采伐计划所进行的研究（von Geibler et al., 2010）。

- 可持续土地利用：有关引入认证和标准计划以减少或避免土壤退化的研究，例如在可可（Fold and Neilson, 2016）、棕榈油（Dermawan and Hospes, 2018），以及豆类和鳄梨（Krishnan et al., 2022）的种植中。

- 能源使用：可再生能源倡议，如沃尔玛向其供应商网络提供有关电力购买协议的教育和建议（Walmart, 2022）。

- 有毒材料：关于自愿性标准对减少或消除产品或服务中的化学危害或水污染（例如，排放废水而不考虑建设适当的处理废水的基础设施）的影响的研究（Mackie, 2021）。

表 6.2 列出了本章讨论的各项研究所探究的生物物理后果。它表明，考虑和搜集关于许多不同维度的定量信息非常复杂，在不同的维度上对环境产生影响既可能是积极的也可能是消极的。当对环境的净影响为正值时，全球价值链就实现了绿色化。

表 6.2　全球价值链绿色化的生物物理后果		
产业	指标	参考文献
农业	土壤侵蚀 淡水供应 沥滤（水溶性养分流失） 风蚀 当地动植物数量 授粉水平 地下水位的可用性 无机废物的产生 电力的使用	Krishnan et al. (2022)
渔业	海豚种群状况	Ballance et al. (2021)

<table>
<tr><td colspan="3" align="right">续表</td></tr>
<tr><th>产业</th><th>指标</th><th>参考文献</th></tr>
<tr>
<td>服装</td>
<td>碳足迹 (LEED 认证)
二氧化碳排放量
固体废物填埋
生产成本：能源和水
Higg 指数
工厂环境模块 (FEM)
环境管理系统
能源使用和温室气体排放
水和电力消耗
废水
大气排放
废物管理
化学品管理</td>
<td>Khattak et al. (2015)
Jensen and Whitfield (2022)</td>
</tr>
<tr>
<td>皮革</td>
<td>电力使用
水循环利用
化学品管理</td>
<td>De Marchi et al. (2019)</td>
</tr>
<tr>
<td>家具</td>
<td>原材料的回收利用
二氧化碳排放
耗水量</td>
<td>De Marchi et al. (2013a)</td>
</tr>
<tr>
<td>物流</td>
<td>回收材料的数量
运输次数
二氧化碳排放
原材料的回收利用</td>
<td>Bjorklund et al. (2012)</td>
</tr>
<tr>
<td>汽车</td>
<td>减少废物
减少漏油
耗电量</td>
<td>Chiarini (2014)</td>
</tr>
</table>

对环境影响进行全面评估具有挑战性，因为系统性的测度工作很少，而且测度结果非常复杂。许多研究都是企业或部门层面进行的单一案例，很难对因果因素进行分离、归纳和归因。若干定量研究侧重于对参与全球价值链的潜在环境收益进行的研究，而不是全球价值链绿色化的过程[1]。例如，Batrakova 和 Davies（2012）发现，

1　关于参与全球价值链的潜在环境效益的文献综述，参见 Delera（2022）。

嵌入全球价值链的制造商采用了更多节能技术，尤其是在能源密集型企业中。他们测算了出口带来的影响，但导致减排的环境创新在这些研究中是个"黑箱"。

即使有时定义了具体指标，这些指标也往往是企业或全球价值链指标（企业的行为，如木材采购），而非环境后果指标（如生物多样性受到何种影响）。一般而言，"数据的稀缺性或不完整性，限制了准确评估环境升级过程对实际后果的影响的能力"（Krishnan et al., 2022）。此外，对个别企业的声誉的影响有时可能超过生物物理后果。换言之，鉴于上述环境影响难以确定，企业可能会夸大其词，声称自己减少了环境危害或增加了环境收益，同时获得客观形象的提升，这种现象被称为"洗绿"。Coen 等（2022）通过机器辅助文本分析的方法，研究了 725 份企业的可持续发展报告，以检验气候承诺是否可以转化为可验证的绩效（以 10 年间温室气体排放量的变化来衡量）。他们发现，虽然有些气候承诺是真实的，但大多数都是象征性的，而不是实质性的行动。

在不同的绿色成果方面也存在一些重要的权衡行为，例如作为石油替代品的生物产品的碳排放效应与氮污染效应之间的权衡，或者可再生能源（如太阳能或风能）对环境的影响，因为废弃系统的退役会产生大量废物（Lema et al., 2023）。最后，不同的全球价值链参与者对这些生物物理后果的体验也不尽相同——某些参与者可以通过侵占而获益，而另一些参与者则会经历环境资源的流失（Krishnan et al., 2022）。

6.7 全球价值链绿色化的三管齐下战略

表 6.3 介绍了从概念框架中得出的促进和维持全球价值链绿色化的三管齐下的战略：（1）创造和增强驱动因素的政策；（2）根据已确定的促成机制，强化和支持开展环境创新的政策；（3）旨在监测后果和解决环境不平等问题的政策。

表 6.3 第一栏列出了创造和加强全球价值链绿色化驱动因素的政策。一方面，各国政府必须制定环境法规和标准，作为激励和支持环境创新、消除壁垒和创造

新市场的措施；另一方面，各国政府必须利用税收——或更宽泛地说，是财政政策——来改变价格信号，从而使企业将外部因素内部化，并正确评估环境资源的价值。各国政府还必须通过投资于研究和创新活动，促进和维持绿色技术的发展。在国家和次国家层面上的另一项关键行动是在学校、工作场所和公共场所提高消费者的意识，促进环境可持续的消费模式。

表 6.3　全球价值链绿色化的三管齐下战略		
创造并放大驱动因素	利用已确定的有利机制	监测后果并解决环境不平等问题
国家和国家以下层面 • 法规和标准 • 税收 • 消费模式 • 研发活动 **全球层面** • 避免环境倾销的协议 • 控制有毒物质跨境转移的协议 • 取消环境产品和服务贸易中的关税和非关税壁垒的协议 • 支持研发合作的全球倡议	**涉及主导企业的政策** • 让主导企业对其供应商的环境影响负责 • 为促进全球价值链绿色化的主导企业提供支持 • 引入绿色采购政策 • 创建绿色供应商数据库 • 为主导企业和供应商在绿色创新活动上的合作提供激励 • 完善可持续创新生态系统 **涉及国内供应商的政策** • 加强知识基础设施 • 完善可持续创新生态系统 • 发展当地专门化的科学、技术、管理和组织能力 • 引入绿色采购政策 • 为环境创新提供资金支持 **支持集体倡议的政策** • 支持旨在推动商业组织中的绿色议程的活动 • 支持企业联合体开展研发活动 **旨在建设和加强基础设施的政策** • 提供基本的绿色基础设施和物流 • 在产业集群和工业园区，投资特定的基础设施，促进主导产业的全球价值链绿色化 • 鼓励对循环利用产业的投资和联系	• 采取措施解决绿色化在产业链中影响不平等的问题 • 引入适当的监管形式，协调私人可持续性倡议，以实现公平公正的环境保护 • 增加对生物物理后果的了解，开发监测系统以衡量复杂的后果 • 跟踪获得补贴以及采用环境创新的产业链内企业的环境绩效

由于全球价值链的突出特点是跨越国界，因此全球层面的行动对于全球价值链的绿色化至关重要。例如，需要达成环境协议，以避免司法管辖区之间的套利和跨国环境倾销，并控制危险废物的跨境转移和处理。

贸易协定对于取消环境产品和服务贸易中的关税和非关税壁垒也是必要的。近期保护主义的抬头可能会阻碍新的环境解决方案的推广，从而对实现温室气体减排目标构成威胁。

支持跨国家和跨机构研发合作的全球倡议可以促进环境创新。此外，它们还能敦促发展中经济体采用前沿技术，以促进环境平等的实现。

表 6.3 的第二栏侧重于利用已确定的促成机制来强化和支持环境创新的行动。正如第 6.4 节所述，尽管供应商越来越多地主动或被动（为应对公众压力）参与全球价值链，但主导企业在绿色化整个价值链方面发挥着关键作用。

通过培养人的能力、建立标准和计量组织、发展技术和咨询服务、投资于研究中心和大学的研发，以及加强大学与产业的联系等措施，来强化可持续创新生态系统，这对主导企业和供应商都有帮助。类似地，引入绿色采购政策，在政府合同招标中增加需满足特定环境标准的条件，或将未通过特定环境标准认证的企业排除在外，对主导企业和供应商都是一种强有力的激励。例如，某些绿色公共采购准则要求企业的产品含有最低标准的回收成分，或达到规定的能效水平。

对于主导企业，政府在制定法规使其对供应商的环境影响承担明确责任的同时，还应支持那些为全球价值链绿色化做出贡献的主导企业。这将激励其他外国和国内企业转向采取可持续的做法，以获得同样的支持。

通过建立绿色供应商数据库等方式，在主导企业和可持续发展的国内企业之间建立联系，可以促进全球价值链的绿色化。除了生产能力、提供的产品和服务，以及联系信息等传统信息外，数据库还可以提供有关运营可持续性的信息，如环境保护和碳补偿活动、运营的社会影响以及供应链管理。

政府还应制定激励措施，鼓励主导企业与国内供应商合作开展绿色创新活动。例如，可以在激励外国直接投资和知识转让的政策下，为绿色投资和绿色创新设立特殊奖励。

要提高国内供应商推动全球价值链的绿色化的能力，就必须强化知识基础设施，加强本地技能开发，并提供信息和技能，以预测环境立法、碳税和新标准的未来影响。前瞻性方法还包括发展本地专门化的科学、技术、管理和组织能力，以吸收、适应并最终发展相关知识，促进环境创新。

对于供应商来说，财政激励措施可能是最有力的：在投资回报的商业证据有限的情况下，很难说服企业和金融中介机构投资绿色创新。因此，由公共部门、国际捐助方和开发银行提供资金的创新和技术基金是对新方法进行试点的关键。

各国政府要支持全球价值链绿色化的集体倡议。行业协会可以成为推动绿色议程的重要盟友。在政府的支持下，将价值链上处于相似和互补阶段的专业公司联合起来，也可以实施环境创新。

全球价值链绿色化的一个重要促成机制是提供基本的基础设施和物流，如可再生能源的来源和废物管理系统，以作为进一步创新的平台。就产业集群和工业园区而言，可能需要建设特定的基础设施，以便在主导产业中促成全球价值链的绿色化。促进对回收产业的投资，建立与其他产业（如化工）的联系，也是建设这种基础设施的一部分。

最后，表 6.3 第三栏重点介绍了旨在监测后果和解决环境不平等问题的政策。价值链上的不平等是全球价值链中行为者内在权力不对称的产物。解决这些不平等问题需要表 6.3 中讨论的各种政策，从强化国家和多边机构，到提供核心基础设施，再到能力建设。

监测工作应反复进行，并从一开始就纳入绿色化倡议。它有助于发现任何潜在问题、跟踪进展情况和衡量后果。透明度的提高也有助于加强问责制。这对于产业链中那些接受补贴以从事环保活动的企业尤为重要。实施环境问责的监管框架也有利于私人提出的可持续发展倡议，以实现公平公正的环境保护。

6.8 结论

在本章中，我们介绍了一个框架，以解决五个相关问题：（1）为什么会出现全球价值链绿色化？（2）全球价值链中进行了哪种类型的环境创新？（3）参与者是谁？（4）如何进行环境创新？（5）后果如何？根据该框架的五个方面收集的证据展示了三个主要发现，这些发现指向政策行动和未来研究面临的挑战。

首先，虽然全球价值链的绿色化有制度、市场和技术驱动因素，但由于绿色转型的公共产品性质，制度驱动因素发挥着主要作用。与国内或全球可持续发展转型议程相关的新政策和立法，是全球价值链绿色化的核心。市场和技术驱动力也很重要，但它们最终往往受制度驱动力的影响。因此，全球价值链绿色化的特点是不同驱动力之间的内生性、互补性和互动效应。

促进这些驱动力可能需要国家和全球层面的机构参与者共同努力。然而，为获得在新的绿色技术的竞争优势，发达经济体和新兴经济体之间展开的竞争日益激烈，国内政策因而比全球关切发挥着更大的作用（Aklin and Mildenberger, 2020）。美国于 2022 年颁布的《通货膨胀削减法案》就是一个很好的例子，它是一项旨在同时解决国内竞争力和可持续发展问题的气候政策。

作为驱动因素的多边政策，如多边气候协定，在过去几十年中发挥了关键作用［即 1992 年的《联合国气候变化框架公约》（UNFCCC）、1997 年的《京都议定书》以及最近的 2015 年的《巴黎协定》］。如果其他国家也采用代价高昂的气候政策，公众就会更支持这些政策，这是需要确保多国合作的原因之一。之所以这样说，既是因为多边主义增加了实现重要的可持续发展目标的可能性，也因为这种努力符合广泛认同的公平原则。研究表明，多边主义提高了公众对代价高昂的气候行动的接受度，使其更具吸引力和"公平性"（Bechtel et al., 2022）。然而，在 2022 年联合国缔约方大会（COP27）之后，能源危机引发地缘政治的紧张的局势，以及"全球南方国家"（Global South）与高收入经济体之间的争论，使多边谈判似乎陷入了僵局（Masood et al., 2022）。

各国政府急欲放弃多边合作，可能对全球价值链的绿色化构成重大挑战。维护多边主义和全球价值链绿色化的全球制度驱动力的一个前进方向，是投资于由志同道合的经济体组成的小团体制定的倡议，如《突破性议程报告》（Breakthrough Agenda），该议程涉及 45 个经济体和私营部门，宗旨是加快农业、运输、钢铁、水泥和能源等产业向绿色技术的转变（Dworking and Engström, 2022）。全球层面的协调也可能有助于推动能源向净零目标过渡（例如，单一的国际碳税率）。

第二个关键信息是，若干参与者，不仅是主导企业，还有供应商、国家和地方政府，而且往往是各方一起为全球价值链的绿色化做出了贡献。有证据表明，供应商会主动预测产业内新技术标准的出台，引入环境创新作为竞争因素，以获得新的买家和市场。

然而，产业链中的绿色化机会可能不会在供应商之间均匀分布。一些研究表明，主导企业并不总能为其供应商实施绿色战略提供足够的资金、管理和知识资源，如果供应商无法满足这些要求，就会被排除在产业链之外。对于发展中国家和发达国家的小企业来说，这种风险尤其高，因为在自身运营中执行环境标准和监督供应商的可持续性具有规模经济效益，即随着运营规模的扩大，单位产出的可持续性成本会降低（Görg et al., 2021）。

价值链绿色化的成本、收益和回报分配不均，给政策制定者解决供应商挤压问题带来了挑战（Krishnan et al., 2022）。全球价值链外部的行为主体，如国家或地方政府、非政府组织和独立认证机构，可以为全球价值链中的供应商提供技术和资金支持，以实施环境创新。国家或次国家的公共行为主体可以提供有助于全球价值链绿色化的基本基础设施。要为能力较为有限的行为主体提供有效支持，就需要进一步探究全球价值链绿色化如何影响全球价值链内外的各种行为主体、造成的损害和带来的收益，以及不同类型的环境和社会经济后果之间可能存在的权衡。

最后，关于生物物理后果的证据非常有限（De Marchi and Gereffi, 2023）。文献中考虑的指标包括二氧化碳排放、生物多样性、可持续土地利用、能源使用，以及有毒材料的使用。然而，企业为获得形象提升，可能会夸大减少环境危害或增加环境收益的说辞，有时还会掩盖"洗绿"行为。此外，环境后果与社会经济后果之间存在诸多的权衡，因此对全球价值链是否普遍实现绿色化的最终评估，仍是大多数现有研究需要完善的方面。

因此，核算、监测和披露环境后果，及其与社会经济后果之间可能存在的权衡，不仅具有挑战性，而且也是对整个价值链进行探究的重要方面。不同业务领域的企业采用不同的组织方式来跟踪其绿色化进展。然而，提高对生物物理后果和几种权衡的认识，以及开发监测系统来测度这些后果是关键。例如，美国服装公司 Levi Strauss & Co. 在其网站上公布了其环境生命周期评估（LCA）的详细说明，这是一种量化方法，可以用于评估产品在价值链各个阶段的影响。

这是一种用于评估产品从原材料提取（摇篮）到废物处理（坟墓）整个生命周期的各个阶段和影响的工具，它让消费者和产业链中的参与者了解了其对环境的影响。然而，生命周期评估并不考虑经济或社会影响。

政策制定者也在从全球价值链的角度开展监测活动，例如许多国家出台了"生产者责任延伸制度"（Extended Producer Responsibility, EPR），要求生产者对产品生命周期的消费后阶段负责，或对与森林砍伐有关的商品制定尽职调查规则（De Marchi and Gereffi, 2023）。然而，为了使环境后果跟踪系统更加有效，需多边努力来协调和统一个人和国家的举措，这再次表明，由于全球价值链固有的全球性和跨界性，在全球价值链绿色化中采用多边主义的方法是不可避免的。

（何琦译、黄绍鹏校、邢予青审订）

参考文献

Aklin, M., and Mildenberger, M., 2020, "Prisoners of the Wrong Dilemma: Why Distributive Conflict, Not Collective Action, Characterizes the Politics of Climate Change, *Global Environmental Politics* 20 (4), pp. 4–27.

Altenburg, T., and Rodrik, D., 2017, "Green Industrial Policy: Accelerating Structural

Change towards Wealthy Green Economies", In Tilman Altenburg and Claudia Assmann, eds. *Green Industrial Policy: Concepts, Policies, Country Experiences*, Geneva, Bonn: UN Environment; German Development Institute / Deutsches Institut für Entwicklungspolitk (DIE), pp. 1–20.

Apple, 2022a, *Environmental Progress Report 2022*, https://www.apple.com/environment/pdf/Apple_Environmental_Progress_Report_2022.pdf.

Apple, 2022b, *Supplier Clean Energy 2022 Program Update,* https://www.apple.com/environment/pdf/Apple_Supplier_Clean_Energy_Program_Update_2022.pdf.

Asian Development Bank (ADB), Forthcoming. "Decarbonizing Global Value Chains", In *Asian Economic Integration Report 2024: Decarbonizing Global Value Chains*, Manila: ADB.

Ballance, L. T., Gerrodette, T., Lennert-Cody, C. E., Pitman, R. L., and Squires, D., 2021, "A History of the Tuna-Dolphin Problem: Successes, Failures, and Lessons Learned", *Frontiers in Marine Sciences* 8, pp.754-755.

Batrakova, S., and Davies, R. B., 2012, "Is There an Environmental Benefit to Being an Exporter? Evidence from Firm-Level Data", *Review of World Economics* 148 (3), pp. 449–474.

Bechtel, M. M., Scheve, K. F. and van Lieshout, E., 2022, "Improving Public Support for Climate Action through Multilateralism", *Nature Communications* 13 (1), 6441.

Beise, M., and Rennings, K. 2005, "Lead Markets and Regulation: A Framework for Analyzing the International Diffusion of Environmental Innovations", *Ecological Economics* 52 (1), pp. 5–17.

Björklund, M., Martinsen, U., and Abrahamsson, M., 2012, "Performance Measurements in the Greening of Supply Chains", *Supply Chain Management* 17 (1), pp. 29–39.

Black, S., Parry, I., and Zhunussova, K., 2022, "More Countries Are Pricing Carbon, but Emissions Are Still Too Cheap", *International Monetary Fund (IMF) Blog*.

Brandi, C., Schwab, J., Berger, A. and Morin, J.-F., 2020, "Do Environmental Provisions in Trade Agreements Make Exports from Developing Countries Greener?", *World Development* 129, 104899.

Caldeira P., Zwicker, M., and Alexandre de Souza, Cesar, 2009, "RFID Adoption: Framework and Survey in Large Brazilian Companies", *Industrial Management & Data Systems* 109 (7), pp. 877–897.

Chang, P., Bayhaqi, A., and Zhang, B., 2012, "Concepts and Trends in Global Supply, Global Value and Global Production Chains", Asia-Pacific Economic Cooperation Issues Paper No. 1.

Chiarini, A., 2014, "Sustainable Manufacturing-Greening Processes Using Specific Lean Production Tools: An Empirical Observation from European Motorcycle Component Manufacturers", *Journal of Cleaner Production* 85, pp. 226–233.

Coen, D., Herman, K., and Pegram, T., 2022, "Are Corporate Climate Efforts Genuine? An Empirical Analysis of the Climate 'Talk–Walk' Hypothesis", *Business Strategy and the Environment* 31 (7), pp. 3040–3059.

Copeland, B. R., Shapiro, J. S., and Taylor, M. S., 2021, "Globalization and the Environment", *NBER Research Working Paper*, No. 28797. Cambridge, MA: National Bureau of Economic Research.

Crippa, Monica et al., 2023, *GHG Emissions of All World Countries*, Luxembourg: Publications Office of the European Union.

De Marchi, V, and Gereffi, G., 2023, "Using the Global Value Chain Framework to Analyse and Tackle Global Environmental Crises", *Journal of Industrial and Business Economics* 50, pp. 149–159.

De Marchi, V., and Di Maria, E., 2019, "Environmental Upgrading and Suppliers' Agency in the Leather Global Value Chain", *Sustainability* 11 (23), 6530.

De Marchi, V., Di Maria, E., and Ponte, S., 2013a, "The Greening of Global Value Chains: Insights from the Furniture Industry", *Competition & Change* 17 (4), pp.

299–318.

De Marchi, V., Di Maria, E., Krishnan, A., and Ponte, S., 2019, "Environmental Upgrading in Global Value Chains", In Stefano Ponte, Gary Gereffi, and Gale Raj-Reichert, eds. *Handbook on Global Value Chains*, pp. 310–323, Cheltenham: Edward Elgar Publishing.

De Marchi, V., Di Maria, El., and Micelli, S., 2013b, "Environmental Strategies, Upgrading, and Competitive Advantage in Global Value Chains", *Business Strategy and the Environment* 22 (1), pp. 62–72.

Delera, M., 2022, "Is Production in Global Value Chains (GVCs) Sustainable? A Review of the Empirical Evidence on Social and Environmental Sustainability in GVCs", *Sustainable Global Supply Chains Discussion Papers*, No. 1. Research Network Sustainable Global Supply Chains, Bonn.

Dermawan, Ahmad, and Hospes, O., 2018, "When the State Brings Itself Back into GVC: The Case of the Indonesian Palm Oil Pledge", *Global Policy* 9, pp. 21–28.

Dworking, A., and Engström, M., 2022, "We'll Always Have Paris: How to Adapt Multilateral Climate Cooperation to New Realities", *Policy Brief*, No. 469. European Council on Foreign Relations.

EarthTalk, 2016, "Are Green Labels Legitimate or Just Greenwashing?", *Scientific American*, 18 April 2016, https://www.scientificamerican.com/article/are-green-labels-legitimate-or-just-greenwashing/.

European Commission, 2021, *GREEN LIFE: GREEN Leather Industry for the Environment*. Reference: LIFE13 ENV/IT/000840, https://webgate.ec.europa.eu/life/publicWebsite/project/details/4010.

European Parliament, 2022, *The Impact of Textile Production and Waste on the Environment* (infographics) (accessed on 27 September 2023).

Fold, Niens, and Neilson, J., 2016, "Sustaining Supplies in Smallholder-Dominated Value Chains", In Mara P. Squicciarini and Johan Swinnen, eds. *The Economics of*

Chocolate, Oxford: Oxford University Press, pp, 195–212.

Fuoco, D., 2018, "The Paradox of Smart Manufacturing", *Automate* 22 June 2018.

Gale, Fred, Ascui, F., and Lovel, H., 2017, "Sensing Reality? New Monitoring Technologies for Global Sustainability Standards", *Global Environmental Politics* 17 (11), pp. 65–83.

Gallemore, C., Delabre, I., Jespersen, K., and Liu, T., 2022, "To See and Be Seen: Technological Change and Power in Deforestation Driving Global Value Chains", *Global Networks* 22 (4), pp. 615–630.

Giuliani, Elisa, Pietrobelli, C., and Rabellotti, R., 2005, "Upgrading in Global Value Chains: Lessons from Latin American Clusters", *World Development* 33 (4), pp. 549–573.

Glachant, M., Dussaux, D., Ménière, Y., and Dechezleprêtre, A., 2013, "Greening Global Value Chains: Innovation and the International Diffusion of Technologies and Knowledge", *World Bank Policy Research Working Paper,* No. 6467. Washington, DC: World Bank.

Goger, A. 2013, "The Making of a 'Business case' for Environmental Upgrading: Sri Lanka's Eco-factories", *Geoforum* 47, pp. 73–83.

Görg, H., Layand, J., Pahl, S., Seric, A., Steglichand, F., and Yaroshenko, L., 2021, "Multilateral Coordination and Exchange for Sustainable Global Value Chains", *Policy Brief* T20, Italy.

Hawassa Industrial Park, 2023, *Hawassa Industrial Park,* https://www.hawassa.gov.et/en/landmarks/hawassa-industrial-park (accessed on 24 September 2023).

Herman, K. S., and Xiang, Jun., 2022, "Channeled Through Trade: How Foreign Environmental Regulations Induce Domestic Renewable Energy Innovation", *Energy Research & Social Science* 89, 102629.

Huang, R., Riddle, M., Graziano, Di., Warren, J., Das, S., Nimbalkar, S., Cresko, J., and Masanet, E., 2016, "Energy and Emissions Saving Potential of Additive

Manufacturing: The Case of Lightweight Aircraft Components", *Journal of Cleaner Production* 135, pp. 1559–1570.

IDOS, 2023, *TREND Analytics,* https://klimalog.idos-research.de/trend/ (accessed on 31 May 2023).

IKEA, 2019, *IWAY Standard,* Edition 6.0, https://www.ikea.com/es/en/files/pdf/9b/e8/9be88d53/iwayssection.pdf.

Inter-American Tropical Tuna Commission (IATTC), 2023, *Agreement on the International Dolphin Conservation Program (AIDCP),* https://www.iattc.org/en-US/AIDCP.

International Marine Mammal Project (IMMP), 2022, *The Tuna Dolphin Tragedy*, https://savedolphins.eii.org/news/the-tuna-dolphin-tragedy.

International Maritime Organization (IMO), 2020, *Fourth IMO Greenhouse Gas Study 2020*, London: International Maritime Organization.

Jacobsen, S., and Skydsgaard, N., 2022, Denmark Agrees Corporate Carbon Tax, *Reuters* 24 June.

Jensen, F., and Whitfield, L., 2022, "Leveraging Participation in Apparel Global Supply Chains Through Green Industrialization Strategies: Implications for Low-Income Countries", *Ecological Economics* 194 (107331).

Khan, M. J., Ponte, S., and Lund-Thomsen, P., 2019, "The 'Factory Manager Dilemma': Purchasing Practices and Environmental Upgrading in Apparel Global Value Chains", *Environment and Planning A: Economy and Space* 52 (4). pp. 766–789.

Khattak, A., Stringer, C., Benson-Rea, M., and Haworth, N., 2015, "Environmental Upgrading of Apparel Firms in Global Value Chains: Evidence from Sri Lanka", *Competition & Change* 19 (4). pp. 317–335.

Krishnan, Aarti, De Marchi, V., and Ponte, S., 2022, "Environmental Upgrading and Downgrading in Global Value Chains: A Framework for Analysis", *Economic Geography* 99, pp. 25–50.

Kunkel, Stefanie, Matthess, M., Xue, B., and Beier, G., 2022, "Industry 4.0 in Sustainable Supply Chain Collaboration: Insights from an Interview Study with International Buying Firms and Chinese Suppliers in the Electronics Industry", *Resources, Conservation, and Recycling* 182 (106274).

Laari, S., Töyli, J., Solakivi, T. and Ojala, L., 2016, "Firm performance and customer-driven green supply chain management", *Journal of Cleaner Production* 112 (3), pp. 1960–1970.

Lema, R., and Rabellotti, R., 2022, "The Green and Digital Transition in Manufacturing Global Value Chains in Latecomer Countries", *Background Document to the Technology and Innovation Report 2023*, Geneva: United Nations Conference on Trade and Development.

Lema, R., Gentile, E. and Rabellotti, R., 2022, "Green Tech Global Value Chains: Are There Upgrading Opportunities for Developing Countries?" *Mimeo*, Manila: Asian Development Bank.

Lucas, L., and Clark, Pilita, 2012, "Tesco Steps Back on Carbon Footprint Labelling", *Financial Times* 1 February 2012.

Mackie, C., 2021, "Due Diligence in Global Value Chains: Conceptualizing 'Adverse Environmental Impact'", *Review of European, Comparative & International Environmental Law* 30 (3), pp. 297–312.

Mangina, E., Narasimhan, K. P., Saffari, Mohammad, and Vlachos, Ilias, 2020, "Data Analytics for Sustainable Global Supply Chains", *Journal of Cleaner Production* 255 (120300).

Marks & Spencer, 2015, *Reflections on Plan a Progress*, https://corporate. marksandspencer. com/reflections-plan-progress.

Masood, E., Tollefson, J., and Irwin, A., 2022, "COP27 Climate Talks: What Succeeded, What Failed and What's Next", *Nature* 612 (7938), pp. 16–17.

National Oceanic and Atmospheric Administration (NOAA), *Marine Mammal*

Protection Act. The full text of the Marine Mammal Protection Act of 1972 as amended, https://www.fisheries.noaa.gov/national/marine-mammal-protection/marine-mammal-protection-act (accessed on 6 October 2023).

Organisation for Economic Co-operation and Development (OECD), (2020), "Trade Policy Implications of Global Value Chains", *Trade Policy Brief*, February, Paris.

OECD, 2022, *Trade in Embodied CO$_2$ (TECO2) Database*, Paris.

OECD, World Trade Organization (WTO), and Institute of Developing Economies – Japan External Trade Organization (IDE-JETRO) ,2013, *Aid for Trade and Value Chains in Textiles and Apparel.*

Phillips-Van-Heusen (PHV), 2019, *Forward Fashion Targets.* https://www.pvh.com/-/media/Files/pvh/responsibility/PVH-Forward-Fashion-Targets.pdf.

Ponte, S., 2020, "The Hidden Costs of Environmental Upgrading in Global Value Chains", *Review of International Political Economy* 29 (3), pp. 818–843.

Saberi, S., Kouhizadeh, M., Sarkis, J., and Shen, L., 2019, "Blockchain Technology and its Relationships to Sustainable Supply Chain Management", *International Journal of Production Research* 57 (7), pp. 2117–2135.

Salminen, Jaakko, Mikko Rajavuori, Mika Viljanen, and Agnes Hellner, 2022, Greenhouse Gas Emissions in Global Value Chains: Governance, Regulation and Liability, *Copenhagen Business School Law Research Paper Series*, No. 22-05, Copenhagen.

Tabelin, Carlito Baltazar, Jessica Dallas, Sophia Casanova, Timothy Pelech, Ghislain Bournival, Serkan Saydam, and Ismet Canbulat, 2021, Towards a Low-Carbon Society: A Review of Lithium Resource Availability, Challenges and Innovations in Mining, Extraction and Recycling, and Future Perspectives, *Minerals Engineering.* 163 (106743).

Toniolo, K., Masiero, E., Massaro, M. and Bagnoli, Carlo, 2020, "Sustainable Business Models and Artificial Intelligence: Opportunities and Challenges", In Matos, F.,

Vairinhos, V., Salavisa, I., Edvinsson, L., and Massaro, M., eds. *Knowledge, People, and Digital Transformation: Approaches for a Sustainable Future*, pp. 103–117, Springer.

United Nations Conference on Trade and Development (UNCTAD), 2021, *Review of Maritime Transport 2021*, New York: United Nations.

von Geibler, Justus, Kristof, K., and Bienge, K., 2010, "Sustainability Assessment of Entire Forest Value Chains: Integrating Stakeholder Perspectives and Indicators in Decision Support Tools", *Ecological Modelling* 221 (18), pp. 2206–2214.

Walmart, 2022, Energy, *Walmart Sustainability Hub*. https://www.walmart sustainability hub.com/climate/project-gigaton/energy.

World Bank, 2020, *World Development Report 2020: Trading for Development in the Age of Global Value Chains,* Washington, DC.: World Bank.

World Bank, 2022, *State and Trends of Carbon Pricing 2022*, Washington, DC.: World Bank.

World Business Council for Sustainable Development (WBCSD) and World Resources Institute (WRI), 2011, *Corporate Value Chain (Scope 3) Accounting and Reporting Standard*.

World Trade Organization (WTO), 2022, *World Trade Report 2022*, Geneva: WTO.

World Trade Organization, 2019, *US-Tuna II (MEXICO) (DS381): Summary of Key Findings*, https://www.wto.org/english/tratop_e/dispu_e/cases_e/1pagesum_e/ ds381sum_e.pdf.

第 7 章

全球价值链促进包容性发展

Sang Hyun Park　Kathryn Lundquist　Victor Stolzenburg[*]

7.1　引言

本章探讨全球价值链的包容性[1]，以确定哪些与贸易有关的政策可以支持包容性发展。全球价值链在国际贸易中占很大比重，对发展中经济体和发达经济体的居民都有影响。全球价值链的兴起促进了许多发展中经济体的增长和收入水平的提高，从而使不同国家的收入加速趋同。然而，全球价值链中的贸易收益的分配并不总是公平的。融入全球价值链与国内不平等或包容性之间的关系十分复杂。全球价值链通过创造就业、知识和技术外溢，以及改善工作条件，提供了促进经济和社会发展的机会。在某些情况下，这些积极影响尤其惠及在进入外国市场时面临较大障碍的工人和企业，如非正规就业工人、女性或中小微企业（MSMEs），从而弥补了现有的劳动力市场的某些缺口。但是，融入全球价值

*　世界贸易组织。sanghyun.park@wto.org；kathryn.lundquist@wto.org；victor.stolzenburg@wto.org（通讯作者）。本文所表达的观点仅代表作者本人。它们不代表世界贸易组织或其成员的立场或观点，也不影响成员在世界贸易组织下的权利和义务。Kathryn Lundquist、Marcelo Olarreaga、Gady Saiovici、Cristian Ugarte、Lu Wang、Xiaolong Xu、Xiuna Yang 和 Jiantuo Yu 撰写的背景论文对本章内容贡献颇大。我们还要感谢 Weidi Yuan 提供的宝贵意见，Marc Bacchetta、Aya Okada、Mari Tanaka 和 Jiantuo Yu 的有益评论，以及 William Shaw 的出色编辑。任何错误均由作者本人负责。

1　与国家层面不同，本章重点讨论的企业或工人层面的融入全球价值链，目前还没有明确的定义。就本章而言，企业融入全球价值链的定义是直接或间接进口投入品、出口或在国内向跨国公司销售。对工人而言，融入全球价值链是指为被定义为融入全球价值链的企业工作。相关概念（如进口竞争）的影响在大多数情况下并未被考虑在内。

链也可能通过提高对技能的需求，或强化扩大城乡差距而集聚（agglomeration）的力量，扩大原有的差距。

就本章而言，重要的是，包容性是有韧性和可持续的全球价值链的一个关键方面。关于韧性，正如发达经济体对全球化的抵触情绪所表明的那样，不平等的加剧，会降低对贸易的政治支持，增加融入全球价值链的阻碍。此外，由于冲击的影响在各经济体内部往往分布不均，因此促进社会各部分的迅速复苏对整个经济的韧性至关重要。例如，在新冠疫情期间，某些产业包括发展中经济体的劳动密集型服装业受到的影响更大。这对女性造成了极大的影响，因为在低工资的纺织品和服装生产中，女性雇员占比更高。从事服装业的女工长期失业可能导致一系列潜在后果，其中包括对下一代，尤其是女童的健康和教育产生不利影响，这可能会抵消国际社会过去几十年通过努力实现的可持续发展目标的大部分。

为满足可持续性和日益增加的绿色转型需求，至关重要的是在整个经济体范围内采用低碳技术，快速取得成果。在这方面，全球价值链可以成为一个重要工具，因为全球价值链可以将经济体内大大小小的企业联系在一起。这意味着，如果能降低小企业的进入壁垒，全球价值链就能促进技术从领先企业向创新能力较弱的企业扩散。因此，通过优先考虑包容性，全球价值链可以在建设有韧性和可持续的经济体方面发挥关键作用，造福所有利益攸关方。

本章回顾了全球价值链如何影响发展中经济体包容性的证据。[1] 我们着力强调几个重要问题。第一，发展中经济体的企业（尤其是中小微企业）是通过参与全球价值链提升其在全球生产中的地位，还是继续停留在低增加值阶段。第二，参与全球价值链对发展中经济体的工人产生何种影响，比如是福利的提升和劳动标准的改善还是相反。第三，全球价值链能否有效解决性别不平等和童工等社会问题。要回答这些问题，不仅要考虑全球价值链的状况，还要考虑对受影响的经济

---

1 关于融入全球价值链和包容性的文献很多。我们将重点放在发展中经济体和最新的实证证据上，因为我们认为这是当前围绕全球价值链包容性进行政策讨论相关性较强的角度。

体造成的更广泛影响。毕竟，只有能被更广泛的经济体所利用，包容性的全球价值链才能支持包容性发展。

本章的主题比以往任何时候都更为重要，原因有二。第一，由新冠疫情、地缘政治紧张局势和环境危机引发的负面冲击已被证明对某些群体的伤害更大，如发展中经济体的低技能工人、女性雇员和中小微企业（WTO, 2020；ILO, 2020a）。第二，消费者越来越意识到他们的选择对发展中经济体工人的外溢效应。这促使政策制定者和投资者再次关注供应链的包容性问题。确保相应的政策措施以确凿的证据为基础，对于这些措施能否促进持久的改善非常重要。

本章的研究发现，平均而言，全球价值链为发展中经济体的工人和企业带来了实实在在的好处。与全球价值链有联系的企业通过多种渠道，在生产率和质量方面受益。这些渠道包括隐性知识和技术的转让，获得资金、信息和更高质量的投入品以及更多的需求。对工人而言，全球价值链在正规部门创造了就业机会，提高了工人的工资，尤其是低技能工人的工资。虽然全球价值链可能造成工资不平等，但也可以通过需求方的压力和跨国公司在自愿升级方面的努力，改善工作条件。由于全球价值链与女性赋权和减少童工现象有关，这也会促进社会的发展。数字技术降低了贸易成本，在提高全球价值链的包容性方面发挥了重要作用，但这也意味着与自动化和市场力量有关的风险在不断增加。

更一般地，寡头垄断等市场失灵和非贸易壁垒抑制了全球价值链包容性的提升。集中的产品和劳动力市场降低了发展中经济体生产者和工人的利润。各种限制使女性无法从企业在全球价值链的升级中获益。这意味着政策应侧重于促进全球价值链完善，弥补市场缺陷和降低壁垒。贸易协定中规定的社会条款和尽职调查要求是目前采用的主要方法，但在许多情况下可能不是理想的工具。在任何情况下，除采取上述措施外，发展中经济体和发达经济体都应继续合作，以取得积极成果，并更加关注那些强调可能产生负面影响的经济学文献。

本章内容安排如下。第二节探讨了融入全球价值链对发展中经济体企业绩效的影响，尤其是对中小微企业的影响；第三节回顾了对劳动力市场和社会问题的影响；第四节和第五节展望未来，讨论了随着自动化的升级和人工智能（AI）的发展，包容性的全球价值链的未来以及政策含义；第六节是本章的结论。

7.2　全球价值链可提高发展中经济体中小微企业的绩效

本节探讨关于发展中经济体参与全球价值链与企业绩效之间关系的最新证据。其中的关键信息是，企业（尤其是中小微企业）往往能从融入全球价值链中获得巨大收益。文献表明，中小微企业从参与全球价值链中获益，主要有五个渠道：提升进入国际市场的机会、增加获得隐性知识和良好管理做法的机会、技术外溢效应和创新、质量升级，以及增加获得贸易融资的机会。然而，尽管有这些优势，中小微企业仍会因能力有限和体制障碍而面临困难，这也是它们与大型跨国公司的不同之处。参与全球价值链往往有利于规模大、技术先进、管理专业、拥有多元化贸易网络的企业（Gereffi and Luo, 2015）。此外，与大型企业相比，中小微企业的议价能力有限，这可能会阻碍它们公平分享全球价值链中产生的利润。

7.2.1　背景：中小微企业在发展中经济体中的作用及其参与全球价值链的趋势

中小微企业是发展中经济体的主要就业提供者。84 个发展中经济体的统计数据显示，平均而言，员工人数少于 50 人的企业雇用了约 75.7% 的劳动力（见图7.1）。特别是在低收入发展中经济体，中小微企业雇用的工人比例非常高，这通常包括非正式工作或非标准就业安排。这些工人最多只是部分受到劳动法规的保护，因此特别容易受到经济冲击的影响。因此，促进中小微企业有韧性地参与全球价值链，对于提升全球价值链的整体包容性至关重要。南非最近的一项研究也凸显了小型创新企业在加入全球价值链时在创造就业方面的作用。与在全球价值链中持续经营的大公司相比，当规模较小、成立时间较短的企业进入全球价值链并通过资源重新配置提高生产率时，它们更有可能创造更多就业机会（Ndubuisi and Owusu，2023）。

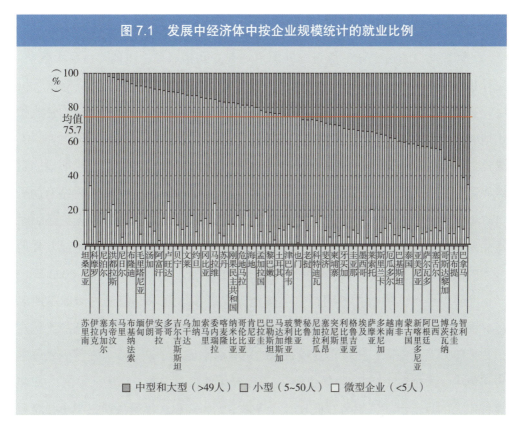

图 7.1　发展中经济体中按企业规模统计的就业比例

资料来源：作者使用国际劳工组织统计数据库（ILOSTAT）（2023）生成。每个国家的数字，是所列的 84 个发展中经济体可获得的最新数据。就业包括正规和非正规就业。

　　然而，中小微企业参与全球价值链受到若干因素的阻碍，其中包括资金有限和缺乏运营能力。这些因素也解释了为什么中小微企业即使融入了全球价值链，其参与也往往表现出以下两个具体特点。首先，发展中经济体的中小微企业往往专门从事低增加值、劳动密集型环节的生产，因为它们依赖于利用廉价劳动力。其次，中小微企业参与全球价值链大多是通过间接联系进行的，而非直接出口或进口。中小微企业，特别是在发展中经济体的中小微企业，通常是通过向当地的主导企业提供中间投入品来参与全球价值链。这些主导企业通常是大型企业（Lundquist, 2023），因为"走出去"对小企业来说，尤其具有挑战性（Buciuni et al., 2022）。如果中小微企业直接参与全球贸易，也往往在进入成本和资本要求较低的部门。

尽管如此，通过全球价值链与外国市场建立间接联系，也能产生巨大效益。全球价值链中企业之间的相互依存，为分享知识、技术甚至获得信贷提供了机会，鉴于中小微企业往往面临诸多阻碍，这对它们的影响尤为巨大。外国企业和本地供应商通过互动和协调来维持供应链的平稳运行。这种互动有利于隐性知识的转让，而隐性知识有助于增强国内的创新能力（Gentile et al., 2021）。当所谓的超级明星企业——主导市场的企业——参与其中时，由于其已建立的供需网络有助于其本地供应商进入国际市场，收益往往更大（Cusolito et al., 2016）。无论超级明星企业是本国企业还是外国企业，它们都会优先投资于信息和通信技术以及其他技术的研发，以及人力资本，从而产生更强大的外溢效应（Amiti et al., 2023）。

发展中经济体的数据表明，中小微企业直接参与全球价值链的情况有所改善。图 7.2 表明，在大多数经济体中，中小微企业直接参与全球价值链的比例在过去十年间有所提高，灰色垂直线右侧的所有点都显示了这一点。在不少发展中经济体中，大企业（"非中小微企业"）在全球价值链中的参与率增长更快，如 45 度线以上的点所示。该趋势在低收入经济体中尤为突出。尽管如此，中小微企业参与率的提高对全球价值链的包容性而言是一个积极的信号。

7.2.2 全球价值链为企业进入国际市场提供便利

中小微企业在进入国际市场时面临更大的信息摩擦，从寻找买家和供应商，到了解外国标准和不断变化的贸易法规都如此。例如，在买卖双方之间进行搜索和匹配的成本可能非常高昂。Startz（2021）对尼日利亚的交易数据进行分析发现，贸易商在寻找新供应商时，往往会支付巨大的差旅费用，因为通过面对面的会谈才能可靠地了解供应商的质量。在菲律宾，Allen（2014）发现，生产者在了解其他地区的价格时会花费巨大的成本，所观察到的地区价格离散大约

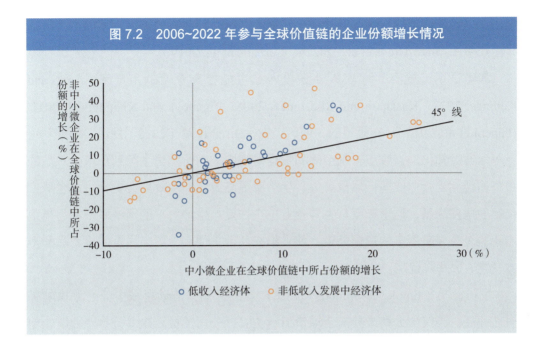

图 7.2 2006~2022 年参与全球价值链的企业份额增长情况

资料来源：作者根据世界银行对 86 个发展中经济体的企业调查（WBES）计算所得，在每组数据中应用了统计加权。全球价值链参与率被定义为同时从事出口和进口的企业比例，并按每个发展中经济体的中小微企业（定义为雇员少于 100 人的企业）和非中小微企业（包括雇员在 100 人以上的民营企业、国有企业、大型企业的子公司或外国企业）分别计算。增长率通过比较 2006~2013 年特定年份的全球价值链参与率和 2014~2022 年特定年份的全球价值链参与率来确定。由于对各国的调查并不频繁，因此根据数据的可获得性，各国用于比较的确切年份也不尽相同。低收入经济体的分类适用于人均收入低于 1000 美元的经济体。

有一半是由于信息摩擦造成的。

与主导企业一起参与全球价值链，为中小微企业提供了减少信息摩擦和降低贸易壁垒的重要机会。主导企业已经建立了买方和供应商网络，每个供应商都可以自行进入（Amiti et al., 2023）。信息摩擦的减少或与顶级企业签订合同所获得的信誉，往往会引致买家数量的增加。此外，跨国公司的附属公司和供应商表现出更高的进出口倾向，更愿意与不同的经济体接触，并实现更高的贸易值（Conconi et al., 2022）。随着国内企业进入跨国公司的供应链并开始向外国公司销售，它们获得了出口的基本知识和技能，并往往开始向跨国公司的总部或关联公司所在的经济体出口。这些经验进一步提高了吸引新买家的能力，从而大大提高了生产率（Alfaro-Urena et al.，2022b；Carballo et al.，2019）。

事实证明，更容易地获取外国投入品也能提高企业的生产率（Amiti and Konings，2007；Kasahara and Rodriguez，2008；Topalova and Khandelwal，2011；Halpern et al.，2015）。在最近的一项研究中，Bisztray 等（2018）发现，匈牙利企业可以通过知识外溢效应，从空间和管理网络中的同行那里了解到获取投入品的更好途径。当企业或同行规模更大、生产率更高时，外溢效应会更强。从全球价值链的角度来看，这意味着与主导企业（往往更具生产力）的网络联系将为当地中小微企业带来更多的知识外溢，使它们在获得更便宜、更高质量的投入品和资本货物方面更具优势。

雇员分拆（Employee Spinoffs）和更广泛的劳动力流动是减少信息摩擦的另一个途径。当跨国公司或参与全球价值链的其他公司的员工建立分拆企业时，他们对外国市场的了解可以大大加快进入出口市场。这也是分拆企业相对于其他初创企业表现更优异的原因之一（Muendler and Rauch，2018）。同样，当高技能工人从跨国公司跳槽到国内雇主时，他们会转移信息，从而提高其在新公司的工资水平（Poole，2013）。

7.2.3　全球价值链促进良好管理实践的转移

缺乏不可编码的知识，如管理能力，是中小微企业，尤其是发展中经济体中小微企业面临的共同制约因素（Sok et al.，2020；Bloom et al.，2012）。由于受时间限制和信息摩擦的影响，这些企业面临管理资源的限制，最重要的是缺乏专业人才（Manaresi et al.，2022）。尽管存在这些挑战，但参与全球价值链可以促进良好管理实践的传播。

管理质量是决定企业绩效的关键因素（Bloom and van Reenen，2007；Caliendo et al.，2020）。例如，有效的组织管理与新生产技术的采用密切相关（Juhász et al.，2020；Atkin et al.，2017a）。良好的管理实践可以改善工作条件，这表明管理实践与工作条件之间存在互补关系（Distelhorst et al.，2017）。例如，孟加拉国服装厂

的证据表明，跨国公司注重职业安全和健康合规的做法，对具备较好管理实践的
工厂影响最大（Boudreau, 2022）。

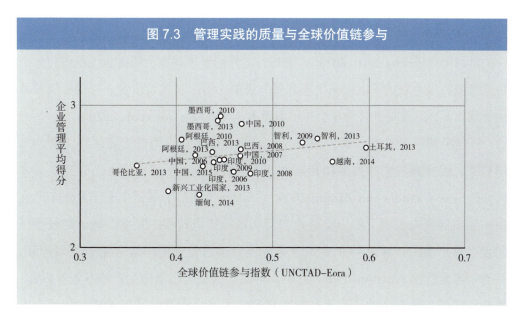

图 7.3　管理实践的质量与全球价值链参与

资料来源：作者根据 UNCTAD-Eora 全球价值链参与指数（GVC Participation Index）和世
界管理调查（World Management Survey）（Bloom et al., 2001）中各国企业管理的平均得分计算
而得。全球价值链参与指数的计算方法是［间接增加值（DVX）＋国外增加值（FVA）］除以各
国出口总额。

　　管理实践可以通过参与全球价值链或"在出口中学习"（learning by exporting）
得到改善。出口企业在外国市场上面临激烈竞争，在竞争的驱动下，它们通过获
取专业的管理知识来提高生产率和竞争力（Urata and Baek, 2021）。就缅甸而
言，服装制造企业出口的增加，不仅使它们提高了绩效和规模，还改进了管
理实践（Tanaka, 2020）。总体而言，图 7.3 所示的跨国比较与这一机制是吻
合的，它表明全球价值链参与度较高的发展中经济体的企业管理平均得分往往
较高。

　　中小微企业尤其可以通过与主导企业保持长期关系获得管理知识（Antràs and
Yeaple, 2014）。频繁的互动使主导企业与其中小微企业供应商之间的信息流动更

加畅通，从而改善这些小型企业的管理实践、技术和技能水平（ADBI and ADB，2016）。这一机制有助于提高中小微企业的生产率和创新能力（MacGarvie, 2006；Abbey et al., 2017；Anh and Dang, 2020）。此外，外资所有权可以提供更好的外国合作伙伴网络，使它们得到更多获取技术和管理经验的渠道，以及通过母公司出口的学习机会（Hing et al., 2020）。例如，与外国资本建立合资企业可以成为一个重要渠道，因为它们可以带来更新和更先进的工艺、技术、资金、营销技能和其他管理知识，从而提升公司在全球价值链中的参与度（Sok et al., 2020）。

管理实践可以扩散，因为跨国公司可能会自愿向当地供应商转移宝贵的知识资产，以提高它们的效率和竞争力。这些转让可以采取培训计划或知识共享计划的形式（Saliola and Zanfei, 2009）。Sudan（2021）最近关于印度汽车产业的一项案例研究说明了中小微企业如何从直接知识转移中受益。该研究展示了印度汽车产业的一家主导企业如何通过各种渠道促进中小微企业的工艺升级，从而采用准时制（Just-in-time）生产、全面质量管理和全面生产率管理等做法。这些举措给主导企业的子公司和相关零部件生产企业带来了新的学习和示范效应，说明了主导企业是如何通过初步培养印度中小型企业的参与能力，使其融入全球价值链。在航空和咖啡等其他产业的全球价值链中也可以看到类似的机制。跨国公司通过培训中小微企业的员工或小农户、监督技术生产和促进学习过程来传播知识，因为跨国公司需依靠其供应商达到质量标准（Cafaggi et al., 2012）。

跨国公司的优秀管理实践也可以通过间接渠道传播，如人员流动。如果国内管理人员在跨国公司工作并接触到高质量的管理实践，他们就可以在跳槽时将这些知识转移到新的工作场所（Poole, 2013；Bloom et al., 2020；UNCTAD, 2021）。

然而，仅仅是跨国公司的参与或与跨国公司有联系，并不能保证隐性知识的传播。管理知识具有隐性和非例行性，并且有时不可编码化，这为其在企业外部的传播带来了挑战。虽然管理知识的大量外溢往往发生在企业内部，但管理实践的改进可能是暂时的，而且在管理人员更替时很容易逆转（Bloom et al., 2020）。此外，语言障碍也可能成为向国内管理者传播外国管理实践的重要阻力。一项在缅甸企业开展的随机对照试验研究发现，通过开设英语课程来减少语言障碍，可以促进管理知识的传播（Guillouet et al., 2022）。

7.2.4　全球价值链促进质量升级

在促进发展中经济体的中小微企业和小农户的质量提升方面，全球价值链发挥着至关重要的作用。质量升级，例如达到标准，往往是融入全球价值链的先决条件（Macchiavello and Miquel-Florensa, 2019；Rifin and Nauly, 2020）。该论点得到了大量实证证据的支持（Rodriguez-Clare, 1996；Newman et al., 2015；Alfaro-Urena et al., 2022b）。提高质量可以通过出口和投入品的渠道使中小微企业受益，通过质量改进计划或质量认证，可以最大限度地发挥这种积极作用。

专栏 7.1　语言技能对知识传播的重要性

语言差异是影响知识传播的一个重要障碍，因为它影响跨国公司的外国直接投资和外包决策，而它们是知识和技术外溢的关键驱动因素（Kim et al., 2015）。语言差异的影响在知识密集型战略联盟（如企业间的合作研发活动）中也很明显。一项关于半导体设计的研究发现，合作伙伴的语言差异与形成跨境研发联盟的可能性之间存在倒 U 型关系（Joshi and Lahiri, 2015）。这一发现表明，语言差异是建立此类联盟的一个明显摩擦源。

此外，事实证明，在全球化背景下，更容易获得英语教育在缓解不平等方面发挥了关键作用。例如，在印度，有些地区由于本地语言与印地语（第二官方语言）相差甚远，人们学习英语的积极性较高，这些地区从全球化中获益也相对更大。这种获益主要表现为信息技术等知识密集型产业的大幅增长和入学率的提高。对教育和技术的更多参与反过来又限制了技术劳动力工资溢价的上升，从而减少了不平等（Shastry, 2012）。

语言摩擦也会对各类战略互动和组织流程产生影响。Guillouet 等（2022）

发现，语言差异会阻碍跨国公司内部管理技能和隐性知识的外溢。如果存在语言障碍，跨国公司内部的有效沟通和知识共享就会受到阻碍，从而可能限制先进技能和知识在组织内部员工之间的转移（见图7.4）。

图 7.4　东道国和企业总部所在国的管理质量和语言相似性

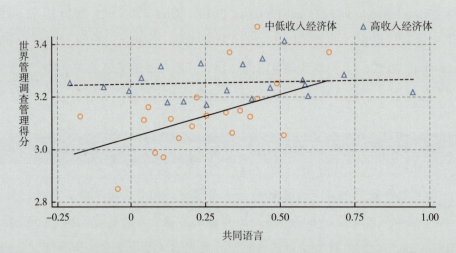

注：Guillouet 等（2022）使用引力模型生成的散点图，他们以共同语言指标、东道国与原籍国之间的距离、员工人数以及东道国和原籍国固定效应为解释变量，对子公司的世界管理调查（WMS）管理得分进行了回归。

图 7.4 来自 Guillouet 等（2022），它表明，跨国公司子公司的管理得分，与东道国和总部原籍国之间的语言相似性呈正相关，且中低收入经济体（实线表示）与高收入经济体（虚线表示）之间存在明显差异。Gillouet 等强调，与中低收入经济体的子公司相比，高收入经济体的子公司的这种相关性明显更平缓。这表明，语言障碍可能会阻碍跨国公司向发展中经济体的员工有效转移知识，从而可能限制公司从这种知识转移中获得的优势。

在发展中经济体的劳动力市场中，外语技能被视为一般技能，因此企业对语言培训的投资可能不足。这种对技能投资不足的情况需要，通过外语培训计划或正规教育进行政策干预。例如，特立尼达政府在 2005 年通过了一项法案，规定西班牙语是学校的必修课，并要求所有公务员达到基本的西班牙语水平，从而在这方面迈出了一步。Davies（2005）解释说，这一政策背后的动机之一，是使其语言与本半球最大的石油生产国委内瑞拉保持一致，以发展壮大特立尼达自身的石油和天然气产业。这个例子表明，使用共同语言对于促进商业联系和实现进一步的知识转移非常重要。

与管理实践类似，通过"在出口中学习"可以促进全球价值链内的质量升级（Clerides et al., 1998；De Loecker, 2007；Harrison and Rodriguez-Clare, 2010）。在竞争激烈的外国市场开展业务所带来的压力迫使出口企业提高绩效。作为卖方融入全球价值链，要求高质量的投入品的生产及时可靠，这提高了对投入品和产出质量进行投资的积极性，进而导致升级（Stolzenburg et al., 2019）。这一机制的主要驱动力是需求侧因素，特别是发达经济体的市场对质量的更高要求。这种需求压力迫使企业提升质量标准，以满足高收入外国买家的要求。在一项聚焦埃及地毯生产商进入外国市场的独特研究中，Atkin 等（2017b）发现，地毯的整体质量水平显著提高。

对发展中经济体的中小微企业而言，供应链贸易的积极影响还可通过间接出口发生。近期的研究表明，与大型企业的出口机会有关的积极影响，会通过大型企业与国内供应商的联系外溢到国内经济。由于出口企业需要更高质量的投入品才能在国外市场上具有竞争力，因此其供应商会提高技能密集度，并从国外采购以提升产品质量。这可能会带来积极的工资效应，这种效应比不考虑国内联系的模型大 9 倍（Demir et al., forthcoming；Fieler et al., 2018）。

主导企业实施的采购战略，在发展中经济体出口企业的质量提升工作中，也发挥着至关重要的作用（Cajal-Grossi et al., 2023；Gereffi, 1999；Egan and Mody,

1992）。从国外采购的跨国公司经常会遇到质量问题。为了解决这个问题，企业可以采用关系采购法。关系采购是买方采用的一种战略，将订单分配给指定的一批供应商。买方与供应商建立长期关系，并支付更高的价格，以激励供应商提供高质量的投入品。这与现货采购战略形成鲜明对比，后一种交易不存在长期性、经常性的关系。通过支付额外的价格加成，跨国公司力图改善某些具有关系性维度的特性，如投入品质量，这些特性难以契约和观察（Macchiavello, 2022；Cajal-Grossi et al., 2023）。

向中小微企业和小农户提供质量改进计划，是买家确保所需质量的另一种方式（Cafaggi et al., 2012；Sudan, 2021；Sok et al., 2020；Macchiavello and Miquel-Florensa, 2019）。对哥伦比亚咖啡价值链中实施的"可持续质量计划"的研究发现，此类计划可以缩小农民被支付价格与最终消费者价格之间的差距，从而提高质量升级的积极性（Macchiavello and Miquel-Florensa, 2019）。质量认证计划也能发挥类似作用（Rifin and Nauly, 2020）。Dragusanu 等（2022）和 Zavala（2022）发现，公平贸易认证减少了哥斯达黎加和厄瓜多尔咖啡产业的不平等，因为利润从中间商转移到了农场主那里。

进口对于质量升级也很重要，因为它为发展中经济体的企业提供了获得更廉价、更高质量投入品和资本货物的机会（Goldberg et al., 2010；Sudan, 2021）。经济学文献一致强调，更成功的出口商会使用更高质量的制成投入品，并雇用更多技术工人，以生产出价格更高的优质产品（Verhoogen, 2008；Kugler and Verhoogen, 2012；Khandelwal, 2010；Manova and Zhang, 2012；Bastos et al., 2018）。此外，本地中小微企业还可以通过将国内和国外的中间投入品相结合来提高质量（Sudan，2021）。这一发现与 Halpern 等（2015）的结论一致，他们发现进口投入品并非国内投入品的完美替代品，进口投入品通常质量更高。

7.2.5　全球价值链促进技术转让和创新

全球价值链有利于主导企业向其供应商转让技术和创新。如前文所述，全球价值链中的主导企业有动力转让技术和专门技能，因为它们依赖供应商所提供的高质量投入品（Baldwin and Lopez-Gonzalez, 2015；Piermartini and Rubinova, 2021）。在全球价值链中，企业与企业之间的长期关系是某些价值链的特点，在这种关系中，企业之间的知识流动更频繁，从而使其在技术转让方面非常有效（Antras, 2020；World Bank，2020）。事实证明，外国客户与本地供应商之间的技术转让在提高供应商生产率方面非常有效（Javorcik, 2004；Alvarez and Lopez, 2008）。中小微企业即使不直接出口或进口，只要其是受益于贸易的国内生产网络的一部分，就能从技术转让中受益（Iyoha, 2022）。

在这一方面，发展中经济体的本地供应商之间的异质性，特别是吸收、同化和改造主导企业转让的知识和技能的能力，是一个至关重要的因素。经验表明，全球价值链能刺激创新（以专利申请数量来衡量），而在这一过程中，强大的吸收能力至关重要（Piermartini and Rubinova, 2021）。De Marchi 等（2015）进行的一项研究，考察了发展中经济体的 50 个全球价值链，并将其分为不同的组别。他们发现，仅有不到 1/5 的情形属于"全球价值链引领的创新者组"，这表明这些企业有效地利用了全球价值链知识来推动创新。然而，所分析的情形中有一半以上属于"边缘创新者组"，其特点是缺乏内部研发活动，本地创新体系薄弱，从而限制了它们对本地学习资源的利用。该证据突出表明，应了解发展中经济体中小微企业在吸收能力方面面临的制约因素，以促进本地创新。

同样，并非所有全球价值链关系都同样有利于技术转让或创新（Saliola and Zanfei，2009）。中小微企业与全球主导企业的关系往往局限于单纯的采购供应关系，主导企业只提供有限的信息。这使得创新的空间很小，尤其是在市场营销、人力资源和财务等领域（Kumar and Subrahmanya, 2010）。在这种"从属关系"（captive relationships）中，议价能力的严重失衡会使供应商陷入重复性和非创新性的任务中，而非促进学习和创新过程，而学习和创新过程正是关系型全球价值链的典型特征。例如，近期对采矿业的研究表明，由于主导企业与当地供应商之间在权力和信息方面的不对称，该产业普遍存在的层级治理结构往往阻碍了学习和创新（Pietrobelli et al., 2018）。

7.2.6　全球价值链为中小微企业获得贸易融资提供便利

小型企业，尤其是发展中经济体的小型企业，获得贸易融资的机会有限。由于贸易融资在全球贸易交易中的使用率约为 80%（WTO and IFC, 2022），这就构成了一个巨大的非关税贸易壁垒（WTO, 2016）。根据亚洲开发银行的最新数据（见图 7.5），与大型企业相比，小企业申请贸易融资被拒绝的可能性要大得多（亚洲开发银行，2021）。资金紧张的企业通常使用贸易信贷为采购投入品提供资金（Fabbri and Klapper, 2009）。这种情况在小型企业中尤为普遍（Marotta, 2001；McMillan and Woodruff, 1999）。营运资本在弥补成本与现金流之间的时间差方面发挥着关键作用，全球价值链需要大量短期融资，以满足整个生产链中非线性增长的营运资本需求（Kim and Shin, 2023）。

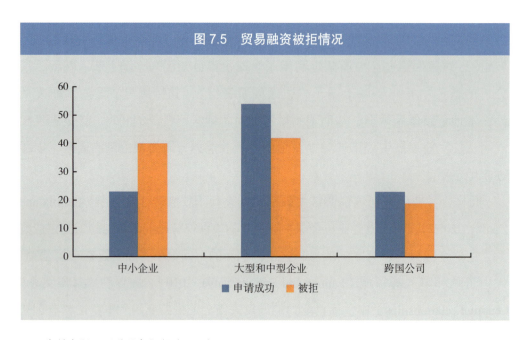

图 7.5　贸易融资被拒情况

资料来源：亚洲开发银行（2021）。

发展中经济体的企业在获得其可以负担得起和充足的贸易融资方面遇到了更多困难，因为这些经济体通常面临资金融通方面的挑战。例如，在西非，贸易融资只支持 1/4 的货物贸易，低于非洲 40% 的平均水平和全球 60%~80% 的平均水平（WTO and IFC, 2022）。中小微企业面临的障碍甚至更大。亚太经合组织和世贸组织在 2013 年联合开展了一项关于贸易援助的调查。该调查发现，缺乏融资渠道，尤其是贸易融资渠道，是低收入经济体供应商进入、建立价值链或在价值链中升级的主要障碍。约 65% 的低收入经济体供应商对融资渠道不足表示担忧，而只有 6% 的生产链主导企业认为这是个问题。

　　参与全球价值链可以通过提供信贷，特别是为中小微企业提供信贷，大大缓解资金限制。为了克服信贷限制，全球价值链中的企业往往把企业对企业的信贷安排和贸易信贷，作为获得营运资本的手段。这种方法与全球价值链对融资的高度依赖密切相关，在全球价值链中，应付和应收账款在企业的短期融资中发挥着关键作用（Kim and Shin, 2023）。全球价值链的相互关联性通过重复交易和长期关系得以凸显，这确保了上游公司的财务决策能够直接或间接地影响下游供应商的财务表现，即使是在正常的交易关系中也是如此（IMF, 2017）。这种相互依存关系鼓励规模较大、财务约束较少的企业以较低的外币利率借款，将这些资金在国内输送给其规模较小的供应商，尽管其利润会因此减少（Hardy et al., 2023）。

　　在全球价值链中，贸易信贷往往是长久合同关系的结果，并通过声誉效应得到加强（Bocola and Bornstein, 2023）。由于买卖双方都能从维护这些关系中获益，这就产生了按时偿还供应商以避免破坏这些重要关系的强烈动机（Bocola and Bornstein, 2023；Macchiavello, 2022）。实证证据进一步强调，全球价值链在提高中小微企业获得信贷的机会方面，发挥了关键作用，参与全球价值链的企业，更有可能获得并向其供应商和客户提供贸易信贷，尤其是当其受到资金限制时（IMF, 2017；Thang and Ha, 2022）。当这些企业与大型国际合作伙伴建立了长期贸易关系时，这种优势尤为明显，这在获得银行信贷的渠道有限，或与银行关系较弱的情况下是一种宝贵的优势（Minetti et al., 2019）。

　　此外，全球价值链作为金融中介的作用也会对宏观经济产生影响，进而促进新兴市场经济的稳定。贸易信贷有能力吸收外部冲击，从而帮助平滑企业产出（Garcia-Appendini and Montoriol-Garriga, 2013）。此外，企业还可利用贸易信贷来管理流动性（Amberg et al., 2021），稳定贸易伙伴（Ersahin et al., 2023），管理货币冲击，增强整体经济的稳定性（Hardy et al., 2023）。然而，虽然平均而言企业对企业的融资能够提供更大的产出支持，但有时也会增加面临金融冲击时的脆弱性。例如，在经济增长下行期间，贸易信贷放大了对企业的金融冲击（Bocola and Bornstein, 2023）。

7.3 全球价值链可以帮助发展中经济体的工人

本节探讨了关于参与全球价值链对劳动力市场影响的最新证据。其中的关键信息是，参与全球价值链会带来巨大利益。全球价值链在正规部门创造了工资更高、工作条件更好的就业机会，特别是对低技能工人而言。例如，《美国—越南贸易协定》使劳动力从非正规部门向正规部门重新分配，从而带来工资的大幅调整（McCaig and Pavcnik, 2018）。进口渠道可以降低国内企业的生产成本，提高生产率，从而促进制造业的发展和就业的增加（Topalova, 2007；Goldberg et al., 2010；Amiti and Konings, 2007；Bas and Bombarda, 2023）。在埃塞俄比亚，因投入品质量提高，中国进口激增导致生产率提高、产能利用率上升，制造业的就业也随之增加（Ngoma, 2023）。

然而，就融入全球价值链对工资不平等、非正规劳动和劳动标准的影响而言，仍存在一些问题。参与全球价值链的益处可能不会在不同技能水平的工人之间或地区之间平均分配。在宏观层面上，有关全球价值链对不平等的影响的结论十分复杂，特定贸易冲击的影响可能会随着时间的推移而动态演变，从而使贸易风险的影响具有特定的时间性（Dix-Carneiro and Kovak, 2023）。尽管如此，本节的背景论文发现，融入全球价值链往往会减少发展中经济体在总体收入上的不平等（Yu et al., 2023）。

本节研究还发现，融入全球价值链可以解决社会问题，主要是女性赋权和童工问题。跨国证据表明，参与全球价值链可在经济和社会发展方面发挥关键作用（UNCTAD, 2013；Stolzenburg et al., 2019）。全球价值链不仅能直接促进经济繁荣，惠及弱势群体，还能为主导企业提供机会，利用其企业资源推动社会发展。具体而言，在提高下级供应商的社会标准方面，主导企业可以发挥重要作用，从而产生积极的、向价值链上游延伸的外溢效应（Narula, 2020）。本节发现，全球价值链强化了女性赋权，并往往能减少童工现象。然而，潜在的问题，例如在获得教育或资金方面的问题，会阻碍全球价值链进一步促进消除性别不平等。

7.3.1　全球价值链可以支持向正规就业的转变

融入全球价值链往往会减少非正规就业，因为它提高了对正规劳动力的需求。非正规就业在许多发展中经济体十分普遍。与正规工人相比，非正规工人的工作保障不稳定和收入通常较低，福利和机会也较少。非正规工人往往被排除在正规劳动法规的保护之外，这限制了他们获得社会保护和福利，包括医疗保健和退休计划的机会。他们的工资往往较低，接受教育和培训的机会不多，这限制了他们获得新技能、参与国际贸易和提升职业生涯的能力（Bacchetta et al., 2009；McCaig and Pavcnik, 2018）。[1]

一般而言，融入全球价值链，特别是出口机会的增加，已使工人从非正规部门大量转向正规部门（Maertens and Swinnen, 2009）。该观点与对非正规部门的传统看法一致，即非正规部门主要是那些无法在正规部门找到工作的工人的容身之地（Chandra and Khan, 1993）。根据该观点，随着经济的发展和正规部门工作岗位的增加，正规部门工作岗位的增加会自然挤占非正规部门。跨国比较还表明，全球价值链的参与与正规就业的比例呈正相关关系，特别是在发展中经济体（见图 7.6）。

1　尽管如此，最新的文献也强调了非正规劳动力市场的几个有益方面。研究表明，当一个国家面临贸易引发的负面冲击时，非正规部门起到了"失业缓冲器"的作用（Dix-Carneiro et al., 2021；Ponczek and Ulyssea, 2022）。此外，非正规部门的存在可为工人提供外部选择，从而减轻企业的垄断力量（Amodio et al., 2022）。

图 7.6 全球价值链参与度和正规就业比例

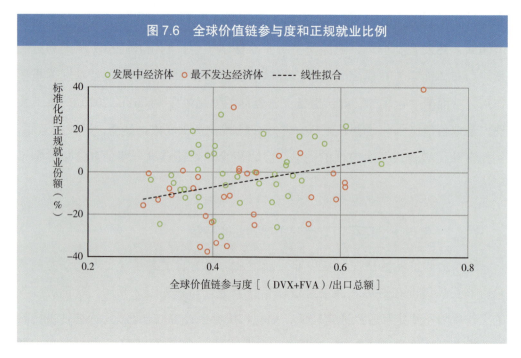

资料来源：作者根据国际劳工统计局（ILOSTAT）的（非）正规就业比例和联合国贸发会跨国投入产出表数据库（UNCTAD-Eora）的数据计算得出。全球价值链参与度指数的计算方法是：［间接增加值（DVX）+ 国外增加值（FVA）］除以各国的出口总额。

　　近期融入全球价值链的多个实例表明，通过全球价值链，中国等经济体获得了更多的进入发达经济体市场的机会，这会导致劳动力转出农业等非正规部门（Erten and Leight, 2021）。一个显著的例子是《美国—越南双边贸易协定》，该协定导致美国大幅降低了对越南出口产品的关税，并促使劳动力从非正规中小型企业向正规雇主重新分配（McCaig and Pavcnik, 2018）。在该调整过程中，关税下调后新进入者的涌入对正规制造业的形成至关重要，其中，外国企业发挥了重要作用（McCaig et al., 2022）。在孟加拉国，融入全球价值链的服装部门的出口增长是该国过去几十年经济增长的主要动力，贸易增加了正规劳动力的参与，尤其是女性的参与（Goutam et al., 2017）。在柬埔寨，对欧盟服装出口的激增导致正规机构的就业率增加了 16%~22%（Tanaka, 2022）。

就业正规化还可以通过投入品渠道实现，因为获得更便宜的投入品，或更先进的外国技术变得更加容易。1994 年墨西哥启动北美自由贸易协定（NAFTA）后，获得包含外国技术投入品的机会增加，这促进了企业升级生产技术。技术升级导致对技术工人的需求增加，从而导致高技能工人从非正规部门转移到正规企业（Bas and Bombarda, 2023）。然而，通过投入品渠道对非正规经济的影响可能是有限的。如果以前生产现在进口的投入品的国内企业通过减少正规劳动力来应对需求下降，就会出现这种情况（OECD, 2023 b）。

另一个能够帮助发展中经济体增加正规就业的重要机制是跨国公司在负责任的商业行为（responsible business conduct, RBC）方面的努力。非正规部门在全球价值链中的参与度已经下降，这与跨国公司投资者或利益相关者的要求一致，它们越来越关注声誉问题。例如，2013 年拉纳大厦悲剧发生后，跨国公司更严格地要求孟加拉国的服装供应商只能雇用正规工人（Narula, 2020）。

虽然以出口为导向融入全球价值链为发展中经济体正规部门的增长提供了潜力，但由于影响因素众多，进一步融入全球价值链未必会取代非正规部门的工作。首先，非正规部门为创业和灵活的工作安排提供了机会，也可以成为正规部门的供应链环节（Fajnzylber et al., 2006；Bennett and Estrin, 2007）。这也许可以解释为什么一些发展中经济体尽管越来越多地参与全球价值链，但仍持续存在非正规就业。例如，在孟加拉国，2002～2010 年，出口的实际价值翻了一番，促进了正规就业增加，然而，在同一时期，正规就业所占比例几乎保持不变，约为15%，而非正规就业也有所扩大。这可能是由于通过国内供应链联系产生的间接需求，以及收入增加提高了当地的服务消费（Goutam et al., 2017）。

此外，在政府执法能力较弱、声誉压力较小的情况下，遵守外国市场立法规定的更高就业标准和跨国公司标准的相关成本，可能会导致企业为降低劳动力成本而增加对非正规劳动力的需求（Standing, 1999）。例如，在南非，Barrientos 和Kritzinger（2004）指出，为了应对超市全球价值链不断提高的标准，以及政府的更高劳动标准，水果种植者不得不更多地使用非正规合同工，特别是在国际市场价格下跌损害其竞争力的情况下。

总之，在许多经济体中，制造业部门融入出口导向的全球价值链，普遍促进了正规就业的增长。后向融入全球价值链也有助于正规部门就业的增长，不过，如果国内企业面临来自进口投入品的更激烈的竞争，这种效应可能会减弱。同时，经济中的非正规就业是否会减少，在很大程度上取决于其他因素，包括政府的执行能力。

7.3.2 全球价值链可以提高就业质量

面对全球价值链中的成本压力，发展中经济体的企业在工作条件上存在"逐底竞争"（race-to-the-bottom）现象，这是供应链上的一个常见问题（Im and McLaren, 2023）。为了保持在全球市场上的竞争力（在生产成本方面），工人可能会面临不安全的工作条件（Rossi, Luinstra and Pickles, 2014）。全球价值链可能导致劳工标准由对灵活性的需求来决定，从而导致雇用和解雇更容易、短期合同更多、福利更少、加班时间更长。企业还可能低估工作的非货币方面的价值，如薪酬透明度、职业安全和健康措施以及情感福祉（Adler et al., 2017）。虽然低水平的非货币报酬可能会给企业带来短期贸易优势，但却会给社会带来长期成本（ILO, 2008）。

然而，参与全球价值链也可以提高发展中经济体的就业质量。由于融入全球价值链带来的收益提高了东道国的收入水平，融入全球价值链因而可以增加可用于投资提升就业质量的资源。鉴于收入与工作条件改善之间的相关性，这种"收入效应"可推动工作场所的环境改善（UNCTAD, 2021）。

此外，跨国公司通常采用较高的劳工标准。实证证据表明，从跨国公司母国向东道国转移更高标准的劳工做法和规范是可行的（Ali and Seric, 2014）。跨国公司倾向于将不同子公司的业务运营标准化，从而最大限度地降低固定运营成本（Helpman et al., 2004）。此外，与国内同行相比，跨国公司倾向于维持更高的劳工标准，因为跨国公司希望在竞争激烈的劳动力市场上吸引高技能人才（Mosely, 2011），并维持稳定的劳动力队伍（Mendez and van Patten, 2022）。

跨国公司的高劳工标准也可以通过当地外溢效应间接扩散到经济中。以前受雇于跨国公司的工人可以学习跨国公司的人力资源做法，然后通过工作流动将这些做法传播到当地经济中（Poole, 2013）。

融入全球价值链也会带来来自需求方（如客户或非政府组织）的声誉压力。担心声誉风险的主导企业会自愿选择通过监督或其他战略，实施更严格的规章。在政府缺乏执法的能力，或缺乏监督机制的经济体中，这一点尤为重要。如果跨国公司认为负面曝光的风险大于实施更高的劳工标准的成本，那么它们就会选择自行实施规章。Krautheim 和 Verdier（2016）从理论上支持这一机制，他们提出了一个模型，在该模型中，非政府组织审查的可能性增加了企业选择更高水平生产技术的动力，提高了企业在消费者心目中的声誉，从而增加了需求。

跨国公司可以采用所谓的关系采购战略，在难以监督的情况下，这种战略是支持供应商合规的有效机制。关系采购的典型特点是长期、重复交易，买方支付较高的加成，这可以激励供应商在劳工标准等难以监督或契约的方面交付成果。这种策略可以作为一种执行机制，因为卖方通常希望避免因不合规而终止长期合作关系。与现货采购相比，这些长期关系对卖方具有更大的价值，因为现货采购会将短期订单授予出价最低者（由于竞争，成本加成的空间受到挤压）。换句话说，关系采购可以激励供应商遵守劳工标准，因为如果供应商不遵守劳工标准，就会面临终止关系的风险，同时这种做法还可以增加资源来投资于提高就业质量（Macchiavello, 2022）。例如，全球性服装零售商盖璞公司（Gap Inc）改变了采购战略，将商业关系的持续与供应商是否遵守劳工标准相联系，从而显著提高了供应商的就业质量（Amengual and Distelhorst, 2020）。

有证据表明，跨国公司为解决发展中经济体的劳工标准问题而进行的自愿干预是非常有效的。例如，Tanaka（2020）发现，缅甸出口导向型服装企业向高收入经济体的出口，对工作条件产生了积极而重大的影响，尤其是在消防安全、健康管理，以及工人与企业谈判等方面。Boudreau（2022）在孟加拉国 84 家供应商中进行的随机对照试验发现——这些供应商的产品主要销售给跨国服装买家——强化职业安全与健康委员会的职能能够改善客观的安全措施。在她的研究结果中，在合规性、安全性和发言权等方面改善最明显的，是那些具有较好管理实践的工厂。2013 年拉纳大厦悲剧发生后，声誉冲击引发了服装供应链在空间上的重组。被指对丑闻负有责任的法国公司从孟加拉国撤出了部分生产，并将采购转移到离法国更近的经济体，如土耳其、摩洛哥、波兰和葡萄牙（Koenig and Poncet, 2022）。

但是，依靠跨国公司主动干预的机制也有一些需要注意的事项。这是因为非政府组织的活动和宣传渠道可能会受到地理位置的限制，在消费者无法直接看到的上游生产阶段，它们的影响可能没有那么大。非政府组织对企业的监督往往受制于强烈的"本土偏向"（Hatte and Koenig, 2020; Koenig et al., 2021），因为对市场上一般企业的监督力度会有所减弱。一项研究发现，符合伦理的生产成本，与一般市场交易而非公司内部交易存在显著关联（Herkenhoff and Krautheim, 2022）。此外，在品牌对最终消费者的可见度较低的上游产业中，对企业社会责任（CSR）的投资通常较低（Herkenhoff et al., 2021）。宣传渠道的影响也可能是短暂的。例如，Ang 等（2012）发现，工厂层面的公开披露被取消后，企业的合规速度也放慢了。

7.3.3 全球价值链倾向于扩大工资不平等

融入全球价值链提高了发展中经济体的劳动力需求，从而导致工资上涨（Adao et al., 2022）。这种效应由不同渠道驱动。外资主导的企业通常要比国内企业支付更高的工资，因为它们的生产率更高（Javorcik, 2015）。此外，跨国公司改善了工人的外部选择，包括非技术劳动力的外部选择（Fukase, 2014）。这给国内劳动力市场带来了工资上涨的压力（Alfaro-Urena et al., 2012）。最近的证据还发现，标准化的工资制定程序将整个企业的工资固定在跨国公司总部的工资水平上，导致发展中经济体跨国公司雇员的工资大幅提高（Hjort et al., 2022）。

虽然全球价值链对平均工资的影响相对明确，但不同全球价值链岗位间的工资分布，以及全球价值链对工资不平等的影响，则更为复杂。国际贸易通过出口和进口两个渠道转移对国内生产要素的需求。首先，外国消费者和企业对技能产品的需求可能与国内消费者和企业不同。其次，外国投入品的可获得性可能导致国内消费者和企业对技能的需求发生变化。由于融入全球价值链通常通过进出口渠道同时发生作用，参与全球价值链对工资不平等的影响，尤其对低技能和高技能工人之间的工资不平等的影响，取决于对哪种劳动力投入品的需求会增长，或哪个渠道（进口或出口）更占主导地位（Adao et al., 2022）。由于影响这些渠道的因素众多，加上当地劳动力市场的摩擦和政策的不同，全球价值链对工资不平等的影响取决于特定情境。

　　融入全球价值链可能会加剧工资不平等，因为通过全球价值链出口，或从外国市场全球采购，会增加全球价值链产业对高技能劳动力的需求。传统经济学理论预测，富裕、技术劳动力丰富的经济体与贫穷、非技术劳动力丰富的经济体之间的融合，将导致富裕经济体的技术溢价增加，而贫穷经济体的技术溢价减少。然而，在实践中，在 20 世纪 80 年代和 90 年代实行贸易自由化的许多发展中经济体中，贸易和参与全球价值链已被证明与技能溢价的增加相关（Goldberg and Pavcnik, 2007）。这是因为对于发展中经济体，从发达经济体获得的外包的任务通常被认为是高技能的。出口商品的质量维度也会导致对高技能工人需求的增长。发展中经济体服务于对质量敏感的发达经济体的出口商品，将导致对高技能劳动力的更大需求，以满足较高的质量标准，跨国生产阶段的高度互补性，也会不成比例地导致对技术劳动力需求的增长（Farole et al., 2018；Shepherd and Stone, 2012；Crinò, 2012；Hollweg, 2019）。

　　类似的机制也可能通过进口渠道发生。Adao 等（2022）近期对厄瓜多尔进行的一项研究表明，中间产品的进口往往会减少对贫困人口的要素服务的需求，因为许多中间产品是由雇用高技能工人的企业进口的。进口渠道还与资本—技能之间的互补性有关。随着各经济体关税的降低，贸易成本下降，资本价格也随之下降，尤其是在那些资本设备大部分依赖进口的低收入经济体。如果资本补充了技术劳动力，但替代了非技术劳动力，那么即使在非技术劳动力充裕的经济体中，开放程度的提高也会导致技能溢价的增加。Dix-Carneiro 和 Traiberman（2023）的研究表明，资本与技能的互补性可以为许多拉美经济体在贸易改革后技能溢价的增加提供合理的解释。相关研究在墨西哥的制造业中也观察到了类似的效应，投入品关税的削减通过偏向投入品技能（input-skill biased）的渠道，使高技能工人不成比例地受益（Bas and Bombarda, 2023）。

然而，上述提及的这些研究中有许多都忽视了人力资本的动态性质。对技能需求的增加提高了获取技能的积极性。在一项关于服务业自由化的研究中，Nano等（2021）发现，自由化时期之后服务业就业的扩张在很大程度上解释了1990年代印度国民受教育程度的提高。由于服务业，特别是电信或金融等对全球价值链至关重要的服务业，工资较高，对技能的要求也较高，因此融入全球价值链使人们更能负担得起学校教育的费用，并提高了学校教育的回报率。这两个渠道都会提高受教育程度。与此相类似，Yu等（2023）发现，教育投资有助于更好地融入全球价值链，降低发展中经济体的收入不平等。

参与全球价值链的程度不同也会造成地区间的工资差异。通过贸易产生的不利影响与发展中经济体内部日益加剧的空间不平等有关，而流动性摩擦又加剧了这种不平等（Topalova, 2010；Dix-Carneiro and Kovak, 2017）。在贸易冲击之后，由于就业、工资和非劳动力市场效应没有进行调整，劳动力缺乏跨空间流动会导致贸易冲击，并对地区不平等产生巨大且持续的影响。融入全球价值链与在相邻的全球价值链伙伴经济体的边境地区的经济联系更加密切相关。例如，在墨西哥和越南，跨越国界的经济融合与国界内更高的空间集中度相关（World Bank, 2020）。加入服务业全球价值链也会加剧发展中经济体间的工资不平等（Nano and Stolzenburg, 2021），因为与制造业或农业相比，高度贸易化的服务业往往更具聚集性。这与空间集聚机制有关，对这些服务业而言，技能共享的互动性尤为重要（Diodato et al., 2018）。McCaig（2011）还发现，在越南，参与全球价值链所带来的收益在不同地区的非技术工人中分布不均，这是因为省际迁移水平较低，尤其是对非技术工人而言。

由于劳动力市场寡头力量的存在，融入全球价值链带来的出口导向型增长的收益不一定能惠及低工资工人。例如，在巴西，随着就业转移到高薪出口企业，在贸易自由化之前劳动力市场上就已存在的强大寡头力量变得更加强大，因而整体工资水平几乎没有改善（Felix, 2021）。同样，在哥伦比亚，尽管在出口冲击下雇用了更多的工人并支付了更高的工资，但在劳动力市场上拥有寡头力量的企业仍将工资保持在远低于各自边际生产率的水平（Amodio and De Roux,forthcoming）。在对秘鲁劳动力市场中的研究中，Amodio 等（2022）也提出了类似的见解，并说明雇主集中度可以决定当地劳动力市场的结果。

对哥斯达黎加一家大型农业企业的研究凸显了劳动力流动对垄断力量的重要制衡作用。劳动力流动增加了工人的外部选择机会，因此，尽管企业在当地劳动力市场上居于垄断地位，但为了留住当地劳动力，企业必须提供更好的报酬，这会改善低工资工人的福利。然而，研究表明，如果通过以完善当地设施的形式提供报酬来部分取代较高的工资，那么企业可以随之降低劳动力的流动性，并降低工人手中握有的市场权力（Mendez and van Patten, 2022）。

7.3.4　全球价值链可以支持性别平等

全球价值链，尤其是服装、鞋类和电子产品等产业的全球价值链，为发展中经济体的女性提供了通过创造就业和提高工资等渠道从国际贸易中获益的机会（Kumar, 2017）。最近在越南和中国等地出现的以全球价值链为导向的增长实例表明，将女性劳动力从非正规农业部门重新分配到制造业或服务业会产生积极影响（Pham and Jinjarak, 2023）。参与全球价值链的企业，尤其是外资企业，往往拥有较高比例的女工（World Bank, 2020）。这一趋势在制造业和农业部门都存在。例如，孟加拉国服装制造业出口导向型的增长，为女性劳动力提供了更多工作岗位（ILO, 2020a）。同样，在西非，以女性为主的乳木果油产业在融入全球价值链后，工人的收入有所提高（Chen, 2017）。

这些经济机会的改善具有深远的影响，因为它们有助于提高女性的整体福祉。女性的外部选择会影响婚姻、生育决定和家庭内部的性别动态。在孟加拉国，从事服装出口加工相关工作的年轻女性，往往会推迟结婚和生育年龄（Heath and Mobarak, 2015）。对于未婚女性而言，有关婚姻或生育的决定，如是否或何时结婚或生育，会受到其教育程度或培训决策的影响（Jensen, 2012）。对于已婚女性而言，无论她们在婚后是否进入劳动力市场，拥有更多或更好的外部选择，都会增强她们在家庭中的议价能力（Majlesi, 2016）。女性议价能力的提高也被证明可以减少家庭暴力（Aizer, 2010）。此外，由于女性通常在家庭支出方面拥有更大的决策权，对儿童健康和医药等公共产品的支出也会增加。这种影响可以为儿童带来性别更加平等的结果，因为女性较高的议价能力也会使女童的健康状况相对好于男童（Majlesi, 2016）。

重要的是，这种影响不仅限于在全球价值链中就业的女性。Molina 和 Tanaka（2023）的一项研究表明，在缅甸，出口工厂附近的家庭暴力现象有所减少。缅甸在 2011 年进行政治改革后，主要是受向欧盟、美国和日本出口的推动（Eurocham, 2022），其服装业在 2012~2020 年经历了大幅增长。出口机会的扩大不仅为女性创造了更多就业和带来更高的工资，还使服装出口企业的工作条件大幅改善。这些改善背后的主要推动力，是外国买家对供应商工厂施加压力，要求其改善工作条件，因为外国买家担心与"血汗工厂"相关的声誉风险（Tanaka, 2020）。与外部选择机制相一致的是，那些认为服装厂工作是一种可行选择的女性，即使没有直接受雇于服装厂，也能从出口机会中获益。这种积极影响超出了直接劳动力的范围，表明该地区出口产业的存在带来了外溢效应。

在推动性别平等和女性赋权方面的重大变革中，服务业全球价值链的发展发挥了关键作用（Lan and Shepherd, 2019）。服务业创造了大量高薪就业机会，女性就业人数显著增加，并有助于缩小工资的性别差距（WTO, 2019；Nano et al., 2021）。这种改善与女性在服务业的比较优势有关，与农业和制造业相比，体力在服务业并不那么重要（Galor and Weil, 1996；Juhn et al., 2014）。Ouyang 等（2022）的一项研究强调，对美出口机会的增加导致中国女性从农业转向工资较高的服务业。相关地区女性经济地位的提高带来了重大的社会变革，包括推迟结婚年龄和生育率下降。

值得注意的是，印度和菲律宾等经济体的成功案例凸显了信息技术和业务流程外包（business process outsourcing, BPO）服务出口对女性劳动力参与的影响。菲律宾 50% 以上的业务流程外包工人、印度 34% 的信息技术工人都是女性，这一比例大大高于各自国家的平均水平。女性还在信息技术部门获得了更多担任管理职务和提升技能的机会（Nano and Stolzenburg, 2021）。在业务流程外包服务为女性提供就业机会的背景下，之前来自印度农村的证据也支持这一机制。研究发现，减少早婚早育，有助于增强女性赋权，使女性更多地选择进入劳动力市场或继续接受教育和培训。此外，她们还对职业生涯表现出更强烈的向往（Jensen, 2012）。

在全球价值链与性别平等之间的关系中，跨国公司发挥着重要作用。它们通常采用更加平等的管理方法，并通过直接雇用当地工人或提供间接外溢效应，这种管理方法在东道国中得以传播（UNCTAD, 2021）。通过在生产和行政工作中雇用更多女性（Tang and Zhang, 2021），跨国公司为女性提供了更平等的机会（Sharma, 2020）。例如，在智利，Delgado（2020）的研究表明，外资企业中女性员工的比例更高。此外，大型跨国公司往往拥有性别更加平等的企业文化。这表现为，与各经济体的内部公司相比，大型跨国公司的女性高层管理人员比例更高（UNCTAD, 2021）。

在间接影响方面，有证据表明，在跨国公司的近邻产业内经营的国内企业，或与跨国公司经营相同产业的国内企业，更可能采取性别平等的做法。例如，在哥斯达黎加，Monge-Gonzalez 等（2021）观察到，该国内企业中女性劳动力比例的增加是由跨国公司的存在驱动的。同样，在中国，Tang 和 Zhang（2021）发现，国内企业中女性劳动力比例的增加，与同一城市或产业中外国子公司的普遍存在相关。这些研究结果凸显了跨国公司通过邻近性和产业影响力对国内企业的性别平等产生积极外溢效应的潜力。

这种效应可以通过多种渠道产生。首先，这些做法可以通过当地劳动力流动传播开来。以前在跨国公司工作过的工人在转到国内工作时，可以运用他们在以前的工作经验中学到的技能和关于性别平等的做法（Monge-Gonzalez et al., 2021）。其次，在目睹性别平等程度更高的同行外贸企业的成功和高生产率，以及由此创造的更高的利润后，国内企业可能会主动效仿跨国公司的社会规范和价值观（Monge-Gonzalez et al., 2021；Tang and Zhang, 2021）。最后，外资企业的存在导致国内市场竞争加剧，性别歧视可能会变得代价高昂（Tang and Zhang, 2021）。这与"代价高昂的歧视"的论断有关，即贸易开放和跨国公司的存在会加剧国内市场的竞争，从而使劳动力市场上歧视女性的行为在经济上处于不利地位（Becker, 1957；Black and Brainerd, 2004；Ederington et al., 2009）。

虽然参与全球价值链为发展中经济体的女性创造了就业机会，但在劳动密集型全球价值链中，女性往往比男性占据更大的工作份额（Hollweg, 2019 年）。虽然这确实有利于收入较低的女性，并有助于缩小低工资、低技能工作中工资的性别差距，但几乎没有证据表明这对经济中的高技能工作有类似影响。由于各种通常与贸易无关的障碍的存在，女性往往发现自己集中在价值链中增加值较低的环节工作，从而减少了她们获得高技能和高薪酬职位的机会。这会抑制全球价值链积极效应的发挥，并影响与全球价值链相关的福利收益（World Bank and WTO, 2020）。

为了更细致地了解工资的性别差距与融入全球价值链之间的关系，图 7.7 对二者在不同国家的分布模式进行了研究。从图 7.7 中可以看出，工资的性别差距的变化与融入全球价值链程度的变化（左上角）并不相关，但一旦对数据进行细分，却发现了重要的差异，特别是在低技能和高技能工作之间。在低技能工作中，如初级工人[1]或工厂机器操作员，工资的性别差距与融入全球价值链之间呈负相关。这意味着，随着一国融入全球价值链程度的加深，工资的性别差距趋于缩小。然而，在公司管理职位等高技能工作中，这种负相关几乎不存在，在统计上也不显著。

现有文献还表明，并非融入全球价值链程度越高，工资的性别差距越小，尤其是在高技能职业中。这有多种原因。首先，与国内企业相比，跨国公司或出口企业的存在可能会导致其组织内部工资的性别差距拉大（Stolzenburg et al., 2020）。这种影响在经理、专业人员和技术人员等高技能工作中尤为明显，因为出口企业可能更青睐工作灵活性高的员工，他们可以在非标准时间工作，在深夜接听电话，在短时间内进行国际流动。这些偏好可能会导致对被认为工作灵活性

---

1 国际劳工组织《国际标准职业分类》（International Standard Classification of Occupations, ISCO）将其定义为"主要需要使用手持工具并经常需要付出一些体力的简单和例行性工作"。

图 7.7　工资的性别差距和全球价值链的参与情况

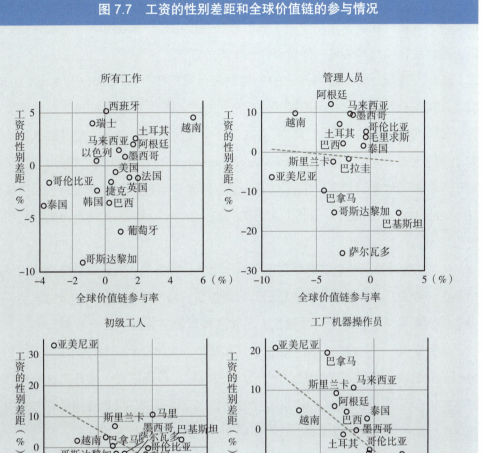

资料来源：作者根据国际劳工组织统计数据库（ILOSTAT）和 UNCTAD-Eora 数据库计算而得。全球价值链参与度指数的增长率（2014~2018 年）是根据 UNCTAD-Eora 的数据计算，而性别工资差距的增长率（2014~2018 年）则使用国际劳工组织统计数据计算。所有数据都控制了人均国内生产总值和年份固定效应。全球价值链参与度和性别工资差距均采用年份最新的数据。

较差的女性的歧视（Bøler et al.，2018）。该机制得到了 Yahmed（2023）类似研究的支持，其研究表明，贸易收益（如改善获得投入品和市场准入）可能会使企业内部的歧视性做法持久化，并阻碍性别平等的推进。

此外，跨国公司对上游产业的外溢效应可能有限。Fernandes 和 Kee（2020）发现，跨国公司在孟加拉国服装产业实施的与性别相关的政策和做法往往不能有效地传递给国内供应商。同样，研究人员经常发现，跨国公司的后向联系与女性劳动力的比例之间没有显著联系（Monge-Gonzalez et al.，2021）。这种局限性可归因于上游部门的意识较弱，因为对下游企业和客户而言，上游企业的可见度较低（Herkenhoff et al.，2021）。因此，上游部门的企业在性别平等实践方面受到的压力可能较小。

总之，参与全球价值链对性别不平等的影响是复杂的。实证研究结果突出了几个要点。首先，融入全球价值链和出口导向型增长增加了正规部门的就业机会，减少了性别不平等，促进了女性赋权，尽管这种影响主要集中在低技能工作上。其次，尽管取得了一些成功，但全球价值链和贸易的效果受到现有性别歧视做法和社会规范的影响。诸如家庭责任（Bøler et al.，2018），获得信贷、教育、技能和社会资本的机会有限（Hollweg and Lopez，2020），以及通过部门或职业隔离和性别规范实现的结构性性别歧视等因素，都会阻碍女工的流动，包括在横向的，或跨产业部门流动（Mansour et al.，2022），以及纵向的，向上担任更高级别的管理职务的流动（Reyes，2023）。这通常会阻碍缩小企业中高技能工人工资的性别差距。

专栏 7.2　全球价值链与教育回报

出口或采用新技术可以创造就业机会，当新工作需要更高的教育水平时，也会增加教育回报。这可能导致受教育程度的全面提高。考虑性别因素也很重要，因为偏向技能的技术变革的影响，会因不同性别在受教育程度和技能类型上的差异而有所不同（Juhn et al.，2014）。

　　融入全球价值链可以提高发展中经济体的教育回报率。例如，在印度尼西亚，地区层面的制造业就业的增长，与入学率的提高和青年劳动力参与率的下降呈正相关（Federman and Levine, 2005）。同样，在印度，需要高级 IT 技能的业务流程外包产业也促进了入学率的提高，因为该产业奖励受教育程度较高的人（Oster and Steinberg, 2013）。更广泛地说，由于收入增加和教育回报率提高，商业服务的增长提高了印度的教育水平（Nano et al., 2021）。这些例子说明了融入全球价值链如何通过为个人投资教育提供经济激励来刺激受教育程度的提高。

　　重要的是，全球化特别是通过全球化创造的就业机会，可以对女性的受教育程度产生积极影响。因为全球化，在印度，传统上在教育方面处于不利地位的女孩在入学率方面超过了男孩，全球化改善了她们的就业状况。全球价值链，尤其是服务业全球价值链，在这方面发挥了重要作用。在印度农村，为年轻女性进入业务流程外包产业提供便利的招聘服务，与她们更有可能获得更多的学校教育或校后培训有关（Jensen, 2012）。在孟加拉国，成衣出口加工业中年轻女性接受学校教育的机会增加，因为这些产业重视算术和识字能力，（Heath and Mobarak, 2015）。此外，跨国公司往往雇用高技能女性（UNCTAD, 2021；Stolzenburg et al., 2020），跨国公司的存在可以激励女性获取更多技能。Nano 等（2021）发现，服务业自由化促进了外国公司的进入，有助于大幅缩小印度教育的性别差距。这些研究的共同特点是，全球价值链提供了更高质量的工作，这些工作通常会提高女性的受教育程度。

　　然而，必须指出的是，参与全球价值链与受教育程度之间的关系并不总是简单明了的。虽然全球价值链可以提供工资较高的工作机会，但未必会奖励较高的教育水平，从而导致教育的机会成本增加。在教育回报率较低、工厂对青年劳动力需求较高时，情形尤其如此，从而导致青年辍学（Federman and Levine, 2005; Atkin, 2016）。

明显的经验证据表明，通过全球价值链创造的就业类型对教育结果（educational outcome）的影响十分重要。中国 2001 加入世贸组织后，根据出口部门对技能的不同需求，出口的增加产生了不同的影响。研究发现，高技能出口冲击提高了高中和大学的入学率，而低技能出口冲击则导致高中和大学入学率的下降。这扩大了各地区教育的差异（Li, 2018 年）。类似地，Blanchard 和 Olney（2017）的跨国证据表明，受教育程度随农业和非技术制成品出口的增长而下降，但随技术制成品出口的增长而上升。

总之，虽然参与全球价值链有可能通过提供更高质量的工作来提高受教育程度，但其实际影响可能因出口部门所需的技能，以及是否有其他就业机会等因素而存在差异。通过全球价值链创造的就业类型，在塑造融入全球价值链与受教育程度之间的关系方面，发挥着至关重要的作用。

由于职业性别隔离或男女工人之间的不完全替代性，通过全球价值链扩大产业并不一定会增加对女工的需求（Do et al., 2016；Gaddis and Pieters, 2017；Mansour et al., 2022）。这一论点的反面是，在女工高度集中的产业强化专业化会改善女性的经济前景，从而意味着在女性密集型产业表现突出的经济体中，贸易自由化有利于女性的劳动力市场条件（Gaddis and Pieters, 2017）。这些发现强调了识别劳动力市场中与性别有关的摩擦，以及应对现有性别歧视规范的重要性，以最大限度地利用全球价值链为加强性别平等提供机会。

7.3.5 全球价值链可以减少童工现象

欠发达经济体的工作方式可能不符合国际标准，还可能违反核心劳工标准。例如，通过全球价值链进行的采购，曾与涉及童工的丑闻相关联。由此引发了许多研究，以探讨进一步融入全球价值链究竟是减少还是增加了童工现象。与有关童工的更广泛的文献相一致，上述研究讨论的重点是，在童工的供应中，相对于替代效应，收入效应能否居于主导地位。

所谓替代效应是指对雇用童工的部门的出口需求的增加，将导致童工的相应增加，尤其是在廉价劳动力充裕的发展中经济体（Kruger, 2007；Atkin, 2016）。这种效应解释了在贸易协定中加入童工条款的意外后果。Abman 等（2023）发现，在区域贸易协定中加入禁止使用童工的条款，事实上会增加而非减少童工的数量，特别是那些禁令未涵盖的年龄稍大的儿童（由于替代效应）。这一发现与之前的证据相吻合，这些证据表明，在政府检查时对使用童工的企业进行罚款的法律规定，可能只是降低了支付给儿童的边际工资，从而导致儿童劳动力供应的增加，因为他们必须工作更长时间才能达到能维持生计的最低收入水平（Basu, 2005）。

此外，如果全球价值链的参与增加了家庭收入，则会导致童工的减少（Edmonds and Pavcnik, 2005）。该论点与童工通常与贫困相联系的观点一致（Edmonds, 2007）。在贫困家庭中，儿童需要提供劳动以达到维持生计的最低收入水平，收入的增加自然会导致儿童劳动力供应的减少。此外，上文讨论的有关民间社会压力的文献也适用于此。融入全球价值链可能会为企业提供减少童工的资源和动力，以便能向跨国公司和国外市场供货。

许多实证证据表明，收入和意识效应是主要渠道。出口提高了发展中经济体的总体收入水平，减少了贫困，也减少了童工的使用（Edmonds and Pavcnik, 2005; 2006）。在这种情况下，即使是童工密集型产品的出口增加，也会导致童工减少。Ugarte 等（2023）发现，全球价值链中的前向联系能有效减少童工，但出口总额或后向联系却不能。重要的是，该研究表明，通过前向联系减少童工的效应，是由与高度尊重劳工权利的经济体的联系驱动的，这与"意识"效应一致。

总之，有证据表明，融入全球价值链往往会减少童工现象。虽然经济学理论对涉及童工的产品需求增加表示担忧，但实证研究结果表明，通过国际贸易提高收入和对此问题的意识，实际上可以减少童工现象。虽然禁止进行检查可能无法有效减少童工现象，但参与全球价值链可以为应对童工问题提供解决方案，特别是在与优先考虑劳工权利的经济体接触时。这凸显了除收入渠道外，意识渠道在推动减少童工现象方面的重要性。

7.4 包容性全球价值链的未来

大型平台公司的发展以及人工智能和自动化的日益普及对全球价值链的包容性产生了重大影响。技术进步正在重塑全球价值链的组织和改善治理，并对分配产生重要影响。一方面，技术进步正在降低参与全球价值链的成本，特别是对于那些以前因贸易成本高昂而被排除在外的群体而言。近几十年来，通信技术的进步促进了全球价值链的发展，扩大了全球贸易参与者的范围。此外，数字技术的应用和平台的发展，为中小微企业和女性带来了巨大的机遇。另一方面，大型数字平台、人工智能和自动化可能会对中小微企业和工人，特别是发展中经济体的中小微企业和工人产生负面影响，因为它们降低了劳动力成本差异的重要性，增加了市场力量的非对称性。自动化技术会导致产业回流。数字平台依靠其收集到的大量数据掌握了市场力量，可能会造成全球价值链中力量关系的不平衡。生成式人工智能和大型语言模型的最新进展表明，即使是受过高等教育、拥有分析技能的雇员也可能被自动化所取代。

7.4.1 数字平台和全球价值链

数字平台在促进全球价值链的包容性方面发挥着核心作用。它们促进了买卖双方的联系，从而降低了与参与全球价值链相关的初始固定成本。这对于匹配摩擦较大的发展中经济体尤为重要（Startz, 2021）。此外，数字平台还有助于克服贸易伙伴之间存在的地理障碍。根据 Lendle 等（2016）的研究，eBay 交易的距离对跨境贸易流量的影响大约要小 65%。

数字平台为中小微企业提供了独特的优势，尤其是在专业化制造和服务领域，而小企业恰恰在这些领域拥有比较优势（Cusolito et al., 2016）。服务业的数字化还能有助于以前贸易量较小的服务贸易的发展，从而有助于在全球范围内缩小工资的性别差距。数字化进程使服务业的成本降幅更大，而服务业往往集中了更多的女性员工。因此，劳动力需求转向女性，工资的性别差距也趋于缩小（Bekkers et al., 2023）。

然而，数字平台也可能损害包容性。首先，数字平台会改变全球价值链中企业间关系的性质。通过电子商务市场等平台销售的商品往往是一次性交易，持续承诺有限，而数字技术的使用有可能取代执行隐性合同的需求，这可能会破坏全球价值链关系的"黏性"（Antras, 2020）。如前文所述，全球价值链的关系性质是向发展中经济体的企业和工人转让技术、管理实践和其他利益的主要机制（Macchiavello, 2022；Antras, 2020）。若无这些特点，全球价值链上相互学习和技术转让的机会可能会受到限制，从而抑制质量改进的潜力。Sancak（2022）探讨了全球汽车零部件价值链中的主导企业对在线供应商门户网站的使用。她发现，在线门户网站主要在一般市场交易中发挥作用，在这种关系中，双方正式的信息交换最少。这表明，数字技术可能会破坏全球价值链中的升级机会。

数字平台还会对发展中经济体的生产者产生不利的分配后果。这些平台使发达经济体的大买家能够获得更多潜在供应商的信息，从而促使供应商相互竞争。这可能会改善主导企业的贸易条件，同时减少欠发达经济体生产商从全球价值链中获得的收益份额（Antras, 2020）。此外，数字平台的市场力量也令人担忧。占主导地位的平台可能会消除竞争，对包容性参与构成威胁，尤其对发展中经济体而言（Lundquist and Kang, 2021）。

在这种情况下，政策应侧重于重新分配平台的收益，以促进弱势群体的参与，从而提高包容性和公平性。促进不受限制的数据传输以提高商业效率，可极大地惠及中小微企业（Lundquist and Kang, 2021），这些企业往往缺乏足够的信息资源。例如，在数字平台内为中小微企业提供以数据为驱动的分析工具，可以大幅度提高企业的收入，使参与者和数字平台互惠互利（Bar-Gill et al., 2023）。最后，必须权衡效率与公平，在在线平台与参与者之间获得更公平的结果。在线平台可能会加剧参与者之间的现有差距，因此解决公平问题就显得更加重要（Athey et al., 2022）。在效率和公平之间取得平衡，对于确保数字平台的利益在所有参与者之间更公平地分配至关重要。

7.4.2 自动化和外包

过去几十年的技术进步形成了当前全球生产体系的地理分布（Baldwin, 2006）。反过来，通过前向和后向联系融入全球价值链，也能通过学习和竞争效应积极促进自动化技术的采用（Du and Nduka, 2020）。然而，自动化技术可能导致生产向更靠近消费者的方向转移，因为自动化为发达经济体中旨在降低劳动力成本的企业提供了离岸外包的替代方案。如果将自动化和离岸外包视为替代品，那么随着时间的推移，自动化技术的进步将导致回流趋势的加强（Antras, 2020）。

然而，物流和网络技术的进步同时也会加剧全球分散化（Butollo et al., 2022）。此外，新兴经济体在自动化方面的追赶也能增强企业在发展中国家的竞争力（Butollo and Lüthje, 2017；Krzywdzinski, 2017）。因此，重要的是不仅要考虑自动化带来的回流潜力，还要考虑塑造全球生产系统动态的各种因素之间的复杂的相互作用。

从实证证据来看，自动化与离岸外包之间的关系十分复杂。一方面，发达经济体使用机器人，与离岸外包减少、发展中经济体出口下降相联系（Kinkel et al., 2015；Artuc et al., 2018；Artuc et al., 2019），也与劳动力市场的负面结果有关，特别是对低技能工人而言（Pedemonte et al., 2019）。来自发展中经济体的早期证据表明，自动化将改变生产的地理分布，从而给通过全球价值链实现的出口导向型工业化带来潜在风险（Azmeh et al., 2022）。

另一方面，发达经济体企业的自动化可以降低成本，提高生产率，从而增加对中间投入品的需求，而这些中间投入品很多来自欠发达经济体（Antras, 2020）。在制造业部门，实证证据表明，发达经济体下游企业的自动化可能不会对外国直接投资和从发展中经济体采购产生显著负面影响，甚至有可能带来积极影响。例如，Stapleton 和 Webb（2020）发现，西班牙采用机器人后，同一家公司的进口量增加，并在较低收入经济体内设立了分支机构。这是因为机器人的使用刺激了生产扩张，提高了生产率（Graetz and Michaels, 2018），提高了企业从发展中经济体进口或在发展中经济体建立分支机构的可能性。

近期的研究表明，自动化并不一定会导致生产阶段向发达经济体转移。一种解释是由于自动化和进口决策的先后顺序（Stapleton and Webb, 2020），这对离岸外包产生了异质性影响。那些在采用机器人之前就已经向低收入经济体进行离岸外包的企业，从这些经济体的进口没有显著变化。而以前没有从事离岸外包的企业，在采用机器人后，更有可能开始从事离岸外包。这意味着，离岸劳动力的替代效应只影响前一类企业，而自动化对离岸外包的生产率效应则适用于这两类企业，从而导致机器人应用的异质性效应。另一种解释是，采用自动化技术也会鼓励上游的前向融合，因为机器人会导致专业化远离最后步骤的生产和组装。这是因为机器人与上游活动任务而非下游组装任务更具互补性（Fontagné et al., 2023）。

总之，这些研究结果表明，自动化与离岸外包之间的关系受到各种因素的影响。这凸显了对自动化、离岸外包和全球经济关系的复杂性之间的相互作用有一个细致入微的理解的必要性。假定自动化会损害发展中经济体的企业和工人，无疑为时尚早。

7.4.3　人工智能和服务业全球价值链

新人工智能工具的出现，包括 ChatGPT 这样的生成式人工智能技术，对发展中经济体的服务业全球价值链具有重大影响，也为发展中经济体的质量升级和劳动生产率提高提供了机遇。Brynjolfsson 等（2023）近期的实证证据表明，生成式人工智能工具可以增强人类主体的能力，积累高技能工人的最佳实践，而这些实践以前由于隐性知识的存在而难以传播。他们的研究表明，人工智能的帮助能显著提高新工人和低技能工人解决问题的能力和客户满意度。例如，人工智能建议或可帮助低技能工人像高技能工人那样进行交流。这些证据表明，人工智能的使用可能为学习发达经济体的先进知识提供了机会。

然而，人工智能的潜在替代效应可能对发展中经济体采取的发展战略构成威胁，特别是那些侧重于通过服务业实现全球价值链升级的战略。这是因为新的人工智能工具可能具有完成相对复杂任务的能力，而这以前需要相对高技能劳动力才能完成，而发展中经济体一直努力通过提升全球价值链来创建进行非日常性和分析性工作的服务部门以提供这些服务。Nano 和 Stolzenburg（2021）报告称，人工智能降低了中国呼叫中心的劳动强度。Eisfeldt 等（2023）发现，由于人工智能技术将通过工作替代降低投入品成本，因此投资者预测那些工作受生成性人工智能影响较大的企业，将获得更高的利润。Copestake 等（2023）强调了人工智能对城市服务业中高技能、非日常性、分析性工作岗位的显著不利影响。不过，他们也观察到与人工智能相关的工作机会在地区层面有所增加。这一研究结果表明，为了应对人工智能驱动的替代的潜在后果，政策努力应优先考虑促进创新、提高技能和适应不断变化的劳动力市场的需求。

7.5 给决策者的主要信息和经验

本章主要传达了两个信息：

（1）平均而言，融入全球价值链为发展中经济体的企业和工人带来了更好的结果。经验证据一致表明，跨国公司的本地供应商，以及出口中间产品的企业，在从生产率、质量到创新等一系列指标方面的表现，都优于发展中经济体的其他企业。这种业绩溢价也惠及工人。受雇于跨国公司或其供应商的工人通常会获得更高的工资和更好的工作条件，包括更有可能获得正规就业。

（2）若融入全球价值链未能带来收益或收益不足，其原因往往是存在潜在的市场失灵和政策障碍，而不是融入全球价值链本身。一个重要的因素就是市场力量。企业在产品市场和劳动力市场上的卖方垄断/寡卖和买方垄断/寡买行为都会严重扭曲价值链中的利润分配，并给当地供应商带来削减成本的不当压力，从而对工人产生负面影响。另一个重要因素是在获得教育或融资方面存在的性别差异，这阻碍了女性从全球价值链升级中获益。其他关键因素是，由于发展中经济体的金融或劳动力市场不完善，企业和工人的适应能力有限。

对于希望最大限度地发挥全球价值链对包容性发展的积极影响的政策制定者而言，这两项发现又提供了两条经验。

（1）由于融入全球价值链往往有利于企业和工人，因此重点应放在促进进入全球价值链和对国内经济的外溢效应上，以确保全球价值链真正具有包容性。例如，许多法规和合法的非关税措施，提高了发展中经济体中那些打算向发达经济体的跨国公司或进口商供货的企业的成本。确保这些成本是有限的，并确保中小微企业在支付这些成本方面得到支持，对于包容性发展至关重要。同样，应对信息和匹配摩擦也很重要，因为这些摩擦在发展中经济体中往往特别严重。在工人层面，投资于技能仍然是包容性发展最重要的政策。受过良好教育的工人拥有跨国公司所需的技能，有利于升级，并能更容易地从新技术中受益。技能还与地域流动性呈正相关关系，这是决策者应关注的另一个问题。

（2）第二个重点是应对导致全球价值链收益分配不均的潜在市场失灵和障碍。市场力量一再成为阻碍发展中经济体的企业和工人获得公平利润份额的主要原因之一。4 家企业占据了全球智能手机市场 2/3 的份额。[1] 3 家企业占据了美国快时尚市场 80% 的份额。[2] 要应对这一问题，就必须调整传统的竞争政策工具，将劳动力市场的影响考虑在内。更具有创造

1　Counterpoint, 2023,《全球智能手机出货量市场数据》。URL: https:// www.counterpointresearch. com/global-smartphone-share/。

2　Perri, J., 2023:《希音（Shein）占据美国快时尚市场最大份额》, Bloomberg Second Measure, [Accessed: 23 Aug 2023], URL: https://secondmeasure.com/datapoints/fast-fashion-market-share-us-consumer-spending-data- shein-hm-zara/。

性的解决方案也会有所帮助。前文所讨论的一项研究表明，要求企业以工资而非住房等福利来补偿工人，可限制企业的寡头力量（Mendez and van Patten, 2022）。其他研究则强调了公平贸易认证（fair trade certifications）的价值（Dragusanu et al., 2022）。此外，一些研究发现，非政府组织和宣传渠道具有积极作用，可以从提高透明度和报告要求方面受益。企业之间建立的长期关系也会带来更为公平的结果，应予以支持，例如，在危机期间为企业提供有针对性的支持，防止企业退出。除了市场力量之外，消除无论是基于性别、种族还是任何其他原因的壁垒和歧视，都是充分利用全球价值链潜力，推动包容性发展的重要途径。

虽然这些经验来自文献，但当前的政策和政策辩论往往更侧重于区域贸易协定中的非贸易条款（Non-Trade Provisions, NTPs）、进口禁令和限制以及尽职调查要求（Due Diligence Requirements, DDRs）。[1] 例如，区域贸易协定常包含注重包容性增长的条款，这些条款涵盖劳工标准、性别平等或可持续性（Mattoo et al., 2020）。然而，这些政策往往只注重改善全球价值链内的工作条件，尽管有证据表明，全球价值链内的工人和企业已经享有更好的结果。因此，这些政策可能会加剧全球价值链内外现有的差异。

此外，其中许多政策已被证明会产生不利影响。在贸易协定中纳入非贸易条款可能会提高成本和不确定性，从而阻碍国家层面融入全球价值链，因为发达经济体可能会利用这些条款，在不遵守协定的情况下收回贸易减让。此外，针对低收入经济体规定更严格的条款可能导致其比较优势下降，从而减少进入发达经济体市场的机会（Bhagwati, 1995）。最近的证据表明，非贸易条款增加了发达经济体环境和劳动密集型产品的出口，同时也增加了发展中经济体的贸易成本，导致发展中经济体劳动密集型产品出口的减少（Hoekman et al., 2023）。

---

1 供应链尽职调查要求企业识别、预防、减轻并说明如何处理其供应链对可持续性和人权的实际和潜在的不利影响。德国、法国、英国以及欧盟其他国家已经通过或正在制定一系列法律，将尽职调查从自愿标准转变为法律要求。

尽职调查要求似乎基于这样一种假设，即企业想少付工人工资，或拒绝改善工作条件，但这与证据不符。关于关系采购和宣传渠道（awareness channels）的研究表明，许多企业在劳工标准方面进行投资，并支付了更高的加成成本，以确保投入品更可靠，质量更高。发展中经济体的跨国公司雇员工资一直较高，更有可能是正式雇员。在企业确实利用其市场力量并对供应商和工人施加强大的成本压力的情况下，将改善工作条件的负担转嫁给企业，是不可能取得成效的。这是因为企业可以通过重组生产和使用一般市场交易，而不是企业内部交易，来拉大与供应商之间的距离（Herkenhoff and Krautheim, 2022）。同样，通过尽职调查要求改善发展中国家的劳动条件，也会产生意想不到的后果。哥斯达黎加的经验表明，这种政策确实有利于受雇于受影响供应商的低工资工人，但却对该经济中的其他工人产生了不利影响，因为这会减少就业，抬高国内价格（Alfaro-Urena et al., 2022a）。

这些政策有助于确保先进经济体的进口产品是在更好的条件下生产的，但替代效应的存在意味着"肮脏生产"可能只是转移到其他地方，正如有关童工的证据所强调的那样。当低收入家庭的儿童为满足最低生活水平而从事童工劳动时，童工禁令执行不力可能导致童工工资下降，而这反过来又可能导致童工总体工资水平的上升。这些政策对发展中经济体的净影响甚至可能是负面的。因此，这些政策可能无法实现包容性发展，尤其是当企业可以在不解决根本问题的情况下，使自己与违规供应商疏远。同样，将合规成本转嫁给发展中经济体的小企业，将扩大全球价值链的排他性，无法实现包容性目标。

这并不是说，非贸易条款和尽职调查要求无法成为有助于实现包容性全球价值链的有用工具。但是，它们必须建立在发达经济体和发展中经济体持续合作的基础上，而且必须考虑到文献中所指出的潜在有害影响。发展中经济体最容易确定非贸易条款对包容性，以及对其竞争力的潜在负面影响。此外，随着深度贸易协定的增多，全球价值链中对政府间协调的需求也在增加，这自然有助于各方共同努力，以解决跨境政策外溢和时间一致性问题

（Lawrence，1996；Baldwin，2011；Laget et al.，2020）。因此，这种环境为在包容性方面开展合作提供了理想的机会。因此，与地方政府、企业和利益攸关方合作，培育促进遵守非贸易条款和尽职调查要求的能力，而不是仅仅关注纳入此类条款或强调可执行性，也是十分必要的。[1]

有证据表明，非贸易条款可以对贸易流动产生积极影响（Brown et al.，2013；Klymak，2023），尤其是在与发达经济体的合作并获得其支持的情况下。Carrère等（2022）发现，实施劳工规定，对低收入经济体的出口有显著的积极影响。重要的是，当规定伴随着强有力的合作而不是执行机制时，其产生的影响最大。证据还表明，如果政策制定者的目标是打击童工现象，贸易协定中的劳工条款应鼓励积极的教育和收入支持政策，如直接向家庭支付就学费用，而不仅仅是禁止使用童工（Fernandes et al.，2023）。这样既能确保达到预期标准，又不会损害包容性、扩大不平等。贸易协定中最低标准的外部执行，也有助于国内决策者对国民做出可信的承诺（Maggi and Rodriguez-Clare，2007）。

然而，由于非贸易条款、进口限制和尽职调查要求的效果不明确，在将其作为实现社会或环境成果的工具时，需采取谨慎态度（Winters，2023）。这主要是因为可能存在其他可以更有效地支持包容性发展的政策工具（Hoekman，2021）。鉴于此，在制定此类条款时，应仔细考虑发挥作用的经济机制。必须承认，并非所有的社会问题都能仅通过在贸易协定中纳入非贸易条款或尽职调查要求而得到有效解决，这是因为这些问题的产生原因存在根本差异。

最后，发达经济体以援助、向非政府组织提供有针对性的支持或技术援助等形式提供的支持，也同样可以加强所取得的成果。有鉴于此，不受争端解决约束的软法律条款更有可能产生有利的结果，前提是它们需要一个支持性流程，以及政府与利益攸关群体之间的合作。如果这些条款附有旨在实现特定非贸易目标的计划，情况就更是如此（Hoekman et al.，2022；Yildirim et al.，2021）。

---

1 在发达经济体中，欧盟—美国贸易和技术理事会最近发起的利益攸关方联合对话系列可作为范例。其目的是通过建立尽职调查框架，提高供应链的透明度和可追溯性，就如何培养供应链的韧性和可持续性征求不同意见。此外，该倡议还包括协调各国的尽职调查立法，这是朝着加强尽职调查做法迈出的有意义的一步（贸易和技术对话，2023）。

7.6　结论

全球价值链在国际贸易中占有很大份额，因此对包容性发展议程至关重要。与此一致，全球价值链受到民间社会的广泛关注，尤其是在拉纳大厦倒塌等丑闻和悲剧发生后。然而，这些备受瞩目的事件可能会歪曲事实，掩盖更积极的事实，例如全球价值链中的工人往往挣得更高的工资。因此，本章探讨了有关全球价值链是否已成为发展中经济体包容性增长的引擎的经济机制和实证证据。

本章发现，有一致证据表明，发展中经济体的工人和企业均可从参与全球价值链中获得巨大收益。虽然发展中经济体的大多数中小微企业可能不会直接参与全球价值链，但全球价值链仍然为经济升级提供了机会。全球价值链促进了隐性知识和技术的转移，帮助中小微企业提高自身能力。并且，全球价值链使中小微企业能够通过后向联系，获得更高质量的投入品，从而有助于提高其产品质量。此外，通过前向联系，中小微企业在出口产品时，可以满足国外市场的更高质量要求。再者，全球价值链还通过促进供应链上各公司之间的相互依存，在融资方面发挥作用。

就发展中经济体的劳动力市场而言，全球价值链在正规部门创造了就业机会，提高了工资，特别是低技能工人的工资，这是因为这些经济体通过前向和后向联系更多地参与了劳动密集型活动。虽然全球价值链可能在多个方面造成工资不平等，但它们也可以提高发展中经济体的总体劳动标准。这是通过需求方的压力和跨国公司的自愿升级努力实现的。与此同时，全球价值链也为社会升级提供了机会。本章重点讨论两个突出问题：性别不平等和童工。全球价值链为妇女提供了就业机会和更高的工资，这可能会产生深远的影响。跨国公司可以改善妇女的外部选择，并有助于产生促进性别平等的间接外溢效应。实证证据表明，更好的经济机会有助于女性赋权。全球价值链可以通过解决发展中经济体的贫困问题，并通过宣传渠道，帮助减少童工现象。

寡头垄断等市场失灵，以及与贸易无关的壁垒，如受教育机会方面的性别偏见，都会严重限制全球价值链的包容性。本章发现，大量证据表明，集中的产品市场使利润流向大型贸易中间商，而远离发展中经济体的生产者。同样，大雇主的市场力量也会阻碍工人获得合理的工资。当企业在全球价值链中升级时，由于高技能和管理职位往往由男性获得，一系列不同的限制使妇女无法从中受益。

数字技术降低了中小微企业和妇女的贸易成本，在提高全球价值链的包容性方面发挥了至关重要的作用。然而，数字平台的出现，可能会改变对发展中经济体中小微企业有利的关系动态。此外，大型平台企业在数字领域拥有巨大的市场力量，这有可能使分配结果恶化。因此，有必要采取政策干预措施，以确保数字平台的收益重新分配给弱势群体。随后，我们探讨了自动化技术如何塑造制造业和服务业全球价值链的未来。虽然有证据表明，人工智能和自动化技术可能会对发展中经济体产生负面影响，但这些先进技术也为经济升级和知识共享带来了机遇。

本章最后认为，决策者应把重点放在为进入全球价值链提供便利，以及消除市场缺陷和壁垒上。目前基于贸易协定中的社会条款或尽职调查要求的政策方法，应伴有更多的合作，并参考学术文献中的经验。有证据表明，发达经济体和发展中经济体之间的合作，比仅仅纳入社会条款更有意义。一些研究说明了社会条款背后的经济机制，并对其负面影响提出了重要见解。更广泛地说，为了最大限度地发挥全球价值链促进包容性发展的潜力，应利用其他政策工具来作为当前方法的补充。

（夏芳译、黄绍鹏校、邢予青审订）

参考文献

Abman, R. M., Lundberg, C. C., McLaren, J., & Ruta, M., 2023, "Child labor standards in regional trade agreements: Theory and evidence", NBER Working Paper, No.

30908, National Bureau of Economic Research.

Adao, R., Carrillo, P., Costinot, A., Donaldson, D., & Pomeranz, D., 2022, "Imports, Exports and Earnings Inequality: Measures of Exposure and Estimates of Incidence", *The Quarterly Journal of Economics* 137(3), pp.1553-1614.

Asian Development Bank., 2021, *ADB Briefs: 2021 Trade Finance Gaps, Growth and Jobs survey*, Manila: Asian Development Bank.

Asian Development Bank Institute & Asian Development Bank., 2016, *Integrating SMEs into Global Value Chains: Challenges and Policy Actions in Asia*, Brookings Institution Press.

Aizer, A., 2010, "The Gender Wage Gap and Domestic Violence", *American Economic Review 100*(4), pp.1847-1859.

Adler, P. D., Brown, R., Dehejia, G., Domat, G., & Robertson, R., 2017, "Do Factory Managers Know What Workers Want? Manager–Worker Information Asymmetries and Pareto Optimal Human Resource Management Policies", *Asian Development Review* 34(1), pp.65-87.

Alfaro-Ureña, A., Faber, B., Gaubert, C., Manelici, I., & Vasquez, J. P., 2022a, "Responsible sourcing?", NBER Working Paper, No. 30683, National Bureau of Economic Research.

Alfaro-Ureña, A., Manelici, I., & Vasquez, J. P., 2022b, "The Effects of Joining Multinational Supply Chains: New Evidence from Firm-to-firm linkages", *The Quarterly Journal of Economics* 137(3), pp.1495-1552.

Alfaro-Ureña, A., Manelici, I., & Vasquez, J. P., 2021, *The Effects of Multinationals on Workers: Evidence from Costa Rican Microdata*, Unpublished.

Ali, M., & Seric, A., 2014, "Diffusion of labor Standards from Origin to Host Countries: Cross County Evidence from Multinational Companies in Africa", Robert Schuman Centre for Advanced Studies Research Paper, No. 2014/22.

Allen, T., 2014, "Information frictions in trade", *Econometrica* 82(6), pp.2041-2083.

Alvarez, R., & López, R. A., 2008, "Is Exporting a Source of Productivity Spillovers?", *Review of World Economics* 144, pp.723-749.

Amberg, N., Jacobson, T., von Schedvin, E., & Townsend, R., 2021, "Curbing Shocks to Corporate Liquidity: The Role of Trade Credit", *Journal of Political Economy* 129(1), pp.182-242.

Amengual, M., & Distelhorst, G., 2020, "Cooperation and Punishment in Regulating Labor Standards: Evidence from the Gap Inc Supply Chain", *SSRN Papers*, Retrieved from https://papers.ssrn.com/sol3/papers.cfm?abstract_id=3466936.

Amiti, M., Duprez, C., Konings, J., & van Reenen, J., 2023, "FDI and Superstar Spillovers: Evidence from Firm-to-firm Transactions", *NBER Working Paper*, No. 31128, National Bureau of Economic Research.

Amiti, M., & Konings, J., 2007, "Trade Liberalization, Intermediate Inputs, and Productivity: Evidence from indonesia", *American Economic Review* 97(5), pp.1611-1638.

Amodio, F., & Roux, N. D., Forthcoming, "Measuring Labor Market Power in Developing Countries: Evidence from Colombian Plants", *Journal of Labor Economics*.

Amodio, F., Medina, P., & Morlacco, M., 2022, *Labor Market Power, Self-employment, and Development*, Unpublished.

Ang, D. D., Brown, R., Dehejia, R., & Robertson, R., 2012, "Public Disclosure, Reputation Sensitivity, and Labor Law Compliance: Evidence from Better Factories Cambodia", *Review of Development Economics* 16(4), pp.594-607.

Anh, D. D., & Dang, V. A., 2020, "Global Value Chain Participation and Firms' Innovations: Evidence from Small and Medium-sized Enterprises in Viet Nam", ADBI Working Paper, No. 1138, Asian Development Bank Institute.

Antràs, P., 2020, "Conceptual Aspects of Global Value Chains", *The World Bank Economic Review* 34(3), pp.551-574.

Antràs, P., & Yeaple, S. R., 2014, Multinational Firms and the Structure of International Trade, In *Handbook of International Economics* 4, pp.55-130.

Artuc, E., Bastos, P., & Rijkers, B., 2018, "Robots, Tasks, and Trade", World Bank Policy Research Working Paper, No. 8674.

Artuc, E., Christiansen, L., & Winkler, H., 2019, "Does Automation in Rich Countries Hurt Developing Ones? Evidence from the US and Mexico", World Bank Policy Research Working Paper, No. 8741.

Athey, S., Karlan, D., Palikot, E., & Yuan, Y., 2022, "Smiles in Profiles: Improving Fairness and Efficiency Using Estimates of User Preferences in Online Marketplaces", *NBER Working Paper* No. 30633, National Bureau of Economic Research.

Atkin, D., 2016, "Endogenous Skill Acquisition and Export Manufacturing in Mexico", *American Economic Review* 106(8), pp.2046-2085.

Atkin, D., Chaudhry, A., Chaudry, S., Khandelwal, A. K., & Verhoogen, E., 2017a, "Organizational Barriers to Technology Adoption: Evidence from Soccer-ball Producers in Pakistan", *The Quarterly Journal of Economics* 132(3), pp.1101-1164.

Atkin, D., Khandelwal, A. K., & Osman, A., 2017b, "Exporting and firm Performance: Evidence from a Randomized Experiment", *The Quarterly Journal of Economics* 132(2), pp.551-615.

Azmeh, S., Nguyen, H., & Kuhn, M., 2022, "Automation and Industrialisation through Global Value Chains: North Africa in the German Automotive Wiring Harness Industry", *Structural Change and Economic Dynamics* 63, pp.125-138.

Bacchetta, M., Ernst, E., & Bustamante, J., 2009, *Globalisation and Informal Jobs in Developing Countries. A Joint Study of the International Labour Office and the Secretariat of the World Trade Organization*, WTO-ILO, Geneva.

Baldwin, R., 2006, "Globalisation: The Great Unbundling(s)", In *Globalisation Challenges for Europe*, Secretariat of the Economic Council, Finnish Prime Minister's Office, Helsinki.

Baldwin, R., "2011, 21st Century Regionalism: Filling the Gap between 21st Century Trade and 20th Century Trade Rules", *CEPR Policy Insight*, No.56.

Baldwin, R., & Lopez-Gonzalez, J., 2015, "Supply-chain Trade: A Portrait of Global Patterns and Several Testable Hypotheses", *The World Economy* 38(11), pp.1682-1721.

Bar-Gill, S., Brynjolfsson, E., & Hak, N., 2023, "Helping Small Businesses Become More Data-driven: A Field Experiment on eBay", NBER Working Paper, No. 31089, National Bureau of Economic Research.

Barrientos, S., & Kritzinger, A., 2004, "Squaring the Circle: Global Production and the Informalization of Work in South African Fruit Exports", *Journal of International Development* 16(1), pp.81-92.

Bas, M., & Bombarda, P., 2023, *Input-trade Liberalization and Formal Employment: Evidence from Mexico*, Documents de Travail du Centre d'Économie de la Sorbonne.

Bastos, P., Silva, J., & Verhoogen, E., 2018, "Export Destinations and Input Prices", *American Economic Review* 108(2), pp.353-392.

Basu, K., 2005, "Child Labor and the Law: Notes on Possible Pathologies", *Economics Letters* 87(2), pp.169-174.

Becker, G., 1957, *The Economics of Discrimination*, University of Chicago Press.

Bekkers, E., Jhunjhunwala, K., Metivier, J., Stolzenburg, V., & Yilmaz, A. N., 2023, "Global Trade Policy Reform and Gender Inequality in the Labour Market", *GTAP Resource*, No. 6905.

Bennett, J., & Estrin, S., 2007, Modelling Interactions between Formal and Informal Sectors in a Developing Economy, In *IZA/WB conference in Bonn*, IZA Institute of Labor Economics.

Bhagwati, J., 1995, "Trade Liberalisation and 'Fair Trade' Demands: Addressing the Environmental and Labour Standards Issues", *World Economy* 18(6), pp.745-759.

Bisztray, M., Koren, M., & Szeidl, A., 2018, "Learning to Import from Your Peers", *Journal of International Economics* 115, pp.242-258.

Black, S. E., & Brainerd, E., 2004, "Importing equality? The Impact of Globalization on Gender Discrimination", *ILR Review* 57(4), pp.540-559.

Blanchard, E. J., & Olney, W. W., 2017, "Globalization and Human Capital Investment: Export Composition Drives Educational Attainment", *Journal of International Economics* 106, pp.165-183.

Bloom, N., Lemos, R., Sadun, R., Scur, D., & Van Reenen, J., 2021, *World Management Survey – Manufacturing*, Harvard Dataverse, V1.

Bloom, N., Mahajan, A., McKenzie, D., & Roberts, J., 2020, "Do Management Interventions Last? Evidence from India", *American Economic Journal: Applied Economics* 12(2), pp.198-219.

Bloom, N., Genakos, C., Sadun, R., & Van Reenen, J., 2012, "Management Practices across Firms and Countries", *Academy of Management Perspectives* 26(1), pp.12-33.

Bloom, N., & Van Reenen, J., 2007, "Measuring and Explaining Management Practices across Firms and Countries", *The Quarterly Journal of Economics* 122(4), pp.1351-1408.

Bocola, L., & Bornstein, G., 2023, "The Macroeconomics of Trade Credit", *NBER Working Paper* No. 31026, National Bureau of Economic Research.

Bøler, E. A., Javorcik, B., & Ulltveit-Moe, K. H., 2018, "Working across Time Zones: Exporters and the Gender Wage Gap", *Journal of International Economics* 111, pp.122-133.

Boudreau, L. E., 2022, "Multinational Enforcement of Labor Law: Experimental Evidence on Strengthening Occupational Safety and Health (OSH) Committees", CEPR Discussion Papers, No. 17579.

Brown, D., Dehejia, R., & Robertson, R., 2013, "Is There a Business Case for Improving Labor Standards? Some Evidence from Better Factories Cambodia", In *Workers' Rights and Labor Compliance in Global Supply Chains* (pp. 69-87), Routledge.

Brynjolfsson, E., Li, D., & Raymond, L. R., 2023, "Generative AI at Work", *NBER*

Working Paper, No. 31161, National Bureau of Economic Research.

Buciuni, G., Canello, J., & Gereffi, G., 2022, "Microfoundations of Global Value Chain Research: Big Decisions by Small Firms", *Environment and Planning A: Economy and Space* 54(6), pp.1086-1111.

Butollo, F., Gereffi, G., Yang, C., & Krzywdzinski, M., 2022, "Digital Transformation and Value Chains: Introduction", *Global Networks* 22(4), pp.585-594.

Butollo, F., & Lüthje, B., 2017, "'Made in China 2025': Intelligent Manufacturing and Work", In *The New Digital Workplace: How New Technologies Revolutionise Work* (pp. 42-61).

Cafaggi, F., Macedo, R. P., Andreotti, T., Gross, C., de Almeida, L., & Ribeiro, T. A., 2012, "Accessing the Global Value Chain in a Changing Institutional Environment: Comparing Aeronautics and Coffee", IDB Working Paper Series, No. IDB-WP-370.

Cajal-Grossi, J., Macchiavello, R., & Noguera, G., 2023, "Buyers' Sourcing Strategies and Suppliers' Markups in Bangladeshi Garments", *The Quarterly Journal of Economics*, qjad026.

Caliendo, M., Goethner, M., & Weißenberger, M., 2020, "Entrepreneurial Persistence beyond Survival: Measurement and Determinants", *Journal of Small Business Management* 58(3), pp.617-647.

Carballo, J., Marra de Artiñano, I., & Martincus, C., 2019, "Linkages with multinationals and Domestic Firms' Performance", IADB Integration and Trade Sector, IDB-TN-01746.

Càrrere, C., Olarreaga, M., & Raess, D., 2022, "Labor Clauses in Trade Agreements: Hidden protectionism? " *The Review of International Organizations* 1-31.

Chandra, V., & Khan, M. A., 1993, "Foreign Investment in the Presence of an Informal Sector", *Economica* 79-103.

Chen, T., 2017, "The Impact of the Shea Nut Industry on Women's Empowerment in Burkina Faso", *Social Protection and Forestry Working Paper*, No. 3, Food and

Agriculture Organization of the United Nations.

Clerides, S. K., Lach, S., & Tybout, J. R., 1998, "Is Learning by Exporting Important? Micro-dynamic Evidence from Colombia, Mexico, and Morocco", *The Quarterly Journal of Economics* 113(3), pp.903-947.

Conconi, P., Leone, F., Magerman, G., & Thomas, C., 2022, "Multinational Ownership and Trade Participation", ECARES, CEPR, CESifo, and CEP Working Paper 1-59.

Copestake, A. M., Marczinek, A., Pople, A., & Stapleton, K., 2023, "AI and Services-led Growth: Evidence from Indian Job Adverts", STEG Working Paper WP060.

Crinò, R., 2012, "Service Offshoring and the Skill Composition of Labour Demand", *Oxford Bulletin of Economics and Statistics* 74(1), pp.20-57.

Cusolito, A. P., Safadi, R., & Taglioni, D., 2016, *Inclusive Global Value Chains: Policy Options for Small and Medium Enterprises and Low-income Countries*, OECD and World Bank Publications, Washington DC.

Davies, E., 2005, "Hola! Trinidad Drops English and Learns to Speak Spanish", *The Independent*, Available at https://www.independent.co.uk/news/world/americas/hola-trinidad-drops-english-and-learns-to-speak-spanish-5347553.html. Accessed May 5, 2023.

De Loecker, J., 2007, "Do Exports Generate Higher Productivity? Evidence from Slovenia", *Journal of International Economics* 73(1), pp.69-98.

De Marchi, V., Giuliani, E., & Rabellotti, R., 2015, "Local Innovation and Global Value Chains in Developing Countries", UNU-MERIT Working Papers, 2015-022.

Delgado, K. F., 2020, "Foreign Acquisitions and Female Employment in Manufacturing Firms: An Empirical Analysis for Chile", *Transnational Corporations* 27(3).

Demir, B., Fieler, A. C., Xu, D. Y., & Yang, K. K., Forthcoming, "O-Ring Production Networks", *Journal of Political Economy*.

Diodato, D., Neffke, F., & O'Clery, N., 2018, "Why Do Industries Coagglomerate? How Marshallian Externalities Differ by Industry and Have Evolved Over Time",

Journal of Urban Economics 106, pp.1-26.

Distelhorst, G., Hainmueller, J., & Locke, R. M., 2017, "Does Lean Improve Labor Standards? Management and Social Performance in the Nike Supply Chain", *Management Science* 63(3), pp.707-728.

Dix-Carneiro, R., & Kovak, B. K., 2017, "Trade Liberalization and Regional Dynamics", *American Economic Review* 107(10), pp.2908-2946.

Dix-Carneiro, R., & Traiberman, S., 2023, "Globalization, Trade Imbalances, and Inequality", *Journal of Monetary Economics* 133, pp.48-72.

Dix-Carneiro, R., Goldberg, P. K., Meghir, C., & Ulyssea, G., 2021, "Trade and Informality in the Presence of Labor Market Frictions and Regulations", *NBER Working Paper*, No. 28391, National Bureau of Economic Research.

Dix-Carneiro, R., & Kovak, B., 2023, "Globalization and Inequality in Latin America", *IZA Discussion Papers* 16363, Institute of Labor Economics (IZA).

Do, Q. T., Levchenko, A. A., & Raddatz, C., 2016, "Comparative Advantage, International Trade, and Fertility", *Journal of Development Economics* 119, pp.48-66.

Dragusanu, R., Montero, E., & Nunn, N., 2022, "The Effects of Fair Trade Certification: Evidence from Coffee Producers in Costa Rica", *Journal of the European Economic Association* 20(4), pp.1743-1790.

Du, J., & Nduka, U., 2020, "Global Value Chains and the Adoption of Automation Technology", In *Academy of Management Proceedings*, Vol. 2020, No. 1, p. 18610. Briarcliff Manor, NY: Academy of Management.

Ederington, J., Minier, J., & Troske, K., 2009, "Where the Girls Are: Trade and Labor Market Segregation in Colombia", IZA Discussion Papers 4131, Institute of Labor Economics (IZA).

Edmonds, E. V., 2007, "Child Labor", *NBER Working Paper*, No. 12926, National Bureau of Economic Research.

Edmonds, E. V., & Pavcnik, N., 2005, "The Effect of Trade Liberalization on Child

Labor", *Journal of International Economics* 65(2), pp.401-419.

Edmonds, E. V., & Pavcnik, N., 2006, "International Trade and Child Labor: Cross-Country Evidence", *Journal of International Economics* 68(1), pp.115-140.

Egan, M. L., & Mody, A., 1992, "Buyer-seller Links in Export Development", *World Development* 20(3), pp.321-334.

Eisfeldt, A. L., Schubert, G., & Zhang, M. B., 2023, "Generative AI and Firm", *NBER Working Paper*, No. 31222, National Bureau of Economic Research.

Ersahin, N., Giannetti, M., & Huang, R., 2023, "Trade Credit and the Stability of Supply Chains", SMU Cox School of Business Research Paper, 2021-09.

Erten, B., & Leight, J., 2021, "Exporting out of Agriculture: The Impact of WTO Accession on Structural Transformation in China", *Review of Economics and Statistics* 103(2), pp.364-380.

Eurocham., 2022, *Myanmar Garment Sector FACTSHEET*, EuroCham Myanmar's Garment Advocacy Group.

Fabbri, D., & Klapper, L., 2009, "Trade Credit and the Supply Chain", *Working Paper*, Amsterdam Business School Research Institute.

Fajnzylber, P., Maloney, W., & Rojas, G. M., 2006, "Microenterprise Dynamics in Developing Countries: How Similar Are They to Those in the Industrialized World? Evidence from Mexico", *The World Bank Economic Review* 20(3), pp.389-419.

Farole, T., Hollweg, C., & Winkler, D., 2018, "Trade in Global Value Chains: An Assessment of Labor Market Implications", Jobs Working Paper, No. 18, World Bank Group.

Federman, M., & Levine, D. I., 2005, "The Effects of Industrialization on Education and Youth Labor in Indonesia", *The B.E. Journal of Macroeconomics* 5(1), Article 20121004.

Felix, M., 2021, "Trade, Labor Market Concentration, and Wages", Working Paper, Yale University.

Fernandes, A. N., Rocha, N., & Ruta, M., 2023, *Beyond Trade: How Deep Trade Agreements Shape Non-trade Outcomes*, CEPR Press.

Fernandes, A., & Kee, H. L., 2020, "Gender Empowerment, Supply Chain Linkages, and Foreign Direct Investment", World Bank Policy Research Working Paper No. 9340.

Fieler, A. C., Eslava, M., & Xu, D. Y., 2018, "Trade Quality Upgrading and Input Linkages: Theory and Evidence from Colombia", *American Economic Review* 108(1), pp.109-146.

Fontagné, L., Reshef, A., Santoni, G., & Vannelli, G., 2023, "Automation, Global Value Chains, and Functional Specialization", Working Paper, 2023-05, CEPII Research Center.

Fukase, E., 2014, "Foreign Wage Premium, Gender, and Education: Insights from Vietnam Household Surveys", *The World Economy* 37(6), pp.834-855.

Gaddis, I., & Pieters, J., 2017, "The Gendered Labor Market Impacts of Trade Liberalization: Evidence from Brazil", *Journal of Human Resources* 52(2), pp.457-490.

Galor, O., & Weil, D. N., 1996, "The Gender Gap, Fertility, and Growth", *American Economic Review* 86, pp.374-387.

Garcia-Appendini, E., & Montoriol-Garriga, J., 2013, "Firms as Liquidity Providers: Evidence from the 2007–2008 Financial Crisis", *Journal of Financial Economics* 109(1), pp.272-291.

Gentile, E., Xing, Y., Rubínová, S., & Huang, S., 2021, "Productivity Growth, Innovation, and Upgrading along Global Value Chains", In *Global Value Chain Development Report 2021: Beyond Production* (pp. 72-104).

Gereffi, G., & Luo, X., 2015, "Risks and Opportunities of Participation in Global Value Chains", *Journal of Banking and Financial Economics* 2(4), pp.51-63.

Gereffi, G., 1999, "International Trade and Industrial Upgrading in the Apparel Commodity Chain", *Journal of International Economics* 48(1), pp.37-70.

Goldberg, P. K., & Pavcnik, N., 2007, "Distributional Effects of Globalization in Developing Countries", *Journal of Economic Literature* 45(1), pp.39-82.

Goldberg, P. K., Khandelwal, A. K., Pavcnik, N., & Topalova, P., 2010, "Imported Intermediate Inputs and Domestic Product Growth: Evidence from India", *The Quarterly Journal of Economics* 125(4), pp.1727-1767.

Goutam, P., Gutierrez, I., Kumar, K. B., & Nataraj, S., 2017, "Does Informal Employment Respond to Growth Opportunities? Trade-based Evidence from Bangladesh", Working Paper, No. WR-1198, RAND Corporation.

Graetz, G., & Michaels, G., 2018, "Robots at Work", *Review of Economics and Statistics* 100(5), pp.753-768.

Guillouet, L., Khandelwal, A., Macchiavello, R., & Teachout, M., 2022, "Language Barriers in Multinationals and Knowledge Transfers", NBER Working Paper, No. 28807, National Bureau of Economic Research.

Halpern, L., Koren, M., & Szeidl, A., 2015, "Imported Inputs and Productivity", *American Economic Review* 105(12), pp.3660-3703.

Hardy, B., Saffie, F. E., & Simonovska, I., 2023, "Trade Credit and Exchange Rate Risk Pass through", NBER Working Paper, No. 31078, National Bureau of Economic Research.

Harrison, A., & Rodríguez-Clare, A., 2010, "Trade, Foreign Investment, and Industrial Policy for Developing Countries", In *Handbook of Development Economics* 5, pp.4039-4214.

Hatte, S., & Koenig, P., 2020, "The geography of NGO Activism Against Multinational Corporations", *The World Bank Economic Review* 34(1), pp.143-163.

Heath, R., & Mobarak, A. M., 2015, "Manufacturing Growth and the Lives of Bangladeshi Women", *Journal of Development Economics* 115, pp.1-15.

Helpman, E., Melitz, M., & Yeaple, S. R., 2004, "Export Versus FDI with Heterogeneous Firms", *American Economic Review* 94(1), pp.300-316.

Herkenhoff, P., Krautheim, S., Semrau, F. O., & Steglich, F., 2021, "Corporate social Responsibility along the Global Value Chain", CESifo Working Paper Series, 9498, CESifo.

Herkenhoff, P., & Krautheim, S., 2022, "The International Organization of Production in the Regulatory Void", *Journal of International Economics* 137, 103572.

Hing, V. S., Thangavelu, S. M., & Narjoko, D., 2020, "Human Capital and Participation in Global Value Chains: Evidence from Small and Medium-sized Enterprises in Indonesia", *ADBI Working Paper*, No. 1142, Asian Development Bank Institute.

Hjort, J., Li, X., & Sarsons, H., 2022, "Across-country Wage Compression in Multinationals", *American Economic Review*, Forthcoming.

Hoekman, B., 2021, "Realizing European Soft Power in External Cooperation and Trade", *RESPECT Policy Brief*.

Hoekman, B., Francois, J. F., Santi, F., & Manchin, M., 2022, "Pursuing Environmental and Social Objectives through Trade Agreements", Robert Schuman Centre for Advanced Studies Research Paper, No. RSC_73.

Hoekman, B., Santi, F., & Shingal, A., 2023, "Trade Effects of Non-economic Provisions in Trade Agreements", *Economics Letters* 226, 111081.

Hollweg, C., & Lopez, A. O., 2020, "Exporting and female labor market outcomes in Georgia", World Bank Policy Research Working Paper, No. 9432.

Hollweg, C., 2019, "Global Value Chains and Employment in Developing Economies", In *Global Value Chain Development Report 2019: Technological Innovation, Supply Chain Trade, and Workers in a Globalized World* (pp. 72-104).

ILO (International Labour Organization), 2008, "Promotion of Rural Employment for Poverty Reduction", *International Labour Conference 97th Session*, Geneva: ILO.

ILO (International Labour Organization), 2020a, *Understanding the Gender Composition and Experience of Ready-made Garment (RMG) Workers in Bangladesh Issue Brief*, Geneva: ILO.

ILO (International Labour Organization), 2020b, *Gendered Impacts of COVID-19 on the Garment Sector*, Geneva: ILO.

Im, H., & McLaren, J., 2023, "Foreign Direct Investment, Global Value Chains, and Labor Rights: No Race-to-the-Bottom? ", NBER Working Paper, No. 31363, National Bureau of Economic Research.

IMF, 2017, "Fintechs and the Financial Side of Global Value Chains—The Changing Trade-Financing Environment, *Thirtieth Meeting of the IMF Committee on Balance of Payments Statistics*, BOPCOM—17/21.

Iyoha, E., 2022, *Estimating Productivity in the Presence of Spillovers: Firm-level Evidence from the US Production Network*, Unpublished.

Javorcik, B. S., 2004, "Does Foreign Direct Investment Increase the Productivity of Domestic Firms? In search of Spillovers through Backward Linkages", *American Economic Review* 94(3), pp.605-627.

Javorcik, B. S., 2015, "Does FDI Bring Good Jobs to Host Countries?" *The World Bank Research Observer* 30(1), pp.74-94.

Jensen, R., 2012, "Do Labor Market Opportunities Affect Young Women's Work and Family Decisions? Experimental Evidence from India", *The Quarterly Journal of Economics* 127(2), pp.753-792.

Juhász, R., Squicciarini, M. P., & Voigtländer, N., 2020, "Technology Adoption and Productivity Growth: Evidence from Industrialization in France", NBER Working Paper, No. 27503, National Bureau of Economic Research.

Juhn, C., Ujhelyi, G., & Villegas-Sanchez, C., 2014, "Men, Women, and Machines: How Trade Impacts Gender Inequality", *Journal of Development Economics* 106, pp.179-193.

Kasahara, H., & Rodriguez, J., 2008, "Does the Use of Imported Intermediates Increase Productivity? Plant-level Evidence", *Journal of Development Economics* 87(1), pp.106-118.

Khandelwal, A., 2010, "The Long and Short (of) Quality Ladders", *The Review of Economic Studies* 77(4), pp.1450-1476.

Kim, M. A., Liu, H., Tuxhorn, K. L., Brown, D. S., & Leblang, D., 2015, "Lingua Mercatoria: Language and Foreign Direct Investment", *International Studies Quarterly* 59(2), pp.330-343.

Kim, S. J., & Shin, H. S., 2023, "Theory of Supply Chains: A Working Capital Approach", *BIS Working Papers*, No. 1070.

Kinkel, S., Jager, A., & Zanker, C., 2015, "The Effects of Robot Use in European Manufacturing Companies on Production Off-shoring Outside the EU", In *Proceedings of the 22nd International Annual EurOMA Conference*, Neuchâtel, Switzerland.

Klymak, M., 2023, "The Trade Effects of Information Provision about Forced and Child Labor", *World Development* 167, 106217.

Koenig, P., & Poncet, S., 2022, "The Effects of the Rana Plaza Collapse on the Sourcing Choices of French Importers", *Journal of International Economics* 137, 103576.

Koenig, P., Krautheim, S., Löhnert, C., & Verdier, T., 2021, "Local Global Watchdogs: Trade Sourcing and the Internationalization of Social Activism", *CESifo Working Paper Series*, No. 9068.

Krautheim, S., & Verdier, T., 2016, "Offshoring with Endogenous NGO Activism", *Journal of International Economics* 101, pp.22-41.

Kruger, D. I., 2007, "Coffee Production Effects on Child Labor and Schooling in Rural Brazil", *Journal of Development Economics* 82(2), pp.448-463.

Krzywdzinski, M., 2017, "Automation Skill Requirements and Labour-use Strategies: High-wage and Low-wage Approaches to High-tech Manufacturing in the Automotive Industry", *New Technology, Work and Employment* 32(3), pp.247–267.

Kugler, M., & Verhoogen, E., 2012, "Prices, Plant Size, and Product Quality", *The Review of Economic Studies* 79(1), pp.307-339.

Kumar, R., 2017, "Global Value Chains: A Way to Create More, Better, and Inclusive Jobs", *Jobs Development Blog*, World Bank, Washington DC.

Kumar, R. S., & Subrahmanya, M. B., 2010, "Influence of Subcontracting on Innovation and Economic Performance of SMEs in Indian Automobile Industry", *Technovation* 30(11-12), pp.558-569.

Laget, E., Osnago, N., Rocha, N., & Ruta, M., 2020, "Deep Trade Agreements and Global Value Chains", *Review of Industrial Organization* 57, pp.379-410.

Lan, J., & Shepherd, B., 2019, "Women and the Services Sector", In *Leveraging Services for Development: Prospects and Policies*, Asian Development Bank.

Lawrence, Z., 1996, Regionalism, Multilateralism, and Deeper Integration, Washington DC: Brookings Institution Press.

Lendle, A., Olarreaga, M., Schropp, S., & Vézina, P. L., 2016, "There Goes Gravity: eBay and the Death of Distance", *Economic Journal, Royal Economic Society* 126(591), pp.406–441.

Li, B., 2018, "Export Expansion, Skill Acquisition, and Industry Specialization: Evidence from China", *Journal of International Economics* 114, pp.346-361.

Lundquist, K., 2023, "MNC Supplier Transparency", GVC Development Report Background Paper.

Lundquist, K., & Kang, J. W., 2021, *"Digital Platforms and Global Value Chains"*, *In* Global Value Chain Development Report 2021: Beyond Production. Asian Development Bank, University of International Business and Economics, World Trade Organization, IDE-JETRO.

Joshi, A., & Lahiri, N., 2015, "Language Friction and Partner Selection in Cross-border R&D Alliance Formation", *Journal of International Business Studies* 46, 123-152.

Macchiavello, R., 2022, "Relational contracts and development" *Annual Review of Economics* 14, pp.337-362.

Macchiavello, R., & Miquel-Florensa, J., 2019, "Buyer-driven Upgrading in GVCs: The

Sustainable Quality Program in Colombia", *CEPR Discussion Papers*, No. 13935.

MacGarvie, M., 2006, "Do Firms Learn From International Trade?", *Review of Economics and Statistics* 88(1), pp.46-60.

Maertens, M., & Swinnen, J. F., 2009, "Trade Standards and Poverty: Evidence from Senegal", *World Development* 37(1), pp.161-178.

Maggi, G., & Rodriguez-Clare, A., 2007, "A Political-economy Theory of Trade Agreements", *American Economic Review* 97(4), pp.1374-1406.

Majlesi, K., 2016, "Labor Market Opportunities and Women's Decision Making Power within Households", *Journal of Development Economics* 119, pp.34-47.

Manaresi, F., Palma, L., Salvatici, L., & Scrutinio, V., 2022, *Managerial Input and Firm Performance: Evidence from a Policy Experiment*, Unpublished.

Manova, K., & Zhang, Z., 2012, "Export Prices across Firms and Destinations", *The Quarterly Journal of Economics* 127(1), pp.379-436.

Mansour, H., Medina, P., & Velasquez, A., 2022, "Import Competition and Gender Differences in Labor Reallocation", *Labour Economics* 76, 102149.

Marotta, G., 2001, "Is Trade Credit more Expensive than Bank Loans? Evidence from italian Firm-level Data", Working Paper, UNIMORE.

Mattoo, A., Rocha, N., & Ruta, M., 2020, *The Evolution of Deep Trade Agreements*, Washington DC: World Bank.

McCaig, B., Pavcnik, N., & Wong, W. F., 2022, "FDI Inflows and Domestic Firms: Adjustments to New Export Opportunities", NBER Working Paper, No. 30729. National Bureau of Economic Research.

McCaig, B., & Pavcnik, N., 2018, "Export Markets and Labor Allocation in a Low-income Country", *American Economic Review* 108(7), pp.1899-1941.

McCaig, B., 2011, "Exporting out of poverty: Provincial Poverty in Vietnam and US Market Access", *Journal of International Economics* 85(1), pp.102-113.

McMillan, J., & Woodruff, C., 1999, "Interfirm Relationships and Informal Credit in

Vietnam", *The Quarterly Journal of Economics* 114(4), pp.1285-1320.

Méndez, E., & Van Patten, D., 2022, "Multinationals, Monopsony, and Local Development: Evidence from the United Fruit Company", *Econometrica* 90(6), pp.2685-2721.

Minetti, R., Murro, P., Rotondi, Z., & Zhu, S. C., 2019, " Financial Constraints, Firms' Supply Chains, and Internationalization", *Journal of the European Economic Association* 17(2), pp.327-375.

Molina, T., & Tanaka, M., 2023, "Globalization and Female Empowerment: Evidence from Myanmar", *Economic Development and Cultural Change* 71(2), pp.519-565.

Monge-González, R., Rivera, L., & Mulder, N., 2021, "Cultural Spillovers from Multinational to Domestic Firms: Evidence on Female Employment in Costa Rica", *Transnational Corporations Journal* 28(1).

Mosley, L., 2011, *Labor Rights and Multinational Production*, New York: Cambridge University Press.

Muendler, M. A., & Rauch, J. E., 2018, "Do Employee Spinoffs Learn Markets from Their Parents? Evidence from International Trade", *European Economic Review* 105, pp.159-173.

Munshi, K., & Rosenzweig, M., 2006, "Traditional Institutions Meet the Modern World: Caste, Gender, and Schooling Choice in a Globalizing Economy", *American Economic Review* 96(4), pp.1225-1252.

Nano, E., & Stolzenburg, V., 2021, "The Role of Global Services Value Chains for Services-Led Development", In *Global Value Chain Development Report 2021: Beyond Production*, Asian Development Bank, University of International Business and Economics, World Trade Organization, IDE-JETRO.

Nano, E., Nayyar, G., Rubinova, S., & Stolzenburg, V., 2021, "Services Liberalization and Educational Attainment: Evidence from India", WTO Staff Working Paper, ERSD-2021-10.

Narula, R., 2020, "Policy Opportunities and Challenges from the COVID-19 Pandemic for Economies with Large Informal Sectors", *Journal of International Business Policy* 3, pp.302-310.

Ndubuisi, G., & Owusu, S., 2023, "Global Value Chains, Job Creation, and Job Destruction among Firms in South Africa", STEG Working Paper, WP073.

Newman, C., Rand, J., Talbot, T., & Tarp, F., 2015, "Technology Transfers, Foreign Investment, and Productivity Spillovers", *European Economic Review* 76, pp.168-187.

Ngoma, M. M., 2023, *Chinese Imports and Industrialization in Africa: Evidence from Ethiopia*, Unpublished.

OECD (Organisation for Economic Co-operation and Development), 2023a, *SME and Entrepreneurship Outlook 2023*, OECD Publishing, Paris.

OECD (Organisation for Economic Co-operation and Development), 2023b, *Informality and Globalisation: In Search of a New Social Contract*. OECD Publishing, Paris.

Oster, E., & Steinberg, B. M., 2013, "Do IT Service Centers Promote School Enrollment? Evidence from India", *Journal of Development Economics* 104, pp.123-135.

Ouyang, D., Yuan, W., & Zi, Y., 2022, "Empowered Young Women: Trade Liberalization and Women's Family Decisions in China", Working Paper, Centre for Economic Policy Research.

Pedemonte, M., Vishwanath, T., & Zarate, R. D., 2019, *Trade, Robots, and Automation: The Impact of US Robots on Labor Outcomes in Developing Countries*, Unpublished.

Pham, L. T., & Jinjarak, Y., 2023, "Global Value Chains and Female Employment: Evidence from Vietnam", *The World Economy* 46(3), pp.726-757.

Piermartini, R., & Rubínová, S., 2021, "How Much Do Global Value Chains Boost Innovation?", *Canadian Journal of Economics/Revue canadienne d'économique* 54(2), pp.892-922.

Pietrobelli, C., Marin, A., & Olivari, J., 2018, "Innovation in Mining Value Chains: New

Evidence from Latin America", *Resources Policy* 58, pp.1-10.

Ponczek, V., & Ulyssea, G., 2022, "Enforcement of Labour Regulation and the Labour Market Effects of Trade: Evidence from Brazil", *The Economic Journal* 132(641), pp.361-390.

Poole, J. P., 2013, "Knowledge Transfers from Multinational to Domestic Firms: Evidence from Worker Mobility", *Review of Economics and Statistics* 95(2), pp.393-406.

Reyes, M. I., 2023, "Did Competing with China Affect Chilean Manufacturing Jobs? Evaluating Gender Differences in Employment during 1995–2006", *Feminist Economics*, pp.1-25.

Rifin, A., & Nauly, D., 2020, "The Impact of Involvement in the Global Value Chain on Coffee Farmers in Indonesia: Case Study of Margamulya Coffee Producer Cooperative and Mitra Malabar Cooperative, Bandung, Indonesia", ADBI Working Paper, No. 1143, Asian Development Bank Institute.

Rodriguez-Clare, A., 1996, "Multinationals, Linkages, and Economic Development", *The American Economic Review*, 852-873.

Rossi, A., Luinstra, A., & Pickles, J. (Eds.), 2014, *Towards Better Work: Understanding Labour in Apparel Global Value Chains*, Springer.

Saliola, F., & Zanfei, A., 2009, "Multinational Firms, Global Value Chains, and the Organization of Knowledge Transfer", *Research Policy* 38(2), pp.369-381.

Sancak, M., 2022, "The Varying Use of Online Supplier Portals in auto Parts-automotive Value Chains and Its Implications for Learning and Upgrading: The Case for Mexican and Turkish Suppliers", *Global Networks* 22(4), pp.701-715.

Sharma, S., 2020, "The Impact of Foreign Direct Investment on Gender Inequality in India", *Transnational Corporations* 27(3).

Shastry, G. K., 2012, "Human Capital Response to Globalization: Education and Information Technology in India", *Journal of Human Resources* 47(2), pp.287-330.

Shepherd, B., & Stone, S., 2012, " Global Production Networks and Employment: A Developing Country Perspective", Working Paper, TAD/TC/WP(2012)29, Trade and Agriculture Directorate, Organisation for Economic Co-operation and Development, Paris.

Sok, K., Phim, S., Keo, S., & Kim, V., 2020, "Connecting Cambodia's SMEs to Regional Value Chains: The 'Bridging Gap' and 'Missing Link'", ADBI Working Paper, No. 1150. Asian Development Bank Institute.

Standing, G., 1999, "Global Feminization through Flexible Labor: A Theme Revisited", *World Development* 27(3), pp.583-602.

Stapleton, K., & Webb, M., 2020, "Automation, Trade, and Multinational Activity: Micro Evidence from Spain", *SSRN Papers*, Retrieved from https://papers.ssrn.com/sol3/papers.cfm?abstract_id=3681143.

Startz, M., 2021, *The Value of Face-to-face: Search and Contracting Problems in Nigerian Trade*, Unpublished.

Stolzenburg, V., Matthee, M., Janse van Rensburg, C., & Bezuidenhout, C., 2020, "Foreign Direct Investment and Gender Inequality: Evidence from South Africa", *Transnational Corporations Journal* 27(3).

Stolzenburg, V., Taglioni, D., Winkler, S., Ponte, G., Gereffi, G., & Raj-Reichert, G., 2019, "Economic Upgrading through Global Value Chain Participation: Which Policies Increase the Value-added Gains?" In *Handbook on Global Value Chains* (pp. 483-505).

Sudan, F. K., 2021, "Leveraging the Participation of SMEs in Global Value Chains of the Automotive Industry: Insights from Maruti Suzuki India Limited", In *Enhancing SME Participation in Global Value Chains* (p. 398), Asian Development Bank Institute.

Tanaka, K., 2022, "The European Union's Withdrawal of Trade Preferences for Cambodia", *The World Economy* 45(11), pp.3398-3419.

Tanaka, M., 2020, "Exporting Sweatshops? Evidence from Myanmar", *Review of Economics and Statistics* 102(3), pp.442-456.

Tang, H., & Zhang, Y., 2021, "Do Multinationals Transfer Culture? Evidence on Female Employment in China", *Journal of International Economics* 133, 103518.

Thang, D. N., & Ha, L. T., 2022, "Trade Credit and Global Value Chain: Evidence from Cross-country Firm-level Data", *International Economics* 171, pp.110-129.

Topalova, P., 2007, "Trade Liberalization, Poverty, and Inequality: Evidence from Indian Districts" In *Globalization and Poverty* (pp. 291-336), University of Chicago Press.

Topalova, P., 2010, "Factor Immobility and Regional Impacts of Trade Liberalization: Evidence on Poverty from India", *American Economic Journal: Applied Economics* 2(4), pp.1-41.

Topalova, P., & Khandelwal, A., 2011, "Trade Liberalization and firm Productivity: The Case of India", *Review of Economics and Statistics* 93(3), pp.995-1009.

Trade and Technology Dialogue, 2023, *Working Group 10 – Global Trade Challenges Roundtable on Due Diligence Report*, EU-US Trade and Technology Council.

Ugarte, C. M., Olarreaga, M., & Saiovici, G., 2023, "Child Labour and Global Value Chains", *The World Economy* 46(4), pp.941-968.

UNCTAD (United Nations Conference on Trade and Development), 2013, *World Investment Report 2013: Global Value Chains: Investment and Trade for Development*, Geneva: UNCTAD.

UNCTAD (United Nations Conference on Trade and Development), 2021, *Multinational Enterprises and the International Transmission of Gender Policies and Practices*, Geneva: UNCTAD.

Urata, S., & Baek, Y., 2021, "Does GVC Participation Improve firm Productivity? A study of Three Developing Asian Countries", ADBI Working Paper, No.1245, Asian Development Bank Institute.

Verhoogen, E. A., 2008, "Trade Quality Upgrading and Wage Inequality in the Mexican Manufacturing Sector", *The Quarterly Journal of Economics* 123(2), pp.489-530.

Winters, L. A., 2023, "Trade Agreements and Non-trade Objectives: A Cautionary Note", In *Beyond Trade: How Deep Trade Agreements Shape Non-Trade Outcomes*, CEPR, Press.

World Bank, 2020, *World Development Report 2020: Trading for Development in the Age of Global Value Chains*, Washington D.C: World Bank.

World Bank and WTO, 2020, *Women and Trade: The Role of Trade in Promoting Gender Equality*, Washington D.C: World Bank.

WTO (World Trade Organization), 2016, *World Trade Report 2016: Levelling the Trading Field for SMEs*, Geneva: WTO.

WTO (World Trade Organization), 2019, *World Trade Report 2019: The Future of Services Trade*, Geneva: WTO.

WTO (World Trade Organization), 2020, *World Trade Report 2020: Government Policies to Promote Innovation in the Digital Age*, Geneva: WTO.

WTO (World Trade Organization) and IFC (International Finance Corporation), 2022, *Trade Finance in West Africa: A Study of Cote D'Ivoire, Ghana, Nigeria, and Senegal*.

Yahmed, S. B., 2023, "Gender Wage Discrimination with Employer Prejudice and Trade Openness", *World Development* 170, pp.106-319.

Yildirim, A., Basedow, M., Fiorini, M., & Hoekman, B., 2021, "EU Trade and Non-trade Objectives: New Survey Evidence on Policy Design and Effectiveness", *Journal of Common Market Studies* 59(3), pp.556–568.

Yu, Jiantuo, Xu, X., Wang, L., & Yang, X., 2023, The Impact of Global Value Chain Participation on Income Distribution, China Development Research Foundation.

Zavala, L., 2022, Unfair trade? Monopsony Power in Agricultural Value Chains, Unpublished, https://doi.org/10.1787/c945c24f-en.

缩 | 略 | 语

4IR	fourth industrial revolution，第四次工业革命	
ADB	Asian Development Bank，亚洲开发银行	
ADBI	Asian Development Bank Institute，亚洲开发银行研究所	
AE	advanced economies，发达经济体	
AI	artificial intelligence，人工智能	
AIDCP	Agreement on the International Dolphin Conservation Program，国际海豚保护项目协定	
AIRS	atmospheric infrared sounder，大气红外探测仪	
AMD	Advanced Micro Devices，超威半导体公司	
AMNE	activities of multinational enterprises，跨国公司活动	
APT	assembly, packaging and testing，组装、封装和测试	
ASEAN	Association of Southeast Asian Nations，东南亚国家联盟	
ASMI	Advanced Semiconductor Materials International，高级半导体材料国际公司	
ASML	Advanced Semiconductor Material Lithography，阿斯麦公司	
BCG	Boston Consulting Group，波士顿咨询集团	
BDA	big data analytics，大数据分析	
BPO	business process outsourcing，商业流程外包	
BRIC	Brazil, Russia, India and China，巴西、俄罗斯、印度和中国	
CBAM	carbon border adjustment mechanism，碳边境调节机制	
CBDR	common but differentiated responsibilities，共同但有区别的责任	
CCL	Controlled Commodity List，受管制商品清单	

CEIC   China Economic Information Center，中国经济信息中心

CEO   chief executive officer，首席执行官

CER   central east region，中东部地区

CF   carbon footprint，碳足迹

CGE   computable general equilibrium，可计算一般均衡

CIS   Commonwealth of Independent States，独立国家联合体

CO_2 carbon dioxide，二氧化碳

COP   conference of the parties，缔约方会议

CPA   Center For Preventive Action，预防行动中心

CPI   consumer price index，居民消费价格指数

CPU   central processing unit，中央处理器

CSM   Chartered Semiconductor Manufacturing，特许半导体公司（新加坡）

CSO   civil society organization，民间团体

CSR   corporate social responsibility，企业社会责任

DAO   discrete, analog, and optoelectronics，分立器件、模拟器件和光电器件

DARPA   Defense Advanced Research Projects Agency，美国国防部高级研究计划局

DDRs   due diligence requirements，尽职调查要求

DML   dolphin mortality limit，海豚死亡率上限

DOE   domestically owned enterprise，内资企业

DRAM   dynamic random access memory，动态随机存取存储器

DS   dispute settlement，争端解决

DSB   dispute settlement body，争端解决机构

DSU   dispute settlement understanding，关于争端解决规则与程序的谅解

DVA	domestic value added，国内增加值
DVAR	domestic value-added ratio，国内增加值比率
EAR	Export Administration Regulations，出口管理条例
ECRA	Export Control Reform Act，出口管制改革法案
ECT	Energy Charter Treaty，能源宪章条约
EDA	electronic design automation，电子设计自动化
EEBT	emissions embodied in bilateral trade，双边贸易隐含的排放
EEC	European Economic Community，欧洲经济共同体
EIA	Energy Information Administration,（美国）能源信息署
EMDEs	emerging markets and developing economies，新兴市场和发展中经济体
EoS	elasticity of substitution，替代弹性
EPR	extended producer responsibility，生产者责任延伸（制度）
ERSO	Electronics Research and Service Organization,（台湾）电子工业研究所
ESPRIT	European Strategic Programme for Research and Development in Information Technology，欧洲信息技术研发战略计划
ETP	eastern tropical Pacific，东热带太平洋
ETRI	Electronics and Telecommunications Research Institute,（韩国）电子通信研究院
ETS	carbon emissions trading system，碳排放交易系统
EU	European Union，欧盟
EU-ETS	European Union Emission Trading Scheme，欧盟排放交易计划
EUV	extreme ultraviolet，极紫外光
EVs	electric vehicles，电动汽车
FDI	foreign direct investment，外国直接投资

FIBA	factor income-based accounting，基于要素收入的核算
FIE	foreign affiliate，外资子公司
FSC	Forest Stewardship Council，森林管理委员会
FVA	foreign value added，国外增加值
G7	Group of Seven，七国集团
GaAs	gallium arsenide，砷化镓
GATS	General Agreement on Trade in Services，服务贸易总协定
GATT	General Agreement on Tariffs and Trade，关贸总协定
GCF	Green Climate Fund，绿色气候基金
GDP	gross domestic product，国内生产总值
GFC	global financial crisis，全球金融危机
GHG	greenhouse gas，温室气体
GISS	Goddard Institute for Space Studies，戈达德太空研究所
GISTEMP	GISS surface temperature analysis，GISS 地表温度分析
GPS	global positioning system，全球定位系统
GRS	global recycle standard，全球回收标准
GSCM	green supply chain management，绿色供应链管理
Gt	gigaton，千兆（十亿）吨
GTAP	global trade analysis project，全球贸易分析项目
GVCs	global value chains，全球价值链
GW	gigawatt，千兆（十亿）瓦
HHI	Hirschmann-Herfindahl index，赫希曼－赫芬达尔指数
HR	human resources，人力资源
HS	Harmonized System，协调制度
IBM	International Business Machines Corporation，国际商业机器公司
IC	integrated circuits，集成电路

ICT	information and communications technology，信息和通信技术
IDE-JETRO	Institute of Developing Economies – Japan External Trade Organization，日本贸易振兴机构亚洲经济研究所
IDM	integrated device manufacturing，一体化器件制造
IEA	International Energy Agency，国际能源署
IFC	international finance centre，国际金融中心
IFS	Intel Foundry Services，英特尔代工服务公司
ILO	International Labour Organization，国际劳工组织
IMF	International Monetary Fund，国际货币基金
IMO	International Maritime Organization，国际海事组织
IO	input–output，投入产出
IoT	internet of things，物联网
IP	intellectual property，知识产权
IPCC	Intergovernmental Panel on Climate Change，政府间气候变化专门委员会
IPDC	Industrial Parks Development Corporation，工业园区开发公司
IRP	International Review Panel，国际审查小组
ISCO	International Standard Classification of Occupations，国际标准职业分类
ISO	International Standards Organization，国际标准化组织
IT	information technology，信息技术
ITC	investment tax credit，投资税收抵免
ITRI	Industrial Technology Research Institute，（台湾）工业技术研究院
LCA	life cycle assessment，生命周期评估
LCR	local content requirement，本地含量要求

LEED	Leadership in Energy and Environmental Design，能源与环境设计先锋
LNG	liquefied natural gas，液化天然气
LSI	large scale integration circuit，大规模集成电路
M&S	Marks & Spencer，玛莎百货
MIMIC	microwave and millimeter wave integrated circuit，微波和毫米波集成电路
MMPA	Marine Mammal Protection Act，海洋哺乳动物保护法案
MNC	multinational corporation，跨国公司
MNEs	multinational enterprises，跨国企业
MRIO	multiregional input–output，多区域投入产出
MRIOTs	multiregional input-output tables，多区域投入产出表
MSMEs	micro, small, and medium-sized enterprises，中小微企业
MTS	multilateral trading system，多边贸易体制
NAFTA	North American Free Trade Agreement，北美自由贸易协定
NASA	National Aeronautics and Space Administration，（美国）国家航空航天局
NBER	National Bureau of Economic Research，（美国）国民经济研究局
NDC	nationally determined contribution，国家确定的贡献
NEUVLP	National Extreme Ultraviolet Lithography Program，国家极端紫外线光刻计划
NGOs	non-governmental organizations，非政府组织
nm	nanometer，纳米
NOAA	National Oceanic and Atmospheric Administration，（美国）国家海洋和大气管理局
NT	no-trade，非贸易

NTMs	non-tariff measures，非关税措施
NTPs	non-trade provisions，非贸易条款
OECD	Organisation for Economic Co-operation and Development，经济合作与发展组织
OEM	original equipment manufacturer，原始设备制造商
OPEC	Organization of the Petroleum Exporting Countries，石油输出国组织
PBA	production-based accounting，基于生产的核算
PC	personal computer，个人电脑
PDC	pure double counting，纯重复计算
PEFC	Programme for the Endorsement of Forest Certification，森林验证体系认可计划
PET	polyethylene terephthalate，聚对苯二甲酸乙二醇酯
PPI	producer price index，生产者价格指数
PTA	preferential trade agreement，优惠贸易协定
PV	photovoltaic，光伏
R&D	research and development，研发
RBC	responsible business conduct，负责任的商业行为
RBI	Reserve Bank of India，印度储备银行
RCA	Radio Corporation of America，美国无线电公司
REACH	Registration, Evaluation, Authorization and Restriction of Chemicals，化学品的注册、评估、许可和限制
REDII	Renewable Energy Development Directive，可再生能源发展指令
RFID	radio frequency identification technology，射频识别技术
ROW	rest of the world，世界其他地区
RRF	Recovery and Resilience Facility，复苏与韧性融资便利

RTA	regional trade agreement，区域贸易协定	
RVCs	regional value chains，区域价值链	
SAC	Sustainable Apparel Coalition，可持续服装联盟	
SCEnAT	supply chain environmental analysis tool，供应链环境分析工具	
SDG	sustainable development goals，可持续发展目标	
SEMATECH	semiconductor manufacturing technology，半导体制造技术联盟	
SGS	Société Générale de Surveillance，瑞士通用公证行	
SIA	Semiconductor Industry Association，半导体产业协会	
SME	semiconductor manufacturing equipment，半导体制造设备	
SMEs	small and medium enterprises，中小企业	
SMIC	Semiconductor Manufacturing International Corporation，中芯国际	
SPS	sanitary and phytosanitary，卫生与动植物检疫	
SVS	scientific visualization studio，科学可视化工作室	
TBTs	technical barriers to trade，技术贸易壁垒	
TiFI	trade in factor income，要素收入贸易	
TIVA	trade in value added，增加值贸易	
TREND	TRade and ENvironment Database，贸易与环境数据库	
TRIPS	Agreement on Trade-Related Aspects of Intellectual Property Rights，与贸易有关的知识产权协议	
TV	television，电视	
UIBE	University of International Business and Economics，对外经济贸易大学	
UMC	United Microelectronics Company，联华电子公司	
UN	United Nations，联合国	

UNCTAD	United Nations Conference on Trade and Development，联合国贸易和发展会议
UNFCCC	United Nations Framework Convention on Climate Change，联合国气候变化框架公约
UPS	United Parcel Service，联合包裹服务公司
US DoJ	US Department of Justice，美国司法部
US FTC	US Federal Trade Commission，美国联邦贸易委员会
USD	United States dollar，美元
USPTO	United States Patent and Trademark Office，美国专利商标局
VLSI	very large scale integration circuit，超大规模集成电路
WBCSD	World Business Council for Sustainable Development，促进可持续发展世界工商理事会
WBES	World Bank Enterprise Survey，世界银行企业调查
WHO	World Health Organization，世界贸易组织
WMS	World Management Survey，世界管理调查
WRAP	Worldwide Responsible Accredited Production，负责任的全球成衣制造
WRI	World Resources Institute，世界资源研究所
WTO	World Trade Organization，世界贸易组织

图书在版编目（CIP）数据

全球价值链发展报告 . 2023 : 变革时期建设有韧性和可持续的全球价值链 / 邢予青，王苒，（美）杜大伟 (David Dollar) 主编 . -- 北京 : 社会科学文献出版社，2024.5

ISBN 978-7-5228-3567-9

Ⅰ . ①全… Ⅱ . ①邢… ②王… ③杜… Ⅲ . ①世界经济 – 研究报告 –2023 Ⅳ . ① F11

中国国家版本馆 CIP 数据核字（2024）第 080045 号

全球价值链发展报告（2023）：变革时期建设有韧性和可持续的全球价值链

主　　编 / 邢予青　王　苒　〔美〕杜大伟（David Dollar）

出 版 人 / 冀祥德
责任编辑 / 高　雁
责任印制 / 王京美

出　　版 / 社会科学文献出版社 · 经济与管理分社（010）59367226
　　　　　　地址：北京市北三环中路甲29号院华龙大厦　邮编：100029
　　　　　　网址：www.ssap.com.cn
发　　行 / 社会科学文献出版社（010）59367028
印　　装 / 三河市东方印刷有限公司

规　　格 / 开　本：787mm×1092mm　1/16
　　　　　　印　张：26.5　字　数：411千字
版　　次 / 2024年5月第1版　2024年5月第1次印刷
书　　号 / ISBN 978-7-5228-3567-9
定　　价 / 188.00元

读者服务电话：4008918866